Verschmelzungsverhältnisse

Schriften zum Controlling, Finanz- und Risikomanagement

Herausgegeben von Andreas Brieden, Thomas Hartung, Bernhard Hirsch und Andreas Schüler

Band 7

PL ACADEMIC RESEARCH

Thomas Bornemann

Verschmelzungsverhältnisse

Eine ökonomische Analyse unter besonderer Berücksichtigung der deutschen Rechtsprechung

PL ACADEMIC RESEARCH

Bibliografische Information der Deutschen Nationalbibliothek
Die Deutsche Nationalbibliothek verzeichnet diese Publikation in der Deutschen Nationalbibliografie; detaillierte bibliografische Daten sind im Internet über http://dnb.d-nb.de abrufbar.

Zugl.: München, Univ. der Bundeswehr, Diss., 2011

D 706
ISSN 1867-027X
ISBN 978-3-631-63710-4 (Print)
E-ISBN 978-3-653-03145-4 (E-Book)
DOI 10.3726/978-3-653-03145-4

PL Academic Research ist ein Imprint der Peter Lang GmbH.

Peter Lang – Frankfurt am Main · Bern · Bruxelles · New York · Oxford · Warszawa · Wien

www.peterlang.de

Danksagung

Erste Ideen zu dieser Arbeit entstanden während Diskussionen über aktuelle Praxisfälle der Unternehmensbewertung mit WP-StB Gernot Zeidler, Dr. Florian Wiedemann, Prof. Dr. Christian Aders und Prof. Dr. Bernhard Schwetzler im Rahmen meiner Tätigkeit bei der KPMG Corporate Finance. Die Arbeit wurde im Folgenden unter Anleitung von Prof. Dr. Andreas Schüler durchgeführt und im Januar 2010 als Promotion von der Fakultät für Wirtschafts- und Organisationswissenschaften der Universität der Bundeswehr München angenommen.

Besonderer Dank gilt meinem akademischen Lehrer Prof. Dr. Andreas Schüler für die Aufnahme an seinem Lehrstuhl und die wissenschaftliche Betreuung dieser Arbeit. Weiterhin möchte ich Prof. Dr. Bernhard Hirsch für die Erstellung des Zweitgutachtens und den Kollegen des Doktoranden-Kolloquiums für intensive Diskussionen über die Materie danken.

Vorgesetzte und Kollegen bei KPMG Corporate Finance, insbesondere WP-StB Gertraud Dirscherl, WP-StB Gernot Zeidler, WP Dr. Jochen Beumer, Dr. Ron Davidson, Dr. Franz Degenhardt, Dr. Andreas Rümmele und WP-StB Stefan Schöniger haben meine Arbeit durch Anregungen sowie durch das Bereitstellen von Gutachten und Urteilen vorangegangener Praxisfälle wesentlich unterstützt.

Zahlreiche in der Rechtspraxis und Unternehmungsbewertung tätige Experten, insbesondere Dr. Petra Mennicke (Hengeler), Dagmar Neumann (Freshfields), WP-StB Andreas Grün (PwC), WP-StB Dr. Jutta Menninger (PwC), WP-StB Bernd Widmann (E&Y) sowie WP-StB Karl-Heinz Flaig (Deloitte), haben mir einen aufschlussreichen Einblick in ihre Arbeit ermöglicht. Außerdem haben sie zahlreiche Verschmelzungsgutachten zur Verfügung gestellt und damit den empirischen Teil dieser Arbeit erst möglich gemacht.

Allen, die zum Gelingen dieser Arbeit beigetragen haben, möchte herzlich danken!

Inhaltsübersicht

Inhaltsverzeichnis

Abkürzungsverzeichnis

AG	Aktiengesellschaft
AktG	Aktiengesetz
AngebotsVO	Angebotsverordnung
BA	(Elektronischer) Bundesanzeiger
BayObLG	Bayerisches Oberstes Landgericht
BGH	Bundesgerichtshof
BGB	Bürgerliches Gesetzbuch
BuGAV	Beherrschungs- und Gewinnabführungsvertrag
BVerfG	Bundesverfassungsgericht
D&F	Dumrath & Fassnacht KG (Anbieter von Firmeninformationen aus dem zentralen Handelsregister und den gerichtlichen Bekanntmachungen des Bundesanzeigers)
DAT	Eingliederung der Deutsche-Atlantische Telegraphen AG in die Altana Industrie Aktien und Anlagen AG aus dem Jahr 1990
DCF	Discounted Cashflow
DSW	Deutsche Schutzvereinigung für Wertpapierbesitz e.V.
FGG	Gesetz über Angelegenheiten der freiwilligen Gerichtsbarkeit
HGB	Handelsgesetzbuch
h.M.	herrschende Meinung
HR	Handelsregister
HV	Hauptversammlung
IDW	Institut der Wirtschaftsprüfer in Deutschland e. V.
KGaA	Kommanditgesellschaft auf Aktien
LG	Landgericht
OLG	Oberlandesgericht
SpruchG	Spruchverfahrensgesetz
TNB	Teilnahmebedingung
UmwG	Umwandlungsgesetz
UmwStG	Umwandlungssteuergesetz
VWAP	Volumengewichteter durchschnittlicher Börsenkurs
WpÜG	Wertpapierübernahmegesetz

Abbildungsverzeichnis

Tabellenverzeichnis

Symbolverzeichnis

V_i (Ex ante) Wert bzw. Preis der Gesellschaft i für $i \in \{1; 2\}$ und $V_i \in \{EW_i; BK_i; SG_i\}$

V_{SYN} Wertbeitrag von Synergien

V_M (Ex post) Wert bzw. Preis der verschmolzenen Gesellschaft $V_M = V_1 + V_2 + V_{SYN}$

BK_i Börsenwert der Gesellschaft i für $i \in \{1; 2\}$

EW_i Ertragswert der Gesellschaft i für $i \in \{1; 2\}$

SG_i Gemäß Spruchstellengericht angemessener Wert der Gesellschaft i für $i \in \{1;2\}$

Z_i Höhe der baren Zuzahlung i für $i \in \{1; 2\}$

Π_i Auszahlung an Gesellschaft i für $i \in \{1; 2\}$

α_j Anteil der verschmolzenen Gesellschaft V_M, den die Anteilseigner der Gesellschaft_2 mit der Transaktion erhalten für $j \in \{L; H; BK; EW; SG\}$ $\alpha_j \in [0; 1]$ $\alpha_j = \beta_j / (1 + \beta_j)$

β_j Verschmelzungsverhältnis bestimmt durch den Wert bzw. Preis der Gesellschaft_2 / Gesellschaft_1 für $j \in \{L; H; BK; EW; SG\}$ $\beta_j = V_2 / V_1$ $\beta_j \in [0; \infty]$

γ_j Beteiligung der Gesellschaft_1 am Grundkapital der Gesellschaft_2 für $j \in \{BK; EW\}$

γ_{EW} Beteiligung der Gesellschaft_1 am Grundkapital der Gesellschaft_2 zur Erstellung des Verschmelzungsberichts

γ_{BK} Beteiligung der Gesellschaft_1 am Grundkapital der Gesellschaft_2 vor dem Ankündigungszeitpunkt

δ_j Anteil der erwarteten Synergien V_{SYN}, den Anteilseigner der Gesellschaft$_2$ durch das Verschmelzungsverhältnis β_j im Vergleich zum Börsenwertverhältnis der Gesellschaften implizit erhalten, für
$j \in \{BK; EW; SG\}$
$\delta_j \in [-BK_2/V_{SYN}; (BK_1 + V_{SYN})/V_{SYN}]$
$\delta_j \in [-\infty; \infty]$

φ Anteil φ der Anteilseigner, an die eine im Spruchverfahren der Gesellschaft$_2$ festgelegte Zuzahlung ausgezahlt wird

p_i Wahrscheinlichkeit i für die Höhe des angemessenen Verschmelzungsverhältnisses β_{SG} in Relation zu β_L und β_H bei Spruchverfahren einer Gesellschaft für $i \in \{1; 2\}$

q_i Wahrscheinlichkeit i für die Höhe des angemessenen Verschmelzungsverhältnisses β_{SG} in Relation zu β_L und β_H bei gemeinsamem Spruchverfahren von zwei Gesellschaften für $i \in \{1; 2; 3; 4\}$

1 Einleitung

1.1 Untersuchungsgegenstand

Verschmelzungen führen die Vermögensgegenstände und Geschäftstätigkeit der beteiligten Gesellschaften in einer Einheit zusammen. Diese gesellschaftsrechtlichen Transaktionen sind meist durch Wachstum und den effizienteren Einsatz von Ressourcen motiviert, die sich als sog. Synergien im Wert der aufnehmenden oder neu gegründeten Gesellschaft widerspiegeln.

In Verschmelzungen durch Aufnahme zwischen börsennotierten Unternehmen tauschen Anteilseigner die Aktien der übertragenden Gesellschaft(en) gegen Aktien der aufnehmenden Gesellschaft. In Verschmelzungen durch Neugründung tauschen die Anteilseigner von mindestens zwei übertragenden Gesellschaften Aktien gegen die einer neu gegründeten Gesellschaft.[1]

Das Verschmelzungsverhältnis bezeichnet den Transaktionspreis, der zwischen den verschmelzenden Gesellschaften vereinbart wird. Die Bestimmung des Verschmelzungsverhältnisses wird vom Management in einem sog. Verschmelzungsbericht beschrieben. Der Verschmelzungsbericht wird den Anteilseignern zugänglich gemacht und stellt die Transaktion und ihre Auswirkungen auf die Anteilseigner der Gesellschaften dar. Ein gerichtlich bestellter Verschmelzungsprüfer kommentiert den Inhalt des Berichts und die Angemessenheit des Verschmelzungsverhältnisses. Nach deutschem Umwandlungsgesetz (UmwG) muss eine Verschmelzung mit qualifizierter Mehrheit der Anteilseigner der beteiligten Gesellschaften beschlossen werden. Das Verschmelzungsverhältnis steht im Zentrum dieses Mehrheitsbeschlusses, der den Aktientausch und die Aufteilung der Synergien auslöst. Beide führen potentiell zu Veränderungen der Vermögensposition der Anteilseigner der verschmelzenden Gesellschaften.

In der Praxis wird das Verschmelzungsverhältnis als Ergebnis von Verhandlungen des Managements meist auf Basis von Ertragswerten bestimmt. Allerdings können Anteilseigner den Börsenkurs wesentlich leichter beobachten und werden die davon abgeleiteten Börsenwerte nicht unberücksichtigt lassen.[2] Die verwendete Bewertungsmethode kann erheblichen Einfluss auf die Höhe des Verschmelzungsverhältnisses haben.[3]

---

1 Im übertragenen Sinne die „aufnehmende“ Gesellschaft.

2 Sofern die Börsenkurse als aussagekräftig angesehen werden. Siehe MEYER, I./ WEILER, L. (2003), S. 671.

3 Siehe WEBER, M./ WÜSTEMANN, J. (2004), S. 25. Dort zeigt RIEGGER, dass ein Verschmelzungsverhältnis auf Basis der Ertragswerte 1:1 ergibt, bei (teilweiser) Maßgeblichkeit des Börsenkurses ebenso 5:4, 5:6 oder 3:2 betragen könnte.

Anteilseigner einer übertragenden Gesellschaft, die das Verschmelzungsverhältnis als zu niedrig erachten, können auf der beschlussfassenden Hauptversammlung (HV) Widerspruch zu Protokoll erklären. Diese sog. Bewertungsrüge löst ein gerichtliches Spruchverfahren zur Überprüfung des Verschmelzungsverhältnisses aus. In diesem Verfahren kann der Transaktionspreis durch bare Zuzahlung angepasst werden, wenn das Spruchstellengericht ein für übertragende Anteilseigner vorteilhafteres Verschmelzungsverhältnis als angemessen erachtet. Allerdings gibt der Gesetzgeber kein rigides Regelwerk zur Bestimmung eines angemessenen Verschmelzungsverhältnisses vor. Die Vorgehensweise wurde von der Literatur und Praxis entwickelt und in Spruchverfahren konkretisiert.[4]

Bisher bestehen unterschiedliche Auffassungen über die Bestimmung eines angemessenen Verschmelzungsverhältnisses.[5] Strittig sind die Bedeutung des Börsenkurses[6] und die Berücksichtigung erwarteter Synergien in der Beurteilung des Verschmelzungsverhältnisses.[7] Mit der Möglichkeit zum Spruchverfahren bleibt der finale Transaktionspreis über die Zeitpunkte der beschlussfassenden Hauptversammlungen hinaus mit Unsicherheit behaftet.

Die Rückverschmelzung der T-Online auf die Deutsche Telekom markiert ein aktuelles Beispiel für diese Unsicherheit. Am 8. Oktober 2004 unterbreitete die Deutsche Telekom ein öffentliches Kaufangebot in Höhe von 8,99 Euro an alle Aktionäre der T-Online. Bereits bei Abgabe des öffentlichen Kaufangebots kündigte die Deutsche Telekom an, dass das später festzulegende Umtauschverhältnis[8] aus Sicht der T-Online Aktionäre schlechter ausfallen würde, als es sich durch die Marktpreise am 8. Oktober 2004 ergab (0,59).[9] Das Verhältnis der gehandelten Börsenkurse entfernte sich in den Tagen nach Bekanntgabe des öffentlichen Kaufangebots vorübergehend vom später festgelegten Umtauschverhältnis (0,52 T-Online Aktien zu einer Aktie der Deutsche Telekom).

4 Siehe PILTZ, D. J. (1994), GROßFELD, B. (2002).

5 In der Verschmelzung von Siemens/ SNI wird auf den Börsenkurs und nicht auf den höheren Ertragswert der Siemens AG abgestellt. Dem hingegen wurde bei Deutsche Telekom/ T-Online nicht auf den Börsenkurs, sondern den höheren Ertragswert abgestellt.

6 Siehe BUNGERT, H. (2003), S. 699.

7 Siehe DIRRIGL, H. (1990), S. 185, MERTENS, H.-J. (1992), S. 331ff, BÖCKING, H.-J. (1994), S. 1410, BUSSE VON COLBE, W. (1994), S. 595ff., OSSADNIK, W. (1995b), S. 70, MÜLLER, S. (2005), S. 43ff.

8 Das Umtauschverhältnis bezieht sich auf Anteile der Gesellschaften (Aktien), das Verschmelzungsverhältnis abstrahiert hingegen von der jeweiligen Anzahl Aktien und bezieht sich auf die verschmelzenden Gesellschaften als Ganzes.

9 T-Online notiert am 8. Oktober 2004 bei 8,99 Euro, Deutsche Telekom bei 15,22 Euro. Daraus ergibt sich ein rechnerisches Umtauschverhältnis von 0,59.

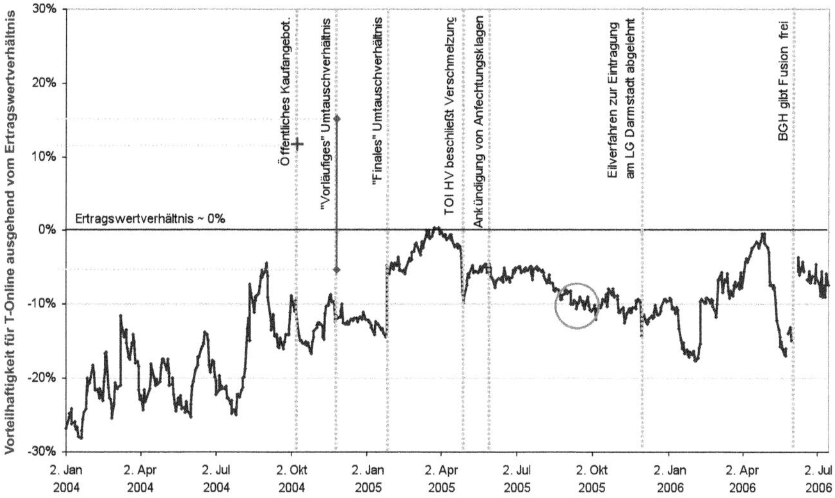

Abb. 1: *Umtauschverhältnis im Vergleich zu den Börsenwerten der T-Online/ Deutsche Telekom* [10]

Der Graph vergleicht das vertragliche Umtauschverhältnis mit dem Verhältnis der Börsenkurse. Das vertragliche Umtauschverhältnis von 13 Aktien der Deutsche Telekom zu 25 Aktien der T-Online (13/52=0,52) wird durch die 0%-Linie repräsentiert. Die Börsenkurse der Deutsche Telekom von €15,41 und der T-Online von €8,90 am 7. September 2005 führen zu einem Umtauschverhältnis von 0,578 T-Online Aktien je Deutsche Telekom-Aktie (siehe kreisförmige Markierung). Folglich erweist sich das vertragliche Umtauschverhältnis aus Sicht der Anteilseigner der T-Online 10% (0,52/0,58-1) schlechter als das Verhältnis der Börsenkurse.

Nach Bekanntgabe einer vorläufigen Bandbreite für das Umtauschverhältnis[11] näherte sich das rechnerische Börsenwertverhältnis an die für T-Online Aktionäre obere Grenze der Bandbreite (0,55). Der Verlauf der beiden Börsenkurse bis zur Einstellung der Notierung von T-Online am 9. Juli 2006 zeugt von der Unsicherheit über die Eintragung der Verschmelzung,[12] die erst mit Freigabe durch den BGH am 1. Juli 2006 vollzogen werden konnte.[13]

10 Für Werte über 0% ist das angebotene Verschmelzungsverhältnis (β_{EW}) für T-Online-Aktionäre vorteilhafter als der Tausch auf Basis der Börsenkurse des Stichtags.

11 Am 26. Januar 2005 wird für das Umtauschverhältnis T-Online/ Deutsche Telekom eine Bandbreite von 0,45 bis 0,55 bekannt gegeben.

12 Siehe THEISEN, M./ RAßHOFER, M. (2007), S. 107-109.

13 T-Online notierte letztmalig am 9. Juli 2006 zu 6,86 Euro. Der Schlusskurs der Deutsche Telekom beträgt an diesem Tag 12,70 Euro.

Trotz wirksamer Eintragung der Verschmelzung verblieb Unsicherheit über den finalen Transaktionspreis, da das Umtauschverhältnis auf Begehren einiger Aktionäre der T-Online in einem Spruchverfahren überprüft werden musste.[14] Das Vergleichsangebot des LG Frankfurt am Main in Höhe von €5,25 je T-Online Aktie plus Zinsen vom November 2007 lehnte die Deutsche Telekom ab.[15] Im März 2009 beschloss das LG Frankfurt eine bare Zuzahlung von €1,15 pro T-Online Aktie.[16] Als Antragsgegner legte die Deutsche Telekom Rechtsmittel gegen diesen erstinstanzlichen Beschluss ein.

1.2 Problemstellung und Zielsetzung der Arbeit

Die bewertungsrelevante Rechtsprechung der vergangenen Jahrzehnte hat in der betriebswirtschaftlichen und rechtlichen Literatur zu einer lebhaften Diskussion über die Bestimmung eines angemessenen Verschmelzungsverhältnisses geführt. Strittig ist insbesondere, ob dieser Transaktionspreis von den sachgemäß ermittelten Unternehmenswerten der verschmelzenden Gesellschaften, deren Anteilspreisen an der Wertpapierbörse oder einer Mischung dieser Wert- und Preiskategorien abzuleiten ist. In betriebswirtschaftlicher Literatur, Praxis und Rechtsprechung ist ebenfalls umstritten, ob erwartete Synergien in die Beurteilung der Angemessenheit eines Verschmelzungsverhältnisses einfließen dürfen.

Signifikante Unterschiede zwischen Verschmelzungsverhältnissen, die auf Unternehmenswerten oder auf Anteilspreisen basieren, wurden bisher nur unvollständig beschrieben. Empirisch ist zwar belegt, dass die Vermögensposition der Anteilseigner durch die Wahl der Bewertungsmethode (Unternehmenswert bzw. Anteilspreis) beeinflusst wird.[17] Jedoch ist offen, ob Unterschiede zwischen Unternehmenswerten und Börsenkursen mit der herrschenden Kapitalmarkttheorie unter Annahme eines im Gleichgewicht befindlichen Kapitalmarkts erklärt werden können. Zudem bleiben für die Transaktionsdurchführung und Vermögensposition der Aktionäre wesentliche Aspekte unberücksichtigt:

- die generelle Notwendigkeit mehrheitlicher Verschmelzungsbeschlüsse,
- die mit einer Verschmelzung erwarteten Synergien und
- die mögliche Anpassung des Transaktionspreises im Spruchverfahren.

---

14 Die DSW kündigt eine Anfechtungsklagen gegen den Verschmelzungsbeschluss an: http://www.dsw-info.de/T-Online-Aktionaere_sollten_abw.423.0.html.

15 Der Vergleichswert würde zu einer Auszahlung i.H.v. 600 Million Euro führen. Siehe MAIER, A. (2008), S. 3.

16 LG Frankfurt am Main, Beschluss vom 13. März 2009, Az: 3-5 O 57/06 (nrk).

17 Siehe AHLERS, M. (2003), S. 5ff.

Diese Arbeit soll helfen, die damit verbundene Lücke in der Literatur mit einer theoretischen Analyse der Entscheidungssituation sowie der Erstellung und Auswertung empirischer Daten zu schließen. Sie hat daher die folgenden Zielsetzungen:

Ziel des theoretischen Teils dieser Arbeit ist die integrative Analyse des Verschmelzungsverhältnisses, der im Spruchverfahren bestimmten Zuzahlung und erwarteter Synergien mit Blick auf potentielle Vermögensverschiebungen für die Anteilseigner der verschmelzenden Gesellschaften. Dafür ist zu erklären, wie ein Verschmelzungsverhältnis außerhalb des Börsenwertverhältnisses beschlossen werden kann. Weiterhin sollen die bestehenden Regeln zur Bestimmung des Verschmelzungsverhältnisses gewürdigt, die damit implizierten Handlungsalternativen und Strategien der Entscheidungsträger analysiert und die bestehende Unsicherheit aufgezeigt werden. Zur Untermauerung werden die theoretischen Überlegungen auf Verschmelzungen nach deutschem UmwG und beiderseits aussagekräftige Börsenkurse angewendet.

Ziel der empirischen Untersuchung ist es, die Verschmelzungsverhältnisse vergangener Transaktionen in den Kontext der Entscheidungsparameter zu setzen, anhand derer sie bestimmt, beschlossen und ggf. nachträglich angepasst wurden. Neben den Ertrags- und Börsenwertverhältnissen sind dafür auch die Höhe erwarteter Synergien und die Anpassung des Transaktionspreises im Spruchverfahren[18] zu beschreiben. Zusammen mit dem Verschmelzungsverhältnis wirken sich diese Parameter direkt auf die Transaktionsdurchführung und die Vermögenspositionen der Anteilseigner aus.

1.3 Gang der Untersuchung

Im Zentrum dieser Arbeit steht das Zusammenspiel von Regeln, Interessen, Handlungsalternativen und Strategien in der Bestimmung, dem Beschluss sowie der Würdigung eines Verschmelzungsverhältnisses. Sie ist konsequent in fünf Kapitel aufgebaut.

Nach Einleitung des Untersuchungsgegenstands und Forschungsbedarfs in Kapital 1 werden in Kapitel 2 die rechtlichen Grundlagen einer Verschmelzung, des Verschmelzungsverhältnisses und des Spruchverfahrens vorgestellt.

Darauf folgt Kapitel 3 mit Grundlagen zur Bestimmung des Verschmelzungsverhältnisses und der Höhe potenzieller Zuzahlungen. Unter Annahme ei-

18 Diese erlauben eine Abschätzung, wie sich Forderungen nach Ausgleichsanspruch und Spruchverfahren anstelle der heutigen Anfechtungsklagen auswirken könnten. Siehe HÜFFER, U. (2008), S. 8ff., BAYER, W. (2008), S. 24ff.

nes im Gleichgewicht befindlichen Kapitalmarkts, der öffentlich verfügbare Informationen effizient verarbeitet, werden Börsenkurse und Ertragswerte in die neoklassische Kapitalmarkttheorie eingeordnet. Darauf aufbauend werden die Handlungsalternativen von Management und Anteilseignern mittels Fallunterscheidungen und mit dem Instrumentarium der Spieltheorie unter Berücksichtigung der bestehenden Unsicherheit über den gerichtlich angemessenen Transaktionspreis untersucht.

In Kapitel 4 werden Verschmelzungen börsennotierter Gesellschaften in Deutschland der zurückliegenden zwei Jahrzehnte mit Blick auf den Transaktionspreis analysiert. Dafür werden die Informationen der Verschmelzungsberichte, Synergien, Börsenkurse, Zuzahlungen der Spruchverfahren von 45 Verschmelzungsverhältnissen in einer Datenbasis erfasst. Nach einer Beschreibung der Datenbasis gibt die Überprüfung von Thesen Aufschluss über Verschmelzungsverhältnisse, Synergien, Zuzahlungen und die daraus resultierenden Vermögenseffekte für Anteilseigner. Dabei wird untersucht, ob die Zustimmung zu Verschmelzungsverhältnissen, die vom Börsenwertverhältnis abweichen, durch die Synergieverteilung erklärt werden kann und ob Zustimmungserfordernisse und Spruchverfahren vor Vermögensverschiebungen in Verschmelzungen schützen.

In Kapitel 5 werden die theoretischen und empirischen Ergebnisse zusammengefasst und vor dem Hintergrund der gegenwärtigen Rechtslage gewürdigt. Darauf aufbauend werden eine Empfehlung für die Bestimmung und Überprüfung von Verschmelzungsverhältnissen ausgesprochen und ein Ausblick auf weiteren Forschungsbedarf gegeben.

2 Grundlagen für Verschmelzungen von Aktiengesellschaften in Deutschland

2.1 Begriffsdefinition und Abgrenzung

Eine Verschmelzung ist die „Vereinigung von mehreren Unternehmungen zu einer einzigen.“[19] Dabei geht das Vermögen des übertragenden Rechtsträgers im Wege der Gesamtrechtsnachfolge auf den aufnehmenden Rechtsträger über. Der übertragende Rechtsträger erlischt ohne Abwicklung.[20] Im Gegenzug werden den Anteilseignern des übertragenden Rechtsträgers Anteile am aufnehmenden Rechtsträger gewährt.[21]

Wesentliche Kennzeichen einer Verschmelzung sind:[22]

- Vereinigung eines oder mehrerer Rechtsträger durch Übertragung des Vermögens eines oder mehrerer Rechtsträger als Ganzes
- Gesamtrechtsnachfolge (ipso iure) des aufnehmenden Rechtsträgers in der Position des übertragenden Rechtsträgers
- Tausch der Anteile des übertragenden Rechtsträgers gegen die des aufnehmenden Rechtsträgers
- Liquidationsloser Untergang[23] des/der übertragenden Rechtsträger(s).

Anstelle des im heutigen Umwandlungsgesetz (UmwG) gebräuchlichen Begriffs „Verschmelzung“ wurde früher auch das Wort Fusion für „eine Verschmelzung einer Aktiengesellschaft mit einer anderen Aktiengesellschaft gegen Gewährung von Aktien“[24] verwendet. Bereits 1884 wurde die Fusion von Aktiengesellschaften durch qualifizierten Mehrheitsbeschluss im Aktiengesetz (AktG) kodifiziert.[25] Mit dem Jahr 1937 nahm der Begriff Verschmelzung als eine Form der Vermögensübertragung Einzug in das AktG.[26] Die damit verbundenen Regelun-

---

19 Siehe SCHMALENBACH, E. (1950), S. 147.

20 Siehe SAGASSER, B./ KÖDDERITZSCH, L. (2002), S. 131.

21 Eine Verschmelzung kann zugleich mehrere übertragende Rechtsträger beinhalten. Der aufnehmende Rechtsträger kann eine neu gegründete Gesellschaft sein.

22 Siehe LUTTER, M./ DRYGALA, T. (2004), S. 177ff., Tz. 20-23.

23 Die sog. Auflösung ohne Abwicklung.

24 Siehe SCHMALENBACH, E. (1950), S. 146.

25 Zuvor wurde die Fusion „als Unterfall der Auflösung […] begriffen.“ IMMENGA, U. (1970), S. 629.

26 Siehe IMMENGA, U. (1970), S. 629.

gen wurden 1969 gemeinsam mit Regelungen zur Umwandlung anderer Rechtsträger in das UmwG umgegliedert.

Die allgemeinen Regelungen des UmwG erstrecken sich auf Personen- und Kapitalgesellschaften, die als Rechtsträger an einer Verschmelzung teilnehmen können. Diese Arbeit beschränkt sich jedoch auf börsennotierte Kapitalgesellschaften in Deutschland und bezieht sich somit auf Aktiengesellschaften[27] und Kommanditgesellschaften auf Aktien (KGaA).[28]

Das UmwG unterscheidet zwischen Verschmelzungen durch Aufnahme und Verschmelzungen durch Neugründung entsprechend des Rechtsträgers, auf den das Vermögen übertragen wird. In einer Verschmelzung durch Aufnahme wird das Vermögen der übertragenden Gesellschaft(en) als Ganzes von einem bereits bestehenden Rechtsträger aufgenommen.[29] In einer Verschmelzung durch Neugründung wird das Vermögen von mindestens zwei Gesellschaften als Ganzes auf eine im Zuge der Verschmelzung neu gegründete Gesellschaft übertragen.[30] In beiden Fällen wird (werden) die übertragende(n) Gesellschaft(en) aufgelöst, ohne das Vermögen abzuwickeln. Die Anteilseigner der übertragenden Gesellschaft(en) erhalten jeweils Anteile an der Gesellschaft, auf die das Vermögen übertragen wurde.

Ursprünglich waren im UmwG nur Verschmelzungen unter Beteiligung von Gesellschaften mit Sitz in Deutschland vorgesehen. Mit der zweiten Änderung des Umwandlungsgesetzes vom 19. April 2007[31] wurde die Richtlinie des Europäischen Parlaments und des Rates über die Verschmelzung von Kapitalgesellschaften aus verschiedenen Mitgliedstaaten umgesetzt.[32] Damit werden grenzüberschreitende Verschmelzungen innerhalb der EU und dem Europäischen Wirtschaftsraum für Gesellschaften mit Sitz in Deutschland geregelt.[33]

Besonderheiten grenzüberschreitender Verschmelzungen liegen bspw. in der z.T. notwendigen Harmonisierung landesspezifischer Corporate Governance Regeln wie bspw. der Mitbestimmung[34], in der Bestimmung des Verschmelzungsverhältnisses im Falle landesspezifische Unternehmensbewertungsstan-

---

27 § 1 AktG (erstes Buch des Aktiengesetzes).

28 § 278 AktG (zweites Buch des Aktiengesetzes); soweit begrifflich nicht ausdrücklich unterschieden umfasst der Begriff Aktiengesellschaft in dieser Arbeit auch die KGaA.

29 § 2 (1) UmwG.

30 § 2 (2) UmwG.

31 Bgbl 2007, Teil 1, Nr. 15, vom 14. April 2007.

32 Richtlinie 2005/56/EG des Europäischen Parlaments u. des Rates vom 26. Oktober 2005 über die Verschmelzung von Kapitalgesellschaften aus verschiedenen Mitgliedstaaten.

33 §§ 122a-l UmwG.

34 Gesetz über die Mitbestimmung der Arbeitnehmer bei einer grenzüberschreitenden Verschmelzung (MgVG).

dards[35] oder im Barabfindungsangebot, das im Verschmelzungsplan für übertragende Anteilseigner einer deutschen Gesellschaft vorgesehen ist, wenn die übernehmende oder neue Gesellschaft nicht dem deutschen Recht unterliegt und die Anteilseigner Widerspruch zu Protokoll geben.[36] Analog zur überwiegenden bisherigen Rechtsprechung zu Verschmelzungsverhältnissen nach UmwG fokussiert diese Arbeit auf Transaktionen zwischen deutschen Gesellschaften.

Umgangssprachlich werden Verschmelzungen, Unternehmenskäufe und andere Zusammenschlüsse von zwei Unternehmen oft gleichgesetzt und als Fusion bezeichnet. Dabei handelt es sich jedoch nur dann um eine Verschmelzung, wenn die Vermögensübertragung auf einen Rechtsträger auch die Elemente der Gesamtrechtsnachfolge, der Anteilsgewährung und der Auflösung des/der übertragenden Rechtsträger ohne Abwicklung beinhaltet. Daher werden nachfolgend der Erwerb von Unternehmensanteilen, der Abschluss eines Beherrschungs- und/oder Gewinnabführungsvertrags, die Eingliederung und der Squeeze-out von der Verschmelzung abgegrenzt.

Die Verschmelzung stellt die engste Form des Zusammenschlusses von mindestens zwei Unternehmen in einer Gesellschaft dar.[37] Der Erwerb von Unternehmensanteilen, der Abschluss eines Beherrschungsvertrags oder der Abschluss eines Gewinnabführungsvertrags stellt weniger tiefgreifende Formen des Zusammenschlusses dar. Auch wenn mit diesen ebenfalls die wirtschaftliche Kontrolle über Vermögensgegenstände erzielt werden kann, mangelt es an einer übertragenden Gesellschaft und deren Auflösung. Zugleich werden nicht zwingend Anteile gewährt. Während eine Verschmelzung auf dem Beschluss der qualifizierten Mehrheit der Anteilseigner beruht, erfolgt der Erwerb von Unternehmensanteilen auf Ebene des einzelnen Anteilseigners, der seine Anteile an der Börse veräußert oder im Rahmen eines Erwerbs- oder Übernahmeangebots andient. Bei diesem Rechtsgeschäft werden Anteilseigner erst dann als schutzbedürftig angesehen, wenn sich die Mehrheit der Anteile an der Gesellschaft bei einem sog. Mehrheitsanteilseigner konzentrieren. Bei Kontrollerlangung sehen die Regelungen des WpÜG daher ein Pflichtangebot des Mehrheitsanteilseigners an die Minderheitsanteilseigner vor.[38] Dadurch erhalten die Minderheitsanteilseigner die Möglichkeit, ihre Anlageentscheidung auf Basis der veränderten Beteiligungsverhältnisse zu überdenken.

---

35 Siehe KIEM, R. (2007), S. 561ff.

36 §§ 122i UmwG.

37 Siehe KRIEGER, G. (1990), S. 518.

38 Damit soll ein sog. Konzerneingangschutz bewirkt werden. Siehe FLEISCHER, H. (2002), S. 548.

Nach Einführung des WpÜG wurde in der Literatur kontrovers diskutiert, ob im Zuge von Verschmelzungen ein Pflichtangebot an die außenstehenden Minderheitsanteilseigner der übertragenden Gesellschaft zu unterbreiten ist.[39] Inzwischen wird jedoch davon ausgegangen, dass „sich die Anwendungsvoraussetzungen des Pflichtangebots nicht widerspruchsfrei auf Verschmelzungssachverhalte anwenden lassen".[40] Zudem unterliegen Minderheitsaktionäre im Falle des Kontrollerwerbs nach erfolgter Verschmelzung den im Aktiengesetz geregelten konzernrechtlichen Schutzmechanismen, durch die sie „ausreichend geschützt"[41] sind.

Durch Eingliederung[42] und Squeeze-out[43] werden die Aktien außenstehender Anteilseigner auf die zukünftige Hauptgesellschaft übertragen. In beiden Fällen muss die zukünftige Hauptgesellschaft oder ein Mehrheitsanteilseigner über mindestens 95% des Grundkapitals der betroffenen Gesellschaft verfügen. Bei der Eingliederung sind Aktien der Hauptgesellschaft als Gegenleistung anzubieten. Im Falle einer Eingliederung in eine abhängige Gesellschaft können die ausgeschiedenen Aktionäre zwischen einer Abfindung in Aktien und einer angemessenen Barabfindung wählen.[44] Im Squeeze-out erhalten die aus der Gesellschaft gedrängten Anteilseigner hingegen eine Barabfindung. Beide Konzernierungsmaßnahmen unterscheiden sich jedoch von einer Verschmelzung dadurch, dass die betroffene Gesellschaft nicht aufgelöst wird.

2.2 Verschmelzungsprozess

Die wesentlichen Schritte einer Verschmelzung umfassen den Verschmelzungsvertrag, die Verschmelzungsprüfung, die Verschmelzungsbeschlüsse sowie die Anmeldung und Eintragung der Verschmelzung. Das UmwG regelt den Ablauf einer Verschmelzung und die dafür notwendigen Berichte, Beschlüsse und Beurkundungen. In Abb. 2 werden die wichtigsten gesetzlichen Regelungen einer Verschmelzung durch Aufnahme für den Fall von börsennotierten Kapitalgesellschaften in Deutschland skizziert.

---

39 Dafür: HEINBACH, N. (2005), S. 214f., MUTSCHTER, A. (2005), S. 353, BESAU, S. H.-J. (2006), S. 205f., SCHWARTE, P. (2006), S. 206. Dagegen: VETTER, J. (2002), S. 2005ff.

40 Siehe GRABBE, H./ FETT, T. (2003), S. 763.

41 Siehe GRABBE, H./ FETT, T. (2003), S. 763.

42 § 319ff. AktG regelt die Eingliederung nur für Aktiengesellschaften.

43 § 327ff. AktG regelt die Übertragung von Aktien gegen Barabfindung für Aktiengesellschaften und für Kommanditgesellschaften auf Aktien.

44 § 320b (1) S. 3 AktG.

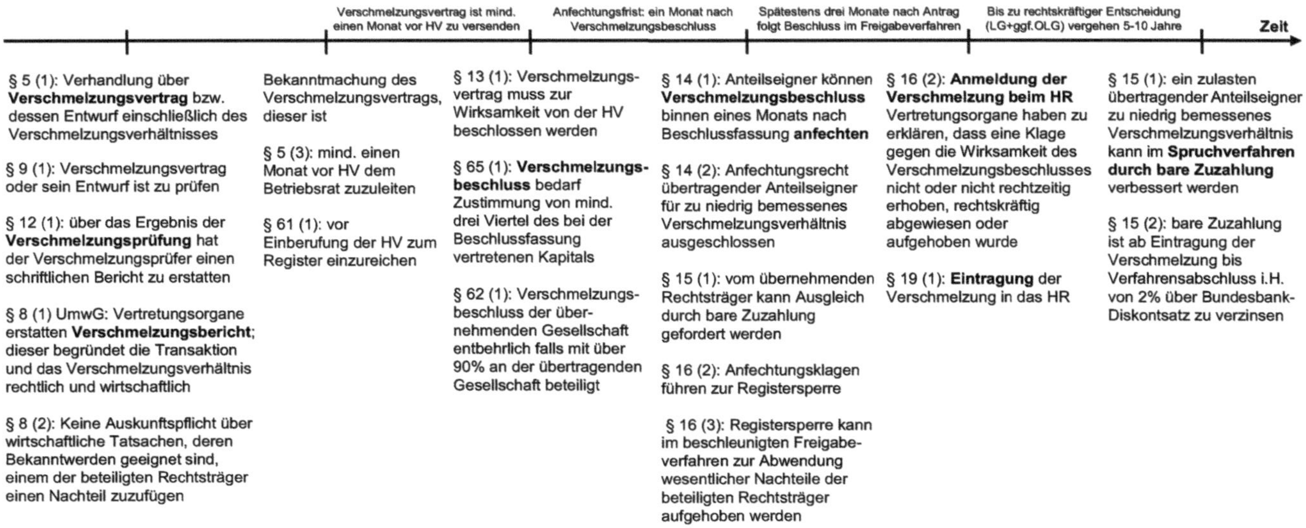

Abb. 2: *Ablauf einer Verschmelzung*

(Paragraphen nach UmwG)

2.2.1 Verschmelzungsvertrag

Der Verschmelzungsvertrag begründet die Vermögensübertragung, legt die Konditionen der Transaktion fest und regelt die Verfassung des übernehmenden Rechtsträgers. Der Verschmelzungsvertrag oder dessen Entwurf ist dem Betriebsrat der beteiligten Rechtsträger mindestens einen Monat vor der beschlussfassenden Hauptversammlung (HV) zuzuleiten[45] sowie beim Handelsregister vor der beschlussfassenden HV zu hinterlegen.[46] Sofern Inhalte des Verschmelzungsvertrags erst im Zeitpunkt der Beschlussfassung festgelegt werden, erfolgt die zur Wirksamkeit notwendige notarielle Beurkundung nach der beschlussfassenden HV.[47] Der Verschmelzungsvertrag bzw. dessen Entwurf soll den Anteilseignern die für die Abstimmung notwendige Informationsgrundlage bieten[48] und ist daher mindestens einen Monat vor Beschlussfassung in den Geschäftsräumen der übernehmenden Gesellschaft auszulegen.[49] Im Verschmelzungsvertrag sind darin folgende Mindestangaben zu treffen:[50]

1 Firma und Sitz der beteiligten Rechtsträger
2 Vereinbarung über die Übertragung des Vermögens als Ganzes gegen Gewährung von Anteilen am übernehmenden Rechtsträger
3 Verschmelzungsverhältnis bestehend aus dem Umtauschverhältnis der Aktien und der Zuzahlung
4 Einzelheiten der Übertragung der Anteile, insb. Spezifizierung des/der übertragenden und des übernehmenden Rechtsträgers
5 Zeitpunkt, ab dem die neuen Anteile einen Anspruch am quotalen Bilanzgewinn haben
6 Verschmelzungsstichtag, d.h. Zeitpunkt, ab dem Handlungen dem übernehmenden Rechtsträger zuzuordnen sind
7 Rechte, die der neue Rechtsträger seinen Anteilsinhabern und den Inhabern von Sonderrechten gewährt
8 Sondervorteile von Organmitgliedern, Abschluss- und Verschmelzungsprüfern
9 Auswirkungen der Verschmelzung auf die Arbeitnehmer und ihre Vertretungen

---

45 § 5 (3) UmwG.
46 § 61 UmwG.
47 § 6 UmwG.
48 Siehe LUTTER, M./ DRYGALA, T. (2004), S. 231, Tz. 2.
49 § 62 (3) UmwG.
50 § 5 (1) UmwG.

In Verschmelzungen durch Neugründung muss dem Verschmelzungsvertrag zusätzlich die Satzung des übernehmenden Rechtsträgers beigefügt werden.[51] Im Verschmelzungsvertrag ist zudem das Angebot einer angemessenen Barabfindung für Anteilseigner anzugeben, die im Falle der Verschmelzung einer börsennotierten Aktiengesellschaft auf eine nicht-börsennotierte Aktiengesellschaft oder im Falle der Verschmelzung eines Rechtsträgers im Wege der Aufnahme auf einen Rechtsträger einer anderen Rechtsform gegen den Verschmelzungsbeschluss Widerspruch zur Niederschrift erklären.[52] Unterschiedliche Auffassungen zur Notwendigkeit eines Barabfindungsangebots bestehen für den Fall, dass die im Rahmen der Transaktion gewährten Aktien Verfügungsbeschränkungen, wie bspw. Vinkulierungen, unterliegen, obwohl die übertragenen Aktien keine Verfügungsbeschränkungen vorsahen.[53]

Der Verschmelzungsstichtag dient als bilanziell und steuerlich relevanter Übergangszeitpunkt.[54] Ab diesem umfasst die Buchführung des übernehmenden Rechtsträgers auch die Handlungen des/der übertragende Rechtsträger. Sie baut auf den Schlussbilanzen des/der übertragenden und des übernehmenden Rechtsträgers auf. Der Gesetzgeber gewährleistet die Aktualität der Bilanzierung dadurch, dass die Schlussbilanz auf einen höchstens acht Monate vor der Anmeldung liegenden Stichtag aufgestellt sein darf. Verstreicht von der Aufstellung der Bilanz des letzten Geschäftsjahres bis zur Anmeldung der Verschmelzung ein längerer Zeitraum, ist eine Zwischenbilanz[55] zu erstellen. Mögliche Verzögerungen zwischen der erstmaligen Einladung zu einer beschlussfassenden HV und der Anmeldung der Verschmelzung beim Handelsregister können im Verschmelzungsvertrag durch eine Stichtagsregelung berücksichtigt werden.[56] Diese sieht eine (i.d.R. zeitlich begrenzte) Verschiebung des geplanten Verschmelzungsstichtags einschließlich des Datums zur Aufstellung der Schlussbilanz vor, bis die Transaktion auf Basis eines rechtskräftigen Verschmelzungsbeschlusses angemeldet werden kann.[57]

Neben den gesetzlich erforderlichen Angaben beinhalten Verschmelzungsberichte häufig auch Angaben über die Erhöhung des Grundkapitals, Regelun-

---

51 § 37 UmwG.

52 § 29 (1) UmwG.

53 Siehe SCHRÖER, H. (2007), S. 123, Tz. 21, MARSCH-BARNER, R. (2006), S. 53f., 5ff., LUTTER, M./ DRYGALA, T. (2004), S. 237ff., Tz. 10ff.

54 §§ 17 (2) S. 4 sowie 2 (1) UmwStG.

55 „Die Zwischenbilanz ist eine aktuelle Fortschreibung der letzten Jahresbilanz, kann also mit dieser nicht identisch sein." HOFFMANN-BECKING, M. (1988), S. 110.

56 Siehe SCHÜTZ, C./ FETT, T. (2002), S. 2696.

57 Siehe § 10 des Verschmelzungsvertrags zwischen Deutsche Telekom und T-Online.

gen über die mit der Transaktion verbundenen Kosten im Falle ihres Scheiterns und Angaben über Rücktritts- und Kündigungsrechte.[58]

2.2.2 Verschmelzungsprüfung

Das Gesetz sieht die Prüfung des Verschmelzungsvertrags bzw. dessen Entwurfs durch einen oder mehrere sachverständige Prüfer vor,[59] es sei denn, alle Anteile der übertragenden Rechtsträgers befinden sich bereits vor der Transaktion in der Hand des übernehmenden Rechtsträgers oder die Anteilseigner aller beteiligten Rechtsträger verzichten notariell beurkundet auf Berichterstattung.[60]

Die Verschmelzungsprüfung soll eine unabhängige Aussage treffen über

- die Rechtmäßigkeit und Vollständigkeit des Verschmelzungsvertrags,
- die Richtigkeit der darin enthaltenen Angaben und
- die Angemessenheit des Verschmelzungsverhältnisses.[61]

Als sog. Instrument des primären Eigentumsschutzes[62] ist sie eine zusätzliche Informationsquelle der beschlussfassenden Anteilseigner,[63] macht jedoch keine Angabe über die Zweckmäßigkeit der Verschmelzung. Im Rahmen der Verschmelzungsprüfung sind keine Unternehmenswerte festzustellen, sondern die „vorliegenden Bewertungen hinsichtlich vertretbarer Prognose- und Wertungsentscheidungen“[64] zu überprüfen. Das gilt auch bezüglich „der Verlässlichkeit und Aussagekraft von Börsenkursen.“[65]

Über das Ergebnis der Verschmelzungsprüfung ist ein schriftlicher Bericht zu verfassen.[66] Er ist mit einer Erklärung abzuschließen, dass das vorgeschlagene Verschmelzungsverhältnis als Gegenwert angemessen ist.[67] Weiterhin ist anzugeben, nach welchen Methoden das Verschmelzungsverhältnis ermittelt wor-

58 Siehe §§ 5, 9 und 11 des Verschmelzungsvertrags zwischen Deutsche Telekom und T-Online.

59 §§ 60 und 9 (1) UmwG.

60 §§ 8 (3) und 9 (2) UmwG.

61 Siehe MÜLLER, W. (2006), S. 13, Tz. 16, ZEIDLER, G.W. (2007), S. 206, Tz. 16.

62 Das Spruchverfahren ist ein Instrument des sekundären Eigentumsschutzes. Siehe NONNENMACHER, R. (1982), S. 157.

63 Der Verschmelzungsprüfungsbericht wird den Anteilseignern vor der beschlussfassenden HV zur Verfügung gestellt.

64 ZEIDLER, G.W. (2007), S. 208, Tz. 30.

65 ZEIDLER, G.W. (2007), S. 208, Tz. 29.

66 § 13 (1) UmwG.

67 Siehe DIRRIGL, H. (1989a), S. 416.

den ist, warum diese Methoden angemessen sind und welches Ergebnis sich bei der Anwendung verschiedener Methoden ergeben würde.[68]

Bei großen Kapitalgesellschaften ist die Prüfung eine Vorbehaltsaufgabe des Wirtschaftsprüfers.[69] Der Prüfer der Verschmelzung wird auf Antrag vom Landgericht des übertragenden Rechtsträgers ausgewählt.[70] In der Praxis wird für alle beteiligten Rechtsträger i.d.R. ein gemeinsamer Verschmelzungsprüfer bestellt. Aufgrund der zeitlichen Restriktionen in der Vorbereitung einer Verschmelzung wird der Verschmelzungsprüfungsbericht oft parallel zum Verschmelzungsvertrag und zum Verschmelzungsbericht erstellt.[71] Diese Praxis wurde von der Rechtsprechung bestätigt.[72]

Ein fehlender oder fehlerhafter Verschmelzungsprüfungsbericht kann die Informationsgrundlage der Anteilseigner ggf. so stark beeinflussen, dass ein Verschmelzungsbeschluss auf dieser Basis anfechtbar wird.[73]

2.2.3 Verschmelzungsbericht

Die Vertretungsorgane der verschmelzenden Gesellschaft sind verpflichtet, einen ausführlichen Bericht über die Verschmelzung und den Verschmelzungsvertrag zu erstatten und das Verschmelzungsverhältnis rechtlich und wirtschaftlich zu begründen.[74] Dieser sog. Verschmelzungsbericht kann von den Vertretungsorganen der verschmelzenden Gesellschaften gemeinsam erstattet werden.

Mit dem Verschmelzungsbericht sollen Anteilseigner über die zu beschließende Transaktion möglichst umfassend informiert werden. Die Berichtspflicht ist jedoch begrenzt, wenn das Bekanntwerden von Informationen geeignet ist, den beteiligten Gesellschaften oder einer verbundenen Gesellschaft einen nicht unerheblichen Nachteil zuzufügen.[75] Derartige Informationen können bspw. in Details der Unternehmensplanungen, in der Höhe stiller Reserven oder in steuerlichen Wertansätzen vermutet werden. Das Fehlen derartiger Informationen ist im Verschmelzungsbericht jedoch zu begründen.[76]

68 § 13 (1) UmwG.

69 § 11 (1) UmwG.

70 § 10 (1) UmwG.

71 Siehe PUSZKAJLER, K. P. (2003b), S. 521, LAMB, J./ SCHLUCK-AMEND, A. (2003), S. 1262.

72 BGH, Urteil vom 18. November 2006, Az: II ZR 225/04.

73 Siehe WEIßHAUPT, F. (2003), S. 123.

74 § 8 (1) UmwG.

75 § 8 (2) UmwG.

76 Siehe MARTENS, K.-P. (2000), S. 301ff.

Mit dem Verschmelzungsbericht sollen sich die Anteilseigner ein Bild machen können, ob die Verschmelzung wirtschaftlich zweckmäßig ist und den gesetzlichen Anforderungen genügt.[77] Häufige Gründe für die Durchführung der Verschmelzung sind die Erzielung von Synergien, die Stärkung der Wettbewerbsposition, bessere Wachstumsperspektiven oder Besonderheiten des Marktumfelds.[78] Gerade bei börsennotierten Gesellschaften wird die Höhe der erwarteten Synergien häufig im Verschmelzungsbericht beziffert.[79]

Die Berichtspflicht umfasst zudem eine Erläuterung der wesentlichen Regelungen des Verschmelzungsvertrags bzw. seines Entwurfs. Dazu zählen bspw. die wirtschaftlichen Konsequenzen der Verschmelzung, abweichende Gewinnbezugs- und Verschmelzungsstichtage, veränderte Rechtspositionen sowie der technische Vorgang einer Verschmelzung.

Die Erläuterung des Verschmelzungsverhältnisses zählt neben dem Zweck und den wesentlichen Auswirkungen der Verschmelzung zu den wichtigsten Elementen des Verschmelzungsberichts. Das Verschmelzungsverhältnis ist so detailliert zu erläutern, dass die Anteilseigner die Plausibilität der Unternehmenswerte und deren Verhältnis mit sachverständiger Hilfe nachvollziehen können.[80] Daher sind Angaben über die vergangene und zukünftige Gewinnentwicklung einschließlich der entsprechenden Unternehmensplanungen notwendig. Daneben ist der Kapitalisierungszinsfuß zu begründen und die Bewertung nicht betriebsnotwendigen Vermögens zu beschreiben. Die Faktoren der Bewertung müssen jedoch nicht im Detail widergegeben werden, sondern können zusammengefasst werden.

Der Verschmelzungsbericht muss ebenfalls eine Erläuterung besonderer Schwierigkeiten bei der Bewertung, wie bspw. im Falle von Sanierungsfusionen, bei sehr jungen Gesellschaften oder besonderen Risiken der Marktentwicklung, beinhalten und muss Angaben über die wirtschaftlichen Lage verbundener Unternehmen machen.[81] Diese Angaben sind insb. dann notwendig, wenn Unternehmensverträge mit Dritten bestehen und daraus besondere Haftungsrisiken und Ertragschancen begründet werden.[82]

77 Siehe GEHLING, C. (2007), S. 176, Tz. 2.
78 Siehe SAGASSER, B./ KÖDDERITZSCH, L. (2002), S. 131f.
79 Siehe GEHLING, C. (2007), S. 181, Tz. 17.
80 Siehe GEHLING, C. (2007), S. 183, Tz. 22.
81 § 8 (1) UmwG.
82 Siehe MARSCH-BARNER, R. (2006), S. 117f., Tz. 27.

Ein inhaltlich unvollständiger oder in sonstiger Weise fehlerhafter Verschmelzungsbericht reduziert die Transaktionssicherheit,[83] da der Verschmelzungsbeschluss dadurch anfechtbar werden kann.[84]

2.2.4 Verschmelzungsbeschluss

Zur Wirksamkeit muss der Verschmelzungsvertrag von den Anteilseignern auf einer ordentlichen oder außerordentlichen HV beschlossen werden.[85] Ein solcher Verschmelzungsbeschluss ist bei der übernehmenden Gesellschaft nicht erforderlich, wenn sie neun Zehntel des Grundkapitals der übertragenden Aktiengesellschaft auf sich vereint und eine solche Versammlung nicht von mindestens einem zwanzigstel ihrer Anteilseigner gefordert wird.[86]

Die HV ist mindestens 30 Tage vor dem Tage der Versammlung einzuberufen[87] und muss in der Tagesordnung die wesentlichen Inhalte der geplanten Verschmelzung beinhalten.[88] Von der Einberufung an sind der Verschmelzungsvertrag oder sein Entwurf, die Jahresabschlüsse der beteiligten Gesellschaften der letzten drei Geschäftsjahre, ggf. Zwischenbilanzen, die Verschmelzungs- und Verschmelzungsprüfungsberichte in den Geschäftsräumen der jeweiligen beschlussfassenden Gesellschaft zur Einsicht auszulegen.[89]

Auf der beschlussfassenden HV ist der Verschmelzungsvertrag bzw. sein Entwurf von den Organen mündlich zu erläutern.[90] Dabei ist auch auf die Geschäftsentwicklung aller transaktionsbeteiligten Gesellschaften einzugehen.[91]

Ein Verschmelzungsbeschluss kommt bei Zustimmung von drei Vierteln des vertretenen Grundkapitals zustande.[92] Verfügt die Gesellschaft über mehrere

---

83 Siehe LUTTER, M./ DRYGALA, T. (2004), S. 326, Tz. 54, MARSCH-BARNER, R. (2006), S. 121, Tz. 23. Einschränkend für den Fall, dass „ein objektiv urteilender Anteilsinhaber, die unrichtige, unvollständige oder fehlende Information als wesentliche Voraussetzung für die sachgerechte Wahrnehmung seiner Teilnahme- und Mitgliedschaftsrechte angesehen hätte." GEHLING, C. (2007), S. 198, Tz. 77.

84 BGH, Urteil vom 18. Dezember 1989, Az: II ZR 254/88.

85 § 13 (1) UmwG.

86 §§ 62 (1), 62 (2) UmwG.

87 § 123 (1) AktG.

88 § 124 (2) AktG.

89 § 63 (1) UmwG.

90 § 64 (1) UmwG.

91 § 64 (2) UmwG.

92 § 65 (1) UmwG. PRIESTER erachtet das Mehrheitsprinzip aufgrund des großen Mitgliederkreises als „unumgänglich". Siehe PRIESTER, H.-J. (1990), S. 438.

Gattungen von Aktien, so müssen die stimmberechtigten Aktionäre jeder Gattung einen entsprechenden Sonderbeschluss fassen.[93]

Wenn die übernehmende Gesellschaft in ausreichendem Maße eigene Anteile hält oder ein übertragender Rechtsträger in ausreichendem Maße voll eingezahlte Aktien der übernehmenden Gesellschaft besitzt, braucht die übernehmende Gesellschaft ihr Grundkapital nicht zu erhöhen.[94] Sofern die übernehmende Gesellschaft Anteile an einer übertragenden Gesellschaft innehat oder ein übertragender Rechtsträger Anteile an der übernehmenden Gesellschaft innehalt, darf sie ihr Grundkapital nicht erhöhen. [95]

Ein Verschmelzungsbeschluss ist anfechtbar, wenn er das Gesetz oder die Satzung verletzt.[96] Anfechtungsbefugt sind jedoch nur Anteilseigner, die bereits vor Einladung zur beschlussfassenden HV Aktionäre der Gesellschaft waren und auf der HV gegen den Beschluss Widerspruch zur Niederschrift erklären.[97]

Die erfolgreiche Anfechtung eines Verschmelzungsbeschlusses führt zu seiner Nichtigkeit.[98] Da ein rechtskräftiger Verschmelzungsbeschluss Voraussetzung zur Eintragung der Transaktion ist,[99] führen Anfechtungsklagen unabhängig von ihrem Erfolg zu einer Verzögerung des Transaktionsabschlusses. Zur Reduktion der damit verbundenen Missbrauchsmöglichkeiten[100] sieht das UmwG ein beschleunigtes Freigabeverfahren vor.[101] In diesem beschließt das Gericht, dass die Anfechtungsklage der Eintragung nicht entgegen steht, da sie unzulässig oder offensichtlich unbegründet ist oder die frühere Wirksamkeit der Verschmelzung den beteiligten Rechtsträgern Nachteile erspart, die nach Überzeugung des Gerichts einen höheren Stellenwert als die von den Anteilseignern monierte Rechtsverletzung haben.[102]

---

93 § 65 (2) UmwG.

94 § 68 (1) UmwG.

95 § 68 (1) UmwG.

96 § 243 (1) AktG.

97 § 245 (1) AktG.

98 §§ 246 i.V.m. 241 AktG.

99 § 16 (2) UmwG.

100 Beispielhaft für derartigen Missbrauch: „Dem Thyssen-Konzern wurde nach der Hauptversammlung vom Dezember 1998, in der die Verschmelzung mit Krupp gebilligt wurde, ein "sehr ernstzunehmendes Angebot gemacht, dafür sorgen zu können, dass die von mehreren Aktionären eingereichten Anfechtungsklagen gegen die Fusion zurückgezogen werden". ... Bei Erfolg koste das einen zweistelligen Millionenbetrag, wurde Thyssen erklärt.“ Süddeutsche Zeitung, 25. Mai 1999.

101 Siehe Beschluss des BGH vom 29. Mai 2006 zum Freigabeverfahren Deutsche Telekom / T-Online (Az: II ZB 5/06).

102 § 16 (3) UmwG.

Stets ausgeschlossen ist die Anfechtung des Verschmelzungsbeschluss einer übertragenden Gesellschaft aufgrund eines zu niedrig bemessenen Verschmelzungsverhältnisses.[103] Stattdessen führt die Bewertungsrüge der übertragenden Anteilseigner zur Eröffnung eines Spruchverfahrens. Ein zu ihren Lasten unangemessen befundenes Verschmelzungsverhältnis kann durch Festlegung einer baren Zuzahlung kompensiert werden. Auf das Spruchverfahren und die Festlegung der baren Zuzahlung wird in der Folge noch eingegangen.

2.2.5 Registeranmeldung und Eintragung

Die Verschmelzung ist durch die Vertretungsorgane der beteiligten Rechtsträger beim Handelsregister anzumelden. In der Praxis wird das häufig vom Vorstand des übernehmenden Rechtsträgers für alle beteiligten Gesellschaften übernommen. Dabei muss nachgewiesen werden, dass der Verschmelzungsvertrag rechtzeitig an den Betriebsrat zugeleitet wurde.[104] Mit der Anmeldung ist eine geprüfte Schlussbilanz jedes übertragenden Rechtsträgers einzureichen.[105] Das Registergericht darf die Transaktion nur eintragen, wenn die Bilanz auf einen höchstens acht Monate vor der Anmeldung liegenden Stichtag aufgestellt wurde.[106] Wie unter 2.2.4 erläutert, muss das Vertretungsorgan mit der Anmeldung zur Eintragung erklären, dass die Verschmelzungsbeschlüsse rechtswirksam sind.[107]

Die Verschmelzung muss zuerst in das/ die HR des/der übertragenden Rechtsträger – unter Vorbehalt der Eintragung der Verschmelzung in das HR des übernehmenden Rechtsträgers – eingetragen werden. Sie ist vom jeweiligen HR bekannt zu machen[108] und hat folgende Wirkungen:

- alle Vermögensgegenstände der übertragenden Rechtsträger gehen auf den übernehmenden Rechtsträger über
- die übertragenden Rechtsträger werden aufgelöst
- Anteilseigner der übertragenden Rechtsträger erhalten Anteile am übernehmenden Rechtsträger[109]

---

103 § 14 (2) UmwG.

104 § 17 (1) UmwG.

105 § 17 (2) UmwG.

106 § 17 (2) UmwG, §§ 63 (1) und (2) UmwG.

107 Es gibt Fälle, in denen das Vertretungsorgan deutlich vor Ablauf der Anfechtungsfrist erklärte, dass „bisher keine Klage gegen die Wirksamkeit“ erhoben wurde und die Transaktion auf dieser Basis ohne Wahrung der Anfechtungsfrist eingetragen wurde. Siehe AHLERS, M. (2003), S. 51.

108 § 19 (3) UmwG.

109 Jeweils § 20 (1) UmwG.

- Mängel erforderlicher Beurkundungen, Zustimmungs- und Verzichtserklärungen sowie sonstige Mängel werden geheilt[110]
- Gläubiger der übertragenden Gesellschaft(en), deren Forderungen gefährdet sind, können einen Anspruch auf Sicherheitsleistung erheben.[111]

Mit der Eintragung wird die Transaktion zum beschlossenen Verschmelzungsverhältnis durchgeführt. Das Verschmelzungsverhältnis kann von einzelnen übertragenden Anteilseignern trotz qualifizierten Mehrheitsbeschlusses als unangemessen niedrig abgelehnt werden. Daher widmet sich der folgende Abschnitt den Anforderungen bei seiner Bestimmung und bei der Überprüfung im Spruchverfahren.

2.3 Verschmelzungsverhältnis

Das Verschmelzungsverhältnis ist der wirtschaftliche Kern einer Verschmelzung und „wird nach der Vorstellung des Gesetzes typischerweise von den unabhängigen Vorständen ausgehandelt."[112] Diese Verhandlungen gingen „früher oft ziemlich summarisch her und wurden, wenn die Aktien beider Gesellschaft börsennotiert waren, am Kurse orientiert."[113] Nach 1945 hatte der Börsenkurs diese Rolle großenteils eingebüßt.[114] In einem Fall der Abfindungsbemessung entschied der BGH 1967 gegen die Berücksichtigung des Börsenkurses.[115] Diese Vorgehensweise wurde vom BVerfG 1999 für den Fall der Eingliederung durchbrochen und der Börsenkurs als Untergrenze der Abfindung etabliert.[116]

---

110 § 20 (2) UmwG.

111 § 22 (1) UmwG.

112 Siehe WIEDEMANN, H. (1978), S. 490.

113 Siehe SCHMALENBACH, E. (1950), S. 157.

114 „Der verkleinerte Markt läßt eine wirklich maßgebliche Preisbildung nicht mehr zu." SCHMALENBACH, E. (1950), S. 157.

115 „Der Börsenkurs kann sich mit dem wahren Wert der Aktien decken, er kann aber auch niedriger oder höher sein. Er ergibt sich aus dem im Augenblick der Kursbildung vorhandenen Verhältnis von Angebot und Nachfrage, das von der Größe oder Enge des Marktes, von zufallsbedingten Umsätzen, von spekulativen Einflüssen und sonstigen nicht wertbezogenen Faktoren wie politischen Ereignissen, Gerüchten, Informationen, psychologischen Momenten oder einer allgemeinen Tendenz abhängt. Außerdem unterliegt der Börsenkurs unberechenbaren Schwankungen und Entwicklungen." BGH, Urteil vom 30. März 1967, Az: II ZR 141/64.

116 Es ist aus verfassungsrechtlichen Gründen unvereinbar, „bei der Bestimmung der Abfindung oder des Ausgleichs für außenstehende Aktionäre…den Börsenkurs außer Acht zu lassen." Der Börsenkurs sei nur dann nicht Untergrenze bei der Bewertung, „wenn

Inzwischen liegt eine umfangreiche, divergierende Rechtsprechung zur Bestimmung des Verschmelzungsverhältnisses bei Abweichung von Börsenwert und Ertragswert vor.[117] Diese beruht auf dem unbestimmten Rechtsbegriff der Angemessenheit und führt zu Unsicherheit bei der Bestimmung und Beurteilung des Verschmelzungsverhältnisses. Nachfolgend wird daher ein Überblick über die Diskussion zur Angemessenheit und der Bewertung verschmelzender Gesellschaften gegeben.

2.3.1 Angemessenheit

Das UmwG bezweckt einen Schutz der Aktionäre vor einem unangemessenen Umtauschverhältnis. Das Gesetz bestimmt jedoch nicht, nach welchen materiellen Bewertungsgrundsätzen das Verschmelzungsverhältnis zu bestimmen ist.[118] Nach h.M. ist ein Verschmelzungsverhältnis angemessen, wenn die „erhaltenen Anteile [...den] Wert der hingegebenen Anteile im Wesentlichen erreichen.“[119] Ist das gewährleistet, stellen sich die Anteilseigner aus Vermögenssicht nicht schlechter als sie vor der Transaktion standen. In diesen Fällen wird das Ziel der Vermögenserhaltung[120] für die Anteilseigner aller beteiligten Gesellschaft erreicht.

Neben dem Ziel der Vermögenserhaltung ist für die Anteilseigner auch das Ziel der Vermögensverbesserung[121] zu unterstellen. Eine Vermögensverbesserung führt in Verschmelzungen ohne Synergien jedoch zur Umverteilung zwischen den Anteilseignern der beteiligten Rechtsträger und verletzt somit das Ziel der Vermögenserhaltung für die Anteilseigner einer Gesellschaft.[122] In Verschmelzungen mit Synergien ist eine Vermögensverbesserung für die Anteils-

---

der Börsenkurs ausnahmsweise nicht den Verkehrswert der Aktie widerspiegelt.“ BVerfG, Beschluss vom 27. April 1999, Az: 1 BvR 1613/94.

117 Für die Übertragbarkeit der BVerfG-Rechtsprechung auf Umwandlungen: Siehe WEILER, L./ MEYER, I. (2003), S. 669f., PILTZ, D. J. (2001), S. 205, PUSZKAJLER, K. P. (2003a), S. 1692, PASCHOS, N. (2003), S. 1017, STRATZ, R.-C. (2006), S. 174f., Tz. 47. Gegen eine Übertragbarkeit: RIEGGER, B. (1999), S. 1889f., BUNGERT, H./ ECKER, J. (2000), S. 1845, WILM, D. (2000b), S. 1070., BUNGERT, H. (2003), S. 699.

118 Siehe HOFFMANN-BECKING, M. (1990), S. 482.

119 LUTTER, M./ DRYGALA, T. (2004), S. 141f., Tz 18.

120 Siehe NONNENMACHER, R. (1982), S. 157.

121 Siehe MATSCHKE, M. J. (1984), S. 561, DRUKARCZYK, J./ SCHÜLER, A. (2007), S. 94.

122 In Verschmelzungen mit mehr als zwei beteiligten Rechtsträgern kann das Verschmelzungsverhältnis das Ziel der Vermögenserhaltung auch für die Anteilseigner von mehr als einem Rechtsträger verletzt sein.

eigner mindestens einer beteiligten Gesellschaft auch bei gleichzeitiger Vermögenserhaltung für die Anteilseigner der anderen Gesellschaft möglich. Folglich haben Synergien einen Einfluss auf die Angemessenheit des Verschmelzungsverhältnisses. Ihre Berücksichtigung in der Bestimmung des Verschmelzungsverhältnisses ist jedoch umstritten[123] und wird im folgenden Abschnitt erneut aufgegriffen.

Das Verschmelzungsverhältnis ist besonders umstritten wenn „erhebliche Aktienbeträge bereits im Besitz der übernehmenden Gesellschaft sind und für diese andere Umtauschinteressen bestehen, als bei den freien Aktionären der übertragenden Gesellschaft.“[124] Ist die übernehmende Gesellschaft zudem in der Lage, diese Interessen gegen die freien Aktionäre durchzusetzen, verliert die qualifizierte Mehrheitsentscheidung ihre Orientierungsfunktion. Über eine Trennung der Regelungen zwischen Verschmelzungen mit und ohne Konzernverhältnis wurde bei der Novellierung des UmwG im Jahr 1990 diskutiert.[125]

Gegenwärtig wird im Gesetz nicht zwischen Schutzvorschriften für Verschmelzungen mit gleichgerichteten Interessen aller Verhandlungsparteien und für Verschmelzungen in Konzernverhältnis oder bei Doppelbeteiligung eines Mehrheitsaktionärs unterschieden.[126] Eine Unterscheidung nach der Schutzbedürftigkeit der (freien) Anteilseigner kann jedoch innerhalb des Begriffs der Angemessenheit vorgenommen werden.[127] Zusätzlich zur Angemessenheit je nach Transaktionssituation wird in der Literatur über die Übertragbarkeit der DAT-Rechtsprechung auf Verschmelzungsfälle kontrovers diskutiert. In aktuellen Verschmelzungsberichten findet sich daher häufig ein Hinweis, dass der (anteilige) Ertragswert den Börsenkurs der übertragenden Gesellschaft übersteigt. Ob dadurch gewährleistet werden kann, dass sich übertragende Anteilseigner durch die Verschmelzung aus Vermögenssicht nicht schlechter als ohne Transaktion stellen, wird in Kapitel 3.2 detailliert diskutiert.

Das OLG Stuttgart basierte seine Entscheidung im Fall der Verschmelzung der voneinander unabhängigen Wüstenrot-Beteiligungs-AG und Württembergische AG Versicherungs-Beteiligungsgesellschaft auf der Tatsache, dass die Anteilseigner der übertragenden Gesellschaft gleichgerichtete wirtschaftliche Inte-

---

123 Für die explizite Berücksichtigung: OSSADNIK, W. (1990), S. 457ff., VETTER, J. (2002), S. 2003, MÜLLER, S. (2005), S. 44f., STRATZ, R.-C. (2006), S. 169f., Tz. 26ff. Dagegen hingegen: Siehe IDW (2008a), S. 303f., Tz. 55, LUTTER, M./ DRYGALA, T. (2004), S. 251, Tz. 31, MERTENS, H.-J. (1992), S. 321ff., SEETZEN, U. (1994), S. 45ff.

124 SCHMALENBACH, E. (1950), S. 158.

125 Siehe PRIESTER, H.-J. (1990), S. 444

126 Siehe GUDE, C. (2004), S. 45.

127 Siehe GUDE, C. (2004), S. 60.

ressen verfolgen. Daher setzt es einen geringeren Prüfungsmaßstab an als für Verschmelzungen mit Konzernverhältnis nötig. Das Gericht begründet seine Entscheidung damit, dass „bei einem vertragsautonom ausgehandelten und von der Aktionärsmehrheit gebilligten Verschmelzungsvertrag eine höhere Gewähr dafür [besteht], dass die Vorstände die wirtschaftlichen Interessen der Anteilseigner ihres jeweiligen Unternehmens hinreichend berücksichtigt und durchgesetzt haben.“[128] Daher schränkt es die Prüfung des Verschmelzungsverhältnisses ein und konzentriert sich darauf, „ob bei der Unternehmensbewertung rechtliche Bestimmungen eingehalten und Tatsachen richtig zugrunde gelegt wurden.“[129]

Im Spruchverfahren zur Verschmelzung der Hypo-Vereinsbank stand die Frage im Mittelpunkt, ob das Verschmelzungsverhältnis von zwei börsennotierten Gesellschaften zwingend auf Basis der Börsenwerte zu bestimmen ist. Das BayObLG lehnt eine entsprechende Forderung als unbegründet ab und verweist darauf, dass Unternehmensbewertung auch unter Berücksichtigung der BVerfG-Rechtsprechung auf Basis der Ertragswertmethode erfolgen kann.[130] Daher ist „bei Verschmelzung gleichberechtigter Gesellschaften [...] bei der Ermittlung des Umtauschverhältnisses nicht maßgeblich auf den Börsenwert“ abzustellen.[131]

In seiner Entscheidung zur Verschmelzung von Wüstenrot-Beteiligungs-AG und Württembergische AG Versicherungs-Beteiligungsgesellschaft lehnt das OLG Stuttgart die Heranziehung des Börsenkurses „auch aus grundsätzlichen Erwägungen“ ab.[132] Ein Grund für die Ablehnung ist bereits, dass einer der beiden Verschmelzungspartner vor der Verschmelzung nicht börsennotiert war und die Börsenkurse daher nicht als „geeigneter Vergleichsmaßstab“ herangezogen werden können.[133]

Aufgrund gegensätzlicher wirtschaftlicher Interessen innerhalb einer Verschmelzungspartei sind außenstehende Minderheitsanteilseigner in Verschmelzungen mit Konzernverhältnis oder bei Doppelbeteiligung eines Mehrheitsanteilseigners besonders schutzbedürftig. Daher ist im Spruchverfahren ein strengerer Prüfungsmaßstab anzulegen, um „einen angemessenen Interessenausgleich zwischen den Aktionären einer Gesellschaft herzustellen.“[134]

---

128 OLG Stuttgart, Beschluss vom 08. März 2006, Az: 20 W 5/05.
129 OLG Stuttgart, Beschluss vom 08. März 2006, Az: 20 W 5/05.
130 BayObLG, Beschluss vom 18. Dezember 2002, Az: 3 Z BR 116/00.
131 BayObLG, Beschluss vom 18. Dezember 2002, Az: 3 Z BR 116/00.
132 OLG Stuttgart, Beschluss vom 08. März 2006, Az: 20 W 5/05.
133 OLG Stuttgart, Beschluss vom 08. März 2006, Az: 20 W 5/05.
134 OLG Stuttgart, Beschluss vom 08. März 2006, Az: 20 W 5/05.

Streitig ist bisher jedoch, mit welchem Bewertungsmaßstab dem Schutzbedürfnis der Minderheitsanteilseigner nachzukommen ist. In Übertragung des Rechtsmaßstabs dominierter Transaktionssituationen wie der Eingliederung auf eine Verschmelzung wird die Gesellschaft der übertragenden Minderheitsanteilseigner in Einklang mit den Grundsätzen des BVerfG mit dem höheren aus Ertragswert und Börsenwert bewertet.[135]

Die DAT-Rechtsprechung darf jedoch nur im Sinne einer Untergrenze auf die Obergesellschaft einer Verschmelzung übertragen werden.[136] Als gleichzeitige Obergrenze scheidet der Börsenwert aus, da auch die Obergesellschaft einen höheren Wert haben kann, als durch den Börsenkurs repräsentiert.[137]

Liegen die Ertragswerte der Gesellschaften jeweils über den Börsenwerten erscheint es fraglich, ob das auf Basis der Ertragswerte bestimmte Verschmelzungsverhältnis dem Schutzbedürfnis der Minderheit in allen Fällen gerecht wird. Schließlich wird den Minderheitsanteilseignern im Gegensatz zur Eingliederung gerade kein Austrittsrecht gegen Barzahlung gewährt, sondern ein Umtausch der Anteile vorgenommen.

Das Ermessen in der Bestimmung der Ertragswerte ist jedoch dadurch eingeschränkt, dass die verschmelzenden Gesellschaften relativ zu einander zu bewerten sind, was die Minderheitsanteilseigner vor einseitigen Interessen eines Mehrheitsanteilseigners schützen soll.[138] Dieses erfolgt durch Abstimmung zentraler Planungsprämissen für die verschmelzenden Gesellschaften wie Annahmen zur Konjunktur-, Zins-, Wechselkurs- oder Rohstoffpreisentwicklung.[139] Sind die verschmelzenden Gesellschaften auf vergleichbaren Märkten tätig, bedürfen unterschiedliche Annahmen für Wachstum und Margen einer kritischen Würdigung.

In der Praxis wird das Verschmelzungsverhältnis börsennotierter Gesellschaften überwiegend auf Basis der Ertragswerte bestimmt. Daher werden im nächsten Abschnitt Grundlagen der Unternehmensbewertung mit Relevanz für Verschmelzungen vorgestellt.

---

135 Siehe MARTENS, K.-P. (2003), S. 594ff.

136 Auch für die übernehmende Gesellschaft ist der Börsenwert als Mindestwert anzusehen. Zur Maßgeblichkeit eines höheren Ertragswertes bedarf es jedoch der Darlegung der dafür verantwortlichen Umstände. Siehe PASCHOS, N. (2003), S. 1018.

137 „Abfindungsberechtigte Minderheitsaktionäre haben keinen verfassungsrechtlich geschützten Anspruch darauf, dass die Aktien der herrschenden Gesellschaft höchstens mit ihrem Börsenkurs bei der Ermittlung der Relation berücksichtigt werden.“ BVerfG, Beschluss vom 27. April 1999, Az: 1 BvR 1613/94.

138 Siehe STRATZ, R.-C. (2006), S. 170, Tz. 28.

139 Siehe ZEIDLER, G.W. (2007), S. 210, Tz. 36, IDW (2008a), S. 302f., Tz. 52.

2.3.2 Unternehmensbewertung

Das Verschmelzungsverhältnis bestimmt sich aus dem Verhältnis der Unternehmenswerte der verschmelzenden Gesellschaften. Dem hingegen berücksichtigt das Umtauschverhältnis zudem die Einteilung des jeweiligen Grundkapitals und beschreibt somit das Verhältnis, zu dem die Aktien getauscht werden. Das UmwG legt keine Methode zur Bewertung der beteiligten Gesellschaften fest.[140] Stattdessen kann das Vertretungsorgan eine Methode wählen und deren Angemessenheit für die Bestimmung des Verschmelzungsverhältnisses im Verschmelzungsbericht begründen.[141]

Aus dem Verschmelzungsprüfungsbericht muss hervorgehen, nach welchen Bewertungsmethoden das Verschmelzungsverhältnis ermittelt wurde.[142] Wird das Verschmelzungsverhältnis auf Basis einer Kombination mehrerer Unternehmensbewertungsmethoden bestimmt, ist das im Prüfungsbericht ausführlich zu erläutern und das jeweilige Verschmelzungsverhältnis anzugeben, das sich bei alleiniger Anwendung der jeweiligen Methode ergeben würde.[143] Dabei muss der Verschmelzungsprüfer auch über die Gewichtung der verschiedenen Methoden berichten.[144] Die Anwendung unterschiedlicher Bewertungsmethoden für die beteiligten Rechtsträger und deren Implikation wird ausführlich in Kapitel 3.2 diskutiert.

Grundsätzlich ist zu berücksichtigen, dass mit keiner Methode punktgenaue Unternehmenswerte und damit verbundene Umtauschverhältnisse ermittelt werden können.[145] Aufgrund der „Volatilität der Börsenkurse und der Ungenauigkeiten der Prognose-methoden“ wird stattdessen mit Hilfe der Börsenkurse, einer Ertragswert- oder DCF-Methode ein „Näherungswert innerhalb einer Bandbreite“ bestimmt.[146]

Die Bestimmung des Unternehmenswertes auf Basis der Börsenkurse wurde durch die Entscheidung des BVerfG 1999 bestätigt und deren Ausgestaltung auf

---

140 Siehe GEHLING, C. (2007), S. 184, Tz. 24. In Bezug auf Ertrags- und Börsenwert bestätigend: BVerfG, Beschluss vom 30. Mai 2007, Az: 1 BvR 1267/06, 1 BvR 1280/06.

141 § 12 (2) UmwG.

142 Siehe BUHLA, T. / SCHLÖSSER, J. (2002), S. 203, Tz. 109, STRATZ, R.-C. (2006), S. 176, Tz. 51, ZEIDLER, G.W. (2007), S. 210, Tz. 36.

143 § 12 (2) S. 2 Nr. 3 UmwG.

144 Siehe BUHLA, T. / SCHLÖSSER, J. (2002), S. 207., Tz. 114f.

145 LG München I, Beschluss vom 27. März 2000, Az: 5 HKO 19156/98. Zustimmend: LG Mannheim, Beschluss vom 25. März 2002, Az: 23 AktE 1/97.

146 LG Mannheim, Beschluss vom 25. März 2002, Az: 23 AktE 1/97.

einfachrechtlicher Ebene konkretisiert.[147] Nach heute mehrheitlicher Auffassung wird der Börsenwert in Anlehnung an die WpÜG Angebots-VO auf Basis der volumengewichteten Börsenkurse in den drei Monaten vor Ankündigung der Strukturmaßnahme ermittelt.[148]

In der Praxis werden Verschmelzungsverhältnisse jedoch überwiegend auf Basis der Ertragswerte der verschmelzenden Gesellschaften bestimmt.[149] Die Ertragswerte werden i.d.R. unter Einhaltung des IDW Standards S 1: „Grundsätze zur Durchführung von Unternehmensbewertungen" als objektivierte Unternehmenswerte ermittelt.[150] Bei der Ermittlung objektivierter Unternehmenswerte wird von den Besonderheiten des Bewertungssubjekts bei der Beurteilung der Gewinnerwirtschaftung abstrahiert.[151] Dadurch werden „die im Bewertungssubjekt liegenden Ursachen besonderer Wertschätzung [...] ausgeschaltet".[152] Anstelle subjektiver Einschätzungen werden typische, für den durchschnittlichen Anteilseigner zutreffende Einschätzungen verwendet. Die Unternehmensbewertungen auf Basis dieser weitgehend ermessensfreien Informationen[153] sollen zur Ermittlung eines nachvollziehbaren Verschmelzungsverhältnisses führen.

2.3.3 Berücksichtigung von Synergien

„Unter Synergien versteht man die Veränderung der finanziellen Überschüsse, die durch den wirtschaftlichen Verbund zweier oder mehrerer Unternehmen entstehen und von der Summe der isoliert entstehenden Überschüsse abwei-

147 OLG Stuttgart, Beschluss vom 16. Februar 2007, Az: 20 W 6/06, BVerfG, Beschluss vom 29. November 2006, Az: 1 BvR 704/03 sowie vom 27. April 1999, Az: 1 BvR 1613/94.

148 Siehe Siehe STRATZ, R.-C. (2006), S. 175f., Tz. 50 in Bezug auf BGH, Beschluss vom 12. März 2001, Az: II ZB 15/00.

149 Siehe IDW (2008a), S. 299f., Tz. 55.

150 Siehe Verschmelzungsberichte von Deutsche Telekom/ T-Online, Telunico, Betasystems, GroupTec.

151 „Der objektivierte Unternehmenswert ist ein intersubjektiv nachprüfbarer Zukunftserfolgswert aus Sicht der Anteilseigner, der sich bei der Fortführung des Unternehmens in unverändertem Konzept und mit allen realistischen Zukunftserwartungen im Rahmen seiner Marktchancen und -risiken, finanziellen Möglichkeiten sowie sonstigen Einflussfaktoren nach den Grundsätzen betriebswirtschaftlicher Unternehmensbewertung und unter einer anlassbezogenen Typisierung der steuerlichen Verhältnisse der Anteilseigner bestimmen lässt" Siehe IDW (2008a), S. 26, Tz. 76.

152 Die Befähigung der Gewinnerwirtschaftung ist unternehmensinhärent, gleichgültig wer das Unternehmen führt. Siehe JAENSCH, G. (1966), S. 5.

153 Siehe SCHUBERT, H. (1990), S. 125.

chen."[154] Sie beruht auf der Bündelung von Ressourcen der beteiligten Rechtsträger bei einem der beiden."[155] Diese Veränderung der finanziellen Überschüsse wird nach ihrer Erzielbarkeit in unechte und echte Synergien unterschieden.[156] Während unechte Synergien „ohne Durchführung der dem Bewertungsanlass zugrunde liegenden Maßnahme"[157] erzielt werden können, entstehen echte Synergien „erst mit Durchführung der dem Bewertungsanlass zugrunde liegenden Maßnahme".[158] Entgegen der oft erwarteten Synergien haben „Nicht alle Fusionen [...] den erwarteten Erfolg gebracht" [159] und erweisen sich ex post als wertvernichtend.[160]

Die Höhe der erwarteten Synergien kann ermittelt werden, wenn detaillierte Informationen über synergieverantwortliche Faktoren beider Gesellschaften vorliegen.[161] Auf Basis dieser Informationen kann die transaktionsbedingte Veränderung der finanziellen Überschüsse der Folgejahre geschätzt werden.

Die Berücksichtigung von Synergien ist bei der Ermittlung des Verschmelzungsverhältnisses jedoch umstritten.[162] Grundsätzlich wird sie in Rechtsprechung und Praxis von der Funktion der Unternehmensbewertung abhängig gemacht. In die Berechnung der Barabfindung ausscheidender Anteilseigner des übertragenden Rechtsträgers sind unechte und echte Synergien einzubeziehen. Für die Berechnung des Verschmelzungsverhältnisses werden die beteiligten Gesellschaften jeweils nach dem stand-alone Prinzip ohne die Berücksichtigung echter Synergien bewertet.[163]

---

154 IDW (2008b), S. 277, Tz. 33.

155 OSSADNIK, W./ MAUS, S. (1995), S. 105.

156 Siehe FLEISCHER, H. (1997), S. 370f.

157 Siehe IDW (2008b), S. 277, Tz. 34.

158 Siehe IDW (2008b), S. 278, Tz. 50.

159 SCHMALENBACH, E. (1950), S. 148.

160 Siehe JENSEN, M. C./ RUBACK, R. S. (1983), S. 5ff.

161 Dazu zählen insbesondere synergierelevante Umsatzgrößen, operative Kosten, Investitionen und die mit der Transaktion und der Synergieerzielung verbundenen Integrationskosten. Die transaktionsbedingte Veränderung der Überschüsse kann zudem durch gemeinsame Finanzierung und Besteuerung beeinflusst werden. Siehe KÜTING, K. (1981), S. 178ff.

162 Für die explizite Berücksichtigung: BÖCKING, H.-J. (1994), S. 1423, STRATZ, R.-C. (2006), S. 169f., Tz. 26ff., MÜLLER, S. (2005), S. 156, 162f. Gegen die explizite Berücksichtigung: KORT, M. (1999), S. 415ff., WEILAND, N. G. (2003), S. 231., LUTTER, M./ DRYGALA, T. (2004), S. 251, Tz. 31, MARSCH-BARNER, R. (2006), S. 113, Tz. 17. ZEIDLER, G.W. (2007), S. 212, Tz. 46, IDW (2008a), S. 303f., Tz. 55.

163 Siehe BUHLA, T. / SCHLÖSSER, J. (2002), S. 160f., Tz. 35f., ZEIDLER, G.W. (2007), S. 212f., Tz. 46-48, IDW (2008a), S. 277, Tz. 34 (soweit unterstellt, dass Verschmelzungsverhältnisse auf Basis objektivierter Werte ermittelt werden).

Mit der Entscheidung des BGH 2001 sind echte Synergien in der Bestimmung von Abfindung und Ausgleich einbeziehungspflichtig, soweit sie im Börsenkurs ihren Niederschlag gefunden haben.[164] Hält man die DAT/Altana Rechtsprechung auf Verschmelzungsfälle (insbesondere mit Konzernverhältnis) für übertragbar, dann können (echte) Synergien auch bei der Bestimmung des Verschmelzungsverhältnisses nicht außer Acht gelassen werden.[165]

In der betriebswirtschaftlichen Literatur wurde die explizite Berücksichtigung von Synergien schon früh gefordert.[166] Dabei wird u.a. argumentiert, dass Synergien erst durch die Kombination beider Gesellschaften realisiert werden können und Anteilseigner im Rahmen eines (freiwilligen) Verkaufs ihrer Gesellschaft die Beteiligung an der erwarteten Wertsteigerung fordern können.[167] Zudem führt auch die Bestimmung des Verschmelzungsverhältnisses auf Basis der stand-alone Unternehmenswerte zur impliziten Beteiligung der Anteilseigner der verschmolzenen Gesellschaft an den Synergien.[168] Diese implizite Verteilung der Synergien entsprechend der stand-alone Unternehmenswerte bzw. des Verschmelzungsverhältnisses ist wenig transparent und benachteiligt tendenziell die Anteilseigner der kleineren Gesellschaft.[169]

Sollen Synergien abweichend vom Ertragswertverhältnis verteilt werden, müssen sie bei der Bestimmung des Verschmelzungsverhältnisses explizit berücksichtigt werden.[170] Dabei kommt es darauf an, dass die jeweiligen Anteilseigner der beteiligten Gesellschaften angemessen an den Verbundvorteilen partizipieren.[171] Bei der Auslegung der Angemessenheit ist den Gerichten ein weiter Spielraum zuzubilligen,[172] da eine theoretisch richtige Verteilung von Synergien grundsätzlich nicht erreichbar ist.[173]

Für die Zuordnung der Synergien zu den verschmelzenden Gesellschaften bestehen unterschiedliche Lösungsansätze. Als solche wurden die einseitige, ertragswertorientierte, ertragswertzuwachsorientierte, mengeninduzierte und

164 BGH, Beschluss vom 12. März 2001, Az: II ZB 15/00.

165 Siehe MÜLLER, S. (2005), S. 156f.

166 In Bezug auf Abfindung und Ausgleich: DRUKARCZYK, J. (1973), S. 365, KÜTING, K. (1981), S. 189, BÖCKING, H.-J. (1994), S. 1423, BUSSE VON COLBE, W. (1994), S. 605, OSSADNIK, W. (1995b), S. 82, FLEISCHER, H. (1997), S. 386f.

167 Siehe FLEISCHER, H. (1997), S. 393f.

168 Siehe DIRRIGL, H. (1990), S. 189.

169 Siehe ANGERMAYER, B./ OSER, P. (2004), S. 774, Tz. 1837.

170 Siehe MÜLLER, W. (2006), S. 140, Tz. 36.

171 OLG Stuttgart, Beschluss vom 08. März 2006, Az: 20 W 5/05.

172 Siehe FLEISCHER, H. (1997), S. 399.

173 Siehe KÜTING, K. (1981), S. 189, OSSADNIK, W. (1997), S. 886.

hälftige Zuordnung von Synergien diskutiert.[174] Synergien resultieren aus einer neuen Verwertung von Erfolgsfaktoren und sind somit zwingend subjektiv zu verteilen.[175] Allerdings muss die subjektive Verteilung sicherstellen, dass die Synergien beiden Parteien einer Verschmelzung zu Gute kommen.[176]

Die Verteilung von Synergien entsprechend der Börsenkurse vor Ankündigung der Transaktion und die ertragswertorientierte Verteilung werden dafür kritisiert, dass (stand-alone) Unternehmenspreise bzw. Unternehmenswerte nicht zwingend den jeweiligen Beitrag der transaktionsbedingten Synergien reflektieren.[177] Auch eine Verteilung entsprechend der Börsenkurse nach Ankündigung der Transaktion scheidet aus, da sie Erwartungen über die Verteilung dessen enthalten, was erst durch Zuordnung verteilt werden soll.[178]

Geht man der Verteilungsfrage mit dem Instrumentarium der Spieltheorie nach, sind Verschmelzungen mit Synergien als kooperatives Spiel einzuordnen, das nur unter bestimmten Bedingungen stabil ist (relative Stabilität).[179] Die mit der Transaktion erwarteten Synergien können definitionsgemäß nur durch Verschmelzungsbeschluss der Anteilseigner der spezifischen Gesellschaften erzielt werden. Ohne zusätzliche Informationen über synergieverantwortliche Faktoren können Synergien aufgrund des beidseitigen Zustimmungserfordernisses kaum anders als hälftig verteilt werden.[180]

Die hälftige Verteilung von Synergien wird jedoch als „Resignation vor der Synergieentstehungsproblematik“[181] gewertet. Das Fehlen eines theoretisch richtigen verursachungsgerechten Verteilungsmodus und die praktischen Schwierigkeiten bei der Quantifizierung von Synergien „stehen einer normativ gebotenen expliziten Zurechnung nicht entgegen.“[182] Daher sollte die Aufteilung des Verbundeffektes „nach sachgerechtem Ermessen flexibel unter Beachtung der wirtschaftlichen Zweckmäßigkeit und der jeweils sachlichen Besonderheit“ vorgenommen werden.[183]

---

174 Siehe EISENFÜHR, F. (1971), S. 476, SIGLOCH, J. (1974), S. 164.

175 Siehe OSSADNIK, W. (1993b), S. 50.

176 Siehe OSSADNIK, W. (1997), S.886.

177 Siehe BÖCKING, H.-J. (1994), S. 1426f.

178 Siehe MÜLLER, S. (2005), S. 148.

179 Siehe OSSADNIK, W. (1993a), S. 78.

180 Bei besserer Informationslage sollten Synergien theoretisch mit den Rekonstruktionswerten synergieverantwortlicher Erfolgsfaktoren verteilt werden. Siehe OSSADNIK, W. (1990), S. 468f.

181 Siehe OSSADNIK, W. (1997), S.886.

182 MÜLLER, S. (2005), S. 203.

183 Siehe WEILAND, N. G. (2003), S. 219.

In dieser Arbeit führen Synergien zu einem Verhandlungsspielraum bei der Bestimmung des Verschmelzungsverhältnisses.[184] Dieser wird durch die jeweils einseitige Verteilung der erwarteten Synergien begrenzt.[185]

2.4 Spruchverfahren

Das Spruchverfahren ist ein sekundäres Instrument des Eigentumsschutzes in gesellschaftsrechtlichen Strukturmaßnahmen. Es wurde „erstmals 1936 in das deutsche Recht eingeführt, […] zunächst beschränkt auf [...] das Umwandlungsrecht.“[186] Die Vorschriften zum Spruchverfahren wurden durch Erweiterung des AktG im Jahr 2003 im neu geschaffenen SpruchG gebündelt.

2.4.1 Gegenstand und Ziel

Ziel des Spruchverfahren ist die Überprüfung und ggf. Korrektur der Auswirkungen einer gesellschaftsrechtlichen Strukturmaßnahme wie der Höhe von Abfindung und Ausgleich eines Beherrschungs- und/oder Gewinnabführungsvertrags, der Abfindung in Aktien der Hauptgesellschaft bei der Eingliederung, der Barabfindung im Squeeze-out und des Verschmelzungsverhältnisses bei der Verschmelzung.[187]

Das Spruchstellengericht hat nach dem Amtsermittlungsgrundsatz eine Pflicht zur Sachaufklärung.[188] Aufgrund der Breite der in Zusammenhang mit einer Unternehmensbewertung stehenden Tatsachen beschränkt sich die Aufklärungspflicht seit der Einführung des SpruchG auf die Überprüfung einzelner, konkret gerügter Fehler.[189] Zuvor wurde im Spruchverfahren z. T. eine vollständige Neubewertung der an der Strukturmaßnahme beteiligten Gesellschaft(en) vorgenommen, was zu erheblichen Verzögerungen im Verfahrensablauf führte.

Grundsätzlich sind die Kosten des Spruchverfahrens von der Gesellschaft bzw. ihrer Rechtsnachfolgerin zu tragen, die Strukturmaßnahme durchgeführt

184 Die detaillierte Begründung folgt in Kapitel 3.3.

185 Die Beurteilung der Angemessenheit wird z. T. enger begrenzt. Dabei wird die ertragswertorientierte Zuordnung als Untergrenze und die hälftige Zuordnung von Synergien als Obergrenze betrachtet. Siehe DIRRIGL, H. (1990), S. 191, ANGERMAYER, B./ OSER, P. (2004), S. 774, Tz. 1834.

186 Siehe NEYE, H.-W. (2003), S. 13.

187 § 1 SpruchG.

188 Siehe LUTTER, M./ BEZZENBERGER, T. (2000), S. 433ff.

189 Siehe LAMB, J./ SCHLUCK-AMEND, A. (2003), S. 1262f. Nach OLG Frankfurt müssen sich die Einwendungen auf einzelne überprüfbare Punkte der Unternehmensbewertung konzentrieren und diese begründen. Siehe OLG Frankfurt/M., Beschluss vom 4. Januar 2006, Az: 20 W 203/05.

hat. Daher genießen Anteilseigner, die das gesellschaftsrechtliche Spruchverfahren beantragen, „Rechtsschutz ohne Kostenrisiko".[190]

2.4.2 Gerichtliche Zuständigkeit und Verfahrensablauf

Ein Aktionär der übertragenden Gesellschaft, der den Verschmelzungsbeschluss aufgrund eines zu niedrig bemessenen Umtauschverhältnisses nicht anfechten konnte, kann vom übernehmenden Rechtsträger „Ausgleich durch bare Zuzahlung verlangen."[191] Vor Gericht muss er seine Antragsberechtigung dadurch nachweisen. Diese ist gegeben, wenn er „zum Zeitpunkt der Antragstellung Anteilsinhaber"[192] der übertragenden Gesellschaft war.

Verschmelzen zwei Gesellschaften im Wege der Aufnahme, so ist das Landgericht zuständig, in dem die übertragende Gesellschaft ihren Sitz hat.[193] Verschmelzen mehr als zwei Gesellschaften im Wege der Aufnahme oder mindestens zwei im Wege der Neugründung, so können die Anteilseigner mehrerer übertragender Gesellschaften antragsberechtigt sein. Stehen die gerügten Strukturmaßnahmen in einem sachlichen Zusammenhang[194], so sieht das SpruchG für die gerügten Vermögensübertragungen gegen Anteilsgewährung ein gemeinsames Spruchverfahren vor. Für dieses ist das Gericht zuständig, bei dem zuerst ein Ausgleich durch bare Zuzahlung verlangt wurde.[195]

Zur Wahrung der Rechte nicht Antrag stellender Aktionäre bestellt das zuständige Gericht einen gemeinsamen Vertreter.[196] Im gemeinsamen Spruchverfahren sind die Rechte der Anteilseigner mehrerer übertragender Gesellschaften durch mehrere gemeinsame Vertreter zu wahren, da von konkurrierenden Interessen auszugehen ist. Auch wenn alle Anteilseigner ihre Anträge zurückziehen, kann der (jeweilige) gemeinsame Vertreter das Verfahren fortsetzen.[197] Dadurch

---

190 HOFFMANN-BECKING, M. (1990), S. 484

191 § 15 (1) UmwG.

192 § 3 SpruchG.

193 § 2 SpruchG.

194 „Grundvoraussetzung für einen sachlichen Zusammenhang bei solchen Mehrfachumstrukturierungen ist, das mindestens ein zu bewertender Rechtsträger identisch ist. Hinzu kommen muss, dass die in Rede stehenden Strukturmaßnahmen nicht nur zufällig parallel ablaufen, sondern einen rechtlichen oder wirtschaftlichen Zusammenhang aufweisen. Das ist immer der Fall, wenn die Strukturmaßnahmen rechtlich derart miteinander verbunden sind, dass das Schicksal der einen Maßnahme auch vom Schicksal der anderen Maßnahme abhängt." SIMON, S. (2007), S. 81.

195 § 4 FGG.

196 § 6 (1) SpruchG.

197 § 6 (3) SpruchG.

soll vermieden werden, dass „Verfahren mit dem Ziel eingeleitet werden, sich 'auskaufen' zu lassen".[198]

Das Spruchstellengericht kann einen Sachverständigen zur Beurteilung der konkret gerügten Fehler und ihrer Auswirkungen auf das Verschmelzungsverhältnis hinzuziehen. Aufgrund bestehender Sachkenntnis und der gerichtlichen Bestellung erlangt der Verschmelzungsprüfer zunehmend eine Rolle als gerichtlicher Sachverständiger. Erachtet das Spruchstellengericht gerügte Fehler als korrekturbedürftig, so wird es ein angemessenes Verschmelzungsverhältnis bestimmen und dadurch über Höhe der baren Zuzahlung beschließen.[199]

Die Verfahrensbeteiligten können sofortige Beschwerde gegen die erstinstanzliche Entscheidung einlegen.[200] In diesen Fällen entscheidet das OLG und kann neue Tatsachen berücksichtigen, die mit der Beschwerde vorgebracht wurden.[201] Das OLG ist die letzte Instanz eines Spruchverfahrens.[202]

Spruchverfahren können durch gerichtlichen Beschluss oder gerichtlichen Vergleich beendet werden.[203] Gerade wenn ein gerichtlicher Vergleich in der ersten Instanz erzielt werden kann, reduziert dieser die Verfahrensdauer und dessen Kosten. In der Vergangenheit führten Spruchverfahren mit einer Dauer „von durchschnittlich fünf, oft aber deutlich mehr Jahren" zu Beanstandungen.[204] Diese Verfahrensdauer ist z.T. auf die Notwendigkeit sachverständiger Hilfe und die Komplexität von Unternehmensbewertungen zurückzuführen.[205] In einem Abfindungsfall nach Abschluss eines Beherrschungs- und Gewinnabführungsvertrags, bei dem im Rahmen des Spruchverfahrens kein neues Bewertungsgutachten für die beteiligten Gesellschaften eingeholt werden konnte, wurde daher auf den Börsenkurs abgestellt.[206]

2.4.3 Entscheidung und ihre Folgen

Im Spruchverfahren einer übertragenden Gesellschaft darf die Entscheidung über eine bare Zuzahlung nicht zu einer Verschlechterung der Vermögenssituation der antragstellenden Aktionäre führen. Dieser Grundsatz wird reformatio in

198 Für den analog gelagerten Fall von Unternehmensverträgen. Siehe BEYERLE, K. (1977), S. 661.

199 § 11 SpruchG.

200 § 12 (1) SpruchG.

201 §§ 12 (2) Satz 1 SpruchG und 23 FGG.

202 § 12 (2) Satz 2.

203 §§ 11 (2)-(4) SpruchG.

204 Siehe NEYE, H.-W. (2003), S. 13.

205 Siehe PUSZKAJLER, K. P. (2003b), S. 519.

206 BayObLG, Beschluss vom 29. September 1998, Az: 3 Z BR 159/94.

peius[207] genannt und führt dazu, dass ein nach Überzeugung des Spruchstellengerichts zulasten der übernehmenden Anteilseigner gewähltes Verschmelzungsverhältnis nicht korrigiert wird. Sind jedoch zwei übertragende Gesellschaften Parteien eines gemeinsamen Spruchverfahrens, so kann das Gericht eine bare Zuzahlung zugunsten genau einer Partei bestimmen.[208] Für den Zeitraum nach der Eintragung der Verschmelzung und der Bekanntgabe der rechtskräftigen Entscheidung im Spruchverfahren ist die bare Zuzahlung mit jährlich zwei Prozent über dem jeweiligen Diskontsatz der Deutschen Bundesbank zu verzinsen.[209]

Alle Anteilseigner der übertragenden Gesellschaft erhalten die gerichtlich bestimmte bare Zuzahlung, auch wenn sie keinen Antrag auf Spruchverfahren gestellt haben.[210] Diese sog. inter-omes[211] Wirkung der Entscheidung im Spruchverfahren ermöglicht eine Gleichbehandlung der übertragenden Anteilseigner[212], die die Verschmelzung durch Beschluss ermöglicht haben, ohne das Verschmelzungsverhältnis zu rügen, und derjenigen, die einen Antrag auf Verbesserung des Verschmelzungsverhältnisses gestellt haben.

Die bare Zuzahlung ist von der übernehmenden Gesellschaft als Antragsgegnerin des Spruchverfahrens zu leisten. Die Anteilseigner der übertragenden Gesellschaft werden mit der Eintragung der Verschmelzung zu Anteilseignern der übernehmenden Gesellschaft. Folglich wird die bare Zuzahlung an einen Teil ihrer Anteilseigner geleistet. Grundsätzlich besteht jedoch ein Verbot der Einlagenrückgewähr.[213] In der Literatur wird daher diskutiert, inwiefern die bare Zuzahlung den Charakter einer ausnahmsweise erlaubten Einlagenrückgewähr

---

207 Lat. reformatio für Veränderung, lat. peius für das Schlechtere, zusammen Verbot der Schlechter-stellung.

208 Zwei zeitgleiche Verschmelzungen durch Aufnahme von derselben Gesellschaft sind nicht in einem gemeinsamen Spruchverfahren zusammenzufassen, wenn beide Verschmelzungen getrennt voneinander durchgeführt werden können und der sachliche Zusammenhang somit nicht besteht. Beispielhaft siehe parallele Verschmelzungen der 'GROUP Technologies AG' und der 'GAP AG für GSM Applikationen und Produkte' jeweils durch Aufnahme von der Globalware AG für die am LG Mannheim (Az. 24 AktE 2/06) und am LG Meiningen (Az. HK O 68/06) jeweils ein Spruchverfahren beantragt wurde.

209 § 15 (2) UmwG.

210 § 13 (1) SpruchG.

211 Lat. für „unter allen".

212 § 53a AktG.

213 § 57 AktG.

hat.[214] Diese Frage ist bedeutend, da die inter-omes Wirkung der baren Zuzahlung potentiell eine erhebliche Belastung für die übernehmende Gesellschaft darstellt.[215]

Zur Verhinderung eines hohen Liquiditätsabflusses wurde in der Literatur vorgeschlagen, den gerichtlich bestimmten Ausgleich nicht durch bare Zuzahlung sondern durch Gewährung von Aktien auszugestalten.[216] In einem zu Spruchverfahren ähnlichen Fall wurde das Verschmelzungsverhältnis durch Gewährung von Aktien aus dem Bestand eines Mehrheitsaktionärs zugunsten außenstehender Anteilseigner angepasst.[217] In vielen Fällen der Praxis ist jedoch nicht davon auszugehen, dass die übernehmende Gesellschaft über genügend eigene Aktien verfügt, um das Verschmelzungsverhältnis mit diesen zu korrigieren.[218] Erschwerend kommt hinzu, dass der Wert von Aktien nicht teilbar ist[219] und ein Spitzenausgleich ebenfalls in bar geleistet werden müsste.[220]

Dennoch wird gegenwärtig diskutiert, ob die bisherige Möglichkeit zur Anfechtungsklage bei Verschmelzungs- oder Kapitalerhöhungsbeschlüssen durch einen Ausgleichsanspruch auf Aktien und Spruchverfahren ersetzt werden kann.[221] Bei Umsetzung dieses Vorschlags in deutsches Recht wird dem Spruchverfahren und der Bestimmung des angemessenen Verschmelzungsverhältnisses eine steigende Bedeutung zukommen. Das gilt umso mehr, wenn Spruchverfahren wie gefordert auf das Oberlandesgericht als einzige Instanz konzentriert und die Verfahren damit zeitlich verkürzt werden.[222]

---

214 Siehe HOFFMANN-BECKING, M. (1990), S. 485f., PHILLIP, W. (1998), S. 267f., BÄCHLE, A. (2006), S. 406.

215 PHILLIP beschreibt die Verschmelzung aufgrund der inter-omes Wirkung der Zuzahlung als Vabanque-Spiel. Siehe PHILLIP, W. (1998), S. 270.

216 Siehe PHILLIP, W. (1998), S. 271, MAIER-REIMER, G. (2000), S. 574, MARTENS, K.-P. (2000), S. 303, BÄCHLE, A. (2006), S. 416.

217 Die Anfechtungsklage gegen den Verschmelzungsbeschluss der Isar-Amperwerke wurde im Rahmen des Prozessvergleichs als erledigt erklärt. Siehe LG München I, Vergleich vom 15. Oktober 2001, Az: 5 HK O 14048/01.

218 Nach § 71 (2) AktG darf das Volumen eigener Aktien 10% des Grundkapitals nicht überschreiben.

219 § 8 (5) AktG.

220 Für die Gewährung von Anteilen aus Gesellschaftsmitteln an die Altgesellschafter kann eine „Kapitalerhöhung aus Gesellschaftsmitteln […] mangels verfügbarer Rücklagen ausgeschlossen sein oder bei einem zahlenmäßig geringen Ausgleichsbedarf als eine zu komplizierte und übermäßige Reaktion erscheinen." HOFFMANN-BECKING, M. (1990), S. 485

221 Siehe HÜFFER, U. (2008), S. 8, BAYER, W. (2008), S. 24.

222 Siehe BUNGERT, H. (2006), S. 21.

3 Bestimmung des Verschmelzungsverhältnisses unter Berücksichtigung von Spruchverfahren

3.1 Zusammenhang zwischen Unternehmenswert und Börsenkurs

3.1.1 Wert und Preis einer Unternehmung

Das Verschmelzungsverhältnis reflektiert als Transaktionspreis die Bewertungen, zu denen „zwei oder mehrere Unternehmungen zu einer neuen Wirtschaftseinheit vereinigt werden.“[223] Basierend auf der relativen Bewertung der verschmelzenden Gesellschaften wird das Verschmelzungsverhältnis von der wechselseitigen Stärke der Marktparteien bestimmt und „schält sich erst als das Ergebnis einer Verhandlung heraus“[224]. Das Verhandlungsergebnis wird i.d.R. jedoch durch die Entscheidungswerte der Anteilseigner der jeweiligen Gesellschaft begrenzt.[225]

Der Wert ist weder eine am Bewertungsobjekt messbare, dem Objekt inhärente Eigenschaft, noch Ausdruck einer rein subjektiven Bewertung. Der Wert resultiert aus dem Vergleich des Zielerfüllungsgrades, der für das Bewertungssubjekt mit den ihm möglichen Handlungsalternativen verbunden ist.[226] Die Handlungsalternativen der Anteilseigner bestehen im Beschluss oder der Ablehnung der Transaktion.[227] Der Zielerfüllungsgrad dieser Handlungsalternativen ist aus der Sicht der Anteilseigner zu bestimmen und kommt im Entscheidungswert zum Ausdruck.

Die Anteilseigner eines Unternehmens sind in Bezug auf ihre Handlungsalternativen jedoch nicht zwingend eine homogene Gruppe und können ihren Anteilen unterschiedliche Werte beimessen.[228] Die Zielerfüllung der Handlungsalternativen „Beschluss“ und „Ablehnung“ der Transaktion ist von den individuel-

---

223 MATSCHKE, M. J. (1984), S. 545.

224 JAENSCH, G. (1966), S. 169.

225 Siehe JAENSCH, G. (1966), S. 18f., OLBRICH, M. (2000), S. 459, HERING, T. (2004), S. 148ff.

226 Siehe OBERMAIER, R. (2004), S. 11.

227 Anteilseigner, die mit den Handlungsalternativen Beschluss und Ablehnung der Transaktion konfrontiert sind, können ihre Anteile meist auch am Kapitalmarkt veräußern.

228 Siehe MOXTER, A. (1991), S. 9ff.

len Verhältnissen, Möglichkeiten und Planungen der Anteilseigner abhängig. Das Management muss jedoch einen Transaktionspreis vorschlagen, der von den Anteilseignern mehrheitlich beschlossen wird. Dabei wird es kaum den Entscheidungswert eines jeden Anteilseigners berücksichtigen können. Stattdessen wird es Vereinfachungen bei der Bewertung vornehmen müssen.

Entsprechend der Regel „Bewerten heißt vergleichen“[229] kann die Vereinfachung durch Rückgriff auf vergangene Transaktionspreise geschehen. Allerdings ist die Unternehmung als Ganzes ein „nicht-marktgängiges“ oder „singuläres“ Wirtschaftsgut.[230] Da Unternehmen einmalige, in höchstem Maße heterogene Güter sind, werden sie nicht in der Weise gehandelt, dass es einen breiten Unternehmensmarkt gäbe. Der Markt weist die Charakteristika eines bilateralen Monopols[231] oder Monopsons[232] auf. Daher wird die Aussagekraft eines aus vergangenen Transaktionen abgeleiteten Entscheidungswertes durch die Vergleichbarkeit der Unternehmen und der Transaktionssituation eingeschränkt.

Vereinfachungen können ebenfalls bei der Bewertung der zukünftig erwarteten Ausschüttungen bzw. der Ertragskraft der Unternehmung und der alternativ erwarteten Renditen[233] vorgenommen und ein Wert auf Basis des Nutzens bestimmt werden, den die Unternehmung einem durchschnittlichen Anteilseigner gewährt. In der Praxis werden dafür Typisierungen vorgenommen, die nicht oder nur unter besonderem Aufwand beschaffbaren speziellen Informationen über die individuellen Präferenzen der Anteilseigner durch „typische“, d.h. „in vergleichbaren Situationen im Durchschnitt anzutreffende oder als üblich angesehene Größen ersetzt“.[234] Damit geht eine Begrenzung individueller Ermessenspielräume einher, wodurch die Verbindlichkeit des Bewertungskalküls erhöht wird.[235]

In den Verhandlungen über das Verschmelzungsverhältnis kann das Management anstelle der individuellen Entscheidungswerte der Anteilseigner vereinfachend einen objektivierten Wert berücksichtigen, der von den individuellen Einschätzungen abstrahiert und auf typische Eigenschaften abstellt. Allerdings kann dieser Wert nur einen „Anhaltspunkt dafür darstellen, welcher Preis unter normalen Verhältnissen, ohne Berücksichtigung besonderer Fähigkeiten, Inte-

229 MOXTER, A. (1991), S. 203. „Bewerten bedeutet, den potentiellen Preis des Bewertungsobjekts anhand des Preises eines (geeigneten) Vergleichsobjekts zu bestimmen.“ MOXTER, A. (1991), S. 130.

230 Siehe JAENSCH, G. (1966), S. 3.

231 Ein Verkäufer und ein Kaufinteressent.

232 Ein Verkäufer und mehrere Bieter. Siehe JAENSCH, G. (1966), S. 18f.

233 Siehe DRUKARCZYK, J./ SCHÜLER, A. (2007), S. 102.

234 Siehe OBERMAIER, R. (2004), S. 55.

235 Siehe SCHUBERT, H. (1990), S. 125.

ressen und Informationen des Bewertungssubjekts, für die Unternehmung gezahlt werden könnte."[236]

Losgelöst von nutzenbasierten Einschätzungen der Anteilseigner kann der Unternehmenswert unter Annahme eines vollkommenen[237], vollständigen[238] und im Gleichgewicht befindlichen Kapitalmarkts bestimmt werden. In dieser Modellwelt wird von der Erwartungshomogenität der Investoren ausgegangen, d.h. sie haben dieselben Erwartungen hinsichtlich der erwarteten Rendite und des Risikos aller möglichen Anlageformen.[239] Die damit verbundene präferenzenunabhängige (kapitalmarktorientierte) Bewertung führt auch bei Unsicherheit über zukünftige Zahlungsströme zu einem Unternehmenswert, der dem Preis entspricht. Unter diesen strengen Prämissen an das Kapitalmarktmodell ist das Bewertungsobjekt somit arbitragefrei und das Bewertungsproblem muss nicht mehr gelöst werden.[240]

Neben Transaktionspreisen vergleichbarer Unternehmen kann auch der Börsenkurs einen Indikator für den Preis eines Unternehmens darstellen. Er wurde in der Vergangenheit häufig vernachlässigt, da seine Bedeutung als Verkehrswert insbesondere in Ausnahmesituationen wie zum Beispiel für Aktien geringer Liquidität, bei Marktenge oder dem Verdacht auf Kursmanipulation als eingeschränkt angesehen wurde.[241] Trotz der in der Praxis beobachtbaren Zahlung eines Paketzuschlags oder einer Kontrollprämie bei Erwerb von Anteilsmehrheiten[242] wird hier unterstellt, dass der Preis eines Unternehmens dem Produkt aus dem Börsenkurs und der Anzahl Aktien entspricht.

Analog dazu wird der Anteilswert als quotaler Unternehmenswert betrachtet.[243] In der Praxis werden Unternehmenswerte überwiegend mit Hilfe der Ertragswert- oder Discounted Cashflow-Verfahren[244] bestimmt.[245]

---

236 Siehe JAENSCH, G. (1966), S. 7.

237 Auf einem vollkommenen Kapitalmarkt kann jeder Zahlungsstrom ohne Transaktionskosten zum gleichen Preis unbegrenzt gekauft und verkauft werden. Siehe OBERMAIER, R. (2004), S. 62.

238 Auf einem vollständigen Kapitalmarkt können gehandelte Zahlungsströme durch beliebig strukturierte nachgebildet werden, d.h. es müssen mindestens so viele Zahlungsströme wie Umweltzustände definiert werden. Siehe OBERMAIER, R. (2004), S. 62.

239 Siehe FRANKE, G./ HAX, H. (2004), S. 396f.

240 Siehe OBERMAIER, R. (2004), S. 69.

241 Siehe STILZ, E. (2001), S. 893.

242 Siehe HACHMEISTER, D. (2000), S. 47.

243 Siehe IDW (2008b), S. 274, Tz. 13. Ebenfalls in Übereinstimmung mit HÜFFER, U./ SCHMIDT-AßMANN, E. / WEBER, M. (2005), S. 69.

In wie fern der Börsenkurs in der Praxis mit dem quotalen Unternehmenswert gleichgesetzt werden kann, hängt davon ab, ob die Prämissen eines vollkommenen, vollständigen und im Gleichgewicht befindlichen Kapitalmarkts als eingehalten angesehen werden. Eine Überprüfung des Kapitalmarkts auf effiziente Informationsverarbeitung ist nur vorbehaltlich einer Annahme über das Kapitalmarktmodell möglich.[246] Die Effizienzhypothese behauptet nicht, „dass Kapitalmärkte effizient seien, sondern sie stellt heraus, wie Märkte auf Informationen reagieren, wenn sie effizient sind.“[247] Im folgenden Unterkapitel werden die Formen der Informationseffizienz des Kapitalmarkts thematisiert.

3.1.2 Formen der Informationseffizienz des Kapitalmarkts

Eine Beurteilung der Informationseffizienz eines Kapitalmarkts beruht auf dessen Fähigkeit, neue Informationen zu verarbeiten. „Der Kapitalmarkt reagiert effizient, wenn der durch die Informationen ausgelöste Anpassungsprozess zu einem neuen Gleichgewichtspreis vor Bekanntwerden der Informationen abgeschlossen ist.“[248] Entsprechend des Umfangs der neuen Informationen werden für Kapitalmärkte die schwache, die mittelstrenge und die strenge Form der Informationseffizienz unterschieden.[249] Die Terminologie dieser Klassifizierung passte FAMA für Zwecke der empirischen Kapitalmarktforschung an. Die Informationseffizienzhypothese wird danach anhand von „tests of return predictability“ (schwache Form), event studies (mittelstrenge Form) oder „tests for private information“ (strenge Form) der empirischen Überprüfung zugänglich.[250]

Vereinfacht besagt die schwache Form der Informationseffizienz, dass in Wertpapierpreisen alle Informationen über vergangene Kursentwicklungen enthalten sind. Folglich bringen Methoden der technischen Analyse auf einem solchen Kapitalmarkt keine Überrenditen.[251]

244 Bei konsistenten Annahmen lassen sich auf Basis des Ertragswertverfahrens die gleichen Unternehmenswerte wie mit einem Discounted Cashflow-Verfahren ermitteln. IDW (2008b), S. 284, Tz. 101.

245 Siehe PILTZ, D. J. (2001a), S. 195.

246 Für eine Erläuterung des Problems der verbundenen Hypothesen siehe SCHNEIDER, D. (1991), S. 462.

247 STEINHAUER, C. (1999), S. 305.

248 Siehe MAY, A. (1991), S. 314.

249 Siehe FAMA, E. F. (1970), S. 383ff.

250 Siehe FAMA, E. F. (1991), S. 1575ff.

251 Siehe SCHNEIDER, D. (1991), S. 463.

Ein Kapitalmarkt wird nach der mittelstrengen Form der Informationseffizienzhypothese als effizient bezeichnet, wenn alle öffentlich verfügbaren Informationen im Börsenkurs unmittelbar und korrekt reflektiert werden.[252] Anhand von Ereignisstudien konnte gezeigt werden, dass Börsenkurse sehr schnell auf neue Informationen, wie eine veränderte Ausschüttungspolitik, Kapitalstruktur oder Investitionsentscheidungen, reagieren.[253]

Andererseits zeigt ROLL, dass bestimmte Kursschwankungen nicht durch die Veröffentlichung neuer Informationen erklärt werden können.[254] Wird die Gültigkeit der Informationseffizienzhypothese der mittelstrengen Form dennoch unterstellt, lassen sich mit Methoden der Fundamentalanalyse auf einem solchen Kapitalmarkt keine Überrenditen erzielen.[255]

Ein Kapitalmarkt wird nach der strengen Form der Informationseffizienzhypothese als effizient bezeichnet, wenn er neben den Informationen der schwachen und der mittelstrengen Form auch Insiderinformationen umgehend verarbeitet und in Börsenkursen reflektiert. Es wird unterstellt, dass das Management eines Unternehmens und Fondsmanager Zugang zu bewertungsrelevanten Insiderinformationen haben. Letztere stehen im Zentrum sog. „tests for private information“. In diesen Tests konnten jedoch nur vor Transaktionskosten durchschnittlich höhere Renditen als die Marktrendite beobachtet werden. Daher wird die strenge Form der Informationseffizienzhypothese überwiegend als empirisch nicht haltbar angesehen.[256]

Die empirische Relevanz der verschiedenen Formen der Informationseffizienz ist überwiegend für den US-amerikanischen Kapitalmarkt untersucht worden.[257] Obwohl nicht alle Studien die These der Informationseffizienz der mittelstrengen Form unterstützen oder zueinander widerspruchsfrei sind, bestätigt „die Mehrheit der Arbeiten [...] die Effizienzthese aber so sehr, dass hier von ihrer Gültigkeit ausgegangen werden kann.“[258]

---

252 Markteffizienz bedeutet nicht, dass alle Aktien korrekt bewertet sind, sie bedeutet jedoch dass man auf Basis öffentlich verfügbarer Informationen nicht unterscheiden kann, ob ein Unternehmen über- oder unterbewertet ist. Siehe JENSEN, M. C. (2005), S. 2.

253 Siehe KASPERZAK, R. (1997), S. 36. Für eine Übersicht zu Ereignisstudien siehe MAY, A. (1991), S. 322ff.

254 Siehe ROLL, R. (1988), S. 541ff.

255 Siehe SCHNEIDER, D. (1991), S. 464.

256 Siehe KASPERZAK, R. (1997), S. 38.

257 Siehe MAY, A. (1991), S. 313.

258 Siehe SCHMIDT, R. H. (1982), S. 729.

Andererseits haben Untersuchungen der Informationseffizienz des deutschen Kapitalmarkts uneinheitliche Ergebnisse hervorgebracht.[259] Dennoch wird in der Praxis zumindest für die Aktien des Dax100 von effizienter Preisbildung (der mittelstrengen Form) ausgegangen.[260] Auch wenn für Ausnahmen, wie Aktien ohne kontinuierliche Umsätze, mit sehr geringem Handelsvolumen[261] oder mit sehr geringem Streubesitz, das Ideal effizienter Informationsverarbeitung nicht gegeben sein mag, so kann der Börsenkurs anderer Aktien seinem idealtypischen Gleichgewichtspreis auf Basis öffentlich verfügbarer Informationen wesentlich besser entsprechen.[262]

Mit Blick auf die Informationsausstattung von Anteilseignern und Management im Vorfeld einer Verschmelzung kann davon ausgegangen werden, dass das Management über einen bewertungsrelevanten Informationsvorsprung verfügt.[263] Dieser kann sich auf einem Kapitalmarkt der mittelstrengen Form der Informationseffizienz in einer Abweichung des auf dem Kapitalmarkt bestimmten Börsenkurses von einem auf Basis von Insiderinformationen bestimmten quotalen Ertragswert niederschlagen.[264]

Darauf aufbauend wird in dieser Arbeit davon ausgegangen, dass das Management über bessere als die öffentlich verfügbaren Informationen verfügt und auf einem effizienten Kapitalmarkt unterscheiden kann, ob das von ihm geführte Unternehmen überbewertet ist.[265] Für die Anteilseigner wird unterstellt, dass sie lediglich über öffentliche Informationen verfügen und ihre Entscheidungen auf dieser Grundlage, d.h. auf Basis der Börsenkurse, treffen.

3.2 Bestimmung des Verschmelzungsverhältnisses

In der Praxis verhandelt das Management[266] über die zentralen Punkte des Verschmelzungsvertrags, deren Ergebnis den Anteilseignern in Form des Ver-

---

259 Siehe MÖLLER, H. P./ HÜFNER, B. (2001), S. 1278ff., KRÄMER, W. (2001), S. 1270, LÖFFLER, G. (1999), S. 146, STEINHAUER, C. (1999), S. 306, MÖLLER, H. P. (1985), S. 500ff.

260 Siehe AHA, C. (1997), S. 26, HACHMEISTER, D. (2000), S. 45f. , HOMMEL, M. (2000), S. 52.

261 Siehe KINDERMANN, H. H. (1964), S. 180.

262 Siehe STEINHAUER, C. (1999), S. 306.

263 Siehe GROßFELD, B. (2000), S. 265.

264 „From publicly available information we cannot tell whether a company is under- or overvalued." JENSEN, M. C. (2005), S. 2.

265 Siehe JENSEN, M. C. (2005), S. 2.

266 In Ausnahmefällen könnte auch der Hauptaktionär an den Verhandlungen teilnehmen.

schmelzungsberichts zur Abstimmung vorgelegt wird.[267] Wesentlicher Bestandteil dieses Berichts ist die Ableitung des Umtauschverhältnisses zwischen den Anteilen der verschmelzenden Gesellschaften. Das Umtauschverhältnis bestimmt die Anzahl Aktien der aufnehmenden bzw. neu gegründeten Gesellschaft, die je Aktie der übertragenden Gesellschaft gewährt wird.

Aus den Bestimmungen des AktG folgt, dass jede Aktie einer Gattung den gleichen quotalen Anteilswert an der Gesellschaft repräsentiert.[268] Hat die Gesellschaft nur Aktien einer Gattung ergibt sich der Anteilswert als Quotient aus Unternehmenswert und Aktienzahl. Verfügt sie über mehreren Aktiengattungen wird der Anteilswert von dem auf die jeweilige Gattung entfallenden anteiligen Unternehmenswert und ihrer Aktienzahl ermittelt.

Zur Vereinfachung wird in den folgenden Überlegungen davon abstrahiert, dass das Grundkapital einer Aktiengesellschaft in der Praxis durch eine bestimmte Anzahl Aktien und ggf. unterschiedliche Aktiengattungen repräsentiert wird. Aus dieser Annahme folgt keine Veränderung des Untersuchungsgegenstands, denn dieser ist der Transaktionspreis und bestimmt sich als Wert- bzw. Preisverhältnis der Gesellschaften.[269]

3.2.1 Berechnung

Das Verschmelzungsverhältnis β wird als Quotient aus dem Unternehmenswert der Gesellschaft_2 und dem der Gesellschaft_1 definiert.

$$\text{Verschmelzungsverhältnis} \quad \beta = \frac{V_2}{V_1} = \frac{\text{Unternehmenswert}_2}{\text{Unternehmenswert}_1}$$

$$\beta \in [0; \infty]$$

In dieser Arbeit soll die übertragende Gesellschaft stets als Gesellschaft_2 bezeichnet werden.[270] In Verschmelzungen durch Aufnahme ist Gesellschaft_1 dementsprechend die aufnehmende. In Verschmelzungen durch Neugründung

267 Siehe ZEIDLER, G.W. (2007), S. 208, Tz. 30

268 Siehe § 8 (3) „Stückaktien einer Gesellschaft sind am Grundkapital in gleichem Umfang beteiligt." sowie § 8 (4) „Der Anteil am Grundkapital bestimmt sich bei Nennbetragsaktien nach dem Verhältnis ihres Nennbetrags zum Grundkapital, bei Stückaktien nach der Zahl der Aktien."

269 „Verhältnis des Gesamtnennbetrags der ihm gehörenden Anteile zum Nennkapital, bei Gesellschaften mit Stückaktien nach der Zahl der Aktien. Eigene Aktien sind [...] vom Nennkapital [... bzw.] der Zahl der Aktien abzusetzen " § 16 (2) AktG.

270 Regelmäßig ist die Zielgesellschaft die übertragende Gesellschaft. KALLMEYER, H. (2002), S. 572.

wird der laut Ertragswert größeren übertragenden Gesellschaft in dieser Arbeit der Index 1 gegeben. Entsprechend dieser Unterscheidung auf Ebene der Gesellschaften werden den Anteilseignern die Indizes 1 und 2 zugeordnet.

Graphisch können die Unternehmenswerte, die den Gesellschaften beigemessen werden, in einem kartesischen Koordinatensystem abgetragen werden. Abb. 3 stellt die Unternehmenswerte der verschmelzenden Gesellschaften zusammen mit dem Verschmelzungsverhältnis sowie dessen Vorteilhaftigkeit aus Sicht der Anteilseigner$_2$ dar.

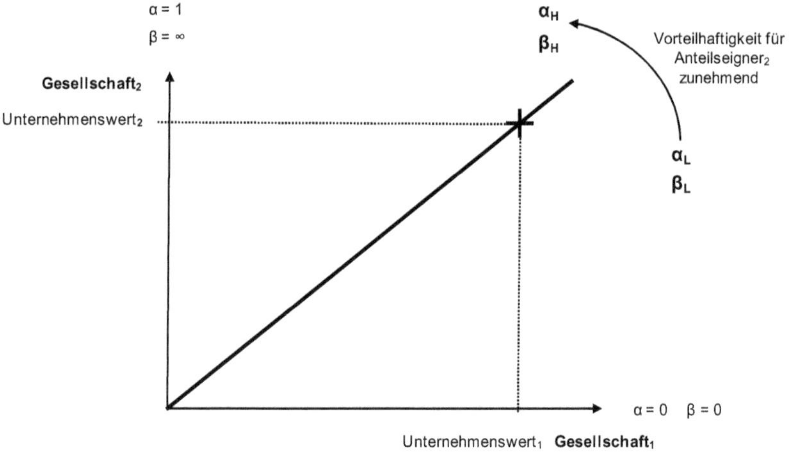

Abb. 3: Bestimmung des Verschmelzungsverhältnisses

In der Abbildung nimmt die Vorteilhaftigkeit eines Verschmelzungsverhältnisses für die Anteilseigner einer Gesellschaft zu, je größer der Anteil an der verschmolzenen Gesellschaft ist, den sie im Austausch für ihre jeweilige Gesellschaft erhalten. Aus Sicht von Anteilseignern der Gesellschaft$_2$ steigt die Vorteilhaftigkeit mit dem Verschmelzungsverhältnis β. Während für Anteilseigner$_2$ ein hohes Verschmelzungsverhältnis β_H vorteilhafter als das niedrigere β_L ist, betrachten Anteilseigner$_1$ β_L als das im Vergleich zu β_H für sie vorteilhaftere Verschmelzungsverhältnis.

Dieser Zusammenhang kann an einem einfachen Zahlenbeispiel skizziert werden. Der aufnehmenden Gesellschaft$_1$ beigemessene Wert betrage $V_1=75$, der Wert der übertragenden Gesellschaft$_2$ betrage $V_2=25$. Das Verschmelzungsverhältnis bezeichnet den jeweiligen Beitrag zur verschmolzenen Gesellschaft und wird im Beispiel als $\beta_L = {}^{25}/_{75}$ bestimmt. Wird der Gesellschaft$_2$ hingegen eine höherer Wert von $V_{2H}=50$ beigemessen, dann ergibt sich ein Verschmelzungsverhältnis β_H von ${}^{50}/_{75}$. Dieses ist für Anteilseigner$_2$ vorteilhafter als β_L.

Abb. 4: Beispiel zur Bestimmung des Verschmelzungsverhältnisses

Als Transaktionspreis betrachtet, bestimmt das Verschmelzungsverhältnis β zugleich den Anteil α an der verschmolzenen Gesellschaft, den Anteilseigner$_2$ im Zuge der Transaktion erhalten. Der verbleibende Anteil (1-α) beschreibt die Höhe, in der die Anteilseigner$_1$ an der verschmolzenen Gesellschaft V_M partizipieren.

Vereinfachend sei zunächst unterstellt, dass keine Beteiligung zwischen den Gesellschaften besteht und im Zuge der Transaktion keine Synergien erzielt werden. Dadurch ergibt sich der Unternehmenswert der verschmolzenen Gesellschaft V_M aus der Summe der zusammengeführten Gesellschaften $V_M=V_1+V_2$. Der Anteil α der Anteilseigner$_2$ an der verschmolzenen Gesellschaft V_M bestimmt sich somit nach der folgenden Gleichung:

$$\begin{array}{c}\text{Anteil } \alpha \text{ am} \\ \text{Unternehmenswert } V_M\end{array} = \frac{\text{Unternehmenswert}_2}{\text{Unternehmenswert}_1 + \text{Unternehmenswert}_2} = \frac{V_2}{V_1 + V_2}$$

$$\alpha \in [0; 1]$$

Abb. 5 stellt dar, wie die verschmolzene Gesellschaft zwischen Anteilseignern$_1$ und Anteilseignern$_2$ unterteilt wird.

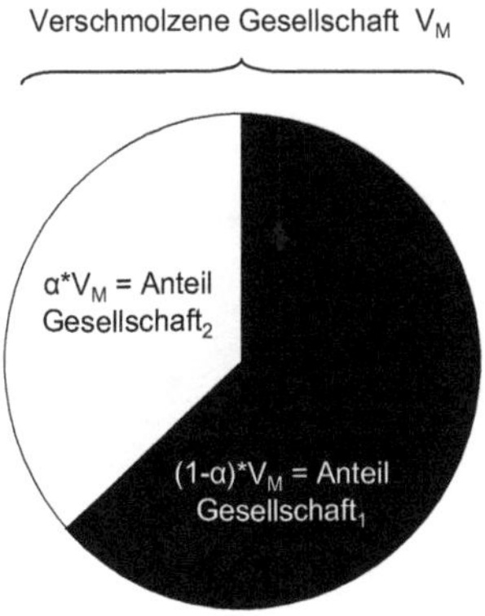

Abb. 5: Anteile an der verschmolzenen Gesellschaft ohne Beteiligung der Gesellschaft$_1$ an Gesellschaft$_2$

In Verschmelzungen ohne Beteiligung der Gesellschaft$_1$ an der Gesellschaft$_2$ kann der Anteil α direkt vom Verschmelzungsverhältnis β abgeleitet werden.

$\alpha = {}^{\beta}/_{(1+\beta)}$ bzw.

$\beta = {}^{\alpha}/_{(1-\alpha)}$

Zur Erläuterung wird das bereits eingeführte Beispiel mit V_1=75 und V_2=25 wieder aufgegriffen. Daraus errechnet sich ein Anteil α von $^{25}/_{(75+25)}$. Bei Unterstellung der gleichen Anzahl Aktien für Gesellschaft$_1$ und Gesellschaft$_2$ bezeichnet der Anteil α den Tausch von 1 zuvor gehaltenen Aktie der Gesellschaft$_2$ gegen $^{25}/_{100}$ Aktien der verschmolzenen Gesellschaft (nach Kapitalerhöhung). Erweitert auf ganze Stücke werden somit 4 Aktien der Gesellschaft$_2$ gegen 1 Aktie der verschmolzenen Gesellschaft getauscht. Aus Sicht der Anteilseigner$_1$ beschreibt (1-α) den Anteil an der verschmolzenen Gesellschaft als (1-α) = $^{75}/_{(75+25)}$. Das impliziert den Tausch von 1 Aktie der Gesellschaft$_1$ gegen $^{75}/_{(75+25)}$ der verschmolzenen Gesellschaft bzw. erweitert auf ganze Stücke von Aktie der Gesellschaft$_1$ 4 gegen 3 der verschmolzenen Gesellschaft. Anhand der Formel kann α ebenfalls direkt vom Verschmelzungsverhältnis β als $\alpha = (^{25}/_{75}) / (^{100}/_{75})$ ermittelt werden.

Abb. 6: Beispiel zur Bestimmung des Anteils an der verschmolzenen Gesellschaft

Ist die Gesellschaft$_1$ in Höhe von γ am Grundkapital der Gesellschaft$_2$ beteiligt[271], bestimmt sich das Verschmelzungsverhältnis ebenfalls als Quotient der beiden Unternehmenswerte ($\beta = V_2/V_1$). Allerdings ist der Beteiligungswert an Gesellschaft$_2$ im Wert der verschmolzenen Gesellschaft nicht doppelt zu berücksichtigen. Dieser ergibt sich in Transaktionen ohne Synergien als $V_M = V_1 + (1-\gamma)V_2$.

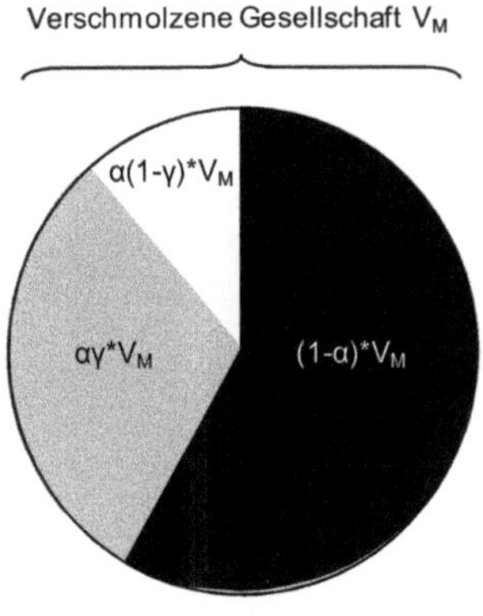

Abb. 7: Anteile an der verschmolzenen Gesellschaft bei Beteiligung der Gesellschaft$_1$ in Höhe von γ an Gesellschaft$_2$

In Abb. 7 wird der Anteil der Gesellschaft$_1$ an der verschmolzenen Gesellschaft dunkelgrau dargestellt und beträgt $(1-\alpha+\alpha\gamma)*V_M$. Das hellgraue Segment repräsentiert die Beteiligung an Gesellschaft$_2$. Der Anteil der Gesellschaft$_2$ an der verschmolzenen Gesellschaft setzt sich aus dem weißen und dem hellgrauen Segment zusammen und wird mit der Formel $(\alpha(1-\gamma)+\alpha\gamma)*V_M$ beschrieben.

271 Vereinfachend sei unterstellt, dass Gesellschaft$_2$ keine Anteile an Gesellschaft$_1$ hält.

Auch in Verschmelzungen mit Beteiligung der Gesellschaft_1 an Gesellschaft_2 sind der Anteil α und das Verschmelzungsverhältnis β direkt ineinander überführbar:

$$\alpha = {}^{\beta}/_{(1+\beta(1-\gamma))} \quad \text{bzw.}$$

$$\beta = {}^{\alpha}/_{(1-\alpha(1-\gamma))}$$

Diese Zusammenhänge sind gleichermaßen auf Verschmelzungen durch Aufnahme und auf Verschmelzungen durch Neugründung anwendbar. Zu beachten ist jedoch, dass für eine Aussage über das in der Praxis gebräuchliche Umtauschverhältnis zudem die Anzahl Aktien beider Gesellschaft zu berücksichtigen ist.

Werden mit der Transaktion Synergien erwartet, wird mit $\alpha = {}^{\beta}/_{(1+\beta(1-\gamma))}$ ein Anteil an der um die Synergien gewachsenen Gesellschaft $V_M = V_1 + V_2 + V_{SYN}$ bestimmt. Die Verteilung der Synergien erfolgt dabei implizit im Verhältnis der Unternehmenswerte der verschmelzenden Gesellschaften.

Anteilseigner und Management orientieren sich in der Bestimmung und Beurteilung einer Verschmelzung nicht zwingend an denselben Unternehmenswerten V_1 oder V_2. Vielmehr können sie Argumente für oder gegen ein Verschmelzungsverhältnis von Unternehmensbewertungen ableiten, die sich bspw. an der Ertragskraft oder am Börsenkurs einer Gesellschaft orientieren.

Die Ertragswertmethoden und der durch den Börsenkurs repräsentierte Verkehrswert[272] dominieren die Unternehmensbewertungsmethoden,[273] die zur Bestimmung des Verschmelzungsverhältnisses in der deutschen Rechtsprechung angewandt werden.[274] Lässt sich der Börsenkurs bspw. mangels Aussagekraft nicht berücksichtigen, so könnte stattdessen der potenziell genaueste Schätzwert herangezogen werden.[275] Dieser Schätzwert hängt von der spezifischen Transak-

272 Siehe MARSCH-BARNER, R. (2006), S. 109, Tz. 13 sowie S. 110f. Tz 14. Ebenfalls ZEIDLER, G. (2007), S. 209f., Tz. 35.

273 Für Methoden der Unternehmensbewertung siehe DRUKARCZYK, J./ SCHÜLER, A. (2007), S. 103.

274 Sofern die Fortführung des Unternehmens dauerhaft negative Erträge verspricht, ist ein Liquidationswert zu ermitteln. Der Substanzwert hat in der Unternehmensbewertung i.d.R. keine eigenständige Bedeutung, da er keinen direkten Bezug zu den zukünftigen finanziellen Überschüssen hat. Siehe IDW (2008b), S. 273, Tz. 5f. ebenfalls, MARSCH-BARNER, R. (2006), S. 110, Tz. 14.

275 Mitunter könnte auf zeitnahe Transaktionspreise desselben (oder vergleichbarer) Unternehmens abgestellt werden, ggf. disqualifiziert sich der Börsenkurs eines Unternehmens aufgrund von Sondereinflüssen. Siehe PILTZ, D. J. (2001), S. 686.

tionssituation und den individuellen Einschätzungen hinsichtlich der Aussagekraft von Ertragswert und Börsenwert ab.

In dieser Arbeit werden Fälle untersucht, in denen für beide Gesellschaften aussagekräftige Börsenkurse zu beobachten sind. Schätzwerte werden in dieser Arbeit nicht berücksichtigt, da die Ableitung des Umtauschverhältnisses im Verschmelzungsbericht zu substantiieren ist und in praxi meistens in Form der Ertrags- und Börsenwerte erfolgt.

Inhalt des Verschmelzungsvertrags ist das Umtauschverhältnis der Anteile der verschmelzenden Gesellschaften.[276] Dieses beruht somit auf dem jeweiligen anteiligen Unternehmenswert, für dessen Bestimmung die absoluten Unternehmenswerte der verschmelzenden Gesellschaften durch die Anzahl ausstehender Aktien geteilt werden. Anteiliger Unternehmenswert und Börsenkurs einer Gesellschaft sind direkt miteinander vergleichbar.

In dieser Arbeit wird von der Anzahl Aktien der Gesellschaften abstrahiert und das Verhältnis der absoluten Unternehmenswerte untersucht und als Verschmelzungsverhältnis bezeichnet. Als absolute Unternehmenswerte werden dabei der Ertragswert (EW) und der Börsenwert (BK) berücksichtigt. Der Börsenwert ist dabei eine Referenz des Preises der Gesellschaft am Kapitalmarkt und wird als Produkt von Aktienzahl und Börsenkurs bestimmt. Er lässt sich direkt mit dem Ertragswert vergleichen.

Bei der Ableitung des Börsenwertes vom Börsenkurs ist der relevante Börsenkurs zu bestimmen. Grundsätzlich entsteht ein Börsenkurs als markträumender Ausgleich zwischen Angebot und Nachfrage eines Wertpapiers, der örtlich und zeitlich schwankt und unterschiedliche Transaktionsvolumina aufweist.[277] Diese täglichen Schwankungen werden häufig durch Betrachtung des Durchschnittskurses einer Referenzperiode geglättet.

In Analogie zum WpÜG wird in der Praxis oft auf einen 3-Monatszeitraum abgestellt, der zur Bekanntgabe der geplanten Transaktion endet.[278] Da das Verschmelzungsverhältnis gemäß § 5 (6) UmwG zum Zeitpunkt der Beschlussfassung angemessen sein muss und auf den relevanten Stichtag naturgemäß nicht prognostiziert werden kann, war diese Festlegung der Referenzperiode lange umstritten.[279] Mit Entscheidung des OLG Stuttgart[280] wurde sie jedoch bestätigt,

---

276 § 5 (3) UmwG.

277 Siehe WEBER, M. (2004), S. 281f., WEBER, M./ WÜSTEMANN, J. (2004), S. 1-28, LUTTERMANN, C. (1999), S. 46, STEINHAUER, C. (1999), S. 299-308.

278 Ausführlich zur Interpretation von Börsenkursen siehe HÜTTEMANN, R. (2001), S. 470ff.

279 Siehe BUNGERT, H. (2003), S. 701.

280 OLG Stuttgart, Beschluss vom 16. Februar 2007, Az: 20 W 6/06.

um spekulative Einflüsse auf den Börsenkurs nach Ankündigung der Transaktion zu eliminieren.[281] Allerdings kann die Verwendung eines Durchschnitts-Börsenkurses umsatzabhängig historische Börsenkurse ggf. überbewerten, da „alte" Erwartungen mit eingehen können.[282] Gleichwohl kann damit ein Verkehrswert bestimmt werden, der tägliche Kursschwankungen glättet und dennoch verhältnismäßig aktuell ist. Relevante Abweichungen zwischen Börsenkursen, die sich bei Notierungen an unterschiedlichen Handelsplätzen ergeben, werden gemeinsam mit Abweichungen in täglichen Handelsvolumina durch Bestimmung eines umsatzgewichteten durchschnittlichen Börsenkurses ausgeglichen.[283]

In Abb. 8 sind Ertragswert und Börsenwert beider Gesellschaften identisch und führen zu den Verschmelzungsverhältnissen β_{EW} und β_{BK}, die folglich die gleiche Höhe aufweisen.

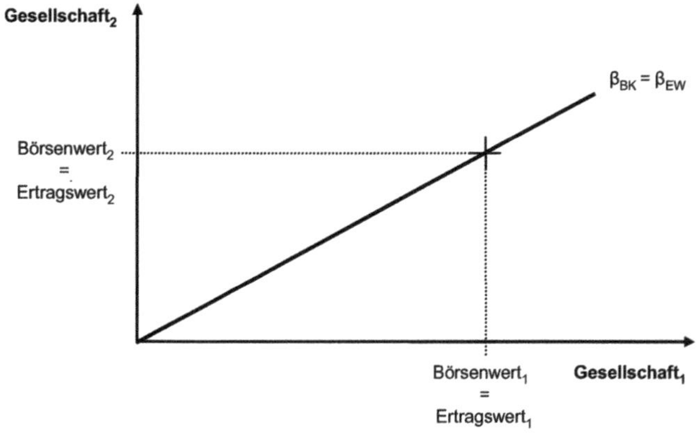

Abb. 8: Verschmelzungsverhältnis bei Identität von Börsen- und Ertragswerten

In der Praxis divergieren Ertrags- und Börsenwerte. In dieser Arbeit wird ein Kapitalmarkt der mittelstrengen Form der Informationseffizienz unterstellt und angenommen, dass der Ertragswert den Verkehrswert aufgrund von Insiderinformationen ausnahmsweise besser als der Börsenkurs zu approximieren vermag. Folglich kann eine Gesellschaft am Kapitalmarkt im Vergleich zur Bewertung mit Insiderinformationen über- oder unterbewertet sein.

281 Siehe BUNGERT, H./ ECKER, J. (2000), S. 1848.
282 Siehe NASCHKE, M. (2003), S. 161.
283 Siehe WEBER, M. (2004), S. 280ff. mit Ausführungen zur Länge des Referenzzeitraums.

Bei divergierenden Ertrags- und Börsenwerten von zwei Gesellschaften kann das Verschmelzungsverhältnis durch unterschiedliche Kombinationen dieser Werte und Preise ermittelt werden. Dabei wird jede Partei für die Verwendung derjenigen Methodenkombination votieren, die zum Verschmelzungsverhältnis mit dem höchsten Anteil an der verschmolzenen Gesellschaft führt. Die vier grundsätzlichen Methodenkombinationen zur Bestimmung des Verschmelzungsverhältnisses sind in Tabelle 1 zusammengefasst.

Tab. 1: Methodenkombination zur Bestimmung des Verschmelzungsverhältnisses

Gesellschaft$_2$ / **Gesellschaft$_1$**	**Ertragswert** (EW_2)	**Börsenwert** (BK_2)
Börsenwert (BK_1)	a) EW_2 / BK_1	b) BK_2 / BK_1
Ertragswert (EW_1)	c) EW_2 / EW_1	d) BK_2 / EW_1

Die Kombination von divergierenden Ertrags- und Börsenwerten jeder Gesellschaft führt zu vier Verschmelzungsverhältnissen a) bis d). Diese werden in Abb. 9 exemplarisch für den Fall dargestellt, dass der Ertragswert beider Gesellschaften den jeweiligen Börsenwert übersteigt.

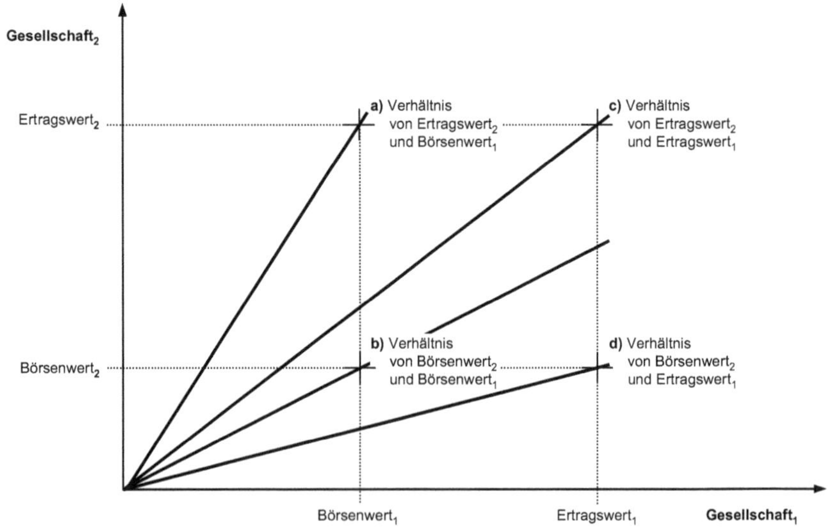

Abb. 9: Unterschiedliche methodische Kombinationen zur Bestimmung des Verschmelzungsverhältnisses

In der Literatur wird eine kontroverse Diskussion darüber geführt, welche methodischen Kombinationen in der Bestimmung des Verschmelzungsverhältnisses als angemessen gelten.[284] Diese Diskussion führt zu Unsicherheit bei der methodischen Bestimmung des Verschmelzungsverhältnisses. Einerseits wird für den Grundsatz der Methodengleichheit votiert, bei dem nur nach gleicher Bewertungsmethode bestimmte Unternehmenswerte ins Verhältnis gesetzt werden dürfen (EW_2 / EW_1 oder BK_2 / BK_1).[285] Andererseits wird für den Grundsatz der Meistbegünstigung argumentiert, bei dem für jede Gesellschaft das höhere aus Ertragswert und Börsenwert herangezogen wird (EW_2 / EW_1 oder BK_2 / EW_1 oder EW_2 / BK_1 oder BK_2 / BK_1).[286]

Die Kombination der Unternehmenswerte (EW; BK) gemäß des Grundsatzes der Methodengleichheit oder des Grundsatzes der Meistbegünstigung führt zu einer Bandbreite von Verschmelzungsverhältnissen. Diese kann als Verhandlungsspielraum betrachtet werden, der dadurch begrenzt ist, dass das festgelegte Verschmelzungsverhältnis vom Verschmelzungsprüfer als „angemessen" testiert werden muss.[287] „[D]ie Prüfung der Angemessenheit des Umtauschverhältnisses [erstreckt] sich vor allem auf die den Bewertungen zugrunde liegenden Wertansätze.[288] Dazu zählen u. a. der Planungshorizont, die wirtschaftliche Lage am Ende des Planungszeitraums und die Ableitung des danach erzielbaren Wachstums sowie die Unsicherheit in der Planung der künftigen Überschüsse.[289] Diese Parameter sind für die Bestimmung des Unternehmenswertes maßgeblich. Zugleich bedarf es bei Existenz bewertungsrelevanter Insiderinformationen in Verschmelzung von zwei börsennotierten Gesellschaften einer Entscheidung, nach welcher methodischen Kombination ein angemessenes Verschmelzungsverhältnis zu bestimmen ist.

---

284 Siehe GEHLING, C. (2007), S. 185, Tz. 26.

285 Siehe ZEIDLER, G.W. (2007), S. 210, Tz. 36, MARSCH-BARNER, R. (2006), S. 111, Tz. 14, LUTTER, M./ DRYGALA, T. (2004), S. 249, Tz. 26. Hingegen nur eingeschränkt: STRATZ, R.-C. (2006), S. 176, Tz. 51f.

286 Siehe MARTENS, K.-P. (2003), S. 593f. oder RIEGGER, B. in WEBER, M./ WÜSTEMANN, J. (2004), S. 25f. Sinngemäß auch GEHLING, C. (2007), S. 185, Tz. 26.

287 In einer spieltheoretischen Untersuchung der Entscheidungssituation zwischen Management und Verschmelzungsprüfer unterstellen HENCKEL/ SCHMALZHAF, dass der Verschmelzungsprüfer eher großzügig, eingeschränkt gründlich oder besonders gründlich prüfen kann. Siehe HENCKEL, N.-F./ SCHMALZHAF, T. (2006), S. 281-291.

288 ZEIDLER, G.W. (2007), S. 210, Tz. 37.

289 ZEIDLER, G.W. (2007), S. 210, Tz. 38.

3.2.2 Grundsatz der Methodengleichheit

Bei Anwendung des Grundsatzes der Methodengleichheit werden nur das Ertragswert- und Börsenwertverhältnis als mögliches Verschmelzungsverhältnis betrachtet. Im vorangegangenen Beispiel wurden Verschmelzungsverhältnisse nur für Ertragswerte beschrieben, die jeweils über den Börsenwerten liegen. Weiterhin wurde in der vorangehenden Abb. 8 unterstellt, dass das Ertragswertverhältnis[290] über dem Börsenwertverhältnis[291] liegt. Nun werden diese Annahmen aufgehoben indem die Höhe der Ertrags- und Börsenwerte variiert wird. Daraus ergebenden sich die in Abb. 10 dargestellten sechs Fälle mit jeweils einem Ertragswert- und Börsenwertverhältnis.

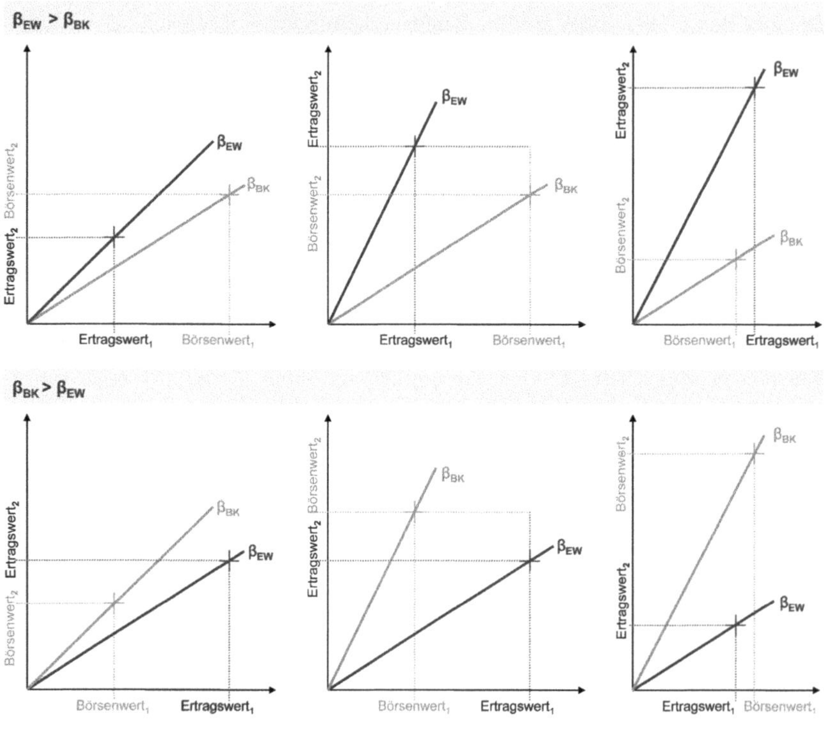

Abb. 10: Mögliche Anordnungen von Börsen- und Ertragswerten für zwei Gesellschaften

---

290 In Abb. 9 mit Hilfe von Schnittpunkt c) dargestellt.

291 In Abb. 9 mit Hilfe von Schnittpunkt b) dargestellt.

In der ersten Zeile sind die drei nach dem Grundsatz der Methodengleichheit möglichen Fälle abgebildet, in denen das Ertragswertverhältnis über dem Börsenwertverhältnis liegt ($\beta_{EW}>\beta_{BK}$).[292] In der zweiten Zeile liegt das Börsenwertverhältnis über dem Ertragswertverhältnis ($\beta_{BK}>\beta_{EW}$). Diese Verschmelzungsverhältnisse können von Ertragswerten abgeleitet sein, die beide größer oder beide kleiner als die Börsenwerte sind. Hinzu kommt ein Fall, in dem der Börsenwert$_2$ größer als der Ertragswert$_2$ und zugleich der Ertragswert$_1$ größer als der Börsenwert$_1$ ist.

Nach dem Grundsatz der Methodengleichheit führt die Variation von Ertrags- und Börsenwerten beider Gesellschaften theoretisch zu sechs möglichen Fällen. In jedem können Ertragswert- und Börsenwertverhältnis voneinander abweichen. Daher bedarf es für die Bestimmung des Verschmelzungsverhältnisses einer Einschätzung, auf Basis welcher der beiden Methoden dieses zu bestimmen ist.[293]

3.2.3 Grundsatz der Meistbegünstigung

Nach dem Grundsatz der Meistbegünstigung bedarf es keiner Einschätzung der angemessenen Methode, da das Verschmelzungsverhältnis unter Berücksichtigung des jeweils höheren Unternehmenswertes bestimmt wird, unabhängig davon, ob dieser mit der Ertragswertmethode oder auf Basis von Börsenkursen ermittelt wurde.[294]

Der Grundsatz der Meistbegünstigung wurde in Folge der BVerfG-Rechtsprechung zu DAT/Altana (DAT) entwickelt, um den Börsenkurs auch bei der Bestimmung des Verschmelzungsverhältnisses als Untergrenze zu berücksichtigen.[295] Bislang besteht in der Literatur jedoch keine Einigkeit darüber, ob die DAT-Entscheidung auf Verschmelzungen übertragbar ist: „Es ist derzeit

---

292 Zur Veranschaulichung werden Fälle mit $\beta_{EW}=\beta_{BK}$ sowie $EW_i=BK_i$ nicht gesondert hervorgehoben.

293 „Offen bleibt im UmwG, nach welcher Methode die an einer Verschmelzung beteiligten Rechtsträger zu bewerten sind." ZEIDLER, G. W. (2007), S. 209, Tz. 34. Speziell für Fälle nur börsennotierter Gesellschaften, in denen eine einen beherrschenden Einfluss auf die andere ausübt, ebenfalls LUTTER, M./ DRYGALA, T. (2004), S. 249, Tz. 27

294 Siehe MARTENS, K.-P. (2003), S. 593-600.

295 "Im Bericht ist im Einzelnen zu begründen, warum der an der Börse gebildete Verkehrswert oder der gutachtliche Schätzwert zugrunde gelegt wird. Es muss plausibel nachvollziehbar sein, dass der nicht zu berücksichtigende Wert hinter dem relevanten Wert zurückbleibt." GEHLING, C. (2007), S. 185, Tz. 26.

noch heftig umstritten, ob diese Vorgehensweise des BVerfG auch für Transaktionen nach UmwG entsprechend gelten."[296]

Die Befürworter[297] der Übertragbarkeit unterstreichen, dass die bei DAT beurteilte Abfindung durch Aktien der Obergesellschaft ebenfalls mittels Verschmelzungs-wertrelation zu bestimmen ist[298] und dass die außenstehenden Anteilseigner in bestimmten Verschmelzungen vergleichbar schutzbedürftig sind.[299]

Gegner der Übertragbarkeit[300] weisen darauf hin, dass in Verschmelzungen keine Abfindung zu bestimmen ist, da das Eigentum der Anteilseigner in der Beteiligung an der verschmolzenen Gesellschaft fortgeführt wird.[301] Zudem kann sich der Börsenwert vom inneren Wert einer Gesellschaft unterscheiden[302] und die Berücksichtigung des Börsenwertes als Untergrenze in Widerspruch mit dem Grundsatz der Methodengleichheit stehen.[303]

Einige Stimmen differenzieren[304] bei der Übertragbarkeit der DAT-Entscheidung danach, ob die Bestimmung des Verschmelzungsverhältnisses eine zur Eingliederung vergleichbare Eigentumsrelevanz hat. Zumindest in Verschmelzungen zwischen konzernverbundenen Gesellschaften, in denen zwischen Mehrheits- und Minderheitsanteilseignern einer Gesellschaft hinsichtlich des Verschmelzungsverhältnisses ein Interessenkonflikt herrscht, wird diese „Eigen-

296 STRATZ, R.-C. (2006), S. 175, Tz. 47, ähnlich GEHLING, C. (2007), S. 185, Tz. 26.

297 Dafür: LUTTERMANN, C. (1999), S. 45-52, LUTTERMANN, C. (2001), S. 869-872, VETTER, E. (1999), S. 572, BEHNKE, T. (1999), S. 934, VETTER, E. (2000), S. 566, REUTER, A. (2001), S. 2487, ERB, G. (2001), S. 523, MEYER, I./ WEILER, L. (2001), S. 2155, PILTZ, D. J. (2001a), S. 185f., PUSZKAJLER, K. P. (2003a), S. 1692, WEILER, L./ MEYER, I. (2003), S. 909.

298 Siehe GEHLING, C. (2007), S. 185, Tz. 26.

299 Siehe GUDE, C. (2004), S. 45, S. 60.

300 Dagegen: RIEGGER, B. (1999), S. 1890, BUNGERT, H./ ECKER, J. (2000), S. 1846, WILM, D. (2000a), S. 235, HÜTTEMANN, R. (2001), S. 465, BUNGERT, H. (2003), S. 699, HÜFFER, U./ SCHMIDT-AßMANN, E. / WEBER, M. (2005), S. 100, HÜFFER, U. (2006), S. 1529f., Tz. 24f., 24j (§ 305 AktG).

301 Siehe LUTTER, M./ DRYGALA, T. (2004), S. 247, Tz. 24.

302 Für eine Diskussion von Fällen, in denen der Börsenwert leicht ersichtlich vom inneren Wert der Gesellschaft abweicht, siehe HÜFFER, U./ SCHMIDT-AßMANN, E. / WEBER, M. (2005), S. 145.

303 Siehe LUTTER, M./ DRYGALA, T. (2004), S. 249, Tz. 26.

304 Differenziert: WILSING, H.-U./ KRUSE, T. (2001), S. 993, PASCHOS, N. (2003), S. 1021, LUTTER, M./ DRYGALA, (2004), S. 247ff., Tz. 24ff. (§ 5 UmwG), STRATZ, R.-C. (2006), S. 175, Tz. 47.

tumsrelevanz"[305] unterstellt.[306] Daher ist der Börsenwert als Untergrenze zu berücksichtigen.[307] Das gilt jedoch nur, wenn der berücksichtigte Börsenkurs frei von Sondereinflüssen und somit aussagekräftig ist.

Die von LUTTER/DRYGALA vorgenommene Differenzierung der Übertragbarkeit für Verschmelzungen zwischen Gesellschaften mit aussagekräftigen Börsenkursen und Interessenkonflikt zwischen Mehrheit- und dominierter Minderheit einer Gesellschaft mündet im Vorschlag, unter Wahrung der Methodengleichheit jeweils „einen Mittelwert zwischen Börsenkurs- und Ertragswertmethode für die betreffende Gesellschaft zur Feststellung des Umtauschverhältnisses anzunehmen."[308]

Die Verwendung von Mittelwerten vermag die Frage nach dem maßgebenden Wertverhältnis nicht zu beantworten. Stattdessen wird ein neues Verhältnis gebildet, indem Wert- und Preiskategorien einer jeden Gesellschaft vermischt werden. Das ist schwer zu rechtfertigen, wenn der Unterschied zwischen dem Unternehmenswert auf Basis der Ertragswertmethode und dem von aussagekräftigen Börsenkursen durch Insiderinformationen des Managements erklärt wird.

In dieser Arbeit wird unterstellt, dass das Management Insiderinformationen in die Bestimmung der Ertragswerte einbezieht, die in Börsenkursen nicht berücksichtigt sind. Da Anteilseigner diese Insiderinformationen nicht auf Richtigkeit prüfen können, dürften ihre Einschätzungen und Entscheidungen annahmegemäß nur auf Basis der Börsenwerte getroffen werden.

In Abb. 11 wird das Verschmelzungsverhältnis nach dem Grundsatz der Meistbegünstigung[309] bestimmt, d.h. aus Ertrags- und Börsenwert für jede Gesellschaft der höhere Wert gewählt.

---

305 Zur Unterscheidung der Eigentumsrelevanz siehe BUNGERT, H./ ECKER, J. (2000), S. 1846 oder PASCHOS, N. (2003), S. 1019.

306 „Uneingeschränkt übertragbar sind diese Grundsätze aber nur auf die Verschmelzung konzernverbundener Gesellschaften. Auf die Verschmelzung gleichberechtigter Gesellschaften (sog. Merger of equals passen sie nicht." Siehe MARSCH-BARNER, R. (2006), S. 111, Tz 14.

307 "Die im Falle der Verschmelzung miteinander unverbundener Unternehmen bestehende grundsätzliche Interessengleichheit ist damit faktisch aufgehoben." Siehe LUTTER, M./ DRYGALA, T. (2004), S. 248, Tz. 25.

308 LUTTER, M./ DRYGALA, T. (2004), S. 249, Tz. 27.

309 Als $ß_{Meist}$ dargestellt.

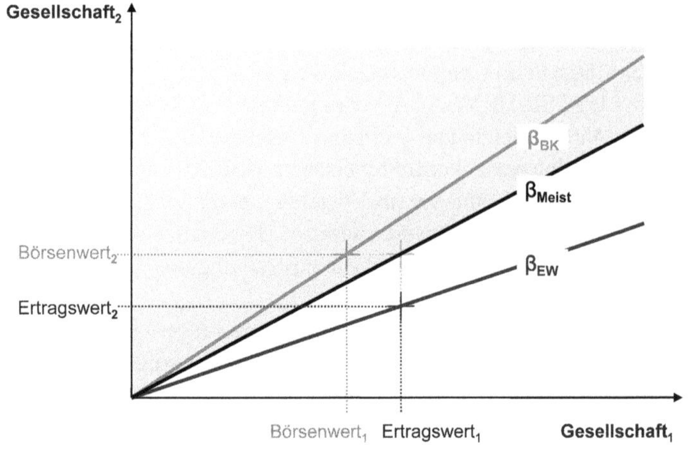

Abb. 11: Börsenwert der Gesellschaft₂ als Untergrenze

Da der Ertragswert von Gesellschaft₂ unter dessen Börsenwert liegt und der Ertragswert von Gesellschaft₁ höher als der Börsenwert ist, entspricht das Verschmelzungsverhältnis weder dem Ertragswert- noch dem Börsenwertverhältnis.

In Abb. 12 werden alle Verschmelzungsverhältnisse dargestellt, die durch Variation der Ertrags- und Börsenwerte nach dem Grundsatz der Meistbegünstigung theoretisch möglich sind.

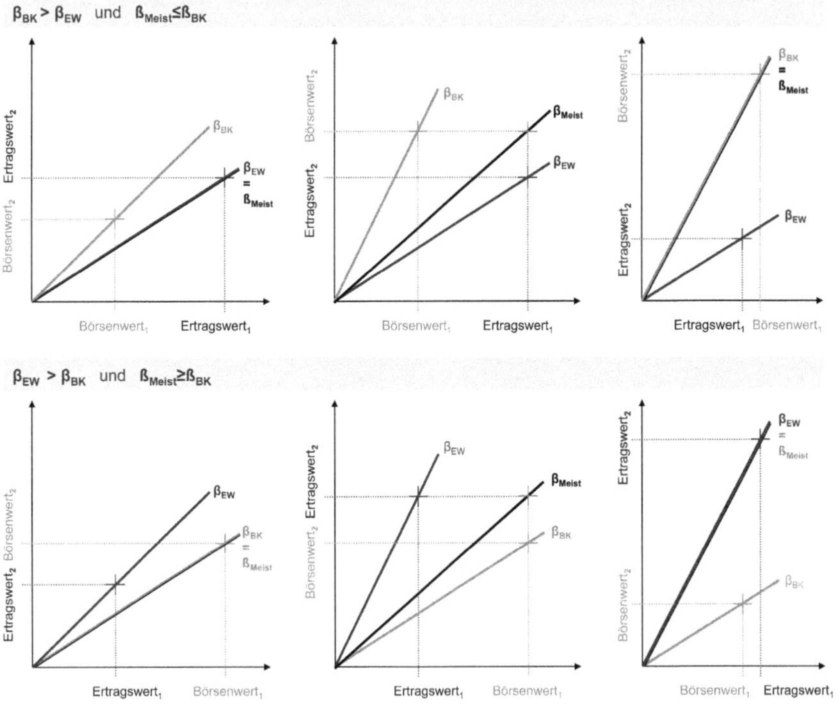

Abb. 12: Verschmelzungsverhältnisse nach dem Grundsatz der Meistbegünstigung

Die in der Bestimmung des Verschmelzungsverhältnisses jeweils anzuwendende Bewertungsmethode wird nach dem Grundsatz der Meistbegünstigung durch das Bewertungsergebnis vorgegeben. Somit entbehrt sich eine Einschätzung, mit welcher Methode die Unternehmenswerte der verschmelzenden Gesellschaften angemessen bestimmt werden können.

Das verbindlich anzuwendende Verschmelzungsverhältnis $ß_{Meist}$ unterscheidet sich in vier der sechs Fälle von Verschmelzungsverhältnissen, die nach dem Prinzip der Methodengleichheit für die Transaktion gewählt werden.[310] In zwei

310 Dabei ist unerheblich, ob das Management die Ertragswerte oder die Börsenwerte für die Bestimmung des Verschmelzungsverhältnisses nach dem Grundsatz der Methodengleichheit als geeigneter einschätzt. In zwei Fällen entspricht das nach dem Grundsatz der Meistbegünstigung bestimmte Verschmelzungsverhältnis dem Ertragswertverhältnis und in zwei weiteren dem Börsenwertverhältnis.

dieser Fälle ergeben sich Verschmelzungsverhältnisse, die zwischen dem Börsenwertverhältnis und dem Ertragswertverhältnis liegen.

Abb. 13 zeigt exemplarisch, wie der mit dem Grundsatz der Meistbegünstigung intendierte Schutz der Anteilseigner$_2$ theoretisch ausgehebelt werden könnte. Dafür müssten die Ertragswerte der zu verschmelzenden Gesellschaften nur in gleichem Verhältnis erhöht werden, bis sie über dem jeweiligen Börsenwert liegen.[311]

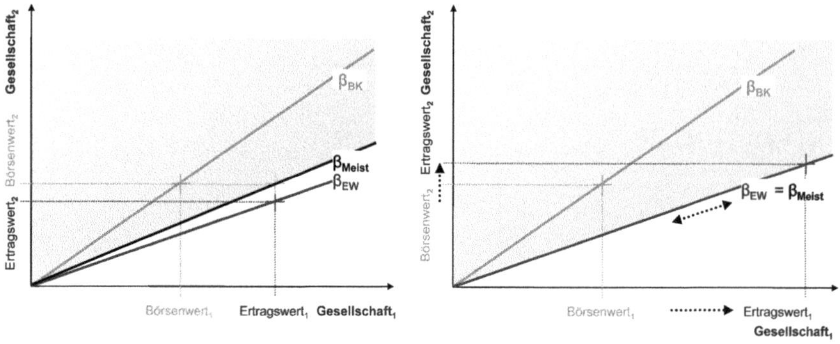

Abb. 13: Proportionale Erhöhung beider Ertragswerte

Werden die Ertragswerte proportional erhöht, bis beide über dem entsprechenden Börsenwert liegen, bestimmt sich das Verschmelzungsverhältnis nach dem Grundsatz der Meistbegünstigung als Ertragswertverhältnis. Dieses liegt im gewählten Beispiel unter dem Verschmelzungsverhältnis, das vor Erhöhung der Ertragswerte aus Börsenwert$_2$ und Ertragswert$_1$ zu ermitteln war. Der Börsenwert ist zwar weiterhin die Untergrenze des Unternehmenswertes der Gesellschaft$_2$, zugleich verliert er aber seine Bedeutung in der Ableitung des Verschmelzungsverhältnisses und dem damit intendierten Eigentumsschutz.

Fraglich erscheint allerdings, ob sich eine relativ gleichstarke Erhöhung beider Ertragswerte, bspw. durch Senken des Kapitalisierungszinssatzes oder optimistischere Wachstumsannahmen, in allen Fällen der Praxis bewerkstelligen lässt.[312] Falls ja, bleibt den Anteilseignern nur die Möglichkeit, das Verschmel-

311 Eine gleichgerichtete, wenngleich nicht zwingende proportionale Erhöhung der Ertragswerte erfolgt beispielsweise bei Unterstellung besonders geringer Kapitalkosten oder einer besonders positiven Einschätzungen über das jeweilige Wachstum in der Fortführungsperiode.

312 Bei der Wahl der Bewertungsparameter besteht ein Ermessenspielraum, der vom Verschmelzungsprüfer jedoch nur dann vergleichbar zur Vorgehensweise des Managements

zungsverhältnis durch Bewertungsrüge im Spruchverfahren prüfen zu lassen. Die Frage, ob ein angemessenes Verschmelzungsverhältnis nach dem Grundsatz der Methodengleichheit oder der Meistbegünstigung zu bestimmen ist, bleibt damit für ein Spruchstellengericht zur Beantwortung offen.

3.2.4 Würdigung

Unter den Befürwortern der Übertragbarkeit der DAT-Rechtsprechung besteht „[w]eitestgehende Einigkeit (in der Rechtsprechung durchgängig) [...], dass für die Ermittlung eines Umtauschverhältnisses alle beteiligten Rechtsträger nach derselben Methode und denselben Prämissen zu bewerten sind.“[313] Unter diesen konnte sich der Grundsatz der Meistbegünstigung nicht gegen den Grundsatz der Methodengleichheit durchsetzen.[314]

Insbesondere in der Beurteilung der Angemessenheit des Verschmelzungsverhältnisses sollte sich der Verschmelzungsprüfer nach Ansicht des Verfassers vom Grundsatz der Gleichheit der Bewertungsmethode leiten lassen: „Denn bei der Bestimmung des Umtauschverhältnisses sind die Unternehmenswerte der beteiligten Rechtsträger in Relation zueinander zu setzen. Das so ermittelte Verhältnis kann nur angemessen sein, wenn gleiche Sachverhalte miteinander verglichen werden.“[315]

In der Verschmelzung der Broadnet auf die QSC wurde das Verschmelzungsverhältnis nach dem Grundsatz der Meistbegünstigung bestimmt obwohl eine mehrheitliche Beteiligung der aufnehmenden Gesellschaft an der übertragenden vorlag.[316] In diesem Einzelfall der jüngeren Praxis unterstellt der Verschmelzungsprüfer „aufgrund des Anteilstauschs eine materielle Gefährdungslage für die Aktionäre der übertragenden Gesellschaft“.[317]

In der Bestimmung des Verschmelzungsverhältnisses wird der Börsenwert der übertragenden Gesellschaft angewendet, da er den Ertragswert übersteigt und „faktisch eine Situation gegeben ist, die den Machtverhältnissen beim Un-

---

bzw. des Verschmelzungsberichts ausgeübt wird, soweit keine Fakten dagegen sprechen. „Zwischen Fakten und Prüfung ist streng zu unterscheiden; keinesfalls darf der Prüfer eigenes Ermessen an die Stelle des Ermessens der Vertretungsorgane setzen.“ Siehe MÜLLER, W. (2006), S. 135, Tz. 22.

313 ZEIDLER, G. W. (2007), S. 210, Tz. 36.

314 Siehe MÜLLER, W. (2006), S. 137, Tz. 27, BUHLA, T. / SCHLÖSSER, J. (2002), S. 203, Tz. 109, MARSCH-BARNER, R. (2006), S. 111, Tz. 14, STRATZ, R.-C. (2006), S. 176, Tz. 51.

315 BUHLA, T. / SCHLÖSSER, J. (2002), S. 204., Tz. 109.

316 Verschmelzungsbericht QSC, S. 64ff

317 Verschmelzungsprüfungsbericht QSC, S. 45.

ternehmensvertrag und der Eingliederung zumindest ähnlich ist".[318] Andererseits wird für die aufnehmende Gesellschaft der Ertragswert in der Bestimmung des Verschmelzungsverhältnisses angesetzt. Die Begründung verweist mit Bezug auf die BVerfG-Rechtsprechnung zu DAT darauf, dass übertragende Anteilseigner keinen Anspruch darauf haben, Aktien der aufnehmenden Gesellschaft höchstens zum Börsenwert zu erhalten.[319] In Bezug auf die Begründung des BGH-Beschlusses, dass der Nachweis eines den Börsenwert übersteigenden Verkehrswertes allein durch Einholung eines Sachverständigengutachtens über den Unternehmenswert nicht ausreichen soll,[320] wird festgehalten, dass sich kein plausiblerer Nachweis als der gutachtliche findet.[321]

Folgt man der Argumentation in diesem Praxisfall so fällt auf, dass die Verwendung von Börsenwert und gutachtlichem Ertragswert nach dem Grundsatz der Meistbegünstigung zur Ungleichbehandlung von übertragenden und aufnehmenden Anteilseignern führt. Aus Sicht des Autors ist fraglich, warum ein den Börsenwert übersteigender Ertragswert der aufnehmenden Gesellschaft mittels Gutachten nachgewiesen werden kann, nicht aber ein den Börsenwert unterschreitender Ertragswert der übertragenden Gesellschaft in die Bestimmung des Verschmelzungsverhältnisses einbezogen werden darf. Mit der Verwendung des jeweils höheren aus Ertragswert und Börsenwert wird weder sichergestellt, dass der Börsenwert der übertragenden Anteilseigner in der verschmolzenen Gesellschaft gleichwertig fortgeführt wird, noch dass aufnehmende Anteilseigner in der verschmolzenen Gesellschaft einen gleichwertigen inneren (Ertrags-) Wert fortführen. Ohne Entscheidung für das Ertragswert- oder Börsenwertverhältnis als maßgebendes Verschmelzungsverhältnis ist mit dem Grundsatz der Meistbegünstigung zwar ein Kompromiss gefunden, jedoch ein willkürlicher und methodisch inkonsistenter.

---

318 Verschmelzungsprüfungsbericht QSC, S. 45.

319 Verschmelzungsprüfungsbericht QSC, S. 46.

320 „Auch der Börsenwert des herrschenden Unternehmens kann von seinem Verkehrswert abweichen. Zum Nachweis dieser Voraussetzungen genügt jedoch grundsätzlich nicht allein die Einholung eines Sachverständigengutachtens über den Unternehmenswert; vielmehr bedarf es der Darlegung und des Beweises von Umständen, aus denen auf die Abweichung des Börsenkurses vom Verkehrswert zu schließen ist. Das Bundesverfassungsgericht hat als Beispiel die schlechte Verfassung der Kapitalmärkte angeführt. Ein solcher Umstand muß sich nicht nur im Börsenkurs des herrschenden Unternehmens, sondern auch in den Kursen der Indizes (z. B. DAX 30, DAX 100, NEMAX, EUROSTOXX 50) niedergeschlagen haben." Beschluss des BGH vom 12.3.2001, Az. II ZB 15/00.

321 Verschmelzungsprüfungsbericht QSC, S. 47.

Aus Sicht des Autors ist eine Übertragung der BVerfG-Rechtsprechung zu DAT betriebswirtschaftlich nur zu rechtfertigen, wenn der Verschmelzungsbeschluss der $Gesellschaft_2$ von einem Mehrheitsanteilseigner dominiert wird, der in Bezug auf das Verschmelzungsverhältnis andere Interessen als die Minderheitsanteilseigner der $Gesellschaft_2$ verfolgt.[322] In diesen Fällen sind Minderheitsanteilseigner vergleichbar schutzbedürftig wie in Unternehmensverträgen oder bei Eingliederung. Nach Entscheidung des BVerfG muss ihnen mindestens ein Preis angeboten werden, der bei einer Veräußerung der Aktien am Kapitalmarkt erzielbar gewesen wäre.[323] Dieser Gedanke abstrahiert vom inneren Wert des Unternehmens und zielt stattdessen auf „alternative Investitionsentscheidungen des Aktionärs“ ab.[324] Diese werden durch den Börsenkurs ihrer Anteile repräsentiert.

Wird die DAT-Rechtsprechung auf dominierten Verschmelzungen mit Interessenkonflikt zwischen Mehr- und Minderheitsanteilseigner der $Gesellschaft_2$ übertragen wird, dann ist dominierten Minderheitsanteilseignern für ihre Aktien eine Gegenleistung in Höhe von mindestens dem Börsenkurs anzubieten. Bei der unterstellten Abweichung von Ertrags- und Börsenwerten stellen Verschmelzungsverhältnisse, die nach dem Grundsatz der Meistbegünstigung bestimmt werden, diese Gegenleistung nicht in allen Fällen sicher.

Nach dem Grundsatz der Methodengleichheit kann eine Gegenleistung in Höhe des Börsenkurses für dominierte Minderheitsanteilseigner der $Gesellschaft_2$ nur durch das Börsenwertverhältnis sichergestellt werden. Aus Sicht des Autors sollte das Verschmelzungsverhältnis dennoch nicht als Börsenwertverhältnis bestimmt werden, da die Ertragswerte wertrelevante Insiderinformationen beinhalten können.

Methodisch konsistent sind das Verschmelzungsverhältnis vom jeweiligen Ertragswert abzuleiten und der intendierte Schutz der dominierten Minderheitsanteilseigner der $Gesellschaft_2$ durch ein zeitgleiches Kaufangebot in Höhe des Börsenkurses zu gewährleisten.[325] Orientieren sich die Minderheits-Anteilseigner an Börsenkursen bleibt ihnen dadurch die Möglichkeit der Desinvestition.

---

322 Unterscheidung der Transaktionssituation analog zu PASCHOS, N. (2003), S. 1024. In dominierten Verschmelzungen mit Interessenkonflikt stellt dieser jedoch auf das Börsenwertverhältnis ab während in dieser Arbeit die Verschmelzung zum Ertragswertverhältnis mit zeitgleichem Kaufangebot an die Minderheits-Anteilseigner vorgeschlagen wird.

323 „Ein Austrittsrecht wird dort relevant, wo die Minderheit den Strukturänderungsbeschluss nicht verhindern kann, weil eine Mehrheitsentscheidung vorgesehen [...] ist.“ PRIESTER, H.-J. (1990), S. 442f.

324 BUHLA, T. / SCHLÖSSER, J. (2002), S. 158., Tz. 32.

325 Diese Kombination entspricht einem Kaufangebot mit anschließender Verschmelzung.

Orientieren sie sich am Ertragswert so wird dieser in der verschmolzenen Gesellschaft fortgeführt. Zudem sind sie an Synergien beteiligt.

Die Umsetzung dieses Vorschlags führt zum Abfluss liquider Mittel[326] und steht damit im Gegensatz zur Natur einer Verschmelzung.[327] Da sich eine Verhandlungslösung gleichberechtigter Partner[328] in der dominierten Konfliktsituation mit Interessengegensatz zwischen Mehrheits- und Minderheitsanteilseigern einer Gesellschaft ausschließt, ist diese Ausnahme aus Sicht des Autors einzuräumen.

Neben den bisher beschriebenen Überlegungen, mit welchen Bewertungsmethoden ein Verschmelzungsverhältnis zu bestimmen ist, wird das Management auch die nachfolgend beschriebenen Teilnahmebedingungen der Anteilseigner berücksichtigen. Ausgehend von den Zielen der Verschmelzungsparteien werden diese im folgenden Abschnitt für das Bestehen von

- Interessengleichheit/ -konflikt zwischen Anteilseignern einer Gesellschaft
- Zustimmungserfordernis (Dominanz)
- Mehrheitlicher Beteiligung unter den Gesellschaften (Konzernverbund)

analysiert.

3.3 Ziele und Teilnahmebedingungen der Anteilseigner

Die wirtschaftswissenschaftliche Theorie unterstellt i. d. R. einen homo oeconomicus mit der Fähigkeit zu rationalem Handeln.[329] Übertragen auf die Sicht von Anteilseignern dient jede Beteiligung an einem Unternehmen der Vermögensmaximierung.[330] Im Zuge der Spezialisierung ist es Aufgabe des Managements, das Unternehmen entsprechend der Ziele der Anteilseigner zu steuern.

---

326 Obwohl gegen den Grundsatz der Kapitalerhaltung verstoßend, steht ein solches Austrittsrecht nicht im Widerspruch zum Wesen einer Aktiengesellschaft. Kodifizierte Abfindungsfälle des Aktienkonzern- und Umwandlungsrechts sind typische Ausprägungen des Austrittsrechts aus wichtigem Grunde. Siehe SCHÜTZ, B. G. (2005), S. 215.

327 Siehe LUTTER, M./ DRYGALA, T. (2004), S. 248, Tz. 25.

328 „[G]erichtliche Festlegung von Ausgleich und Abfindung [...] soll Einzelverhandlung [...] über den Kaufpreis ersetzen, wobei nach dem BVerfG von gleichstehenden Verhandlungspartnern wie beispielsweise bei der Fusion unter Gleichen auszugehen ist." MAUL, K.-H. (2003), S. 282. Ähnlich HOMMEL, M. (2000), S. 56.

329 Siehe SCHÄFER, H.-B./ OTT, C. (2005), S. 72ff.

330 In ihrer Lektion zur Markteffizienz fassen BREALEY/MYERS den alleinigen Fokus auf die Rendite einer Aktie im Verhältnis zu dem damit verbundenen Risiko mit „Seen one stock seen them all" zusammen. BREALEY, R. A./ MYERS, S. C. (2000), S. 375.

Vermögensmaximierung bedeutet damit den Unternehmenswert[331] bzw. in Transaktionssituationen den Preis zu maximieren.[332] In Verschmelzungen entspricht diese Aufgabe dem Erzielen des Verschmelzungsverhältnisses, das den höchstmöglichen Anteil an der verschmolzenen Gesellschaft repräsentiert. In dieser Arbeit sei unterstellt, dass die Zielsetzung von Management und Anteilseignern einer Gesellschaft in Bezug auf das Verschmelzungsverhältnis nicht voneinander abweicht.

Allerdings erlangt das Management im Zuge seiner Spezialisierung auf die Unternehmensführung häufig einen Informationsvorsprung.[333] Führt dieser im Vorfeld einer Verschmelzung zu wertrelevanten Insiderinformationen kann es vorkommen, dass Management und Anteilseigner die mit dem Verschmelzungsverhältnis einhergehende Zielerreichung unterschiedlich beurteilen.

Während Anteilseigner (mit dem Börsenkurs als ökonomischer Referenz) nur öffentlich verfügbare Informationen berücksichtigen, kann das Management aufgrund seines Informationsvorsprungs erkennen, ob das Unternehmen zu diesem Zeitpunkt am Kapitalmarkt über- oder unterbewertet ist. Da das Management annahmegemäß im Interesse der Anteilseigner handelt, wird es diesen Informationsvorsprung in Entscheidungen über den Transaktionspreis berücksichtigen. Das gilt umso mehr, wenn die Insiderinformationen später öffentlich werden können und folglich zu erwarten ist, dass der Börsenkurs diese reflektiert.

Daher lässt sich zusammenfassen, dass Anteilseigner und Management trotz (entsprechend der Informationslage) unterschiedlicher ökonomischer Referenzen ein Verschmelzungsverhältnis anstreben, das den höchsten Anteil an der verschmolzenen Gesellschaft repräsentiert ohne die Transaktion zu verhindern.

Für $Gesellschaft_1$ drückt sich dieser Transaktionspreis im kleinstmöglichen Verschmelzungsverhältnis β aus, für $Gesellschaft_2$ im größtmöglichen.[334] Der Raum möglicher Verschmelzungsverhältnisse wird jedoch dadurch begrenzt, dass die Anteilseigner ihre Vermögensposition im Vergleich zur Situation ohne Verschmelzung nicht verschlechtern. Anteilseigner basieren diese Teilnahmebedingung (TNB) annahmegemäß auf den Börsenkursen.

331 Entsprechend der Residualansprüche der Anteilseigner ist damit der Marktwert des Eigenkapitals gemeint.

332 "Wenn die Zielsetzung der Manager mit der Zielsetzung der Eigentümer, d.h. der Marktwertmaximierung, übereinstimmt, führt das zu einer zielkonformen Investitions-, Finanzierungs- und Ausschüttungspolitik." SCHÜLER, A. (1998), S. 12.

333 Siehe JENSEN, M. C./ MECKLING, W. H. (1976), S. 305ff.

334 Siehe Abb. 3 zur Bestimmung des Verschmelzungsverhältnisses ß.

3.3.1 Nicht-dominierte Verschmelzungen

Nicht-dominierte Verschmelzungen charakterisiert, dass ein eventuell existierender Mehrheitsgesellschafter den Verschmelzungsbeschluss der $Gesellschaft_2$ nicht unabhängig vom Abstimmungsverhalten der Minderheits-Anteilseigner treffen kann.[335]

Grundsätzlich verfolgen Anteilseigner der $Gesellschaft_2$ in Bezug auf das Verschmelzungsverhältnis die gleichen Interessen. Das OLG Stuttgart geht bei einem „von der Aktionärsmehrheit gebilligten Verschmelzungsvertrag" davon aus, dass „jeder Anteilseigner darauf achten [wird], dass er seine Vermögensposition durch die Transaktion nicht verschlechtert."[336] Hierbei kommt es darauf an, dass ein Mehrheitsanteilseigner mit der Beteiligungs- bzw. Stimmmehrheit in der Beurteilung des Verschmelzungsverhältnisses keine Sondervorteile berücksichtigen kann. Ohne diese in (ausreichendem Maße) erzielen zu können sitzt er „im gleichen Boot"[337] wie die $Minderheits\text{-}Anteilseigner_2$.

Erzielt der Mehrheits-Anteilseigner Sondervorteile, dann kann seine Zielsetzung in Bezug auf das Verschmelzungsverhältnis von der der Minderheits-Anteilseigner abweichen. Diese Sondervorteile entstehen bspw. wenn der Mehrheits-Anteilseigner der $Gesellschaft_2$ zugleich eine Beteiligung an der $Gesellschaft_1$ hält,[338] die eine vom Verschmelzungsverhältnis verursachte Wertminderung durch die Beteiligung an der $Gesellschaft_1$ mindestens kompensiert (dafür muss die Beteiligung an $Gesellschaft_1$ größer als die an $Gesellschaft_2$ sein).

Abb. 14 unterscheidet die nicht-dominierte Entscheidungssituation zunächst danach, ob Mehrheits- und Minderheitsanteilseigner der $Gesellschaft_2$ in Bezug auf das Verschmelzungsverhältnis die gleichen oder unterschiedliche Zielsetzungen verfolgen. Auf dieser Unterscheidung wird danach die Erläuterung von Teilnahmebedingungen (TNB) aufbauen.[339]

---

335 Bei der Einordnung in einen Konfliktwürfel bezeichnen MATSCHKE/BRÖSEL derartige nicht-dominierte Entscheidungssituationen als disjungiert. MATSCHKE, M. J./BRÖSEL, G. (2005), S. 365.

336 Beschluss des OLG Stuttgart (Az: 20 W 5/05) vom 8.März 2006.

337 Beschluss des OLG Stuttgart (Az: 20 W 5/05) vom 8.März 2006.

338 Analog dazu wenn $Gesellschaft_1$ einen Anteil an $Gesellschaft_2$ hält und $Anteilseigner_1$ indirekt als Mehrheitsanteilseigner an $Gesellschaft_2$ beteiligt sind.

339 Siehe EISENFÜHR, F. (1971), S. 470ff., SIGLOCH, J. (1974), S. 158ff, DIRRIGL, H. (1990), S. 186ff., OSSADNIK, W. (1990), S. 466, IDW (2008a), S. 305, Tz. 60.

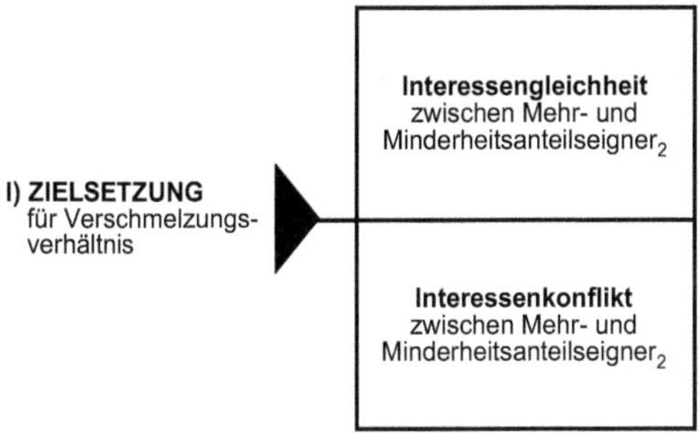

Abb. 14: Zielsetzung

In nicht-dominierten Verschmelzungen werden Anteilseigner nur Verschmelzungsverhältnissen zustimmen, die als Wert für ihre Anteile mindestens den Börsenkurs anbieten. Da sich daraus eine Vielzahl von Verschmelzungsverhältnissen über oder unter dem Börsenwertverhältnis bestimmen lässt, bedarf es zudem einer Einschätzung über den Wert der Anteile des Verschmelzungspartners. Bedenkt man, dass diese zum Börsenkurs erhältlich sind, so werden die Anteilseigner den Aktien des Verschmelzungspartners höchsten den Börsenkurs beimessen.

Fasst man die Einschätzungen einer Verschmelzungspartei über den Wert ihrer und der anderen Gesellschaft zusammen, so kann daraus ein Grenzverschmelzungsverhältnis[340] bestimmt werden. Dieses stellt die jeweilige Teilnahmebedingung der Anteilseigner für die Verschmelzung dar.

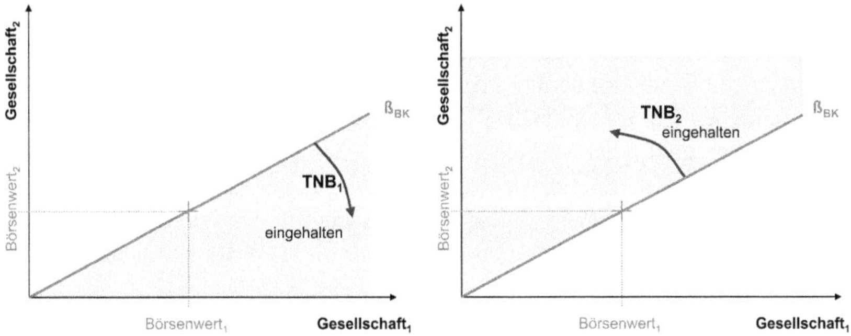

Abb. 15: Teilnahmebedingungen der Anteilseigner

340 Bezogen auf den Wert der Anteile: EISENFÜHR, F. (1971), S. 467-479, SIGLOCH, J. (1974), S. 201, DIRRIGL, H. (1990), S. 188, OSSADNIK, W. (1995a), S. 46ff.

Unterstellen die Anteilseigner beider Verschmelzungsparteien, dass sie ihre Aktien zum Börsenkurs verkaufen und die des anderen zum Börsenkurs erwerben können, werden sie sich unter Arbitragemöglichkeiten[341] auf das Börsenwertverhältnis als das maßgebliche Verschmelzungsverhältnis einigen.

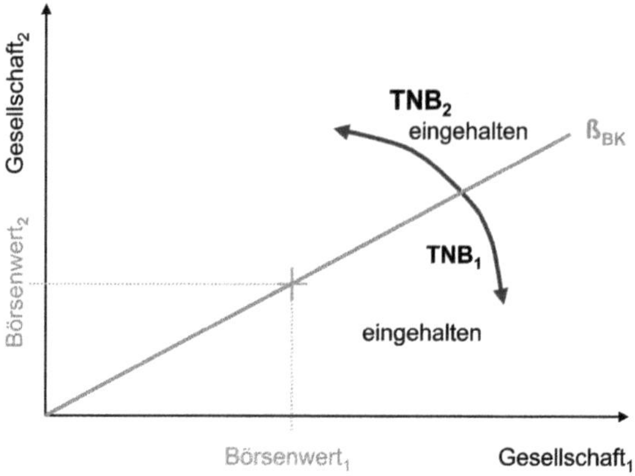

Abb. 16: Zwei Teilnahmebedingungen einer nicht-dominierten Verschmelzung

Da Anteilseigner beider Verschmelzungsparteien den jeweiligen Verschmelzungsbeschlussvorschlag effektiv ablehnen können, sollte das Verschmelzungsverhältnis beide Teilnahmebedingungen berücksichtigen.

3.3.2 Dominierte Verschmelzungen

Dominierte Verschmelzungen zeichnen sich dadurch aus, dass ein Mehrheitsanteilseigner die Strukturänderung gegen die Stimmen der Minderheitsanteilseigner beschließen kann.[342] Gemäß § 13 (1) UmwG bedürfen Verschmelzungsbeschlüsse einer qualifizierten Mehrheit von ¾ des vertretenen Kapitals. Somit entstehen theoretisch dominierte Verschmelzungen ab einer 75% Beteiligung eines Mehrheitsanteilseigners. Diese Schwelle liegt in der Praxis deutlich niedriger, da auf der Hauptversammlung meist nur ein Teil des stimmberechtigten

341 Dabei ist von Ankündigungseffekten, neuen Informationen und dem Unterschied zwischen Stichtags- und 3-Monatsdurchschnitts-Börsenkurs im Ankündigungszeitpunkt zu abstrahieren.

342 Eine Transaktionspartei besitzt somit nicht „die Option des Abbruchs der Verhandlung und der Rückkehr zum Status quo“. Siehe DRUKARCZYK, J./ SCHÜLER, A. (2007), S. 96.

Kapitals vertreten ist.[343] Somit kann bereits von einer dominierten Verschmelzung gesprochen werden, wenn die Beteiligung des Mehrheitsanteilseigners hoch genug ist, damit die Minderheitsanteilseigner einen aus ihrer Sicht unvorteilhaften Verschmelzungsbeschlussvorschlag auf der eigenen Hauptversammlung nicht verhindern können. In diesen Fällen ist nur die Stimmausübung des Mehrheitsanteilseigners für die Durchführung der Transaktion maßgeblich. Folglich basiert die TNB allein auf seiner Zielsetzung.

Abb. 17 erweitert die Unterscheidung der Zielsetzung zwischen den Anteilseignern der $Gesellschaft_2$ darum, ob eine Zustimmung der Minderheits-Anteilseigner für den Verschmelzungsbeschluss erforderlich ist.

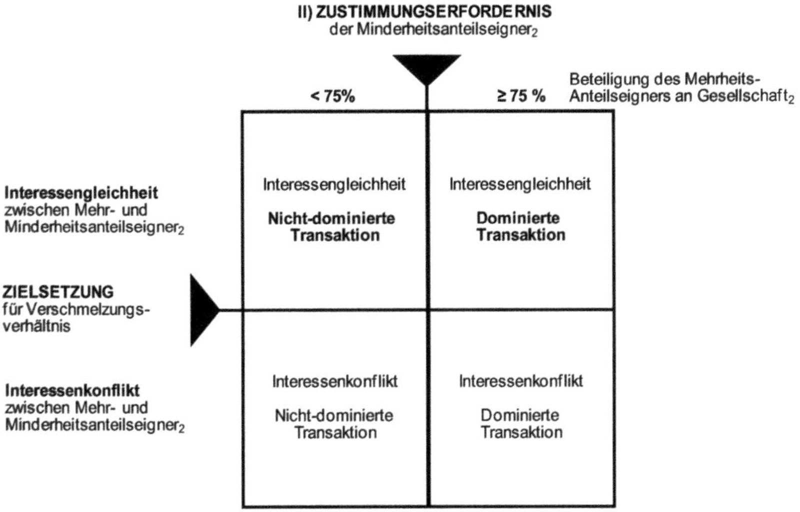

Abb. 17: Zielsetzung und Zustimmungserfordernis

Verfolgt der Mehrheitsanteilseigner der $Gesellschaft_2$ die gleichen Interessen wie die Minderheit, so ändert sich an den im vorangegangenen Kapitel dargestellten Teilnahmebedingungen nichts. Bspw. hat „[E]in rein privater Großaktionär […] typischerweise keine Sonderinteressen, die die Gefahr einer nachteiligen Ausübung seiner Herrschaftsmacht begründen.“[344]

343 HV-Präsenz (in Stimmen): Freenet AG (2005): 65,3%, T-Online AG (2005): 90,9%, BDAG Balcke Duerr AG (2001): 81,8%, Viag AG (2000): 67,0%, SKW Trostberg AG (2000): 78,2%, Bayrische Hypotheken- und Wechselbank AG (1998): 88,1%, Degussa AG (1998): 74,9%, Friedrich Krupp AG (1998): 89,0%.

344 Mit Bezug auf Umwandlungen: KRIEGER, G. (1990), S. 529.

Liegt in einer dominierten Transaktion auch ein Interessenkonflikt zwischen Minderheits- und Mehrheitsaktionär vor, verliert die Teilnahmebedingung der Minderheitsanteilseigner an Bedeutung. Daher können Verschmelzungsverhältnisse zulasten der Minderheitsanteilseigner durchgesetzt werden, wenn die TNB des Mehrheitsaktionärs der Gesellschaft$_2$ aufgrund der Berücksichtigung von Sondervorteilen vom Börsenwertverhältnis abweicht. Allerdings sieht das Gesetz keine Trennung der Schutzvorschriften für Verschmelzungen mit gleichgerichteten Interessen aller Verhandlungsparteien und für Verschmelzungen in Konzernverhältnis, d. h. mit Doppelbeteiligung des Mehrheitsanteilseigners vor.[345] Eine Differenzierung nach dem Umfang der Schutzbedürftigkeit der Anteilseigner ist allerdings innerhalb des Begriffs der Angemessenheit möglich.[346]

Abb. 18 stellt die TNB für dominierte Verschmelzungen dar, in denen ein Interessenkonflikt zwischen Mehrheits- und Minderheits-Anteilseigner der Gesellschaft$_2$ besteht.

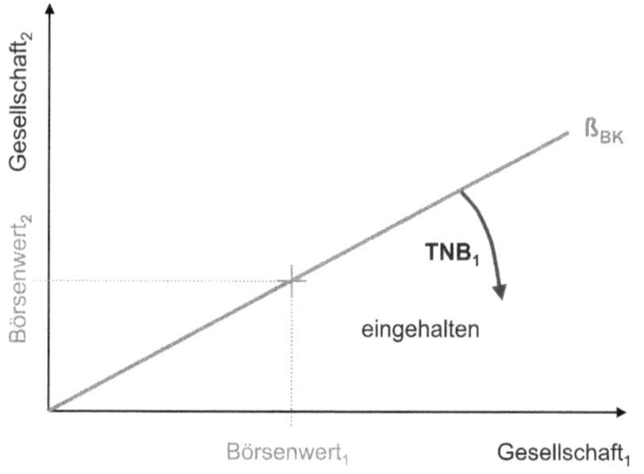

Abb. 18: Verbleibende Teilnahmebedingung in dominierten Verschmelzungen mit Interessenkonflikt

Wird die für dominierte Verschmelzungen typische Mehrheitsbeteiligung an der Gesellschaft$_2$ von der Gesellschaft$_1$ gehalten, könnte das mit der Transaktion erwartete Synergiepotential durch die ursprüngliche Beteiligungshöhe beeinflusst werden.

Abb. 19 erweitert die mit Zielsetzung und Zustimmungserfordernis beschriebene Entscheidungssituation um die Beteiligung, die die Gesellschaft$_1$ zur Ankündigung der Verschmelzung an der Gesellschaft$_2$ hält.

345 Siehe GUDE, C. (2004), S. 45.
346 Siehe GUDE, C. (2004), S. 60.

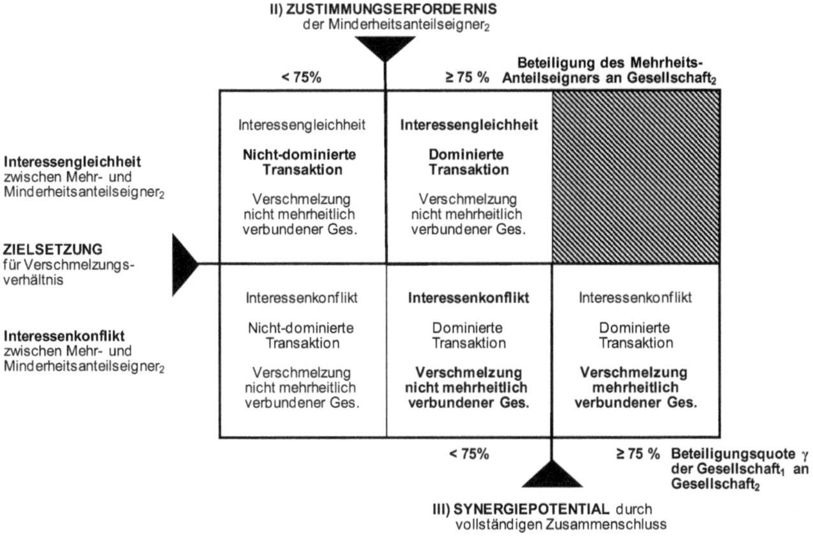

Abb. 19: Interessen, Zustimmungserfordernis, Konzernbeteiligung

Verfügt die $Gesellschaft_1$ bereits vor der Transaktion über eine Beteiligung von mindestens 75% der Tochtergesellschaft[347] so kann sie außenstehende Minderheitsaktionäre auf deren Hauptversammlung überstimmen oder andere Konzernierungsmaßnahmen, wie bspw. den Abschluss eines Beherrschungs- und Gewinnabführungsvertrags vollziehen. Diese Maßnahmen beeinflussen die Synergien, die in einer Verschmelzung erwartet werden könnten.

Ab einer Beteiligung der $Gesellschaft_1$ an $Gesellschaft_2$ von 90% entfällt nach § 62 (1) UmwG zudem die Notwendigkeit eines Hauptversammlungsbeschlusses der $Gesellschaft_1$. Gleichzeitig kann das Management dieser Gesellschaft als Mehrheitsgesellschafter der Tochtergesellschaft die Verschmelzung auf deren Hauptversammlung gegen mögliche Stimmen von Minderheitsaktionären beschließen. In diesem speziellen Fall entfallen beide Teilnahmebedingungen, da die Anteilseigner keiner Gesellschaft der vom Management initiierten Verschmelzung zustimmen müssen.[348]

---

347 Gemäß § 17 Abs. 2 AktG bereits ab einer Beteiligung von 50% vermutet, dass das in Mehrheitsbesitz stehende Unternehmen von dem an ihm mit Mehrheit beteiligten Unternehmen abhängig ist.

348 Die Verschmelzung der T-Online AG auf die Deutsche Telekom AG im Jahr 2005 stellt ein Beispiel dar.

Zusammenfassend ist festzuhalten, dass nicht jede dominierte Transaktion über das Schadenspotential einer (dominierten) Konzernverschmelzung verfügt. Besteht zwischen der Mehrheit und der Minderheit der Anteilseigner einer Verschmelzungspartei Interessengleichheit, wie es bspw. in Transaktionen mit fremden Dritten der Fall sein sollte, so müssen Minderheitsaktionäre unabhängig von der Gefahr des Überstimmt-Werdens nicht von einer Übervorteilung ausgehen. Besteht jedoch ein Interessenkonflikt, der sich bei dominanter Beteiligung eines Mehrheitsaktionärs stets zum Lasten der Minderheitsaktionäre auswirken kann,[349] so bieten die Zustimmungsregeln des UmwG keinen ausreichenden Minderheitenschutz. Allerdings bleibt den Anteilseignern mit der Möglichkeit zum Spruchverfahren ein sekundärer Schutzmechanismus. Das folgende Kapitel stellt diese Möglichkeit der gerichtlichen Überprüfung des Verschmelzungsverhältnisses vor und analysiert die damit verbundenen Handlungsalternativen der Anteilseigner und des Managements unter der Annahme, dass die Anteilseigner der Gesellschaft$_1$ den Verschmelzungsbeschluss bereits getroffen haben.

3.4 Beschlussfähige Verschmelzungsverhältnisse

3.4.1 Verschmelzungen ohne Synergien

Vereinfachend werden Verschmelzungsverhältnisse zunächst unter der Annahme analysiert, dass im Zuge der Transaktion keine Synergien erwartet werden.

3.4.1.1 Berücksichtigung von zwei TNB

Beschlussfähige Verschmelzungsverhältnisse berücksichtigen die TNB der Anteilseigner beider Gesellschaften. Zugleich repräsentieren die TNB die ökonomische Referenz der Anteilseigner, die in Verschmelzungen ohne Synergien mit dem Börsenkurs zusammenfällt. Folglich messen Anteilseigner ihren Anteilen mindestens den Börsenkurs und den Anteilen des Verschmelzungspartners höchstens den Börsenkurs bei.

In Verschmelzungen ohne Synergien und ohne Interessenkonflikt eines den Verschmelzungsbeschluss dominierenden Gesellschafters ist daher nur das Börsenwertverhältnis beiderseits beschlussfähig.

---

349 „Die Besonderheit bei der Umwandlung abhängiger Gesellschaften besteht darin, dass das herrschende Unternehmen die Möglichkeit hat, auf Grund seiner Herrschaftsmacht zum Nachteil seiner Mitgesellschafter auf das Umtauschverhältnis Einfluß zu nehmen." KRIEGER, G. (1990), S. 529.

3.4.1.2 Berücksichtigung einer TNB

Verfügt der Mehrheitsaktionär der Gesellschaft_2 über eine entsprechend große Stimmenzahl, um einen Verschmelzungsbeschluss ohne die Stimmen außenstehender Minderheitsaktionären fassen zu können, kann dieser das Verschmelzungsverhältnis zu seinen Gunsten und zulasten der Minderheitsanteilseigner festlegen. Wie in Kapitel 3.3.2 erläutert liegt ein Verschmelzungsverhältnis zulasten der Minderheitsanteilseigner der Gesellschaft_2 nur im Interesse des dominierenden Mehrheitsanteilseigners, wenn er die Verschiebung des Transaktionspreises zugunsten der Anteilseigner_1 kompensieren kann. Davon ist auszugehen, wenn der Mehrheitsanteilseigner der Gesellschaft_2 in quotal mindestens gleicher Höhe an Gesellschaft_1 beteiligt ist. Im übertragenen Sinne gilt selbiges, wenn Gesellschaft_1 der Mehrheits-Anteilseigner an Gesellschaft_2 ist (Konzernverbund). Diese dominierten Verschmelzungen mit Interessenkonflikt führen zur Aufhebung der Teilnahmebedingung der Minderheitsanteilseigner der Gesellschaft_2.

In der Praxis dienen „die meisten Verschmelzungen der Neustrukturierung von Konzernen...“[350] In diesen hat die Muttergesellschaft einen Interessenkonflikt und kann den Verschmelzungsbeschluss der Tochter aufgrund ihrer Beteiligung häufig dominieren. Damit sind zwar alle Verschmelzungsverhältnisse, die die TNB_1 einhalten, beschlussfähig, doch muss deren Angemessenheit für alle Anteilseigner im Verschmelzungsbericht plausibel dargelegt werden. Wie dieses „angemessene“ Verschmelzungsverhältnis bei Berücksichtigung von nur einer TNB zu bestimmen ist, soll nun untersucht werden.

In Anlehnung an die Praxis sei grundsätzlich unterstellt, dass die dominierte Gesellschaft_2 zugleich die übertragende ist. In bestimmten Fällen könnte sich aber auch eine Transaktionsstruktur anbieten,[351] in der die dominierte Gesellschaft die aufnehmende ist. Von diesen Ausnahmen[352] wird hier abstrahiert.

Nach dem Grundsatz der Methodengleichheit kann das Management eine Verschmelzung auf Basis des Ertragswert- oder des Börsenwertverhältnisses der Hauptversammlung zum Beschluss vorschlagen. Gemischte Verschmelzungsverhältnisse, wie sie nach dem Grundsatz der Meistbegünstigung bestimmt wer-

---

350 DIEKAMP, T. (2003), S. 124.

351 Bspw. hinsichtlich Grunderwerbssteuer, wenn die dominierte Gesellschaft über den größeren Immobilienbestand verfügt.

352 Auf Bewertungsfragen gestützte Anfechtungsklagen dominierter Anteilseigner können nach § 14 (3) UmwG nicht für Beschlüsse der aufnehmenden Gesellschaft ausgeschlossen werden.

den, werden als Ergebnis der in Kapitel 3.2.4 skizzierten Abwägung in dieser Arbeit nicht weiter betrachtet.

Nach Ansicht des Verfassers ist ein angemessenes Verschmelzungsverhältnis unter dem gewählten Modellrahmen und dem Bestehen bewertungsrelevanter Insiderinformationen als Ertragswertverhältnis zu bestimmen. In Verschmelzungen ohne Synergien ist das Ertragswertverhältnis jedoch nicht (in allen Fällen) beschlussfähig, da Anteilseigner die Angemessenheit des Verschmelzungsverhältnisses anhand der Börsenwerte beurteilen. Aufgrund der unterstellten Insiderinformationen ist den beschlussfassenden $Anteilseignern_1$ vor Transaktionsankündigung nicht bekannt, ob $Gesellschaft_2$ gemessen an der Bewertung des Verschmelzungsberichts am Kapitalmarkt unterbewertet und/oder $Gesellschaft_1$ überbewertet ist. Ansonsten würde sich der Börsenkurs der $Gesellschaft_2$ anpassen bis die im Verschmelzungsbericht zur Verfügung gestellten Insiderinformationen vollständig reflektiert werden.[353]

Während die Anteilseigner nicht über die notwendigen Insiderinformationen verfügen, um den Unterschied zwischen Ertragswert und Börsenwert vor der Transaktionsankündigung auszunutzen, hat das Management darauf Zugriff. Allerdings unterliegt das Management auf entwickelten Kapitalmärkten rechtlichen Beschränkungen[354] beim Handel mit Aktien des von ihm geführten Unternehmens aufgrund der ihm zugeschriebenen Insiderinformationen.[355] Folglich bleibt der Unterschied zwischen Ertragswert und Börsenwert vor Transaktionsankündigung bestehen und Anteilseigner könnten befürchten, dass das Management diesen Informationsvorsprung in der Bestimmung des Verschmelzungsverhältnisses zugunsten der von ihm repräsentierten Anteilseigner nutzt.

Die dabei theoretisch möglichen Fälle werden in der Folge skizziert.

Fall 1: Entspricht der Transaktionspreis dem Börsenwertverhältnis, können Management und Mehrheitsanteilseigner die Entscheidung allein auf Basis effizienter Börsenkurse getroffen haben, da verfügbare Insiderinformationen keine Abweichung der Ertragswerte von den Börsenwerten rechtfertigen.

Fall 2: Allerdings könnten Insiderinformationen auch auf „überhöhte" Börsenkurse der $Gesellschaft_1$ (zumindest relativ zur dominierten $Gesellschaft_2$)

353 Auf deren Basis wird der Ertragswert bestimmt.

354 Personen mit Führungsaufgaben müssen eigene Geschäfte mit Aktien/Derivaten des geführten Unternehmens innerhalb von fünf Werkstagen dem Emittenten und der BaFin melden. Siehe § 15a (1) WpHG.

355 „Es ist verboten, unter Anwendung von Insiderinformationen Insiderpapiere für eigene oder fremde Rechnung oder für einen anderen zu erwerben oder zu veräußern." § 14 (1) S. 1 WpHG.

hindeuten. Die praxisübliche Bestimmung des Transaktionspreises auf Basis der Ertragswerte würde dann in einem höheren, d. h. für die $Gesellschaft_1$ nachteiligeren Ertragswertverhältnis resultieren. Zu diesem Ergebnis führt die Unterbewertung der dominierten $Gesellschaft_2$ (absolut oder relativ zur $Gesellschaft_1$) oder die Überbewertung der $Gesellschaft_1$ (absolut oder relativ zur dominierten $Gesellschaft_2$).

Anteilseigner können nicht unterscheiden, ob Insiderinformationen einen Einfluss auf das Verschmelzungsverhältnis haben. Daher dürften sie einem Verschmelzungsverhältnis, dessen Angemessenheit auf Basis der „aussagekräftigen" Börsenkurse begründet wird, grundsätzlich skeptisch begegnen.[356]

Abb. 20 beinhaltet den theoretisch möglichen Fall einer Verschmelzung zum Börsenwertverhältnis, die unter Berücksichtigung von Insiderinformationen dominierte $Minderheitsanteilseigner_2$ benachteiligt.

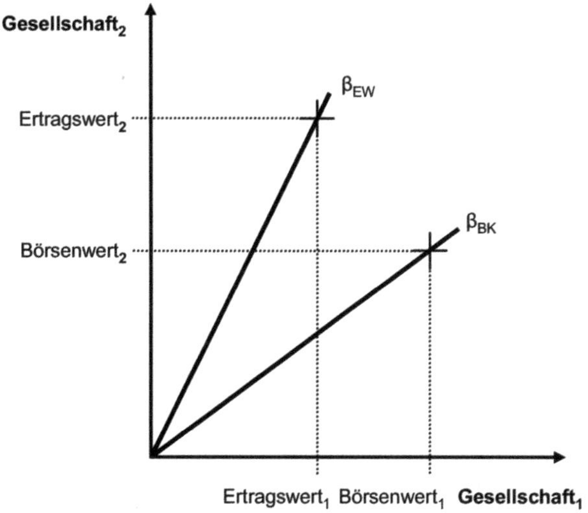

Abb. 20: Potentielle Insiderinformation bei Bestimmung des Transaktionspreises als Börsenwertverhältnis

Dafür wird eine dominierte Verschmelzung zum Börsenwertverhältnis angenommen, in der unveröffentlichte und den Anteilseignern unbekannte Er-

356 Eine Ausnahme ist die Verschmelzung von Mercedes Car Holding auf Daimler Benz, da die übertragende Gesellschaft fast ausschließlich Aktien der aufnehmenden hielt.

tragswerte[357] einen Transaktionspreis über Börsenwertverhältnis implizieren, das Management diese jedoch weder für die Bestimmung des Verschmelzungsverhältnisses nutzt noch im Verschmelzungsbericht beschreibt. Gleichwohl könnten die Insiderinformationen auch zu einem Ertragswertverhältnis unter Börsenwertverhältnis hinweisen, obwohl das Verschmelzungsverhältnis allein auf Basis der Börsenwerte bestimmt wird.

Fall 3: Das entgegengesetzte Bild ergibt sich, wenn der Mehrheitsanteilseigner der Gesellschaft$_2$ die Transaktion zum Ertragswertverhältnis beschließt und dieses mit entsprechenden Insiderinformationen begründet. Aufgrund des Zustimmungserfordernisses der Anteilseigner$_1$ (ausgedrückt in der TNB$_1$) ist die Transaktion ohne Synergien nicht zu einem Ertragswertverhältnis über Börsenwertverhältnis beschlussfähig. Zugleich könnten dominierte Minderheitsanteilseigner$_2$ befürchten, dass selektiv nur Insiderinformationen zu ihren Lasten berücksichtigt werden. Anderenfalls müssen sie davon ausgehen, dass das Management diese im Interesse des Mehrheitsanteilseigners nicht publik[358] machen möchte, um die Transaktion zum Börsenwertverhältnis durchführen zu können.[359]

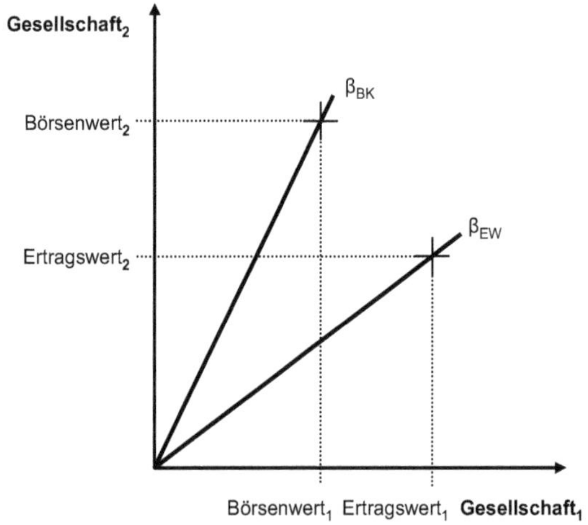

Abb. 21: Potentielle Insiderinformation - Gesellschaft$_1$ argumentiert über Ertragswerte

357 In Abweichung zur Praxis wird unterstellt, dass im Verschmelzungsbericht nur die Börsenwerte dargestellt werden.

358 Sofern in der Erstellung des Verschmelzungsberichts oder bei der Verschmelzungsprüfung nicht entdeckt.

359 Sofern diese Informationen nicht der ad-hoc Pflicht gemäß § 15 WpHG unterliegen.

Abb. 21 veranschaulicht eine Verschmelzung zum Ertragswertverhältnis, das unter dem Börsenwertverhältnis liegt. In dieser Konstellation haben die Insiderinformationen den von dominierten Anteilseignern$_2$ ggf. befürchten Charakter. Obwohl Insiderinformationen auch zu einem Ertragswertverhältnis über Börsenwertverhältnis führen können, verletzt ein Transaktionspreis über Börsenwertverhältnis die TNB_1 und ist somit nicht beschlussfähig.

In Verschmelzungen ohne Synergien sind bei alleiniger Berücksichtigung der TNB_1 nur Verschmelzungsverhältnisse beschlussfähig, die nicht größer als das Börsenwertverhältnis sind. Sofern es bewertungsrelevante Insiderinformationen gibt, könnten dominierte Anteilseigner in Transaktionen zum Börsenwertverhältnis vermuten, dass der Mehrheitsanteilseigner der Gesellschaft$_2$ die Minderheit überfordert. Die gleiche Vermutung kann jedoch auch bei Bestimmung des Verschmelzungsverhältnisses auf Basis der Ertragswerte aufgestellt werden, da nur Ertragswertverhältnisse unter Börsenwertverhältnis die TNB_1 einhalten. Die Beschränkung auf diese Verschmelzungsverhältnisse beruht u. a. auf der Annahme, dass mit der Transaktion keine Synergien erwartet werden. Im folgenden Kapitel wird diese Annahme aufgehoben.

3.4.2 Verschmelzungen mit Synergien

3.4.2.1 Einfluss von Synergien auf die Teilnahmebedingungen

Wie in Kapitel 3.3 beschrieben, besteht die Teilnahmebedingung der Anteilseigner in der nicht-Verschlechterung ihrer Vermögensposition.[360] Das führt in nicht-dominierten Transaktionen ohne Synergien dazu, dass Verschmelzungen außerhalb des Börsenwertverhältnisses nicht beschlussfähig sind, da Anteilseigner auf Basis der Börsenkurse entscheiden.

Volkswirtschaftlich betrachtet ergeben Unternehmenszusammenschlüsse jedoch erst dann einen Sinn, wenn sie Synergien erzielen, die die Transaktionskosten übersteigen. Der wirtschaftliche Zusammenschluss von zwei oder mehrerer Unternehmen kann bspw. die Einkaufs- und Absatzmacht erhöhen, operative Risiken reduzieren oder Kosten der Verwaltung, des Marketings und der Forschung- und Entwicklung reduzieren.[361] Übersteigen diese Wertbeiträge die zu

360 Siehe SIGLOCH, J. (1970), S. 74ff., DRUKARCZYK, J. (1973), S. 357f., DIRRIGL, H. (1990), S. 186f., OSSADNIK, W. (1993b), S. 46ff.

361 "Bei der wirtschaftlichen Begründung sind – ausgehend von der gegenwärtigen wirtschaftlichen Situation der beteiligten Rechtsträger, die unternehmerischen Chancen und Risiken der Verschmelzung darzustellen. Die Chancen müssen durch konkrete Angabe belegt sein, also etwa einer Verbesserung der Marktposition, ein effektiverer Einsatz

ihrer Erzielung notwendigen Transaktions- und Umstrukturierungskosten, dann wird mit der Transaktion netto ein Mehrwert geschaffen, der hier als Synergie bezeichnet wird.

Anteilseigner können Synergien in der Beurteilung eines Verschmelzungsverhältnisses berücksichtigen, wenn dieses vom Börsenwertverhältnisses abweicht.[362] Der Vergleich der Vermögenspositionen vor und nach der Transaktion einschließlich erwarteter Synergien führt zu einem Verhandlungsspielraum. Innerhalb dessen können Verschmelzungsverhältnisse gewählt werden, ohne dass sich die Vermögensposition eines der Anteilseigner im Vergleich zur Ausgangssituation verschlechtert.[363]

Obwohl betriebswirtschaftlich einleuchtend, hat sich die explizite Berücksichtigung von erwarteten Synergien in der Bestimmung des Verschmelzungsverhältnisses bislang nicht durchgesetzt.[364] Die Rechtsprechung,[365] Literatur[366] und aktuelle Praxis[367] geht aufgrund der Prämisse der stand-alone Bewertung

---

von Mitteln, ein besonderes Standing am Kapitalmarkt, Synergie- und Kostenpotentiale, die Erzielung eines Steuervorteils usw." GEHLING, C. (2007), S. 181, Tz. 17.

362 Synergien sind im Verschmelzungsverhältnis entgegen herrschender Meinung im juristischen Schrifttum explizit zu berücksichtigen. Siehe MÜLLER, S. (2005), S. 204.

363 Dieser Verhandlungsspielraum ist den Vorständen ausdrücklich zuzubilligen. Siehe FLEISCHER, H. (1997), S. 368.

364 "Eine Darstellung der erwarteten – negativen und positiven – Verbundeffekte ist ggf. die Motivation der Verschmelzung, nicht aber zur Begründung des Umtauschverhältnisses erforderlich; für dieses bleiben sie unberücksichtigt." MARSCH-BARNER, R. (2006), S. 113, Tz. 17.

365 Obwohl im Freigabeverfahren der Verschmelzung zwischen Deutsche Telekom und T-Online auf Basis der erwarteten Synergien für die sofortige Eintragung argumentiert wurde, basiert die Argumentation im Spruchverfahren zum Verschmelzungsverhältnis nicht auf den erwarteten Synergien. Siehe HOFMANN, C./ KROLOP, K. (2005), S. 876 und LG Frankfurt am Main, Beschluss vom 13. März 2009, Az: 3-5 O 57/06 (nrk).

366 „Im Rahmen der Ermittlung des objektivierten Unternehmenswerts sind die Überschüsse aus unechten Synergieeffekten zu berücksichtigen; jedoch nur insoweit, als die Synergie stiftenden Maßnahmen bereits eingeleitet oder im Unternehmenskonzept dokumentiert sind.“ Siehe IDW (2008b), S. 277, Tz. 34. Aufgrund dieser Einschränkung kann i.d.R. davon ausgegangen werden, dass Synergien ohne Planung eines Zusammenschlusses nicht in der Finanzplanung enthalten sind.

367 „Die Bewertung der beiden Gesellschaften wurde außerdem entsprechend der herrschenden Meinung in der Rechtsprechung und der Betriebswirtschaftslehre auf „stand-alone-Basis“ vorgenommen, das heißt, alle positiven und negativen Verbundeffekte, die erst durch die vorgesehene Verschmelzung erzielt werden können, wurden außer Betracht gelassen. Gleiches gilt für solche Investitionen und Desinvestitionen, die nur unter der Bedingung der zukünftigen Wirksamkeit der Verschmelzung durchgeführt werden.“ Verschmelzungsbericht Telekom/T-Online, S. 255.

der zu verschmelzenden Gesellschaften auf die Höhe der Synergien nicht explizit ein; implizit führt diese Vorgehensweise zur Aufteilung der Synergien entsprechend der Unternehmenswerte.[368] Es bestehen jedoch weitere Möglichkeiten, Synergien zu verteilen.[369] Diese reichen von der einseitigen Zuordnung zu jeweils einer der Verschmelzungsparteien über die hälftige Teilung[370] bis hin zur ertragswert-, ertragswertzuwachs- oder börsenwertproportionalen Verteilung.[371] Keine dieser Synergieverteilungen konnten in der Literatur als unfair verworfen werden.[372]

Erwartete Synergien bleiben in der Bestimmung des Verschmelzungsverhältnisses meist außer Betracht und werden dadurch implizit verteilt. Allerdings kommt die explizite Verteilung erwarteter Synergien dem Eigentumsschutz besser nach.[373] Bislang fehlt es jedoch an einem Schlüssel, anhand dessen Synergien explizit zwischen den Parteien verteilt werden können. Mit dem arbitriumtheoretischen Gedankengut nach NONNENMACHER können jedoch Ober- und Untergrenzen für Verschmelzungsverhältnisse bestimmt werden.[374] Diese beschreiben eine maximal 100%ige Verteilung der Synergien zu jeweils einer Verschmelzungspartei und wahren damit den Vermögenszustand vor der Transaktion.

Mit dem Ziel, beide Verschmelzungsparteien an Synergien zu beteiligen, zieht DIRRIGL engere Grenzen. Er plädiert für die ertragswertanteilige Verteilung der Synergien als Untergrenze und hälftige Zuordnung der Synergien zu außenstehenden Anteilseignern als Obergrenze.[375]

In dieser Arbeit wird dem Vorschlag von Nonnenmacher gefolgt und die Unter- und Obergrenzen der Synergieverteilung mit Null und 100% festgelegt, da die Bestimmung des Verschmelzungsverhältnisses bei unterschiedlichen Referenzen untersucht wird und die Synergieverteilung als Ergebnis einer Preisverhandlung betrachtet wird. Das gilt uneingeschränkt für dominierte Transaktionen, in denen die Erzielung „echter“ Synergien vom Entschluss des Mehrheitsanteilseigners abhängt.

---

368 Siehe BÖCKING, H.-J. (1994), S. 1407-1434.

369 Siehe OSSADNIK, W. (1990), S. 457-471.

370 Für die hälftige Verteilung der Verbundgewinne, da es für anderes Verhältnis oft keine Begründung gibt. Bei Abweichung von hälftiger Verteilung besteht oft eine dominierte Konfliktsituation" SCHUBERT, H. (1990), S. 121.

371 Siehe SIGLOCH, J. (1970), S. 162ff., DIRRIGL, H. (1990), S. 186f.

372 Siehe WEILAND, N. G. (2003), S. 219.

373 Siehe DIRRIGL, H. (1990), S. 185-192.

374 Siehe NONNENMACHER, R. (1982), S. 153f.

375 Siehe DIRRIGL, H. (1990), S. 185-192.

Im folgenden Kapitel werden nicht-dominierte Verschmelzungen beschrieben, in denen die explizite Verteilung der Synergien den Verschmelzungsbeschluss fördern kann. Die unterschiedlichen Fälle haben jeweils gemein, dass bewertungsrelevante Insiderinformationen existieren und das Ertragswertverhältnis daher vom Börsenwertverhältnis abweicht.

3.4.2.2 Vorschlagsbereich: Synergien ausgehend vom Ertragswert

Stellt das Management aufgrund seines Informationsvorsprungs Bewertungsunterschiede zwischen Börsenwert- und Ertragswertverhältnis fest, so kann es die Transaktion auf unterschiedliche Weise angehen.

Zielt das jeweilige Management bspw. aufgrund der notwendigen HV-Beschlüsse darauf ab, die Transaktion zum Börsenwertverhältnis durchzuführen, gleichzeitig aber nicht weniger als die ursprünglichen Ertragswerte zu gewähren, so kann die Lücke zwischen den beiden Verschmelzungsverhältnissen ggf. durch die Verteilung der erwarteten Synergien geschlossen werden. Dafür müssen die Synergien hoch genug ausfallen, damit das Ertragswertverhältnis zuzüglich einer bis zu 100%igen Weitergabe der Synergien[376] an eine Verschmelzungspartei[377] das Niveau des Börsenwertverhältnisses erreicht. Ist das der Fall, so kann das Management eine Transaktion zu Börsenwerten zugleich mit den (davon abweichenden) Ertragswerten und der Synergieverteilung rechtfertigen.

376 Annahmegemäß ist das Risiko, die Synergien in erwartetem Umfang zu erzielen (Durchführungs- und Integrations-Risiko) in der Bestimmung der erwarteten Synergiehöhe bereits berücksichtigt.

377 SIGLOCH unterscheidet Grenzfälle, in denen Synergien vollständig der Gesellschaft1 oder der Gesellschaft2 zugerechnet werden. Siehe SIGLOCH, J. (1974), S. 162.

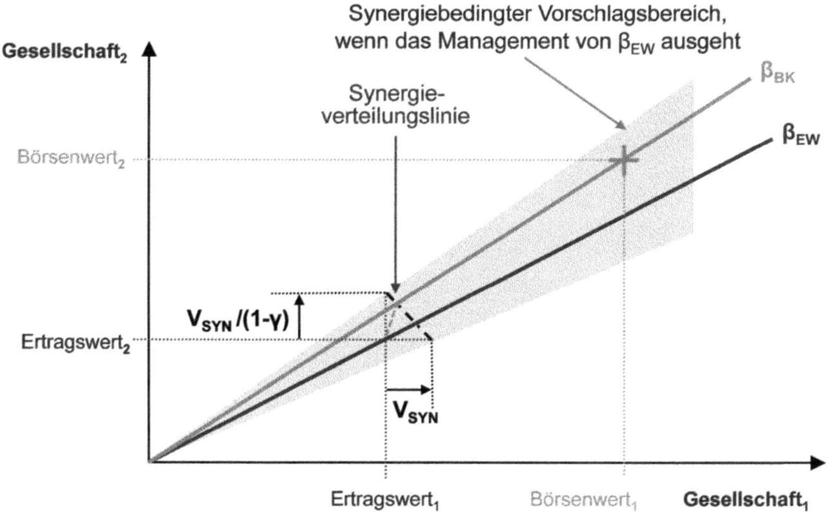

Abb. 22: Synergiebedingter Vorschlagsbereich ausgehend von den Ertragswerten

Abb. 22 zeigt den Verhandlungsspielraum zu beiden Seiten des Ertragswertverhältnisses, der sich durch die vollständige Gewährung der Synergien[378] an jeweils eine oder die andere Verschmelzungspartei ergibt. Dieser wird nachfolgend als Vorschlagsbereich bezeichnet. Fällt das Börsenwertverhältnis in den Vorschlagsbereich, so kann das Management die Transaktion zu Börsenwerten durchführen und zugleich mit den Ertragswerten rechtfertigen. Dabei kommt es der Aufgabe der Wertmaximierung der Gesellschaft nach. Das für die Zustimmung der Anteilseigner notwendige „Opfer" liegt in der Verteilung der Synergien zu einem anderen als dem Ertragswertverhältnis.[379] Die resultierende Gewährung an Synergien an beide Verschmelzungsparteien wird durch den Schnittpunkt des Börsenwertverhältnisses β_{BK} und der Synergieverteilungslinie markiert.

Damit kann die Frage beantwortet werden, ob eine Verschmelzung zum Börsenwertverhältnis β_{Bk} als angemessen gelten kann, obwohl Insiderinformati-

378 In der Abbildung wird die maximal zu gewährende Synergiehöhe durch gleich lange, grüne Pfeile für beide Gesellschaften dargestellt.

379 Die Konzessionsbereitschaft der Anteilseigner einer Verschmelzungspartei hat maximal die Höhe der Synergien, die dieser Partei bei Verschmelzung zum Ertragswertverhältnis zufließen. Dadurch erhält der Verschmelzungspartner alle aus der Transaktion resultierenden Synergien.

onen das Ertragswertverhältnis β_{EW} signalisieren. Insbesondere unter dem Aspekt der Sorgfaltspflichten kommt dieser Frage eine Bedeutung zu, da das Management für die Durchführung der Verschmelzung auf die Zustimmung der Anteilseigner angewiesen ist. Insofern das Börsenwertverhältnis bei entsprechender Synergieverteilung einen nicht wertvernichtenden Transaktionspreis repräsentiert, besteht keine Sorgfaltspflichtverletzung des Managements.[380]

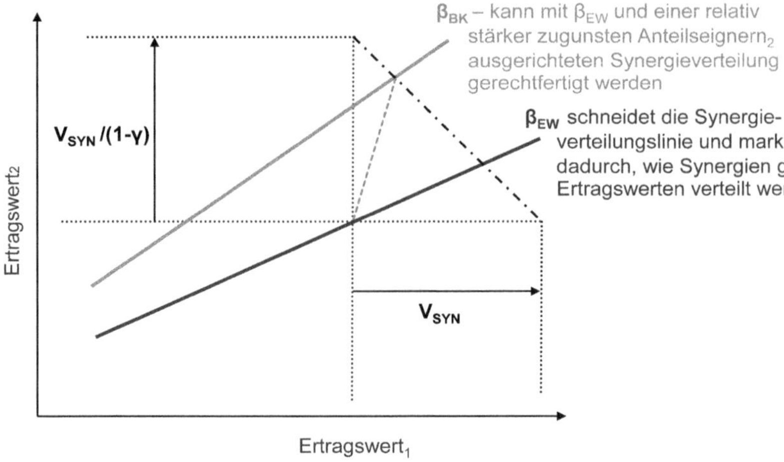

Abb. 23: Vergrößerte Darstellung der relativ stärker zugunsten Anteilseignern₂ ausgerichteten Synergieverteilung

Abb. 23 zeigt im Detail, wie die Synergieverteilung zu einer Bandbreite von Verschmelzungsverhältnissen führt, die ausgehend vom Ertragswertverhältnis β_{EW} als angemessen gelten. Der Schnittpunkt von Ertragswertverhältnis und Synergieverteilungslinie markiert, in welcher Höhe Synergien beiden Parteien implizit, d.h. ohne deren expliziter Berücksichtigung, gewährt werden.[381] Dem hingegen repräsentiert der Schnittpunkt von Börsenwertverhältnis β_{BK} und Synergieverteilungslinie im Beispiel eine höhere (als durch das Ertragswertver-

380 § 93 (1) S. 2 AktG: „Eine Pflichtverletzung liegt nicht vor, wenn das Vorstandsmitglied bei einer unternehmerischen Entscheidung vernünftiger Weise annehmen durfte, auf der Grundlage angemessener Informationen zum Wohle der Gesellschaft zu handeln."

381 Die Diskussion des Vorschlagsbereichs untersucht, wie Management eine Transaktion zum Börsenwertverhältnis rechtfertigen kann, obwohl bewertungsrelevante Insiderinformationen ein davon abweichendes Ertragswertverhältnis signalisieren. Die Überlegungen sind theoretischer Natur, da in der Praxis meist zum Ertragswertverhältnis verschmolzen wird.

hältnis bestimmte) Verteilung der Synergien zugunsten der Anteilseigner$_2$. Folglich bietet die explizite Berücksichtigung von Synergien ausreichend Diskretion bei der Beurteilung des Verschmelzungsverhältnisses, um ein vom Ertragswertverhältnis abweichendes Börsenwertverhältnis auch mit Insiderinformationen als angemessen beurteilen zu können.

Diese Diskretion nimmt im Falle einer Beteiligung der Gesellschaft$_1$ an Gesellschaft$_2$ zu, da verteilte Synergien zugleich die Bewertung der Gesellschaft$_2$ zu 100% und die der Gesellschaft$_1$ in Höhe der Beteiligung erhöhen. Die Vermögensposition der Anteilseigner$_1$ wird im Vergleich zur Situation ohne Verschmelzung auch dann nicht verschlechtert, wenn die erwarteten Synergien vollständig an den Teil der Gesellschaft$_2$ verteilt werden, an dem Gesellschaft$_1$ nicht beteiligt ist. Bei bestehender Beteiligung entspricht das einer fiktiven Verteilung von über 100% der erwarteten Synergien an Gesellschaft$_2$ und zugleich einer Verteilung von 100% an außenstehende Anteilseigner der Gesellschaft$_2$.

Abb. 24 stellt links einen Vorschlagsbereich mit hohen Synergien und rechts die gleiche Situation, aber niedrigeren Synergien dar. Dementsprechend fällt das Börsenwertverhältnis im Beispiel links in den Vorschlagsbereich und kann vom Management als Verschmelzungsverhältnis vorgeschlagen werden, während diese Möglichkeit bei geringeren Synergien nicht besteht.

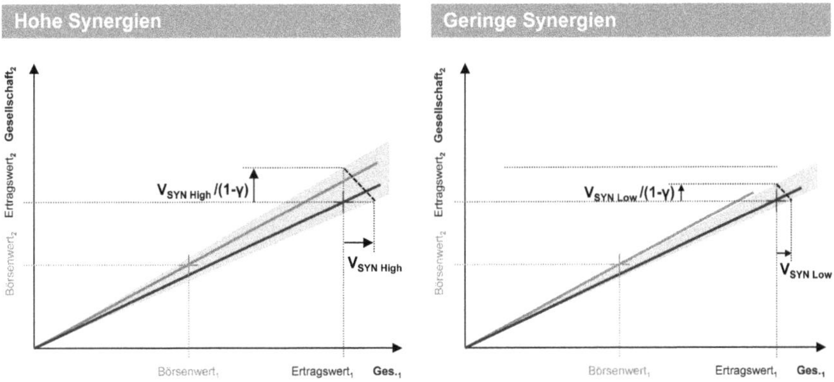

Abb. 24: Zusammenhang Synergiehöhe und Vorschlagsbereich bei gleicher Referenz

Erwartungsgemäß nimmt die Breite des Vorschlagsbereichs c.p. gleichgerichtet mit der Höhe der Synergien zu. In dieser Argumentation wird unterstellt, dass das Management von den gleichen (absoluten) Ertragswerten als ökonomische Referenz ausgeht und diese den Aufsatzpunkt bilden, an dem die Synergien verteilt werden.

Wird die Höhe der absoluten Ertragswerte variiert, kann ein konstantes Börsenwertverhältnis bei ebenfalls konstantem Ertragswertverhältnis und gleicher Synergiehöhe innerhalb oder außerhalb des Vorschlagsbereichs liegen. Diese Tatsache lässt sich an einem einfachen Beispiel erläutern: Synergien von 3 Geldeinheiten erlauben eine Abweichung von 50%, wenn für beide Gesellschaften ein Ertragswert von 6, jedoch nur von 25%, wenn Ertragswerte von 12 unterstellt werden.
Ein Börsenwertverhältnis, das bspw. 33% über dem Ertragswertverhältnis liegt, liegt bei absoluten Ertragswerten von jeweils 6 Geldeinheiten folglich im Vorschlagsbereich, nicht jedoch bei absoluten Ertragswerten von jeweils 12.

Abb. 25: Beispiel zur Bestimmung des Verschmelzungsverhältnisses

Die folgende Abb. 26 veranschaulicht den Einfluss der absoluten Ertragswerte auf die Breite des Vorschlagsbereichs.

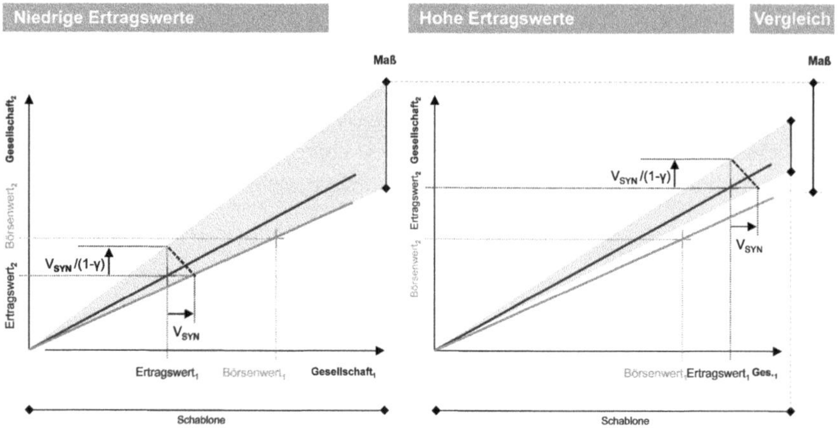

Abb. 26: Breite des Vorschlagsbereichs bei hohen und niedrigen Ertragswerten sowie konstanten Synergien

Unterscheidet sich die Höhe der Ertragswerte, so führen die gleichen absoluten Synergien bei geringeren Ertragswerten zu einem breiteren Vorschlagsbereich. Grafisch wird dieses an der Höhe der rechten Seite des Vorschlagsbereiches deutlich.[382] Für die Vergleichbarkeit wird der Vorschlagsbereich an der gleichen Stelle der Abszisse verglichen. Diese wird durch die „Schablone" markiert, die in Abb. 26 unter der Abszisse aufgenommen wurde.

Unabhängig von der Höhe erwarteter Synergien könnte das Management versuchen, den Grad des Informationsgefälles zu verringern, in der Hoffnung,

382 Mit dem Wort Maß bezeichnet.

dass sich das Börsenwertverhältnis an das Ertragswertverhältnis anpasst. Ist dieses im Vorfeld der Transaktion, d. h. vor Ankündigung einer entsprechenden Verschmelzungsabsicht möglich, bspw. durch ad-hoc Mitteilungen, so erübrigt sich das Problem. Selbstredend stellt sich dieses Informieren des Kapitalmarkts bis zur Identität von Börsenwert und Ertragswert als recht theoretisch dar.

Die Situation verändert sich, wenn nicht das Management sondern die Anteilseigner Synergien in der Beurteilung des Verschmelzungsverhältnisses berücksichtigen. Die damit verbundenen Folgen werden in der folgenden Diskussion der TNB bzw. des Einigungsbereichs untersucht.

3.4.2.3 Einigungsbereich: Synergien ausgehend vom Börsenwert

Verspricht eine Transaktion in ausreichendem Umfang positive Synergien, so kann auch eine zum Ertragswertverhältnis durchgeführte Verschmelzung den Teilnahmebedingungen aller Anteilseigner genügen.

Dabei sei weiterhin unterstellt, dass Anteilseigner Börsenkurse als ökonomische Referenz verwenden und erwartete Synergien auf dieser Basis berücksichtigen. Werden die Synergien am Schnittpunkt der Börsenwerte entweder vollständig den Anteilseignern_1 oder den Anteilseignern_2 zugeordnet, so eröffnet sich zu beiden Seiten des Börsenwertverhältnisses ein synergiebedingter Einigungsbereich.[383] Schlägt das Management dann auf Basis des Ertragswertverhältnisses einen Transaktionspreis vor, der in diesen Einigungsbereich fällt, so können die Anteilseigner diesem zustimmen. Bewerten sie ihre Beteiligung mit den Börsenwerten und anteiligen Synergien so verschlechtert sich ihre Vermögenssituation nicht im Vergleich zur Ausgangssituation.

383 SCHUBERT unterscheidet zwischen zwei Möglichkeiten zur Bestimmung des Einigungsbereichs: einerseits kann der Einigungsbereich durch die Grenzumtauschverhältnisse beider Parteien begrenzt sein. Andererseits können beide Parteien separat auf einen Arbitriumwert für jedes Unternehmen einigen und diese Werte durch Division in ein Umtauschverhältnis überführen. Siehe SCHUBERT, H. (1990), S. 114.

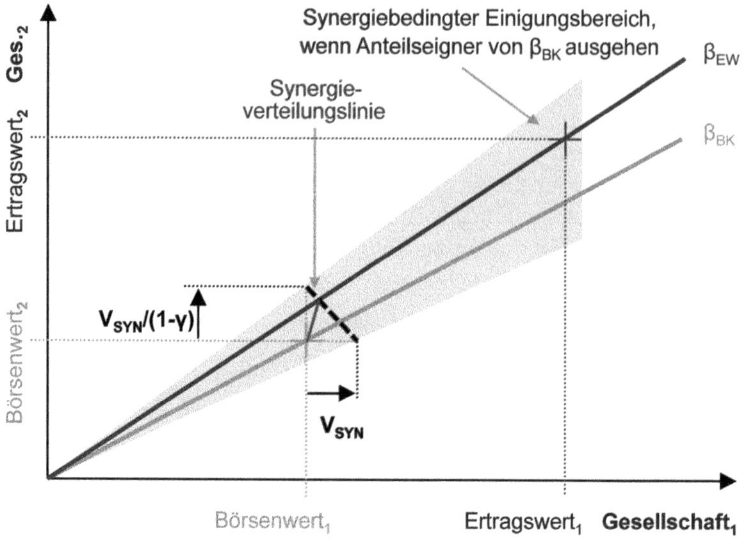

Abb. 27: Synergiebedingter Einigungsbereich ausgehend von den Börsenwerten

Die Höhe der Synergien in Bezug auf die Börsenwerte bestimmt darüber, welche Verschmelzungsverhältnisse in nicht-dominierten Transaktionen beschlussfähig sind. Schließlich erhält der Anteilseigner durch die Verschmelzung einen Anteil der um die Synergien wertvolleren Gesellschaft. Damit erfüllen nicht nur Transaktionspreise in Höhe des Börsenwertverhältnisses die Teilnahmebedingung der Anteilseigner, sondern auch einige aus Sicht der Anteilseigner jeweils einer Gesellschaft schlechtere. Für ein beschlussfähiges Verschmelzungsverhältnis muss für die Anteilseigner aber weiterhin gewährleistet sein, dass der Transaktionspreis nicht über der TNB_1 und nicht unter der TNB_2 liegt.

In Abb. 28 wird das Verschmelzungsverhältnisses mit den durch explizite Berücksichtigung von Synergien veränderten Teilnahmebedingungen verglichen.

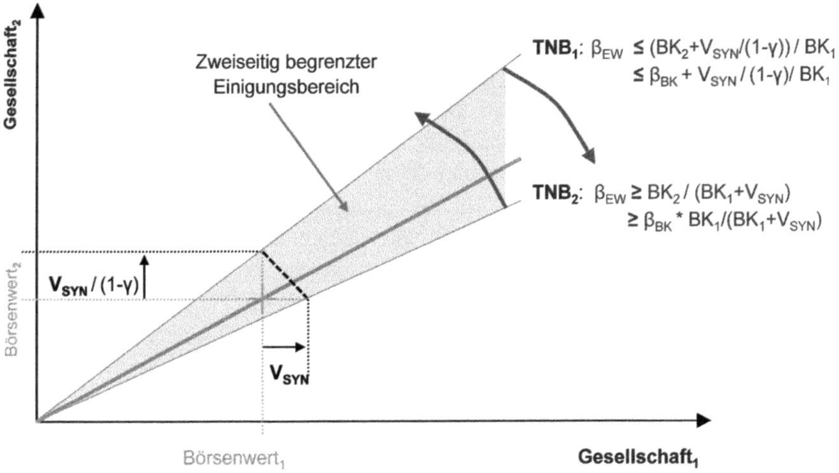

Abb. 28: Teilnahmebedinungen der Anteilseigner der Gesellschaft₁ und der Gesellschaft₂

Ohne Beteiligung der $Gesellschaft_1$ an $Gesellschaft_2$ können $Anteilseigner_1$ maximal 100% der durch die Verschmelzung erwarteten Synergien (als Prämie) bei der Bemessung des Verschmelzungsverhältnisses an die $Anteilseigner_2$ gewähren. Daher besteht ihre TNB_1 darin, höchstens ein Verschmelzungsverhältnis von $\beta_{BK} + V_{SYN}/ BK_1$ zu vereinbaren.

Eine Beteiligung der $Gesellschaft_1$ an $Gesellschaft_2$ ist in der TNB_1 zu berücksichtigen.[384] Verteilte Synergien erhöhen die Bewertung der $Gesellschaft_2$ zu 100% und gleichzeitig die Bewertung der $Gesellschaft_2$ in Höhe der Beteiligung. Die gleiche Bewertung der $Gesellschaft_1$ stellt sich erst ein, wenn die erwarteten Synergien vollständig an den Teil der $Gesellschaft_2$ verteilen, an dem $Gesellschaft_1$ nicht beteiligt ist. Daher erhöht die Beteiligung die TNB_1 auf $\beta_{BK} + V_{SYN}/(1-\gamma)/ BK_1$.[385]

Auch $Anteilseigner_2$ können vollständig auf Synergien verzichten, indem sie diese bei der Bestimmung des Verschmelzungsverhältnisses vollständig an $Anteilseigner_1$ abgeben. Sofern das Verschmelzungsverhältnis höher als β_{BK} *

384 DIRRIGL kritisiert die Methoden zur Zuordnung von Synergieeffekten dafür, dass „üblicherweise bei ... Durchführung einer Fusion die aufnehmende Gesellschaft bereits über eine nennenswerte Beteiligung an der übertragenden Gesellschaft verfügt, so dass lediglich nur noch eine 'Restbeteiligung' auszugleichen und dafür das Umtauschverhältnis zu bestimmen ist." DIRRIGL, H. (1990), S. 186.

385 Dafür werden positive Synergien unterstellt.

$BK_1/(BK_1+V_{SYN})$ ausfällt, ist die Teilnahmebedingung der Anteilseigner_2 nicht verletzt.

Bei positiven Synergien liegt die Teilnahmebedingung der Anteilseigner_2 unter dem Börsenwertverhältnis, die der Anteilseigner_1 darüber. Jedes Verschmelzungsverhältnis zwischen diesen Teilnahmebedingungen fällt in den Einigungsbereich der Anteilseigner und deutet aus deren Sicht auf eine spezielle Verteilung der Synergien hin. Diese Verteilung könnte neben einem Informationsgefälle zwischen Management und Anteilseigner ebenfalls durch die Intention begründet werden, dem Verschmelzungspartner durch Gewährung einer Prämie zur Durchführung der Transaktion zu veranlassen.[386]

Eine spezielle Synergieverteilung wäre bspw. in der Verschmelzung einer großen Gesellschaft mit einer wesentlich kleineren denkbar, in der die Anteilseigner der kleineren Gesellschaft bei der Bemessung des Verschmelzungsverhältnisses eine gewisse Prämie auf den Börsenwert ihrer Gesellschaft fordern. Denn wird das Verschmelzungsverhältnis allein nach den Börsenwerten bestimmt, dann erhalten Anteilseigner der größeren Gesellschaft entsprechend Börsenwertverhältnis den überwiegenden Anteil der Synergien. Durch eine besondere Verteilung der Synergien kann das Verschmelzungsverhältnis etwas zu Gunsten der Anteilseigner der kleineren Gesellschaft verschoben werden, ohne die Teilnahmebedingungen zu verletzen.

Leicht unterschiedlich stellt sich die Situation in dominierten Verschmelzungen mit Synergien dar, wenn der $\text{Mehrheitsanteilseigner}_2$ die Gesellschaft_1 ist oder entsprechend an dieser beteiligt ist. Zwar vergrößern die Synergien auch hier den Einigungsbereich, doch in Abwesenheit einer wirksamen Teilnahmebedingung der dominierten Verschmelzungspartei besteht für die Gesellschaft_1 kein Grund, weniger als alle Synergien für sich zu vereinnahmen.

386 Vielleicht könnte der Verschmelzungspartner mit einem alternativen Transaktionspartner ebenfalls Synergien erzielen. Selbst wenn diese in gleicher Höhe ausfallen, könnte er sich in der Verhandlung ggf. einen höheren Anteil daran sichern.

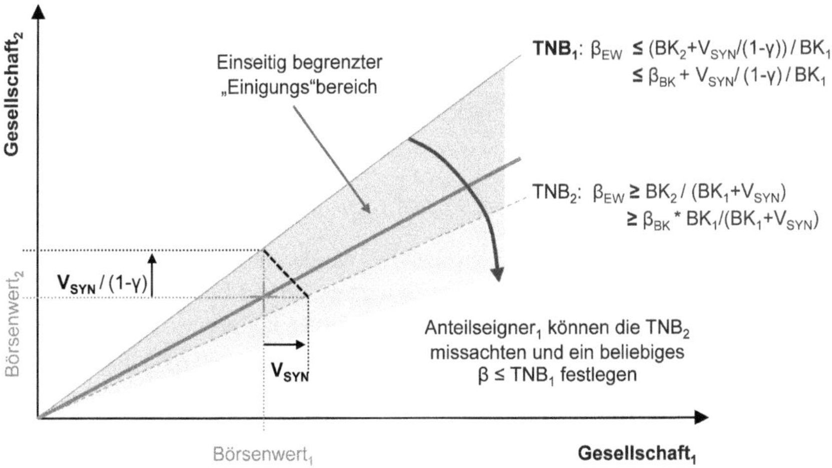

Abb. 29: „Einingungs"bereich ohne Teilnahmebedingung der dominierten Transaktionspartei

Abb. 29 zeigt, wie das Verschmelzungsverhältnis bei Berücksichtigung von nur einer TNB und Synergien bestimmt werden kann. Aufgrund der dominierten Situation mit Interessenkonflikt sind auch Verschmelzungsverhältnisse unter der TNB_2 beschlussfähig. Allerdings ist die dominierende Partei nicht frei in der Bestimmung eines Verschmelzungsverhältnisses. Zum Eigentumsschutz der dominierten Minderheitsanteilseigner muss das Verschmelzungsverhältnis einerseits der Verschmelzungsprüfung und ggf. der Überprüfung im Spruchverfahren standhalten.

Tab. 2: Interpretation des Ertragswertverhältnisses als Synergieverteilung

	Verteilung der Synergien zugunsten der	
Transaktionspreis β_{EW}	**Anteilseigner$_1$ (1-δ)**	**Anteilseigner$_2$ (δ)**
$\beta_{EW} > TNB_1$	$(1-\delta)>100\%$	$\delta<0\%$ → Umverteilung
$\beta_{EW} = TNB_1$	0%	100%
$TNB_1 > \beta_{EW} > TNB_2$	$0<(1-\delta)<100\%$	$0<\delta<100\%$
$\beta_{EW} = TNB_2$	100%	0%
$TNB_2 > \beta_{EW}$	$(1-\delta)<0\%$ → Umverteilung	$\delta>100\%$

Wird eine Transaktion zum Ertragswertverhältnis beschlossen, können Anteilseigner diesen Transaktionspreis auch aus Sicht des Börsenkursverhältnisses interpretieren. Tab. 2 stellt dar, welchen Anteil δ an den erwarteten Synergien bestimmte Transaktionspreise für Anteilseigner_1 bzw. Anteilseignern_2 implizieren.

3.4.2.4 Überschneidung von Vorschlags- und Einigungsbereich

Mit dem Vorschlags- und Einigungsbereich wurde zunächst erörtert, wie Management oder Anteilseigner erwartete Synergien bei der Entscheidung für oder gegen ein Verschmelzungsverhältnis berücksichtigen können.

Bei entsprechend großen Unterschieden zwischen Ertragswert- und Börsenwertverhältnis können Vorschlags- und Einigungsbereich theoretisch auch kombiniert werden.[387] Unter Berücksichtigung von Synergien rücken Management und Anteilseigner von ihrer jeweiligen Referenz ausgehend in Richtung des Verschmelzungsverhältnisses, wie es mit der jeweils anderen Referenz bestimmt wird. Der Verteilungskonflikt zwischen den Verschmelzungsparteien findet sich auch in dieser Situation, wenn Anteilseigner der einen Partei das Börsenwertverhältnis aufgrund ihrer Informationslage als maßgeblich ansehen und die der anderen Partei das Ertragswertverhältnis. Entspricht die jeweilige Wahl dem Verschmelzungsverhältnis der jeweils höheren Vorteilhaftigkeit, so begründet diese Vorgehensweise ökonomisch rationales Handeln.

In dieser Situation kann gedanklich ein Kompromiss zwischen den Parteien geschlossen werden, indem die Transaktion zu einem Verschmelzungsverhältnis zwischen Börsenwert- und Ertragswertverhältnis durchgeführt wird. Ertragswert- und Börsenwertverhältnis der Abb. 30 und Abb. 31 sind identisch; durch alleinige Synergieverteilung innerhalb des Vorschlags- oder Einigungsbereichs kann kein kompromissfähiges Verschmelzungsverhältnis bestimmt werden.

---

387 Die Kombination ist gedanklicher Natur, da das Verschmelzungsverhältnis in der Praxis meist anhand von stand-alone Ertragswerten begründet und von diesem Ertragswertverhältnis nicht, z.B. aufgrund einer besonderen Synergieverteilung, abgewichen wird.

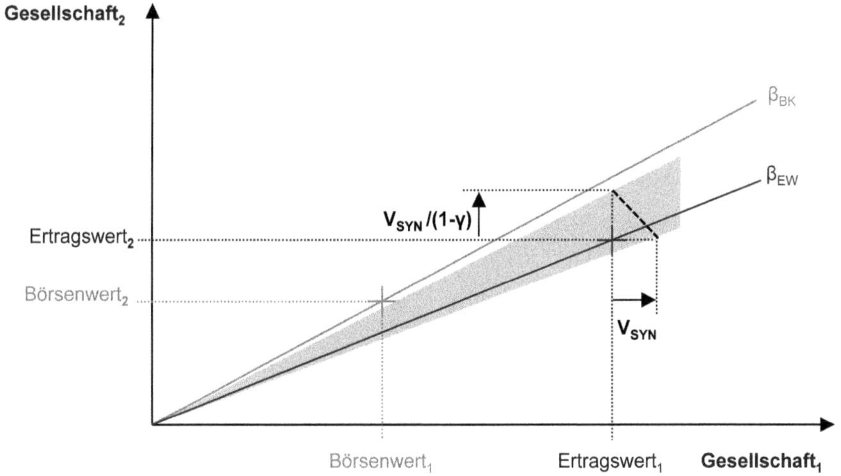

Abb. 30: Börsenwertverhältnis außerhalb des Vorschlagsbereichs

Da weder das Börsenwertverhältnis in den Vorschlagsbereich noch das Ertragswertverhältnis in den Einigungsbereich fällt, ist ein (gedanklicher) Kompromiss bei erwarteten Synergien nur im Falle eines Überlappens dieser Bereiche möglich.

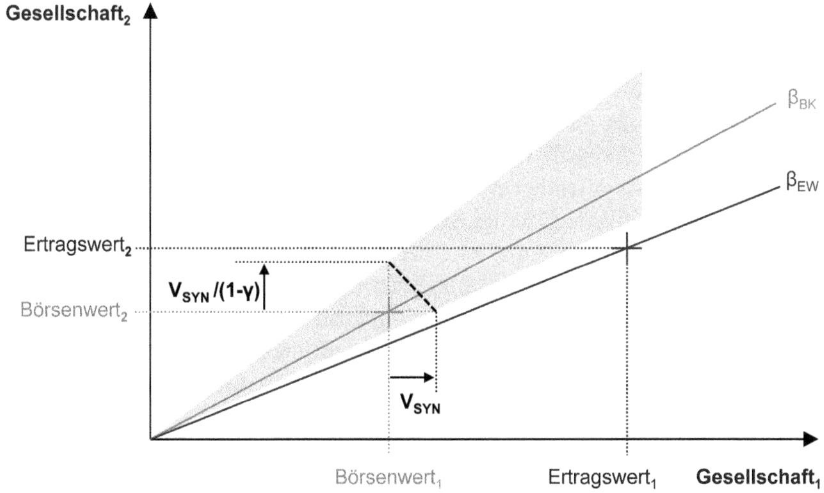

Abb. 31: Ertragswertverhältnis außerhalb des Einigungsbereichs

In Abb. 32 werden der synergiebedingte Vorschlags- und Einigungsbereich gemeinsam dargestellt. Diese bilden in der beispielhaften Abbildung zwischen Ertragswert- und Börsenwertverhältnis eine Schnittmenge, innerhalb der beide Parteien einen Kompromiss schließen können.

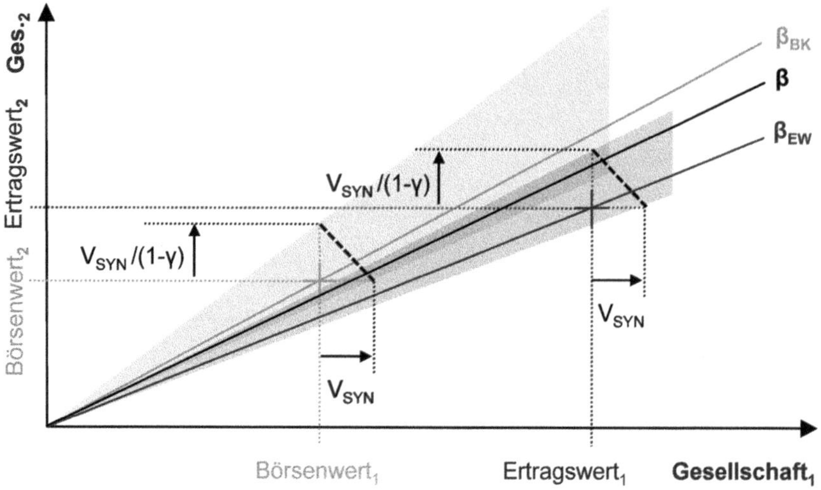

Abb. 32: Verschmelzungsverhältnis in der Schnittmenge zwischen Vorschlags- und Einigungsbereich

Letztlich akzeptiert das Management das Kompromissverschmelzungsverhältnis aufgrund von Synergien ausgehend von den Ertragswerten, die Anteilseigner aus demselben Grund jedoch ausgehend von den Börsenwerten. Damit ermöglicht erst die Existenz von Synergien eine Transaktion, deren Preis einerseits allein auf Basis öffentlicher Informationen und andererseits auf Basis von Insiderinformationen gerechtfertigt werden muss.

Aus Sicht der Anteilseigner setzt der Kompromiss eines Verschmelzungsverhältnisses zwischen β_{EW} und β_{BK} in einer nicht-dominierten Transaktion voraus, dass die Ertragswerte glaubwürdig signalisiert werden können. Nur damit lässt sich die Vermutung widerlegen, dass das Ertragswertverhältnis ihren von den Börsenwerten ausgehenden Verhandlungsspielraum maximal zugunsten der anderen Verschmelzungspartei ausnutzt.

Aus Sicht des Managements kann ein Kompromiss außerhalb des Ertragswertverhältnisses trotz bewertungsrelevanter Insiderinformationen gewählt werden. Ist die Existenz bewertungsrelevanter Insiderinformationen für Anteilseigner der Gesellschaft$_2$ jedoch zu vermuten, so liegt bereits im Beschlussvorschlag zum Börsenwertverhältnis ein Signal über den Gehalt der Insiderinformationen. Schließlich wird ein verhandlungsstarkes Management$_1$ die Transaktion nur dann zum Börsenwertverhältnis durchführen, wenn das Ertragswertverhältnis größer als das Börsenwertverhältnis ist ($\beta_{EW}>\beta_{BK}$). Darin könnte jedoch eine Übervorteilung der Anteilseigner$_2$ vermutet werden.

Eine Benachteiligung der Anteilseigner$_1$ bspw. in Form einer unangemessen hohen Prämie zugunsten der Anteilseigner$_2$ ist nicht in Situationen zu befürchten, in denen die Anteilseigner$_1$ die Verschmelzung mehrheitlich beschließen müssen. Zudem haben die Anteilseigner$_1$ in Verschmelzungen durch Aufnahme die Möglichkeit, einen Verschmelzungsbeschluss aufgrund von Bewertungsfragen anzufechten und können damit sicherstellen, dass das Verschmelzungsverhältnis aus ihrer Sicht angemessen ist.

Im empirischen Teil dieser Arbeit wird untersucht, ob Verschmelzungsverhältnisse durchschnittlich zugunsten oder zulasten der Anteilseigner$_2$ vom Börsenwertverhältnis abweichen. Die beobachteten Praxisfälle werden weiterhin danach analysiert, ob die Verschmelzungsverhältnisse die TNB, wie hier sie hier beschrieben werden, einhalten.

3.5 Handlungsoptionen nach Verschmelzungsbeschluss

Das Verschmelzungsverhältnis ist das Ergebnis der Verhandlungen des Managements. Ziel dieser ist ein beschlussfähiger, d.h. die Teilnahmebedingungen der Anteilseigner wahrenden, ex ante Transaktionspreis. Zugleich wird ein vorausschauendes Management potentielle Auswirkungen von Bewertungsrügen auf den Transaktionspreis beachten. Schließlich kann ein Beschluss des Spruchstellengerichts oder ein Vergleich zwischen der verschmolzenen Gesellschaft und rügenden Anteilseignern den Transaktionspreis verändern, indem eine zusätzliche bare Zuzahlung (trotz vorheriger Eintragung der Verschmelzung in das Handelsregister) festgelegt wird.

Die bare Zuzahlung kommt aus Sicht der beschlussfassenden Anteilseigner einer nachträglichen Veränderung der „Regeln" zur Bestimmung des Verschmelzungsverhältnisses gleich. Bezieht das Management diese nachträgliche Veränderungen des Transaktionspreises in seine Überlegungen ein, strebt es nicht den vermögensmaximierenden ex ante, sondern den vermögensmaximierenden ex post Transaktionspreis für die von ihm repräsentierten Anteilseigner an.

Auf den ersten Blick erscheint ein Unterschied zwischen ex ante und ex post Transaktionspreis wenig intuitiv, da die Anteilseigner beider Verschmelzungsparteien unter Berücksichtigung ihrer Informationsstände ein vom Management verhandeltes Verschmelzungsverhältnis mehrheitlich beschlossen haben. Allerdings kann es für die übertragenden Anteilseigner und insbesondere deren ggf. überstimmte Minderheit rational sein kann, einen aus ihrer Sicht vorteilhafteren Transaktionspreis zu fordern. Mündet diese Forderung in einer Bewertungsrüge, obliegt es dem Spruchstellengericht über die Veränderung des Transaktionspreises zu beschließen.

Ziel dieses Kapitels ist es, die Entscheidungssituation der Anteilseigner bei Möglichkeit zum Spruchverfahren einer übertragenden Gesellschaft und bei Möglichkeit zu einem gemeinsamen Spruchverfahren für zwei Gesellschaften auf dominante Strategien zu untersuchen.[388] In Anlehnung an die Praxis wird dafür die Annahme getroffen, dass das Spruchstellengericht die öffentlich verfügbaren und Insiderinformationen nicht zwangsläufig so verarbeitet, wie es Anteilseigner oder Management zuvor getan haben. Die aus abweichender Informationsverarbeitung ggf. resultierende Zuzahlung wird in Kapitel 3.6 erörtert.

3.5.1 Strategische Interaktion

3.5.1.1 Spruchverfahren einer übertragenden Gesellschaft

Die Managemententscheidung für ein Verschmelzungsverhältnis, die Reaktion der übertragenden Anteilseigner$_2$ auf die Beschlussvorlage und des Spruchstellengerichts auf die Bewertungsrüge bedingen sich gegenseitig. Daher handelt es sich bei diesen Entscheidungen um eine strategische Interaktion, die mit dem Instrumentarium der Spieltheorie analysiert werden kann.

Ausgangspunkt sind die stand-alone Unternehmenswerte der zu verschmelzenden Gesellschaften. Entsprechend der Transaktionssituation (Zielsetzung und Zustimmungserfordernis) sowie der Einschätzung über die Reaktionen der Anteilseigner und des Spruchstellengerichts wird das Management der Verschmelzungsparteien ein beschlussfähiges Verschmelzungsverhältnis aushandeln. Randbedingung dafür ist zudem, dass dieses durch den Verschmelzungsprüfer als angemessen akzeptiert wird.[389]

Dieses Verschmelzungsverhältnis wird im Verschmelzungsbericht erläutert und den Anteilseignern auf der (jeweiligen) Hauptversammlung zur Abstimmung vorgelegt. Vereinfachend sei unterstellt, dass die Anteilseigner$_1$ immer einen rechtskräftigen Verschmelzungsbeschluss$_1$ fassen. Andernfalls käme die

388 Jeweils durch Bewertungsrüge ausgelöst.

389 Siehe HENCKEL, N.-F./ SCHMALZHAF, T. (2006), S. 281-291 für eine spieltheoretische Abbildung der Entscheidungssituation zwischen Management und Verschmelzungsprüfer.

betrachtete Transaktion unabhängig von der Reaktion der Anteilseigner_2 nicht zustande, womit sich die Analyse ihrer Auswirkungen erübrigt.

In Einklang mit rationalem Handeln der Anteilseigner wird zudem unterstellt, dass die Mehrheit der Anteilseigner_2 den Verschmelzungsbeschluss nur trifft, wenn das Verschmelzungsverhältnis ihre Teilnahmebedingung nicht verletzt. In dominierten Verschmelzungen mit Interessenkonflikt unterscheiden sich die Teilnahmebedingungen der Mehrheit und der Minderheit der Gesellschaft_2. In diesen Fällen wird der Verschmelzungsbeschluss von der Mehrheit gefasst. Die Teilnahmebedingung der Minderheit der Anteilseigner_2 bleibt unbeachtet.

Für Anteilseigner und Management wird rationales Verhalten unterstellt und von möglichen Anomalien, wie bspw. reziprokem Verhalten[390], abstrahiert.

Anteilseigner der übertragenden Gesellschaft_2 können auf einen rechtskräftigen Verschmelzungsbeschluss reagieren, indem sie Widerspruch zu Protokoll erklären. Vor allem überstimmte Minderheitsanteilseigner werden diese als Bewertungsrüge bezeichnete Erklärung abgeben, wenn sie das Verschmelzungsverhältnis als zu ihren Lasten unangemessen niedrig erachten. Die Bewertungsrüge führt zur Überprüfung des Verschmelzungsverhältnisses in einem Spruchverfahren. In diesem echten Streitverfahren der freiwilligen Gerichtsbarkeit[391] kann das Spruchstellengericht die Bewertungsrüge als unbegründet zurückweisen oder eine bare Zuzahlung entsprechend des gerichtlich angemessenen Verschmelzungsverhältnisses β_{SG} festlegen. Die beschriebenen Handlungsalternativen können in einem Entscheidungsbaum zusammengefasst werden. Sie bestehen in der Festlegung eines für Anteilseigner_2[392]:

- sehr vorteilhaften Verschmelzungsverhältnisses β_H oder eines
- weniger vorteilhaften Verschmelzungsverhältnisses β_L.

Das vom Management vorgeschlagene und annahmegemäß von Anteilseignern_1 bereits beschlossene Verschmelzungsverhältnis wird den Anteilseignern_2 auf der Hauptversammlung zum Beschluss vorgelegt. Auf diesen Verschmelzungsbeschlussvorschlag können sie wie folgt reagieren:

- Annahme mit Bewertungsrüge,
- Annahme ohne Bewertungsrüge oder
- Ablehnung.

---

390 Bspw: wenn Anteilseigner_2 eine beiderseits wertsteigernde Verschmelzung nicht durchführen, da ihnen die Synergieverteilung ungerecht erscheint. Siehe SCHÄFER, H.-B./ OTT, C. (2005), S. 69f.

391 Siehe NEYE, H.-W. (2002), S. 23.

392 Während sich β_L für die Anteilseigner der Gesellschaft_2 als weniger vorteilhaft darstellt, wird es von Anteilseignern der Gesellschaft_1 als sehr vorteilhaft betrachtet.

Gemeinsam führen die Handlungsalternativen der Beteiligten zu den im oberen Drittel des Entscheidungsbaumes skizzierten sechs Auszahlungen für Anteilseigner$_1$ und Anteilseigner$_2$. Bei Festlegung des ex ante Transaktionspreises ist noch nicht bekannt, ob das Spruchstellengericht das aus Sicht der Anteilseigner$_2$

- sehr vorteilhafte β_H (und damit auch das weniger vorteilhafte β_L),
- weniger vorteilhafte β_L oder
- aber kein zuvor betrachtetes Verschmelzungsverhältnis

als angemessen betrachten wird. Daher müssen die "ursprünglichen" sechs Auszahlungskombinationen für jeden dieser drei Fälle, bestehend aus der Anordnung des gerichtlich angemessenen Verschmelzungsverhältnisses β_{SG}, β_H und β_L, betrachtet werden.

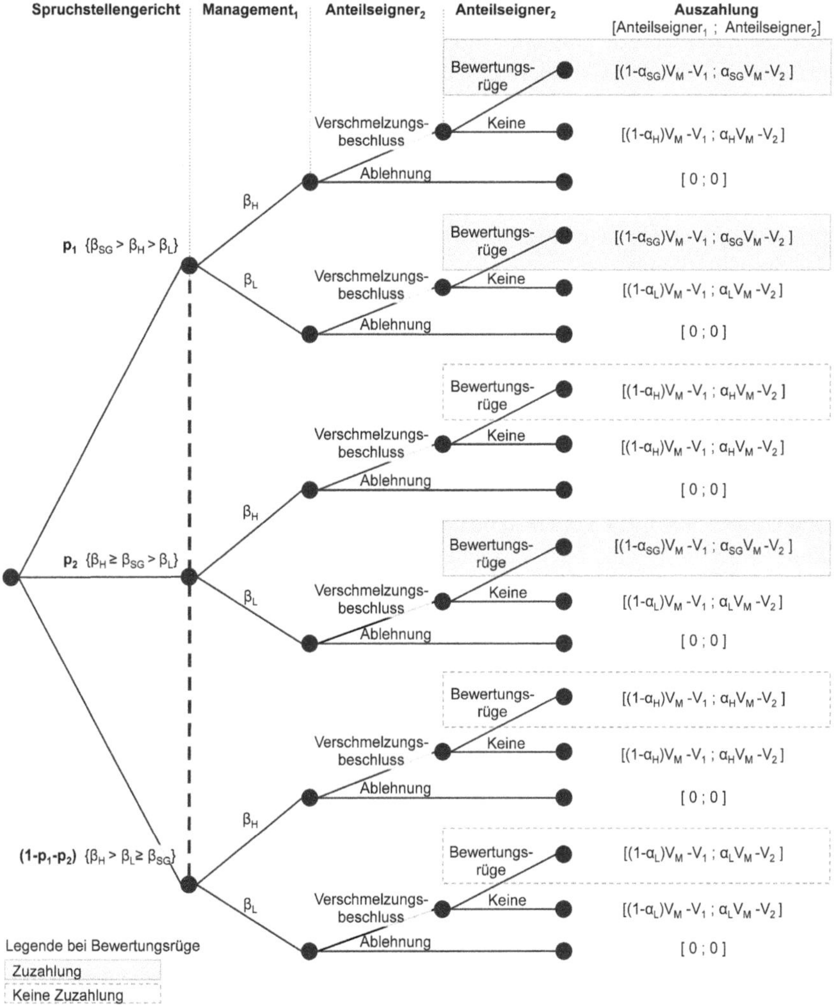

Abb. 33: Entscheidungssituation in extensiver Form für Verschmelzungen durch Aufnahme

Das obere Drittel des Entscheidungsbaumes in Abb. 33 beschreibt Situationen, die aufgrund $\beta_{SG} > \beta_H > \beta_L$[393] immer zu einer Zuzahlung zugunsten der Anteilseigner$_2$ führen, das mittlere Drittel solche, in denen mit $\beta_H \geq \beta_{SG} > \beta_L$ nur für Anteilseigner$_2$ weniger vorteilhafte Verschmelzungsverhältnisse im Spruchverfahren „korrigiert" werden und das untere Drittel wiederum solche, in denen das Spruchstellengericht aufgrund $\beta_H > \beta_L \geq \beta_{SG}$ das Verschmelzungsverhältnis ohne Zuzahlung als für Anteilseigner$_2$ angemessen akzeptiert bzw. die Bewertungsrüge zurückweist. Da ex ante weder Management noch Anteilseigner wissen, wie das Spruchstellengericht reagieren wird, ist die Entscheidungssituation für jeden der drei Fälle dargestellt, und die Anfangsknoten sind mit einer gestichelten Linie verbunden. Die Entscheidungssituation ist als „Spiel gegen die Natur"[394] modelliert, da keine Aussage über die Informationsverarbeitung des Spruchstellengerichts getroffen werden kann und das gerichtlich angemessene Verhältnis somit dem Ertragswert- oder Börsenwertverhältnis auch einen beliebig davon abweichenden Wert annehmen kann.

Vereinfachend lässt sich das obere Drittel des Entscheidungsbaums dadurch beschreiben, dass das Spruchstellengericht immer eine Zuzahlung $Z>0$ festlegt. In der Mitte folgt eine bare Zuzahlung nur auf für Anteilseigner$_2$ weniger vorteilhafte (bzw. für Anteilseigner$_1$ sehr vorteilhafte) Verschmelzungsverhältnisse. Im unteren Drittel legt das Spruchstellengericht nie eine Zuzahlung fest.[395]

Die Auszahlungen der Anteilseigner$_1$ bzw. der Anteilseigner$_2$ werden netto dargestellt und bezeichnen die von der Verschmelzung jeweils verursachte Veränderung der Vermögensposition. Entsprechend der Ausführungen zu den Teilnahmebedingungen vergleichen die Anteilseigner ihre Vermögensposition vor der Transaktion V_1 bzw. V_2 mit der Vermögensposition nach der Transaktion $(1-\alpha)*V_M$ bzw. $\alpha*V_M$.[396] Dabei repräsentieren V_1, V_2 und V_M den Ertragswert oder den Börsenwert entsprechend der ökonomischen Referenz des Betrachters. Somit besteht die Veränderung der Vermögensposition für Anteilseigner$_1$ ohne Berücksichtigung der Zuzahlung in $(1-\alpha)*V_M-V_1$ und die für Anteilseigner$_2$ in $\alpha*V_M-V_2$. Drei Auszahlungskombinationen sind im Entscheidungsbaum hellgrau markiert. In diesen wird der ex ante Transaktionspreis im Spruchverfahren

393 β steht allgemein für das Verschmelzungsverhältnis, die Suskripte L und H bedeuten low und high. Dementsprechend ist $\beta_L < \beta_H$ definiert; zudem steht β_{SG} für das gerichtlich angemessene Verschmelzungsverhältnis, das in Verschmelzungen durch Aufnahme jedoch nicht beobachtet werden kann, wenn es nicht größer als das vom Management gewählte Verschmelzungsverhältnis ausfällt.

394 Siehe HOLLER, M.J./ ILLING, G. (2000), S. 35f.

395 Die Bestimmung der Zuzahlung des Spruchverfahrens wird in Kapitel 3.6 dargestellt.

396 $\alpha = \beta/(1+\beta)$ für $\gamma = 0$. Bei Beteiligung γ der Gesellschaft$_1$ an Gesellschaft$_2$ beträgt der Anteil der Gesellschaft$_1$ an der verschmolzenen Gesellschaft $(1-\alpha+\gamma\,\alpha)\,V_M$.

ohne Zuzahlung bestätigt. Drei weitere Auszahlungskombinationen sind als Fälle grau hervorgehoben, in denen das Verschmelzungsverhältnis im Spruchverfahren durch Zuzahlung zugunsten der Anteilseigner$_2$ verändert wird. In diesen Fällen erhalten Anteilseigner$_2$ eine höheren Anteil α_{SG} an der verschmolzenen Gesellschaft V_M, der zu α_H bzw. α_L aus Anteilen an V_M und zu $(\alpha_{SG}-\alpha_H)$ bzw. $(\alpha_{SG}-\alpha_L)$ aus der baren Zuzahlung besteht. Die nicht speziell hervorgehobenen Auszahlungen beschreiben Fälle, in denen das Verschmelzungsverhältnis nicht im Spruchverfahren überprüft wird oder in denen die Transaktion von Anteilseignern$_2$ abgelehnt wird.

Die jeweilige Auszahlung hängt von der Entscheidung des Managements über das Verschmelzungsverhältnis β sowie von der Entscheidung der Anteilseigner$_2$ über den Verschmelzungsbeschluss und die Bewertungsrüge ab. Die Höhe des ex post Transaktionspreises, bestehend aus beschlossenem Verschmelzungsverhältnis und Zuzahlung, ist den Verschmelzungsparteien ex ante nicht bekannt. Bekannt ist lediglich, dass die Verschmelzung mindestens zum Verschmelzungsverhältnis β durchgeführt wird und das Spruchverfahren in Verschmelzungen durch Aufnahme nur Zuzahlungen bestimmt, die Null nicht unterschreiten ($Z_2 \geq 0$).

In den Zeitpunkten der Transaktionsankündigung, der Beschlussfassung und der Bewertungsrüge besteht Unsicherheit über die im Spruchverfahren bestimmte bare Zuzahlung. Daher wird die Entscheidung des Spruchstellengerichts mit den Wahrscheinlichkeiten p_1, p_2 und $(1-p_1-p_2)$ abgebildet. Über die Höhe von p_1, p_2 und $(1-p_1-p_2)$ besteht Unsicherheit. In Summe bilden sie alle Entscheidungsalternativen ab.

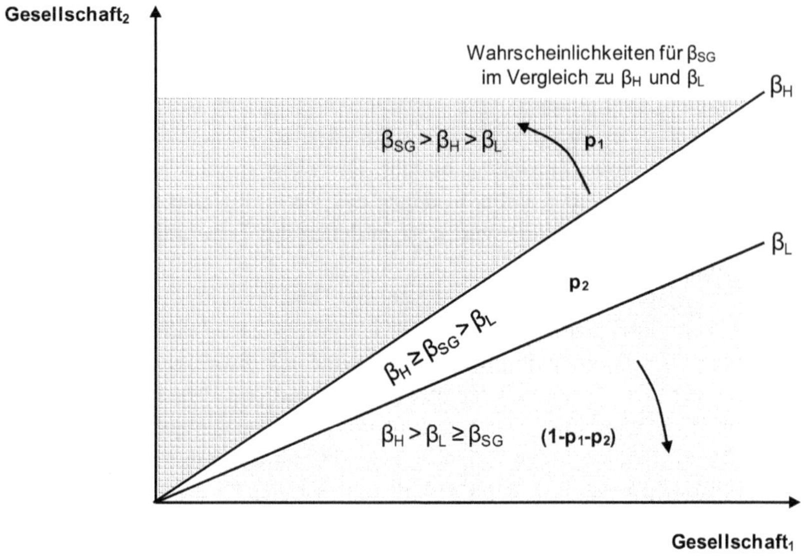

Abb. 34: Wahrscheinlichkeiten für im Spruchverfahren der Gesellschaft$_2$ bestimmte Werte des angemessenen Verschmelzungsverhältnisses β_{SG}

Abb. 34 zeigt, mit welcher Wahrscheinlichkeit das im Spruchverfahren als angemessen beurteilte Verschmelzungsverhältnis β_{SG} größer als β_H, nicht größer als β_H und zugleich größer als β_L bzw. nicht größer als β_L ist. Das Spruchstellengericht bestimmt nur mit Wahrscheinlichkeit p_1 ein angemessenes Verschmelzungsverhältnis $\beta_{SG} > \beta_H$, in dessen Folge es zu einer baren Zuzahlung kommt. Die bare Zuzahlung fällt bei β_L zwar höher als bei β_H aus, allerdings unterscheiden sich die Verschmelzungen mit der Wahrscheinlichkeit p_1 aus Vermögenssicht nicht. Mit anderen Worten, bei Wahl von β_L besteht der ex post Transaktionspreis mit Wahrscheinlichkeit p_1 aufgrund der Bewertungsrüge aus weniger Anteilen des verschmolzenen Unternehmens, dafür aber einer höheren baren Zuzahlung als bei der Wahl von β_H.

Mit Wahrscheinlichkeit p_2 folgt die bare Zuzahlung nur auf die Wahl von β_L und mit Wahrscheinlichkeit $(1\text{-}p_1\text{-}p_2)$ fordert das Spruchstellengericht selbst bei der Wahl von β_L keine Zuzahlung.

Tab. 3: Wahrscheinlichkeit für eine bare Zuzahlung Z_2 in Abhängigkeit des gewählten und des als angemessen beurteilten Verschmelzungsverhältnisses

	$\beta_H > \beta_L \geq \beta_{SG}$ ($1-p_1-p_2$)	$\beta_H \geq \beta_{SG} > \beta_L$ (p_2)	$\beta_{SG} > \beta_H > \beta_L$ (p_1)
β_L	$Z_2 = 0$	$Z_2 > 0$	$Z_2 > 0$
β_H	$Z_2 = 0$	$Z_2 = 0$	$Z_2 > 0$

Für Verschmelzungen durch Aufnahme ist die Entscheidungssituation in strategischer Form als 2 * 3 Matrix darzustellen. Trägt man die Handlungsalternativen hinsichtlich des Verschmelzungsverhältnisses an der Ordinate und die möglichen Reaktionen der Anteilseigner$_2$ an der Abszisse ab, so ergibt sich folgende Matrix aus zwei Zeilen und drei Spalten.

Tab. 4: Strategische Form der Handlungsalternativen von Management und Anteilseignern$_2$ bei Möglichkeit zu einem Spruchverfahren

		Anteilseigner$_2$ entscheiden sich für		
		Kein Beschluss$_2$ /	Verschmelzungsbeschluss$_2$ Ohne Bewertungsrüge	Verschmelzungsbeschluss$_2$ Mit Bewertungsrüge
Verschmelzungsverhältnis für Anteilseigner$_2$	weniger vorteilhaft β_L			
	sehr vorteilhaft β_H			

Tab. 4 fasst die Handlungsalternativen des Managements und der Anteilseigner$_2$ zusammen. Dabei wird unterstellt, dass Anteilseigner$_1$ den Verschmelzungsbeschluss bereits getroffen haben, da sich die Reaktion der Anteilseigner$_2$ andernfalls erübrigt. Die aus den Handlungsalternativen resultierenden Auszahlungen für Anteilseigner$_1$ und Anteilseigner$_2$ werden in Kapitel 3.5.2 erarbeitet.

3.5.1.2 Gemeinsames Spruchverfahren für zwei Gesellschaften

In Verschmelzungen durch Neugründung mit zwei übertragenden Gesellschaften[397] können Anteilseigner beider Gesellschaften auf den rechtskräftigen Verschmelzungsbeschluss jeweils reagieren, indem sie Widerspruch zu Protokoll erklären.

Die Bewertungsrügen der Verschmelzungsparteien führten bisher zu getrennten Spruchverfahren, wenn der Sitz der übertragenden Gesellschaften in unterschiedlichen Gerichtsbezirken liegt und die Spruchverfahren nicht an einem OLG zusammengefasst werden.[398] Bis zur Einführung des SpruchG im Jahr 2003 waren in diesen Fällen zwei gerichtlich angemessene Verschmelzungsverhältnisse zu bestimmen. Diese getrennten Spruchverfahren wurden für die Möglichkeit widersprüchlicher Entscheidungen und der Doppelbelastung der Gerichte kritisiert.[399] Theoretisch konnte dasselbe Verschmelzungsverhältnis in einem Spruchverfahren als für Anteilseigner$_2$ unangemessen und im anderen Spruchverfahren als für Anteilseigner$_1$ unangemessen beurteilt werden. Ein Verschmelzungsverhältnis zulasten beider Verschmelzungsparteien kann jedoch nicht existieren, wenn die Anteilseigner eine zumindest werterhaltende Verschmelzung beschlossen haben ($V_M \geq V_1 + V_2$).[400]

Die Handlungsalternativen von Management, Anteilseignern$_2$ und Anteilseignern$_1$ werden wiederum in einem Entscheidungsbaum zusammengefasst. Ausgangspunkt ist die Bestimmung eines für Anteilseigner$_2$

- sehr vorteilhaften Verschmelzungsverhältnisses β_H oder eines
- weniger vorteilhaften β_L.

Das vom Management vorgeschlagene Verschmelzungsverhältnis wird den Anteilseignern$_2$ auf der Hauptversammlung zum Beschluss vorgelegt. Auf diesen Verschmelzungsbeschlussvorschlag können sie durch

- Annahme mit Bewertungsrüge$_2$,
- Annahme ohne Bewertungsrüge$_2$ oder
- Ablehnung

397 Theoretisch sind Verschmelzungen durch Neugründung mit mehr als zwei übertragenden Gesellschaften ebenfalls möglich. Diese sind jedoch selten und werden hier nicht betrachtet.

398 Siehe BUNGERT, H. (2000), S. 2051f.

399 Siehe NEYE, H. W. (2002), S. 28.

400 Ist die Gesellschaft1 in Höhe von γ_{EW} am Grundkapital der Gesellschaft$_2$ beteiligt, lautet die Bedingung: $V_M \geq V_1 + (1-\gamma_{EW})V_2$.

reagieren. In Verschmelzungen durch Neugründung und in mindestens zwei in einem sachlichen Zusammenhang stehenden Verschmelzungen durch Aufnahme[401] können übertragende Anteilseigner_1 auf den rechtskräftig getroffenen Verschmelzungsbeschluss durch

- Annahme mit Bewertungsrüge_1 oder
- Annahme ohne Bewertungsrüge_1

reagieren.[402] Gemeinsam führen die Handlungsalternativen der Beteiligten im Entscheidungsbaum zu zwölf Auszahlungskombinationen für Anteilseigner_1 und Anteilseigner_2. Der ex ante Transaktionspreises wird unter Unsicherheit über das im gemeinsamen Spruchverfahren als angemessen beurteilte Verschmelzungsverhältnis β_{SG} festlegt.

Dieses kann aus Sicht der Anteilseigner_2

- größer als das sehr vorteilhafte Verschmelzungsverhältnis β_H sein,
- dem sehr vorteilhaften Verschmelzungsverhältnis β_H entsprechen,
- zwischen dem sehr vorteilhaften Verschmelzungsverhältnis β_H und dem weniger vorteilhaften β_L liegen,
- dem weniger vorteilhaften Verschmelzungsverhältnis β_L entsprechen oder
- kleiner als das weniger vorteilhafte Verschmelzungsverhältnis β_L sein.

Daher sind die zwölf Auszahlungskombinationen für jeden dieser fünf Fälle, bestehend aus der überschneidungsfreien Anordnung von β_{SG}, β_H und β_L und der Identität von β_{SG} und β_H sowie von β_{SG} und β_L zu analysieren. Ein entsprechender Entscheidungsbaum umfasst 5 * 12 Auszahlungskombinationen, von denen 1 * 12 in der folgenden Abbildung detailliert dargestellt sind.

---

401 Bei zwei in einem sachlichen Zusammenhang stehenden Verschmelzungen auf eine bislang nur als Mantel existierende Gesellschaft (jeweils eine Verschmelzung durch Aufnahme) wird die laut Ertragswert größere Gesellschaft als Gesellschaft_1 bezeichnet.

402 Es wird unterstellt, dass Anteilseigner_1 einen rechtskräftigen Verschmelzungsbeschluss fassen, da die Transaktionssituation nur dann entstehen kann.

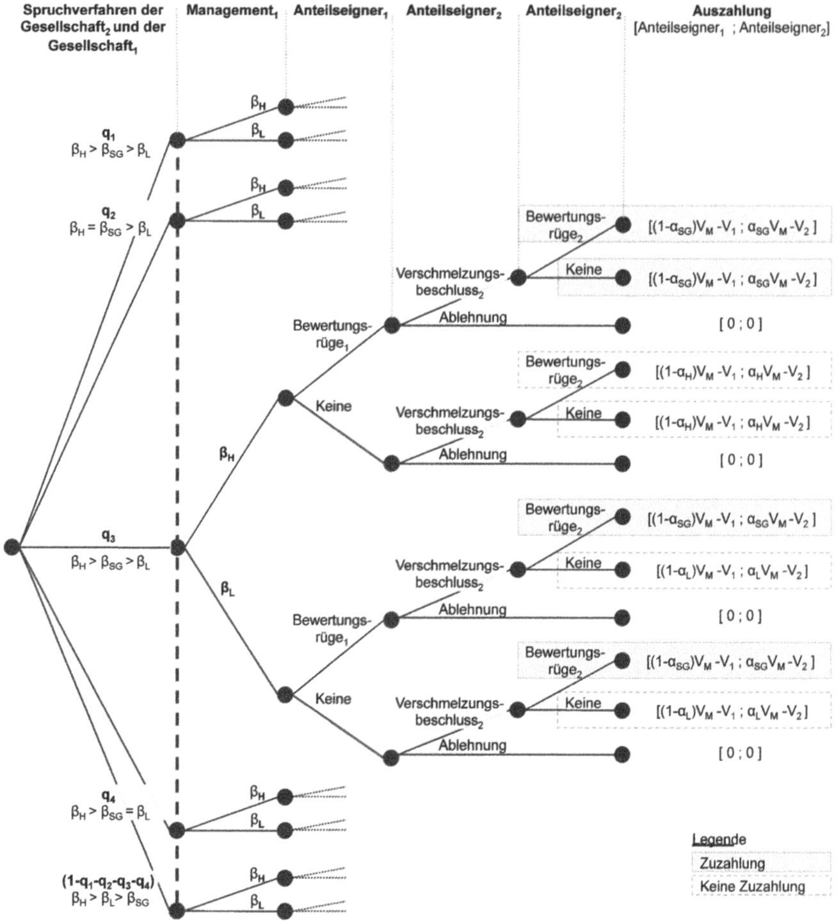

Abb. 35: Ausschnitt des Entscheidungsbaums für Verschmelzungen mit Möglichkeit zu einem gemeinsamen Spruchverfahren der Gesellschaft$_1$ und der Gesellschaft$_2$

Die jeweilige Bewertungsrüge der Anteilseigner von zwei übertragenden Gesellschaften führt zu 12 Auszahlungskombinationen wenn die bare Zuzahlung im gemeinsamen Spruchverfahren unabhängig von der Wahl des Verschmelzungsverhältnisses bestimmt wird. Diese werden in Abb. 35 an einem der fünf durch eine gestrichelte Linie verbundenen Knoten des Entscheidungsbaums dargestellt.

Die gestrichelte Linie zwischen den fünf Knoten des Entscheidungsbaums beschreibt die Unsicherheit hinsichtlich der Höhe des im gemeinsamen Spruchverfahren als angemessen beurteilten Verschmelzungsverhältnisses β_{SG} im Vergleich zu β_H und β_L. Die Entscheidung von Management, Anteilseignern$_1$ und Anteilseignern$_2$ erfolgt somit unter Unsicherheit. Zur vollständigen Abbildung ihrer Entscheidungssituation werden die Handlungsalternativen des Spruchstellengerichts als Umweltzustände betrachtet und mit den Wahrscheinlichkeiten q_1, q_2, q_3, q_4 und $(1\text{-}q_1\text{-}q_2\text{-}q_3\text{-}q_4)$ gewichtet. Daher erfolgen die in jeweils 12 Auszahlungskombinationen mündenden Entscheidungen von Management, Anteilseignern$_1$ und Anteilseignern$_2$ in jeweils einem der fünf Umweltzustände. Die Höhe der fünf Wahrscheinlichkeiten liegt jeweils zwischen Null und eins. In Summe ergeben die Wahrscheinlichkeiten 100% und beschreiben alle Handlungsalternativen des Spruchstellengerichts.

Wenn das Management ein hohes Verschmelzungsverhältnis β_H wählt, erhalten Anteilseigner$_2$ mit Wahrscheinlichkeit von q_1 eine bare Zuzahlung. Zugleich erhalten Anteilseigner$_1$ mit Wahrscheinlichkeit $(1\text{-}q_1\text{-}q_2)$ eine bare Zuzahlung.[403] Analog dazu erhalten Anteilseigner$_2$ eine bare Zuzahlung mit Wahrscheinlichkeit $(q_1+q_2+q_3)$ und Anteilseigner$_2$ eine bare Zuzahlung mit Wahrscheinlichkeit $(1\text{-}q_1\text{-}q_2\text{-}q_3\text{-}q_4)$, wenn das Management ein niedriges Verschmelzungsverhältnis β_L wählt.

Keine Zuzahlung zugunsten der Anteilseigner einer der verschmelzenden Gesellschaften wird mit Wahrscheinlichkeit q_2 bei Wahl des hohen Verschmelzungsverhältnisses β_H und mit Wahrscheinlichkeit q_4 bei Wahl des niedrigen Verschmelzungsverhältnisses β_L festgelegt.

403 Diese ergibt sich aus der Summe der Wahrscheinlichkeiten q_3, q_4 und $(1\text{-}q_1\text{-}q_2\text{-}q_3\text{-}q_4)$.

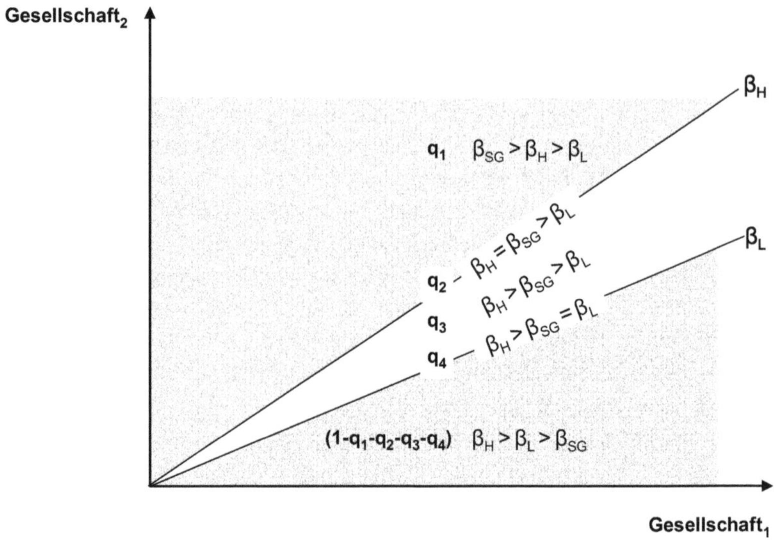

Abb. 36: Wahrscheinlichkeiten für die Höhe des angemessenen Verschmelzungsverhältnisses im gemeinsamen Spruchverfahren der Gesellschaft$_1$ und der Gesellschaft$_2$

Abb. 36 stellt die Wahrscheinlichkeit q_1, q_2, q_3, q_4 und $(1-q_1-q_2-q_3-q_4)$ für ein im gemeinsamen Spruchverfahren der Gesellschaft$_1$ und der Gesellschaft$_2$ als angemessen beurteiltes Verschmelzungsverhältnis dar.[404]

Tab. 5: Wahrscheinlichkeiten für bare Zuzahlung Z_2 und Z_1 bei Beurteilung eines Verschmelzungsverhältnisses im gemeinsamen Spruchverfahren

	$\beta_H > \beta_L > \beta_{SG}$ q_1	$\beta_H = \beta_{SG} > \beta_L$ q_2	$\beta_H > \beta_{SG} > \beta_L$ q_3	$\beta_H > \beta_{SG} = \beta_L$ q_4	$\beta_H > \beta_L > \beta_{SG}$ $(1-q_1-q_2-q_3-q_4)$
β_L	$Z_1 > 0$ $Z_2 = 0$	$Z_1 = 0$ $Z_2 > 0$	$Z_1 = 0$ $Z_2 > 0$	$Z_1 = 0$ $Z_2 = 0$	$Z_1 = 0$ $Z_2 > 0$
β_H	$Z_1 > 0$ $Z_2 = 0$	$Z_1 = 0$ $Z_2 = 0$	$Z_1 > 0$ $Z_2 = 0$	$Z_1 > 0$ $Z_2 = 0$	$Z_1 = 0$ $Z_2 > 0$

404 Wenn das Spruchstellengericht in der Beurteilung der Angemessenheit des Verschmelzungsverhältnisses eine Bandbreite anlegt, dann beschreiben die Wahrscheinlichkeiten q_2 und q_4 die Tatsache, dass β_H bzw. β_L in diese Bandbreite fallen. Liegen β_H bzw. β_L außerhalb dieser Bandbreite, dann ist β_{SG} als die näher zum gewählten Verschmelzungsverhältnis liegende Grenze dieser Bandbreite zu interpretieren.

In Tab. 5 werden die Wahrscheinlichkeiten für eine im gemeinsamen Spruchverfahren festgelegte bare Zuzahlung zugunsten der Anteilseigner der Gesellschaft$_1$ oder der Gesellschaft$_2$ dargestellt. Ein Umweltzustand[405] führt bei β_H zu einer Zuzahlung zugunsten der Anteilseigner$_1$ und bei β_L zu einer Zuzahlung zugunsten der Anteilseigner$_2$. Dieser ist grau hinterlegt und entspricht dem Ausschnitt des Entscheidungsbaums in Abb. 35, für den die Handlungsalternativen von Management, Anteilseignern$_1$ und Anteilseignern$_2$ einschließlich der daraus resultierenden Auszahlungen detailliert dargestellt sind.

Tab. 6: Strategische Form der Handlungsalternativen von Management, Anteilseignern$_1$ und Anteilseignern$_2$ bei Möglichkeit zu einem gemeinsamen Spruchverfahren

		Anteilseigner$_2$ entscheiden sich für		
		Kein Beschluss	Verschmelzungs-beschluss$_2$	Verschmelzungs-beschluss$_2$
Verschmelzungs-verhältnis für Anteilseigner$_1$	**Verschmelzungs-beschluss$_1$**	/	**Ohne** Bewertungsrüge	**Mit** Bewertungsrüge
Sehr vorteilhaft β_L	**Ohne** Bewertungsrüge			
	Mit Bewertungsrüge			
Weniger vorteilhaft β_H	**Ohne** Bewertungsrüge			
	Mit Bewertungsrüge			

Tab. 6 fasst die Handlungsalternativen von Management, Anteilseignern$_1$ und Anteilseignern$_2$ in Verschmelzungen mit Möglichkeit zu einem gemeinsamen Spruchverfahren in strategischer Form zusammen. Die aus einer Handlungsalternative entsprechend Umweltzustand resultierenden Auszahlungen werden im folgenden Abschnitt entwickelt, in die Tabelle aufgenommen und die Entscheidungssituation auf die Existenz dominanter Strategien untersucht.

405 Die Unsicherheit über die Entscheidungen in den beiden Spruchverfahren wird als Spiel gegen die „Natur" abgebildet. Siehe HOLLER, M. J./ ILLING, G. (2000), S. 35.

3.5.2 Dominante Strategien

3.5.2.1 Spruchverfahren einer übertragenden Gesellschaft

Die Entscheidungssituation soll durch Bestimmung der Auszahlungen Π_1 und Π_2 auf die Existenz dominanter Strategien analysiert werden. Dafür werden die Handlungsalternativen des Kapitels 3.5.1 um ihre jeweilige Auszahlung ergänzt. Π_1 bezeichnet die Auszahlung an Anteilseigner_1[406] und Π_2 die Auszahlung an Anteilseigner_2, die grau dargestellt wird. Zur Vereinfachung der Gleichungen wird die Auszahlung zunächst über den Anteil α an der verschmolzenen Gesellschaft β beschrieben. Anteil α und Verschmelzungsverhältnis β lassen sich direkt ineinander überführen[407] und resultieren im ordinalen Vergleich zwischen α_H, α_L und α_{SG} zu demselben Ergebnis wie der Vergleich zwischen β_H, β_L und β_{SG}.

Tab. 7: Strategische Form der Entscheidungssituation zwischen Management und Anteilseignern$_2$ bei Spruchverfahren einer Gesellschaft

	Kein Beschluss_2	$\text{Verschmelzungsbeschluss}_2$	$\text{Verschmelzungsbeschluss}_2$			
Für Anteilseigner_2	/	**Ohne Bewertungsrüge**	**Mit Bewertungsrüge** $\alpha_H>\alpha_L\geq\alpha_{SG}$ $(1-p_1-p_2)$	$\alpha_H\geq\alpha_{SG}>\alpha_L$ p_2	$\alpha_{SG}>\alpha_H>\alpha_L$ p_1	
Weniger vorteilhaft β_L bzw. $\boldsymbol{\alpha_L}$	$\Pi_1=0$ $\Pi_2=0$	$\Pi_1=(1-\alpha_L)V_M-V_1$ $\Pi_2=\alpha_L V_M-V_2$	$\Pi_1=[\ (1-p_1-p_2)(1-\alpha_L)$ $\Pi_2=[\ (1-p_1-p_2)\alpha_L$	$+p_2(1-\alpha_{SG})$ $+p_2\alpha_{SG}$	$+p_1(1-\alpha_{SG})$ $+p_1\alpha_{SG}$	$]V_M-V_1$ $]V_M-V_2$
Sehr vorteilhaft β_H bzw. $\boldsymbol{\alpha_H}$	$\Pi_1=0$ $\Pi_2=0$	$\Pi_1=(1-\alpha_H)V_M-V_1$ $\Pi_2=\alpha_H V_M-V_2$	$\Pi_1=[\ (1-p_1-p_2)(1-\alpha_H)$ $\Pi_2=[\ (1-p_1-p_2)\alpha_H$	$+p_2(1-\alpha_H)$ $+p_2\alpha_H$	$+p_1(1-\alpha_{SG})$ $+p_1\alpha_{SG}$	$]V_M-V_1$ $]V_M-V_2$

Aus Sicht des Managements ergibt die Reaktion „Kein Beschluss" der Anteilseigner_2 die gleiche Auszahlung unabhängig davon, ob β_L und β_H gewählt

406 Bei Beteiligung der Gesellschaft_1 an Gesellschaft_2 beträgt der Anteil der Gesellschaft_1 an der verschmolzenen Gesellschaft $(1-\alpha+\gamma\ \alpha)\ V_M$. Aufgrund $(1-\alpha)\geq\gamma\alpha$ partizipiert Gesellschaft_1 jedoch nur in Höhe von γ an einer höheren Bewertung der Gesellschaft_2. Daher verändern Beteiligungen $\gamma>0$ nichts an der Tatsache, dass das Vermögen der Anteilseigner_1 mit den niedrigsten α maximiert wird. Entsprechend können Auszahlungen der Anteilseigner_1 für verschiedene Handlungsalternativen vereinfachend mit $\gamma=0$ untereinander verglichen werden.

407 $\beta_L=\alpha_L/(1-\alpha_L)$ bzw. $\alpha_L=\beta_L/(1+\beta_L)$.

wurde. Hingegen führen die Reaktionen der $Anteilseigner_2$ „$Verschmelzungsbeschluss_2$ ohne Bewertungsrüge“ und „$Verschmelzungsbeschluss_2$ mit Bewertungsrüge“ zu einer höheren Auszahlung für $Anteilseigner_1$, wenn das für $Anteilseigner_2$ weniger vorteilhafte Verschmelzungsverhältnis β_L gespielt wird.[408] Somit ist β_L die schwach dominante Strategie des Managements und der Anteilseigner der $Gesellschaft_1$.[409]

$Anteilseigner_2$ verfügen über die Handlungsalternativen „Kein Beschluss“, „Verschmelzungsbeschluss ohne Bewertungsrüge“ und „Verschmelzungsbeschluss mit Bewertungsrüge“. Ist mit $\alpha\, V_M \geq V_2$ die Teilnahmebedingung der $Anteilseigner_2$ erfüllt, so zeigen die Auszahlungen, dass die Handlungsalternative „Kein Beschluss“ eine dominierte Strategie darstellt. Damit bleibt zu vergleichen, ob sich $Anteilseigner_2$ durch Verschmelzungsbeschluss mit oder ohne Bewertungsrüge besser stellen.

Wählt das Management β_L dann resultiert die Handlungsalternative „Verschmelzungsbeschluss mit Bewertungsrüge“ mit Wahrscheinlichkeit $(1\text{-}p_1\text{-}p_2)$ in β_L. Mit Wahrscheinlichkeiten p_2 und p_1 korrigiert das Spruchstellengericht auf das höhere Verschmelzungsverhältnis β_{SG} bzw. den höheren Anteil $\alpha_{SG.}$ Damit ist die Handlungsalternative „Verschmelzungsbeschluss ohne Bewertungsrüge“ bei β_L eine dominierte Strategie.[410]

Selbst wenn das Management β_H wählt, folgt mit Wahrscheinlichkeit p_1 ein vom Spruchstellengericht höherer ex post Transaktionspreis β_{SG} bzw. ein höherer Anteil α_{SG}. Damit ist die Handlungsalternative „Verschmelzungsbeschluss ohne Bewertungsrüge“ auch bei β_H eine dominierte Strategie.[411]

Gemeinsam betrachtet werden die Handlungsalternativen „Kein Beschluss“ und „Verschmelzungsbeschluss ohne Bewertungsrüge“ durch die Handlungsalternative „Verschmelzungsbeschluss mit Bewertungsrüge“ dominiert, die dadurch die dominante Strategie der $Anteilseigner_2$ ist. Diese Lösung ist intuitiv, da der im Spruchverfahren festgelegte ex post Transaktionspreis aus Sicht der $Anteilseigner_2$ nicht unter dem zuvor vereinbarten ex ante Transaktionspreis liegen kann.[412]

---

408 $(1\text{-}\alpha_L) > (1\text{-}\alpha_H)$ und $(1\text{-}p_1\text{-}p_2)(1\text{-}\alpha_L) + p_2(1\text{-}\alpha_{SG}) > (1\text{-}p_1\text{-}p_2)(1\text{-}\alpha_H) + p_2(1\text{-}\alpha_H)$ da mit Wahrscheinlichkeit p_2 gilt, dass $\alpha_H \geq \alpha_{SG} > \alpha_L$.

409 Für $Management_1$ wird unterstellt, dass es im Interesse der $Anteilseigner_1$ handelt.

410 Aus α_L folgt: $\alpha_L < (1\text{-}p_1\text{-}p_2)\alpha_L + p_2\alpha_{SG} + p_1\alpha_{SG}$ da $\alpha_H \geq \alpha_{SG} > \alpha_L$ mit Wahrscheinlichkeit p_2 und $\alpha_{SG} > \alpha_H > \alpha_L$ mit Wahrscheinlichkeit p_1.

411 Aus α_H folgt: $\alpha_H < (1\text{-}p_1\text{-}p_2)\alpha_H + p_2\alpha_H + p_1\alpha_{SG}$ da $\alpha_{SG} > \alpha_H > \alpha_L$ mit Wahrscheinlichkeit p_1.

412 Grundsätzlich sind die Kosten des Spruchverfahrens von der verschmolzenen Gesellschaft zu tragen. Siehe PUSZKAJLER, K. P. (2003b), S. 519, BILDA, K. (2000), S. 297. Auch die Neugestaltung der Kostenregelung mit der Einführung des SpruchG führt

3.5.2.2 Gemeinsames Spruchverfahren für zwei Gesellschaften

In Verschmelzungen mit Möglichkeit zu einem gemeinsamen Spruchverfahren von zwei Gesellschaften sind die Auszahlungen Π_1 und Π_2 abhängig vom Verschmelzungsverhältnis β_{SG}, das im gemeinsamen Spruchverfahren der Gesellschaft$_1$ und der Gesellschaft$_2$ als angemessen bestimmt wird. Tab. 8 fasst die Handlungsalternativen und ihre Auszahlungen Π_1 an Anteilseigner$_1$ und Π_2 an Anteilseigner$_2$ [413] zusammen, um die Entscheidungssituation auf dominante Strategien untersuchen zu können.

grundsätzlich zu keinem Kostenrisiko für antragstellende Anteilseigner. Siehe LAMB, J./ SCHLUCK-AMEND, A. (2003), S. 1262.

413 Jeweils in zweiter Zeile dargestellt.

Tab. 8: ***Strategische Form der Entscheidungssituation zwischen Management, Anteilseignern$_1$ und Anteilseignern$_2$ in Verschmelzungen mit Möglichkeit zu einem gemeinsamen Spruchverfahren***

		Kein Beschluss$_2$	Verschmelzungsbeschluss$_2$													
		/	**Ohne** Bewertungsrüge$_2$							**Mit** Bewertungsrüge$_2$						
Für Anteilseigner$_2$	HV-Beschluss$_1$			$\alpha_{SG}>\alpha_H>\alpha_L$ q_1	$\alpha_H=\alpha_{SG}>\alpha_L$ q_2	$\alpha_H>\alpha_{SG}>\alpha_L$ q_3	$\alpha_H>\alpha_{SG}=\alpha_L$ q_4	$\alpha_H>\alpha_L>\alpha_{SG}$ $(1-q_1-q_2-q_3-q_4)$			$\alpha_{SG}>\alpha_H>\alpha_L$ q_1	$\alpha_H=\alpha_{SG}>\alpha_L$ q_2	$\alpha_H>\alpha_{SG}>\alpha_L$ q_3	$\alpha_H>\alpha_{SG}=\alpha_L$ q_4	$\alpha_H>\alpha_L>\alpha_{SG}$ $(1-q_1-q_2-q_3-q_4)$	
Weniger vorteilhaft β_L bzw. α_L	**Ohne** Bewertungsrüge$_1$	$\Pi_1=0$	$\Pi_1=$					$(1-\alpha_L)$	V_M-V_1	$\Pi_1=[$	$q_1(1-\alpha_{SG})$	$+q_2(1-\alpha_{SG})$	$+q_3(1-\alpha_{SG})$	$+q_4(1-\alpha_L)$	$+(1-q_1-q_2-q_3-q_4)(1-\alpha_L)$	$]\ V_M-V_1$
		$\Pi_2=0$	$\Pi_2=$					α_L	V_M-V_2	$\Pi_2=[$	$q_1\alpha_{SG}$	$+q_2\alpha_{SG}$	$+q_3\alpha_{SG}$	$+q_4\alpha_L$	$+(1-q_1-q_2-q_3-q_4)\alpha_L$	$]\ V_M-V_2$
	Mit Bewertungsrüge$_1$	$\Pi_1=0$	$\Pi_1=[$	$q_1(1-\alpha_L)$	$+q_2(1-\alpha_L)$	$+q_3(1-\alpha_L)$	$+q_4(1-\alpha_L)$	$+(1-q_1-q_2-q_3-q_4)(1-\alpha_{SG})$	$]\ V_M-V_1$	$\Pi_1=[$	$q_1(1-\alpha_{SG})$	$+q_2(1-\alpha_{SG})$	$+q_3(1-\alpha_{SG})$	$+q_4(1-\alpha_L)$	$+(1-q_1-q_2-q_3-q_4)(1-\alpha_{SG})$	$]\ V_M-V_1$
		$\Pi_2=0$	$\Pi_2=[$	$q_1\alpha_L$	$+q_2\alpha_L$	$+q_3\alpha_L$	$+q_4\alpha_L$	$+(1-q_1-q_2-q_3-q_4)\alpha_{SG}$	$]\ V_M-V_2$	$\Pi_2=[$	$q_1\alpha_{SG}$	$+q_2\alpha_{SG}$	$+q_3\alpha_{SG}$	$+q_4\alpha_L$	$+(1-q_1-q_2-q_3-q_4)\alpha_{SG}$	$]\ V_M-V_2$
Sehr vorteilhaft β_H bzw. α_H	**Ohne** Bewertungsrüge$_1$	$\Pi_1=0$	$\Pi_1=$					$(1-\alpha_H)$	V_M-V_1	$\Pi_1=[$	$q_1(1-\alpha_{SG})$	$+q_2(1-\alpha_H)$	$+q_3(1-\alpha_H)$	$+q_4(1-\alpha_H)$	$+(1-q_1-q_2-q_3-q_4)(1-\alpha_H)$	$]\ V_M-V_1$
		$\Pi_2=0$	$\Pi_2=$					α_H	V_M-V_2	$\Pi_2=[$	$q_1\alpha_{SG}$	$+q_2\alpha_H$	$+q_3\alpha_H$	$+q_4\alpha_H$	$+(1-q_1-q_2-q_3-q_4)\alpha_H$	$]\ V_M-V_2$
	Mit Bewertungsrüge$_1$	$\Pi_1=0$	$\Pi_1=[$	$q_1(1-\alpha_H)$	$+q_2(1-\alpha_H)$	$+q_3(1-\alpha_{SG})$	$+q_4(1-\alpha_{SG})$	$+(1-q_1-q_2-q_3-q_4)(1-\alpha_{SG})$	$]\ V_M-V_1$	$\Pi_1=[$	$q_1(1-\alpha_{SG})$	$+q_2(1-\alpha_H)$	$+q_3(1-\alpha_{SG})$	$+q_4(1-\alpha_{SG})$	$+(1-q_1-q_2-q_3-q_4)(1-\alpha_{SG})$	$]\ V_M-V_1$
		$\Pi_2=0$	$\Pi_2=[$	$q_1\alpha_H$	$+q_2\alpha_H$	$+q_3\alpha_{SG}$	$+q_4\alpha_{SG}$	$+(1-q_1-q_2-q_3-q_4)\alpha_{SG}$	$]\ V_M-V_2$	$\Pi_2=[$	$q_1\alpha_{SG}$	$+q_2\alpha_H$	$+q_3\alpha_{SG}$	$+q_4\alpha_{SG}$	$+(1-q_1-q_2-q_3-q_4)\alpha_{SG}$	$]\ V_M-V_2$

Die Entscheidungssituation umfasst zwei Handlungsalternativen des Managements (β_L bzw. β_H), zwei Handlungsalternativen der Anteilseigner$_1$ (Ohne und mit Bewertungsrüge) sowie drei Handlungsalternativen der Anteilseigner$_2$ (Ablehnung des Verschmelzungsbeschlussvorschlags, Annahme ohne und Annahme mit Bewertungsrüge). Zwei der insgesamt zwölf (2*2*3) Handlungsalternativen sind grau hervorgehoben. In diesen reagieren die Anteilseigner beider Gesellschaften auf den Verschmelzungsbeschluss mit Bewertungsrüge jedoch erhalten nur die Anteilseigner einer Gesellschaft eine Zuzahlung.

Entscheiden sich die Anteilseigner$_1$ für den Verschmelzungsbeschluss ohne Bewertungsrüge$_1$, besteht die dominante Strategie der Anteilseigner$_2$, wie in Kapitel 3.5.2 dargestellt, in der Bewertungsrüge. Entschließen sich Anteilseigner$_1$ für den Verschmelzungsbeschluss mit Bewertungsrüge$_1$, dann vergleichen Anteilseigner$_2$ bei β_L die Auszahlungen Π_2 von

$$[\,q_1\alpha_L + q_2\alpha_L + q_3\alpha_L + q_4\alpha_L + (1-q_1-q_2-q_3-q_4)\alpha_{SG}\,]\,V_M - V_2 \quad \text{und}$$

$$[\,q_1\alpha_{SG} + q_2\alpha_{SG} + q_3\alpha_{SG} + q_4\alpha_L + (1-q_1-q_2-q_3-q_4)\alpha_{SG}\,]\,V_M - V_2$$

und bei β_H die Auszahlungen

$$[\,q_1\alpha_H + q_2\alpha_H + q_3\alpha_{SG} + q_4\alpha_{SG} + (1-q_1-q_2-q_3-q_4)\alpha_{SG}\,]\,V_M - V_2 \quad \text{und}$$

$$[\,q_1\alpha_{SG} + q_2\alpha_H + q_3\alpha_{SG} + q_4\alpha_{SG} + (1-q_1-q_2-q_3-q_4)\alpha_{SG}\,]\,V_M - V_2 \quad .$$

Mit den Wahrscheinlichkeiten (für eine entsprechende Entscheidung des Spruchstellengerichts bzw. bei Umweltzustand) q_1, q_2 und q_3 ist α_{SG} größer als α_L und mit den Wahrscheinlichkeiten q_1 ist α_{SG} ebenfalls größer als $\alpha_{H.}$ Die Handlungsalternative „Verschmelzungsbeschluss mit Bewertungsrüge" führt zu einer für Anteilseigner$_2$ jeweils höheren Auszahlung als der „Verschmelzungsbeschluss ohne Bewertungsrüge". Sofern die Verschmelzungsverhältnisse β_L und β_H die TNB_2 einhalten, ist die Handlungsalternative „Kein Beschluss" eine dominierte Strategie. Daher ist die Bewertungsrüge auch im Falle von einem gemeinsamen Spruchverfahren beider Gesellschaften die dominante Strategie für Anteilseigner$_2$.

Entschließen sich Anteilseigner$_2$ für den Verschmelzungsbeschluss ohne Bewertungsrüge$_2$ vergleichen Anteilseigner$_1$ bei β_L die Auszahlungen Π_1 von[414]

414 Bei Beteiligung der Gesellschaft1 an Gesellschaft$_2$ beträgt der Anteil der Gesellschaft$_1$ an der verschmolzenen Gesellschaft $(1\text{-}\alpha + \gamma\alpha)\,V_M$. Aufgrund $(1\text{-}\alpha) \geq \gamma\alpha$ partizipiert Gesellschaft$_1$ jedoch nur in Höhe von γ an einer höheren Bewertung der Gesellschaft$_2$. Beteiligungen $\gamma>0$ verändern daher nicht, dass das Vermögen der Anteilseigner der Gesellschaft$_1$ mit dem niedrigsten α maximiert wird. Folglich können Auszahlungen der

$$[\ (1-\alpha_L)\ ]\ V_M - V_1 \quad \text{und}$$
$$[\ q_1(1-\alpha_L) + q_2(1-\alpha_L) + q_3(1-\alpha_L) + q_4(1-\alpha_L) + (1-q_1-q_2-q_3-q_4)(1-\alpha_{SG})\ ]\ V_M - V_1$$

und bei β_H die Auszahlungen

$$[\ (1-\alpha_H)\ ]\ V_M - V_1 \quad \text{und}$$
$$[q_1(1-\alpha_H) + q_2(1-\alpha_H) + q_3(1-\alpha_{SG}) + q_4(1-\alpha_{SG}) + (1-q_1-q_2-q_3-q_4)(1-\alpha_{SG})\ ]\ V_M - V_1 \ .$$

Da α_{SG} mit Wahrscheinlichkeit $(1-q_1-q_2-q_3-q_4)$ kleiner als α_L und mit den Wahrscheinlichkeiten q_3, q_4 und $(1-q_1-q_2-q_3-q_4)$ auch kleiner als α_H ist, resultiert aus der Handlungsalternative mit Bewertungsrüge die für Anteilseigner$_1$ jeweils höhere Auszahlung.

Wählen die Anteilseigner$_2$ ihre dominante Strategie des Verschmelzungsbeschlusses mit Bewertungsrüge$_2$, so sind bei β_L die Auszahlungen Π_1 von

$$[\ q_1(1-\alpha_{SG}) + q_2(1-\alpha_{SG}) + q_3(1-\alpha_{SG}) + q_4(1-\alpha_L) + (1-q_1-q_2-q_3-q_4)(1-\alpha_L)\ ]\ V_M - V_2 \quad \text{und}$$
$$[\ q_1(1-\alpha_{SG}) + q_2(1-\alpha_{SG}) + q_3(1-\alpha_{SG}) + q_4(1-\alpha_L) + (1-q_1-q_2-q_3-q_4)(1-\alpha_{SG})\ ]\ V_M - V_2$$

und bei β_H die Auszahlungen

$$[\ q_1(1-\alpha_{SG}) + q_2(1-\alpha_H) + q_3(1-\alpha_H) + q_4(1-\alpha_H) + (1-q_1-q_2-q_3-q_4)(1-\alpha_H)\ ]\ V_M - V_2 \quad \text{und}$$
$$[q_1(1-\alpha_{SG}) + q_2(1-\alpha_H) + q_3(1-\alpha_{SG}) + q_4(1-\alpha_{SG}) + (1-q_1-q_2-q_3-q_4)(1-\alpha_{SG})\ ]\ V_M - V_2$$

zu vergleichen.

Mit Wahrscheinlichkeit $(1-q_1-q_2-q_3-q_4)$ ist α_{SG} kleiner als α_L und mit den Wahrscheinlichkeiten q_3, q_4 und $(1-q_1-q_2-q_3-q_4)$ auch kleiner als α_H. Die Handlungsalternative „Mit Bewertungsrüge“ führt somit zu einer für Anteilseigner$_1$ jeweils höheren Auszahlung als die „Ohne Bewertungsrüge“.

Damit ist die Bewertungsrüge unabhängig von der Entscheidung des Managements und der der Anteilseigner$_2$ die für Anteilseigner$_1$ dominante Strategie.

In Verschmelzungen mit Möglichkeit eines gemeinsamen Spruchverfahrens ist die Bewertungsrüge unabhängig von der Entscheidung des Managements über den ex ante Transaktionspreis jeweils die für Anteilseigner$_1$ und für Anteilseigner$_2$ dominante Strategie. Dabei wurde angenommen, dass Unsicherheit über die Entscheidung im Spruchverfahren besteht. Im folgenden Kapitel wird eine Fallunterscheidung für die Informationsverarbeitung im Spruchverfahren vorgenommen.

Anteilseigner$_1$ für verschiedene Handlungsalternativen vereinfachend mit $\gamma=0$ untereinander verglichen werden.

3.6 Fallunterscheidung zur Bestimmung der baren Zuzahlung

In Kapitel 3.5 wurde die Entscheidung im Spruchverfahren über den ex post Transaktionspreis als *black box* unterstellt. Dieses Kapitel widmet sich der Frage, wie die bare Zuzahlung zu bestimmen ist, mit der ein ex ante Transaktionspreis im Spruchverfahren angepasst wird. Dabei wird die Entscheidung des Spruchstellengerichts bei Verarbeitung unterschiedlicher Informationen analysiert und eine Fallunterscheidung für die Bestimmung des Verschmelzungsverhältnisses mit unterschiedlichen Bewertungs-methoden und Informationen vorgenommen.

3.6.1 Berechnung mit Verwässerungseffekt, begrenztem Empfängerkreis oder bestehender Beteiligung

Übertragende Anteilseigner haben laut § 15 (1) UmwG die Möglichkeit, die Höhe des beschlossenen Verschmelzungsverhältnisses im Rahmen eines Spruchverfahrens prüfen zu lassen. In diesem Verfahren legt das Spruchstellengericht das aus seiner Sicht angemessene Verschmelzungsverhältnis β_{SG} fest und bestimmt in Verschmelzungen durch Aufnahme eine bare Zuzahlung, sofern das beschlossene Verschmelzungsverhältnis hinter dem gerichtlich festgelegten zurückbleibt. Übersteigt das beschlossene Verschmelzungsverhältnis das gerichtlich angemessene, so folgt im Spruchverfahren einer Verschmelzung durch Aufnahme aus dem *reformatio in peius*[415], dass der Transaktionspreis nicht zulasten der rügenden Anteilseigner verändert wird.

Die Zuzahlung wird nicht in Form von Anteilen an der verschmolzenen Gesellschaft gewährt,[416] da die Verschmelzung im Zeitpunkt des Spruchverfahrens bereits eingetragen ist. Statt dessen erhalten begünstigte Anteilseigner den monetären Gegenwert für die fehlenden Anteile bis die Kombination aus (ursprünglich) gewährten Anteilen (Aktien) und der baren Zuzahlung den gleichen Transaktionspreis erzielt, wie die Durchführung der Transaktion zum gerichtlich an-

415 Verbot der Schlechterstellung.

416 Eine Anteilsgewährung wird in der Literatur jedoch zur Minderung des mit der Zuzahlung verbundenen Mittelabflusses vorgeschlagen. Siehe PHILLIP, W. (1998), S. 272, MAIER-REIMER, G. (2000), S. 574, BÄCHLE, A. (2006), S. 416, HÜFFER, U. (2008), S. 23, HUBER, M. (2005), S. .63.

gemessenen Verschmelzungsverhältnis β_{SG}.[417] Mit anderen Worten, durch die Entscheidung des Spruchstellengerichts soll ex post mindestens die (relative) Vermögenssituation hergestellt werden, die sich für die Anteilseigner zum gerichtlich angemessenen Verschmelzungsverhältnisses β_{SG} ergeben hätte.

Bei der Bemessung der baren Zuzahlung ist theoretisch auch die Verwässerung der Beteiligung der Anteilseigner$_2$ an der verschmolzenen Gesellschaft zu berücksichtigen, die durch die bare Zahlung entsteht.[418] Daher ist die bare Zuzahlung derart zu bemessen, dass sie für das unangemessene Verschmelzungsverhältnis und den mit der baren Zuzahlung verursachten Mittelabfluss kompensiert.

Die Höhe der baren Zuzahlung wird durch das beschlossene und das gerichtlich angemessene Verschmelzungsverhältnis, die Bewertung der verschmelzenden Gesellschaften, den Anteil der Gesellschafter, die am Spruchverfahren teilnehmen, sowie eine mögliche Beteiligung zwischen den Gesellschaften beeinflusst. Daher wird die Höhe der baren Zuzahlung zunächst für das Spruchverfahren der Gesellschaft$_2$ bei Zuzahlung

- an alle Anteilseigner$_2$ und
- ohne Beteiligung der Gesellschaft$_1$ an Gesellschaft$_2$

betrachtet. Anschließend wird die Berechnung für Fälle eines Spruchverfahrens der Gesellschaft$_1$, für Fälle, in denen die bare Zuzahlung nur an einen Teil der Anteilseigner gewährt wird, oder für eine Beteiligung der Gesellschaft$_1$ am Grundkapital der Gesellschaft$_2$ erweitert.

Die Höhe der baren Zuzahlung zugunsten der Anteilseigner$_2$ kann mittels der Auszahlungen von Anteilseignern$_1$ und Anteilseignern$_2$ bestimmt werden, wenn das beschlossene Verschmelzungsverhältnis unter dem gerichtlich angemessenen liegt.[419]

$$\pi_2: \quad \alpha(V_1+V_2) - \alpha Z_2 + Z_2 = \alpha_{SG}(V_1+V_2)$$

$$\pi_1: \quad (1-\alpha)(V_1+V_2) - (1-\alpha)Z_2 = (1-\alpha_{SG})(V_1+V_2)$$

Alternativ kann die Höhe der baren Zuzahlung Z_2 über das als angemessen beurteilte Verschmelzungsverhältnis β_{SG} bestimmt werden.

---

417 Zwischen dem gerichtlich angemessenen Verschmelzungsverhältnis β_{SG} und dem Anteil α_{SG} an der verschmolzenen Gesellschaft besteht ein direkter Zusammenhang: $\beta_{SG} = (1- \alpha_{SG}) / \alpha_{SG}$.

418 Siehe PHILLIP, W. (1998), S. 267.

419 Das beschlossene Verschmelzungsverhältnis führt für Anteilseigner$_2$ zum Anteil α (unabhängig von einer Bestimmung über Ertrags- oder Börsenwerte) an der verschmolzenen Gesellschaft. Das gerichtlich als angemessen angesehene Verschmelzungsverhältnis führt hingegen zum Anteil α_{SG}.

$$\beta_{SG} = \frac{\pi_2}{\pi_1} = \frac{\alpha(V_1+V_2) - \alpha Z_2 + Z_2}{(1-\alpha)(V_1+V_2) - (1-\alpha)Z_2}$$

In Abhängigkeit vom gerichtlich angemessenen Verschmelzungsverhältnis β_{SG} bzw. des Anteils α_{SG} beträgt die bare Zuzahlung Z_2 unter Berücksichtigung des Verwässerungseffekts für $\beta_{SG}>\beta$ bzw. für $\alpha_{SG}>\alpha$

$$Z_2 = \frac{(\beta_{SG} - \beta)}{(1+\beta_{SG})} * (V_1 + V_2)$$

bzw. aus $\beta_{SG} = (1-\alpha_{SG}) / \alpha_{SG}$ folgt

$$Z_2 = \frac{(\alpha_{SG} - \alpha)}{(1-\alpha)} * (V_1 + V_2) .$$

In Verschmelzungen mit Bewertungsrüge der Anteilseigner_1 wird eine bare Zuzahlung zugunsten der Anteilseigner_1 bestimmt, wenn das beschlossene Verschmelzungsverhältnis über dem gerichtlich angemessenen Verschmelzungsverhältnis liegt. Folglich kann in einem gemeinsamen Spruchverfahren von zwei Gesellschaften entweder eine Zuzahlung zugunsten der Anteilseigner_1 oder eine Zuzahlung zugunsten der Anteilseigner_2 bestimmt werden.

Bei Bewertungsrüge der Anteilseigner_1 wird ein beschlossenes Verschmelzungsverhältnis über dem gerichtlich angemessenen durch eine Zuzahlung zugunsten der Anteilseigner_1 korrigiert. Mittels der Auszahlungen an Anteilseigner_1 und Anteilseigner_2 kann die Höhe der baren Zuzahlung Z_1 bestimmt werden:

$$\pi_2: \quad \alpha(V_1+V_2) - \alpha Z_1 = \alpha_{SG} * (V_1+V_2)$$

$$\pi_1: \quad (1-\alpha)(V_1+V_2) - (1-\alpha)Z_1 + Z_1 = (1-\alpha_{SG}) * (V_1+V_2) .$$

Alternativ kann das gerichtlich angemessene Verschmelzungsverhältnis auch als Verhältnis des beschlossenen Anteils an der verschmolzenen Gesellschaft der

- Anteilseigner_2 abzüglich Verwässerung und
- Anteilseigner_1 einschließlich Zuzahlung und abzüglich Verwässerung

bestimmt werden:

$$\beta_{SG} = \frac{\pi_2}{\pi_1} = \frac{\alpha(V_1+V_2) - \alpha Z_1}{(1-\alpha)(V_1+V_2) - (1-\alpha)Z_1 + Z_1} .$$

In Abhängigkeit vom gerichtlich angemessenen Verschmelzungsverhältnis β_{SG} bzw. des Anteils α_{SG} bestimmt sich die bare Zuzahlung zugunsten der Anteilseigner_1 für $\beta>\beta_{SG}$ bzw. für $\alpha>\alpha_{SG}$ wie folgt:

$$Z_1 = \frac{(\beta - \beta_{SG})}{\beta * (1+\beta_{SG})} * (V_1 + V_2)$$

bzw.

$$Z_1 = \frac{(\alpha - \alpha_{SG})}{\alpha} * (V_1 + V_2) \cdot$$

Es gibt Situationen, in denen ein Teil der Anteilseigner auf die im Spruchverfahren festgelegte bare Zuzahlung verzichtet.[420] Ein Beispiel dafür ist ein Anteilseigner, der an beiden verschmelzenden Gesellschaften mehrheitlich beteiligt ist. Die im Spruchverfahren festgelegte bare Zuzahlung wird somit nur an den Anteil φ der außenstehenden Anteilseigner der Gesellschaft$_2$ ausgezahlt. Wie in der folgenden Gleichung dargestellt, ist der Verwässerungseffekt in diesen Situationen kleiner.

$$\beta_{SG} = \frac{\alpha(V_1+V_2) - \alpha\varphi Z_2 + Z_2}{(1-\alpha)(V_1+V_2) - (1-\alpha)\varphi Z_2}$$

Annahmegemäß wird der geringere Verwässerungseffekt in der Höhe der festgelegten baren Zuzahlung entsprechend der folgenden Gleichungen berücksichtigt:

$$Z_2 = \frac{\beta_{SG} - \alpha(1+\beta_{SG})}{(1-\alpha\varphi) + \beta_{SG}\varphi(1-\alpha)} * (V_1 + V_2) \text{ ; mit } 0 \leq \varphi \leq 1$$

Zu beachten ist dabei, dass das gerichtlich angemessene Verschmelzungsverhältnis auf Basis der (relativ) höheren Bewertung der gesamten Gesellschaft$_2$ bestimmt wird, in der Zuzahlung jedoch nur eine Kompensation für eine Verwässerung in Höhe des Anteils φ an der rechnerischen Zuzahlung Z_2 enthalten ist.

Ist die Gesellschaft$_1$ mit einem Anteil γ am Grundkapital der Gesellschaft$_2$ beteiligt, so wird die Zuzahlung nur an außenstehende Anteilseigner der Gesellschaft$_2$ gewährt ($\varphi = 1-\gamma$).[421] Zugleich betrifft ein gerichtlich angemessener Wert der Gesellschaft$_2$, der bspw. über dem Ertragswert$_2$ liegt,[422] ebenfalls den ge-

420 Siehe Bekanntmachung über die weitere bare Zuzahlung an die außenstehenden ehemaligen Aktionäre der Leffers AG vom 23. August 2002.

421 Der Anteil, mit dem Anteilseigner$_2$ durch den ex ante Transaktionspreis an der verschmolzenen Gesellschaft beteiligt sein werden, bestimmt sich bei Beteiligung der Gesellschaft$_1$ an der Gesellschaft$_2$ in Höhe von γ als $\alpha = V_2 / (V_1 + (1-\gamma)V_2)$.

422 Unterstellt die Transaktion wurde zum Ertragswertverhältnis durchgeführt.

richtlich angemessenen Wert der Gesellschaft_1.[423] Der Verwässerungseffekt ist in diesen Verschmelzungen mit Beteiligung zwischen den Gesellschaften somit kleiner als in Verschmelzungen ohne Beteiligung.

Die Höhe der baren Zuzahlung zugunsten der Anteilseignern_2 kann mittels der Auszahlungen von Anteilseignern_1 und Anteilseignern_2 bestimmt werden, wenn das beschlossene Verschmelzungsverhältnis unter dem gerichtlich angemessenen liegt.

$$\pi_1 = (1-\alpha+\gamma\alpha)(V_1+(1-\gamma)V_2)-(1-\alpha+\gamma\alpha)(1-\gamma)Z_2+\gamma Z_2 \quad = (1-\alpha_{SG}+\gamma\alpha_{SG})(V_1+(1-\gamma)V_2+\gamma Z_2)$$

$$\pi_2 = \alpha(V_1+(1-\gamma)V_2)-\alpha(1-\gamma)Z_2+Z_2 \quad = \alpha_{SG}(V_1+(1-\gamma)V_2+\gamma Z_2)$$

Bei Auszahlungen, die über den angemessenen Anteil an der verschmolzenen Gesellschaft α_{SG} bestimmt werden, ist der Term γZ_2 in der Bewertung der verschmolzenen Gesellschaft zu beachten. Er reflektiert, dass die Gesellschaft_2 im Spruchverfahren (relativ zur Gesellschaft_1) höher als im Verschmelzungsbericht bewertet wird und somit auch der Beteiligungswert der Gesellschaft_1 steigt. Da die Zuzahlung jedoch nicht an die $\text{Mehrheitsanteilseigner}_2$ ausgeschüttet wird, steigt auch der Gegenwert, den Anteilseigner_2 in Form von Aktien erhalten haben.

Diese Besonderheit fällt nicht auf, wenn die Höhe der Zuzahlung mittels des angemessenen Verschmelzungsverhältnisses β_{SG} und des beschlossenen Anteils α an der verschmolzenen Gesellschaft[424] bestimmt wird. Die folgende Gleichung beschreibt diesen Zusammenhang anhand des beschlossenen Anteils sowie der rechnerischen Zuzahlung Z_2 und dem Verwässerungseffekt, der aus der tatsächlich ausgezahlten Zuzahlung $(1-\gamma)Z_2$ resultiert.

$$\beta_{SG} = \frac{\alpha(V_1+(1-\gamma)V_2)-\alpha(1-\gamma)Z_2+Z_2}{(1-\alpha+\gamma\alpha)(V_1+(1-\gamma)V_2)-(1-\alpha+\gamma\alpha)(1-\gamma)Z_2+\gamma Z_2}$$

Bei Beteiligung der Gesellschaft_1 in Höhe von γ an Gesellschaft_2 bestimmt sich die rechnerische Zuzahlung Z_2 wie folgt:

$$Z_2 = \frac{\alpha V_M-(1-\alpha(1-\gamma))V_M*\beta_{SG}}{\beta_{SG}(1-\gamma)(-1+\alpha(1-\gamma))+\beta_{SG}\gamma-(1-\alpha(1-\gamma))}$$

423 In Höhe der Beteiligung an Gesellschaft_2.

424 Bei Beteiligung der Gesellschaft_1 in Höhe von γ an Gesellschaft_2 beträgt der Anteil der Gesellschaft_2 an der verschmolzenen Gesellschaft $\alpha = \beta / (1+(1-\gamma)\beta)$.

Ausgehend von den Auszahlungen bzw. bei Darstellung über den angemessenen Anteil an der verschmolzenen Gesellschaft α_{SG} vereinfacht sich die Gleichung zu:

$$Z_2 = \frac{(\alpha_{SG}-\alpha)(V_1 + (1-\gamma)V_2)}{1 - \alpha_{SG}\gamma - \alpha(1-\gamma)}$$

Die rechnerische Zuzahlung wird nur an die außenstehende Minderheit der Gesellschaft$_2$ gewährt und kompensiert diese für die damit verbundene Verwässerung. Die mit der tatsächlichen ausgezahlten baren Zuzahlung verbundene Belastung der verschmolzenen Gesellschaft beträgt hingegen $(1-\gamma)Z_2$.

Bei Beteiligung der Gesellschaft$_1$ an Gesellschaft$_2$ und Zuzahlung an Anteilseigner der Gesellschaft$_1$ hat die Beteiligung an Gesellschaft$_2$ keinen Einfluss auf die Zuzahlungshöhe, da die Zuzahlung in voller Höhe ausgezahlt wird und ohne Rückbeteiligung die Bewertung der Anteile der Gesellschaft$_2$ (mit Ausnahme der Verwässerung) nicht betrifft.

Die Berechnung der Höhe der baren Zuzahlung wird in Kapitel 3.7 wieder aufgegriffen, um die Entscheidungssituation auf Strategien mit der minimierenden baren Zuzahlung zu untersuchen.

3.6.2 Berücksichtigung öffentlich verfügbarer Informationen (Börsenwerte)

Die vorhergehende Bestimmung dominanter Strategien und der Höhe der baren Zuzahlung basiert vereinfachend auf allgemeinen Unternehmenswerten V_i. Diese Vereinfachung wird nun zugunsten der Berücksichtigung der jeweiligen ökonomischen Referenz, bestehend aus dem Ertrags- oder Börsenwert, aufgelöst.

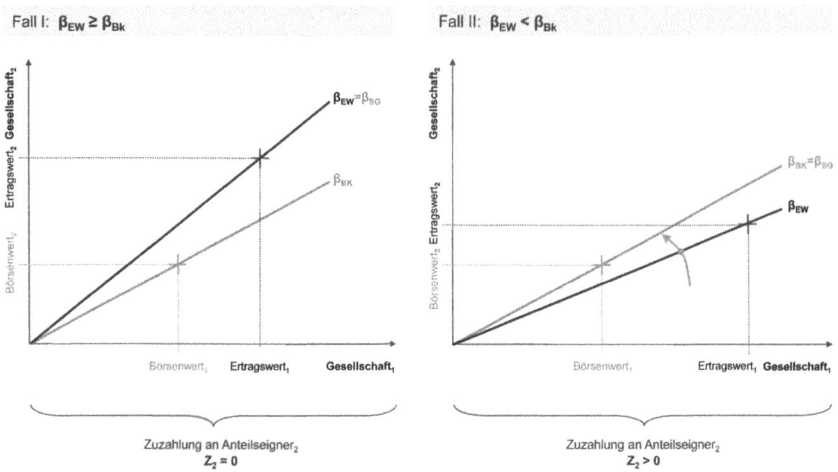

Abb. 37: Spruchverfahren entscheidet auf Basis öffentlich verfügbarer Informationen (Börsenwerte)

In Abb. 37 wird unterstellt, dass eine Verschmelzung zu Ertragswerten durchgeführt wird, sich die bare Zuzahlung Z_2 im Spruchverfahren jedoch allein auf Basis öffentlich verfügbarer Informationen bemisst.[425] Daher vergleicht das Spruchstellengericht das Verschmelzungsverhältnis mit dem Börsenwertverhältnis.

In dieser Situation kann der vom Management verhandelte ex ante Transaktionspreis β_{EW} mindestens so hoch wie das Börsenwertverhältnis β_{BK} sein (Fall I: $\beta_{EW} \geq \beta_{BK}$) oder kleiner als das Börsenwertverhältnis β_{BK} ausfallen (Fall II: $\beta_{BK} > \beta_{EW}$). Da das Börsenwertverhältnis annahmegemäß als der minimale Transaktionspreis der Anteilseigner$_2$ beurteilt wird, kann die Höhe der Zuzahlung bereits im Zeitpunkt des Verschmelzungsbeschlusses$_2$ antizipiert werden. Demzufolge werden ex ante Transaktionspreise über dem Börsenwertverhältnis im Spruchverfahren der Gesellschaft$_2$ nicht verändert, so dass ex ante und ex post Transaktionspreis identisch sind (Fall I). Für Transaktionspreise unter dem Börsenwertverhältnis ($\beta_{EW} < \beta_{BK}$) wird im Spruchverfahren eine bare Zuzahlung $Z_2 > 0$ festgelegt (Fall II).

Wenn das Spruchstellengericht seine Entscheidung allein auf Basis der öffentlich verfügbaren Informationen trifft und diese identisch zu den Anteilseig-

425 Damit orientiert sich die Entscheidung des Spruchstellengerichts an den Börsenkursen und entspricht in dieser Analyse nicht der für die Praxis zutreffenderen Annahme eines „Spiels gegen die Natur".

nern verarbeitet erhalten Anteilseigner$_2$ mindestens das Börsenwertverhältnis ($\beta_{SG} = \max(\beta_{BK}; \beta_{EW})$).

3.6.3 Berücksichtigung von Insiderinformationen (Ertragswerte)

Wird unterstellt, dass im Spruchverfahren sowohl öffentlich verfügbare als auch die Insiderinformation des Verschmelzungsberichts berücksichtigt werden und dass das Spruchstellengericht diese Informationen genauso verarbeitet wie das Management, dann wird die Höhe der baren Zuzahlung unabhängig von der Höhe des Ertragswertverhältnisses im Vergleich zum Börsenwertverhältnis auf Basis der Ertragswerte bestimmt. Da die Transaktion annahmegemäß zum Ertragswertverhältnis beschlossen wurde, wird dieser ex ante Transaktionspreis im Spruchverfahren immer ohne Zuzahlung bestätigt.

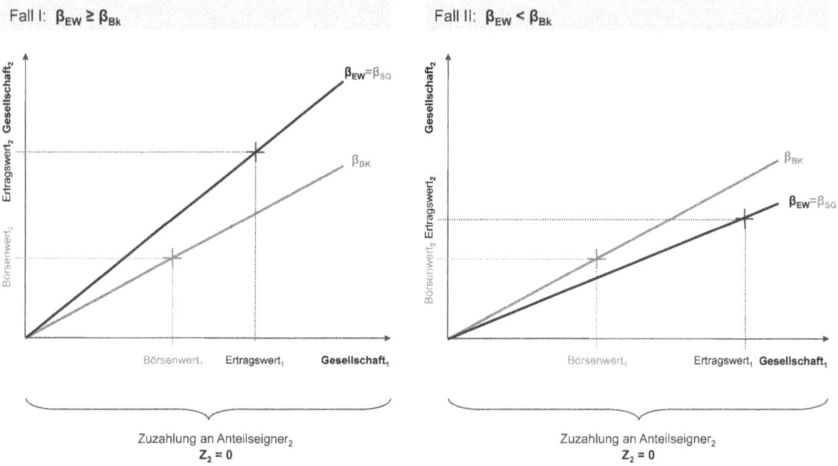

Abb. 38: Spruchstellengericht entscheidet auf Basis von Insiderinformationen (Ertragswerte)

In Abb. 38 stellt die Entscheidungssituation im Spruchverfahren einer Gesellschaft dar, wenn das Spruchstellengericht die Höhe der baren Zuzahlung einer zum Ertragswertverhältnis durchgeführten Verschmelzung auf Basis der Ertragswerte bestimmt.

In diesen Fällen entspricht der ex ante Transaktionspreis immer dem ex post Transaktionspreis, da das Management und das Spruchstellengericht über identische Informationen bei der Bewertung der Gesellschaften verfügen und diese identisch verarbeiten.

3.6.4 Berücksichtigung öffentlicher, aber auch einiger Insiderinformationen

Wird unterstellt, dass im Spruchverfahren die im Zeitpunkt des Verschmelzungsbeschlusses öffentlich verfügbare Informationen und die Insiderinformationen des Verschmelzungsberichts berücksichtigt, aber nicht identisch zu den Anteilseignern oder zum Management verarbeitet werden, kann die bare Zuzahlung nicht antizipiert werden. Diese Situation ist nicht unwahrscheinlich, da Spruchverfahren erst nach den Verschmelzungsbeschlüssen rechtskräftig entschieden werden. Zudem ist bislang nicht allgemeingültig geklärt, ob ein angemessenes Verschmelzungsverhältnis auf Basis der Ertragswerte oder der Börsenwerte zu bestimmen ist.[426]

In Situationen mit einem „vertragsautonom ausgehandelten und von der Aktionärsmehrheit gebilligten Verschmelzungsvertrag [ist] ... die gerichtliche Prüfung des Umtauschverhältnisses eingeschränkt."[427] Diese Entscheidung bezieht sich auf eine nicht-dominierte Transaktionssituation, bei denen kein Interessenkonflikt zwischen etwaigen Mehr- und Minderheitsanteilseignern jeder Seite erkennbar ist. Sie verdeutlicht, dass beschlossene Ertragswert- oder Börsenwertverhältnisse als angemessen akzeptiert werden können, das Spruchstellengericht davon unabhängig aber auch ein anderes Verschmelzungsverhältnis als angemessen beurteilen kann.

Daher bleibt völlig offen, welches Verschmelzungsverhältnis im Spruchverfahren immer ohne Zuzahlung bestätigt wird.[428] Das vom Spruchstellengericht ex post als angemessen beurteilte Verschmelzungsverhältnis ist damit unabhängig davon, ob das Management den ex ante Transaktionspreis auf Basis der Ertrags- oder Börsenwerte der Gesellschaften bestimmt hat.

Daher wird eine Fallunterscheidung für die Höhe der Unternehmenswerte beider Gesellschaften und deren Verhältnissen vorgenommen. Die Ertragswerte der Gesellschaft$_1$ und der Gesellschaft$_2$ können über oder unter dem jeweiligen Börsenwert liegen. Der erste diese Fälle $BK_i > EW_i$ ist in der folgenden Abbildung an der Abszisse und Ordinate jeweils dunkelgrau markiert, der zweite hellgrau. Werden die dazugehörigen Börsenwert- und Ertragswertverhältnisse ermittelt, so fällt auf, dass das Börsenwertverhältnis β_{BK} in einigen Fällen über dem

426 Siehe Kapitel 3.2.

427 Beschluss des OLG Stuttgart vom 8. März 2006 (Az: 20 W 5/05).

428 Und zu dem aus Sicht der Anteilseigner$_1$ minimalen ex post Transaktionspreis führt.

Ertragswertverhältnis β_{EW} liegt, obwohl beide Ertragswerte die Börsenwerte übersteigen.

Tab. 9: Anordnungen von Ertragswerten, Börsenwerten und deren Verhältnissen ohne Berücksichtigung eines Spruchverfahrens

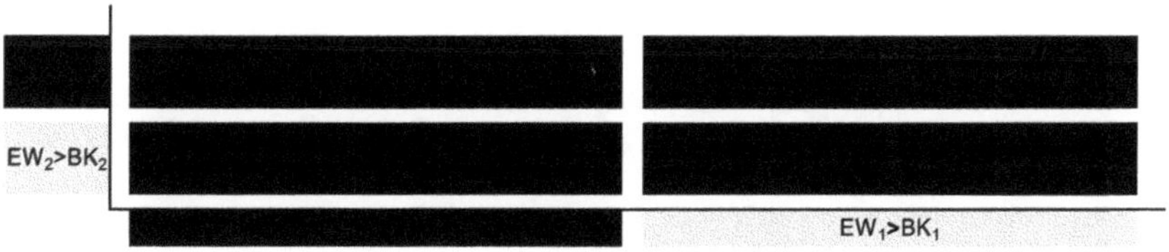

Erweitert man die in Tab. 9 dargestellte Fallunterscheidung um die vom Spruchstellengericht als angemessen beurteilten Unternehmenswerte SG_1 und SG_2 sowie das entsprechende Verschmelzungsverhältnis β_{SG}, dann kann die Informationsverarbeitung von Anteilseignern, Management und Spruchstellengericht integriert dargestellt werden.

Anstelle der vier Rechtecke in Tab. 9 treten in Tab. 10 insgesamt 102 Quadrate in zwei weiteren Grautönen. Diese stehen für die 102 möglichen Anordnungen von Ertragswerten, Börsenwerten und gerichtlich angemessenen Unternehmenswerten für zwei Gesellschaften in Verbindung mit den von diesen bestimmten Verhältnissen, die bei Methodengleichheit durch die drei Wert- bzw. Preiskategorien gebildet werden.

An Abszisse und Ordinate sind diejenigen Fälle in einem dunkleren Grauton markiert, in denen der Börsenwert der Gesellschaft den Ertragswert übersteigt ($BK_i > EW_i$). In der zweiten Spalte und in der vorletzten Spalte sind diese Fälle zudem danach unterschieden, ob die im Spruchverfahren jeweils festgelegten Unternehmenswerte über oder unter dem Ertragswert bzw. über oder unter dem Börsenwert liegen.

Innerhalb der Matrix werden die durch die jeweiligen Unternehmenswerte gebildeten Verschmelzungsverhältnisse miteinander verglichen. Die abgebildeten Quadrate repräsentieren die Anordnung von Ertragswertverhältnis β_{EW}, Börsenwertverhältnis β_{BK} und gerichtlich angemessenem Verhältnis β_{SG}. Dabei deuten Quadrate im helleren Grauton auf mit den Unternehmenswerten des Spruchstellengerichts gebildete Verschmelzungsverhältnisse β_{SG} hin, die das Ertragswertverhältnis übersteigen und somit zu einer Zuzahlung ($Z_2 > 0$) führen. Die dunkelgrauen Quadrate repräsentieren Fälle, in denen keine Zuzahlung ($Z_2 = 0$) bestimmt wird, da das gerichtlich als angemessen betrachtete Verschmelzungsverhältnis β_{SG} unter dem vom Management vorgeschlagenen und beschlossenen Ertragswertverhältnis β_{EW} liegt.

Tab. 10: Anordnungen von Ertragswerten, Börsenwerten und deren Verhältnissen unter Berücksichtigung des Spruchverfahrens einer Gesellschaft

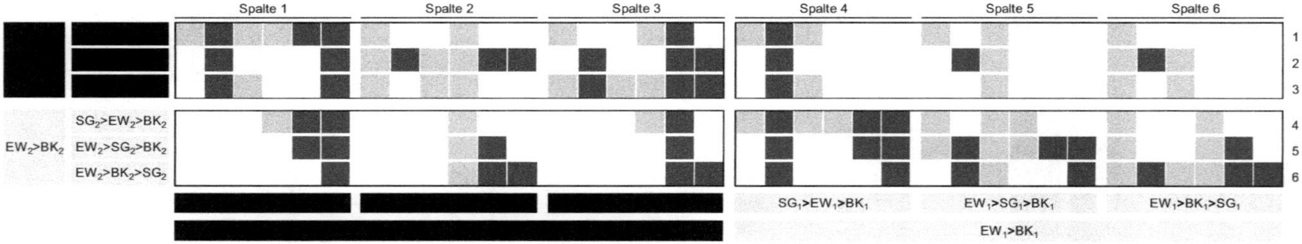

Farbcode für Spruchverfahren mit/ohne Zuzahlung

(1) $\beta_{SG}>\beta_{BK}>\beta_{EW}$ oder (3) $\beta_{BK}>\beta_{SG}>\beta_{EW}$ oder (4) $\beta_{SG}>\beta_{EW}>\beta_{BK}$, d.h. Spruchstellengericht entscheidet stärker als Management zugunsten der Anteilseigner_2

(2) $\beta_{BK}>\beta_{EW}>\beta_{SG}$ oder (5) $\beta_{EW}>\beta_{SG}>\beta_{BK}$ oder (6) $\beta_{EW}>\beta_{BK}>\beta_{SG}$, d.h. Spruchstellengericht entscheidet stärker als Management zugunsten der Anteilseigner_1

Auswertung der Fallunterscheidung

Spruchverfahren mit Zuzahlung

$\beta_{SG} > \beta_{EW}$
(1) oder (3) oder (4)

a) Aus $BK_1>EW_1$ und $BK_2>EW_2$ resultiert eine Zuzahlung in 17 Fällen
b) Aus $BK_1>EW_1$ und $EW_2>BK_2$ resultiert eine Zuzahlung in 5 Fällen
c) Aus $EW_1>BK_1$ und $BK_2>EW_2$ resultiert eine Zuzahlung in 12 Fällen
d) Aus $EW_1>BK_1$ und $EW_2>BK_2$ resultiert eine Zuzahlung in 17 Fällen

Spruchverfahren ohne Zuzahlung

$\beta_{EW} > \beta_{SG}$
(2) oder (5) oder (6)

a) Aus $BK_1>EW_1$ und $BK_2>EW_2$ folgt keine Zuzahlung in 17 Fällen
b) Aus $BK_1>EW_1$ und $EW_2>BK_2$ folgt keine Zuzahlung in 12 Fällen
c) Aus $EW_1>BK_1$ und $BK_2>EW_2$ folgt keine Zuzahlung in 5 Fällen
d) Aus $EW_1>BK_1$ und $EW_2>BK_2$ folgt keine Zuzahlung in 17 Fällen

Die Felder der 6 (Spalten) * 6 (Zeilen) Matrix enthalten eine unterschiedliche Anzahl Quadrate. In der ersten Spalte der ersten Zeile befinden sich bspw. sechs Quadrate. Diese Quadrate repräsentieren alle möglichen Anordnungen von β_{SG}, β_{BK} sowie β_{EW}, die sich aus der Anordnung der Ertragswerte bzw. Börsenwerte $SG_2>BK_2>EW_2$ (an der Ordinate im dunkleren Grau markiert) und $SG_1>BK_1>EW_1$ (an der Abszisse ebenfalls im dunkleren Grau markiert) ergeben. Die zweite Spalten der ersten Zeile enthält nur zwei Quadrate, da mit der Anordnung der Ertragswerte bzw. Börsenwerte $SG_2>BK_2>EW_2$ und $BK_1>EW_1>SG_1$ nur Verschmelzungsverhältnisse gebildet werden können, die in Form von $\beta_{SG}>\beta_{BK}>\beta_{EW}$ oder von $\beta_{SG}>\beta_{EW}>\beta_{BK}$ angeordnet sind.

Tab. 10 stellt alle 102 theoretisch möglichen Fälle aus der Anordnung der Unternehmenswerte (Ertragswert, Börsenwert, gerichtlich angemessener Wert) und die nach dem Grundsatz der Methodengleichheit bestimmte Verhältnisse als hellgraue oder dunkelgraue Quadrate dar. Die Auswertung orientiert sich an einer Verschmelzung, in der nur die Anteileseigner_2 den Transaktionspreis im Spruchverfahren überprüfen lassen.

Entsprechend dieser Farbgebung lässt sich die theoretisch möglichen Fälle der Entscheidungssituation wie folgt interpretieren:

a) $BK_1>EW_1$ und $BK_2>EW_2$

Übersteigen beide Börsenwerte die Ertragswerte des Managements (jeweils in einem dunkleren Grau markiert $BK_1>EW_1$ und $BK_2>EW_2$), so kommt es bei zufälliger Entscheidung des Spruchstellengerichts in genau 17 Fällen zu einer Zuzahlung an Anteilseigner_2, in weiteren 17 Fällen aber nicht. Die Fälle der Zuzahlung werden durch hellgraue Quadrate dargestellt, die mit Verfahrensende ohne Zuzahlung durch dunkelgraue.

b) $BK_1>EW_1$ und $EW_2>BK_2$

Übersteigt hingegen nur der Börsenwert_1 den Ertragswert_1 ($BK_1>EW_1$ und $EW_2>BK_2$), so kommt es bei zufälliger Entscheidung des Spruchstellengerichts in nur 5 Fällen zu einer Zuzahlung an Anteilseigner_2, in weiteren 12 Fällen erfolgt das Verfahrensende ohne Zuzahlung.

c) $EW_1>BK_1$ und $BK_2>EW_2$

In der entgegengesetzten Situation $EW_1>BK_1$ und $BK_2>EW_2$ drehen sich die Werte um. So kommt es in 12 Fällen zu einer Zuzahlung an Anteilseigner_2, in weiteren 5 Fällen erfolgt das Verfahrensende ohne Zuzahlung.

d) $EW_1 > BK_1$ *und* $EW_2 > BK_2$

Wenn beide Ertragswerte des Managements die Börsenwerte übersteigen, wiederholt sich das unter a) beschriebene Ergebnis. Hier resultiert eine Zuzahlung an $Anteilseigner_2$ in 17 Fällen, in weiteren 17 Fällen hingegen das Verfahrensende ohne Zuzahlung. Die Unterscheidung aller theoretisch möglichen Fälle entsprechend der relativen Lage der Wert- und Preiskategorien bzw. der daraus gebildeten Verhältnisse zeigt, dass auch bei Festlegung beider Ertragswerte über den Börsenwerten eine Zuzahlung mit gleicher Wahrscheinlichkeit beschlossen wird, wie das Verfahrensende ohne Zuzahlung (jeweils 17 Fälle).

Laut Fallunterscheidung bestehen gleich viele Anordnungen von Börsenwerten, Ertragswerten und gerichtlichen Werten, deren Verhältnisse zu einer Zuzahlung führen und solche, deren Verhältnisse zu keiner Zuzahlung führen (je 51 Fälle). Folglich besteht keine Planungssicherheit für den ex post Transaktionspreis, wenn die gerichtlich angemessenen Unternehmenswerte auf Basis der öffentlich verfügbaren und der Insiderinformationen bestimmt werden, das Gericht die Informationen jedoch abweichend von Anteilseignern und Management verarbeitet. Dieses Ergebnis vermag nicht zu verwundern, da unterstellt wurde, dass die Entscheidung im Spruchverfahren über die angemessenen Unternehmenswerte von den ökonomischen Referenzen der Anteilseigner und des Managements losgelöst ist.

3.7 Wahl des ex ante Transaktionspreises unter Berücksichtigung von Spruchverfahren

Das Management wählt einen ex ante Transaktionspreis unter Berücksichtigung der TNB der Anteilseigner. In Verschmelzungen ohne Synergien beruhen die TNB auf dem Börsenwertverhältnis der Gesellschaften. In Verschmelzungen mit Synergien besteht bei der Wahl des ex ante Transaktionspreises hingegen ein Verhandlungsspielraum, da die Anteilseigner in ihrer jeweiligen TNB das Börsenwertverhältnis und erwartete Synergien berücksichtigen. Übertragende Anteilseigner können eine Verbesserung des ex ante Transaktionspreises fordern, selbst wenn ein Verschmelzungsverhältnis innerhalb des Verhandlungsspielraums beschlossen wurde. Diese als Bewertungsrüge bezeichnete Forderung führt zur Überprüfung des Verschmelzungsverhältnisses im Spruchverfahren und ist die dominante Strategie der Anteilseigner beider Gesellschaften.

Im Spruchverfahren können die öffentlich verfügbaren und die Insiderinformationen abweichend vom Vorgehen der Anteilseigner oder des Managements verarbeitet werden. Daher besteht Unsicherheit über das gerichtlich angemessene Verschmelzungsverhältnis, das bei Abweichung vom ex ante Transaktionspreis durch bare Zuzahlung zugunsten der übertragenden Anteilseigner erwirkt wird. Die Entscheidung des Managements für einen ex ante Transaktionspreis sollte die Entscheidung des Spruchstellengerichts über den angemessenen ex post Transaktionspreis berücksichtigen.

Der folgende Abschnitt ist der Frage gewidmet, wie das Management den ex ante Transaktionspreis festlegen sollte, wenn es

- den für Anteilseigner_1 oder für Anteilseigner_2 vermögensmaximierenden ex post Transaktionspreis anstrebt[429] oder
- die Höhe der Zuzahlungen an Anteilseigner_1 und an Anteilseigner_2 minimieren

möchte. Dafür werden Verschmelzungen mit Möglichkeit zum Spruchverfahren einer übertragenden Gesellschaft und mit Möglichkeit zu einem gemeinsamen Spruchverfahren von zwei Gesellschaften auf dominante Strategien untersucht.

3.7.1 Spruchverfahren einer übertragenden Gesellschaft

3.7.1.1 Vermögensmaximierender ex post Transaktionspreis

Die Entscheidungssituation in Verschmelzungen mit Möglichkeit zum Spruchverfahren einer übertragenden Gesellschaft wird in Tab. 7 des vorherigen Kapitels beschrieben. Die Unsicherheit über das gerichtlich angemessene Verschmelzungsverhältnis wird mit den Wahrscheinlichkeiten p_1, p_2 und $(1\text{-}p_1\text{-}p_2)$ in den Auszahlungen berücksichtigt. Die Analyse der Auszahlungen zeigt, dass übertragende Anteilseigner_2 immer ihre dominante Strategie der Bewertungsrüge „spielen" werden. Daher wird die Untersuchung der Entscheidungssituation auf den Fall der Bewertungsrüge beschränkt und nur dessen Auszahlungen in Abhängigkeit von der Wahl von β_H und β_L verglichen. Die Suche auf eine dominante Strategie des Managements erfolgt zunächst unter der Annahme, dass der niedrigste ex post Transaktionspreis und damit die höchste Auszahlung zugunsten der Anteilseigner_1 angestrebt werden.

Der Vergleich von der Auszahlungen Π_1 und Π_2 zeigt, dass die Wahl von β_L[430] grundsätzlich zu einer höheren Auszahlung für Anteilseigner_1[431]

429 Vermögensmaximierend ist für Anteilseigner_1 der niedrigste beschlussfähige Transaktionspreis, für Anteilseigner_2 der höchste beschlussfähige Transaktionspreis.

430 Definitionsgemäß ist $\beta_H > \beta_L$ bzw. aufgrund des direkten Zusammenhangs zwischen α und β ebenfalls $\alpha_H > \alpha_L$.

431 Eine Beteiligung der Gesellschaft_1 an Gesellschaft_2 beeinflusst den Vergleich nicht. Bei Bestimmung der Auszahlungshöhe ist sie jedoch bei β_H und β_L als $(1\text{-}\alpha_i(1\text{-}\gamma))$ für $i \in$ L; H; SG zu berücksichtigen.

$$\beta_L: \quad \Pi_1=[(1-p_1-p_2)(1-\alpha_L) \quad +p_2(1-\alpha_{SG}) \quad +p_1(1-\alpha_{SG}) \ ]\, V_M - V_1$$

$$\beta_H: \quad \Pi_1=[(1-p_1-p_2)(1-\alpha_H) \quad +p_2(1-\alpha_H) \quad +p_1(1-\alpha_{SG}) \ ]\, V_M - V_1$$

und damit zu einer niedrigeren Auszahlung für $Anteilseigner_2$

$$\beta_L: \quad \Pi_2=[(1-p_1-p_2)\alpha_L \quad +p_2\alpha_{SG} \quad +p_1\alpha_{SG} \ ]\, V_M - V_2$$

$$\beta_H: \quad \Pi_2=[(1-p_1-p_2)\alpha_H \quad +p_2\alpha_H \quad +p_1\alpha_{SG} \ ]\, V_M - V_2$$

als die Wahl von β_H die führt. Aus der Wahl von β_L resultieren die gleichen Auszahlungen wie aus der Wahl von β_H in einem Ausnahmefall, in dem die Wahrscheinlichkeit von $(1-p_1-p_2)$ Null beträgt und im Spruchverfahren β_H als das angemessene Verschmelzungsverhältnis bestimmt wird. Auch unter Berücksichtigung dieser Ausnahme führt die Wahl von β_L nie zu einem niedrigeren ex post Transaktionspreis als die Wahl von β_L und begründet somit die dominante Strategie des Managements, wenn es die Interessen der $Anteilseigner_1$ vertritt. Zugleich besteht in der Wahl von β_H eine dominante Strategie, wenn das Management im Sinne der $Anteilseigner_2$ den höchsten ex post Transaktionspreis anstrebt.

Nachfolgend wird die Entscheidungssituation um bewertungsrelevante Insiderinformationen erweitert und der ex post Transaktionspreis mittels Fallunterscheidung untersucht. Weiterhin erhalten $Anteilseigner_1$ den höchsten Anteil an der verschmolzenen Gesellschaft, wenn sie das Management auf das für $Anteilseigner_2$ weniger vorteilhafte Verschmelzungsverhältnis β_L drängen. Bei Existenz bewertungsrelevanter Insiderinformationen weicht das Ertragswertverhältnis β_{EW} vom Börsenwertverhältnis β_{BK} ab. Die Wahl des für $Anteilseigner_2$ weniger vorteilhaften Verschmelzungsverhältnisses β_L erfolgt somit in Form des Börsenwertverhältnisses, wenn dieses nicht höher als das Ertragswertverhältnis ist.

Wenn das Börsenwertverhältnis über dem Ertragswertverhältnis liegt, muss bei der Wahl des für $Anteilseigner_2$ weniger vorteilhaften Verschmelzungsverhältnisses β_L bzw. β_{EW} berücksichtigt werden, dass $Anteilseigner_2$ nur Ertragswertverhältnissen zustimmen werden, die nicht unter ihrer TNB_2 liegen.
Die entsprechend der bewertungsrelevanten Insiderinformationen unterschiedenen Fälle werden in Tab. 11 zusammengefasst.

Tab. 11: Für Anteilseigner$_1$ vermögensmaximierender Transaktionspreis bei Spruchverfahren einer Gesellschaft

Insider-Informationen	**ex ante Transaktionspreis**	**ex post Transaktionspreis**
$\beta_{EW} \geq \beta_{BK}$	$\boldsymbol{\beta_{BK}}$	$(1-p_1-p_2)\boldsymbol{\beta_{BK}} + p_2\boldsymbol{\beta_{SG}} + p_1\boldsymbol{\beta_{SG}}$
$\beta_{BK} > \beta_{EW}$	$\boldsymbol{\beta_{EW}}$ wenn $\beta_{EW} \geq TNB_2$	$(1-p_1-p_2)\boldsymbol{\beta_{EW}} + p_2\boldsymbol{\beta_{SG}} + p_1\boldsymbol{\beta_{SG}}$

Der für Anteilseigner$_1$ vermögensmaximierende ex post Transaktionspreis folgt aus der Wahl des für Anteilseigner$_2$ weniger vorteilhaften ex ante Transaktionspreises β_L. In nicht-dominierten Transaktionen darf der ex ante Transaktionspreis nicht unter der TNB_2 liegen. In dominierten Transaktionen mit Interessenkonflikt kann der Mehrheitsanteilseigner der Gesellschaft$_2$ auch einem für die Minderheitsanteilseigner der Gesellschaft$_2$ weniger vorteilhaften Ertragswertverhältnis unter der TNB_2 zustimmen. In diesen Transaktionen bestimmt sich der ex post Transaktionspreis somit ohne Nebenbedingung aus der Summe des ex ante und des als angemessen beurteilten Transaktionspreises gewichtet mit ihrer jeweiligen Wahrscheinlichkeit im Spruchverfahren.

Definitionsgemäß erhalten Anteilseigner$_2$ den höchsten Anteil an der verschmolzenen Gesellschaft, wenn die Transaktion zu einem für sie sehr vorteilhaften Verschmelzungsverhältnis β_H beschlossen wird. Ist das Börsenwertverhältnis größer als das Ertragswertverhältnis können die Anteilseigner beider Gesellschaften dem für Anteilseigner$_2$ sehr vorteilhaften Börsenwertverhältnis zustimmen, unabhängig von der Höhe der erwarteten Synergien.

Ist das Ertragswertverhältnis nicht kleiner als das Börsenwertverhältnis, werden die Anteilseigner$_1$ dem Ertragswertverhältnis nur zu stimmen, wenn es unter ihrer TNB_1 liegt. In Tab. 12 werden diese Fälle entsprechend des Einflusses bewertungsrelevanter Insiderinformationen unterschieden.

Tab. 12: Für Anteilseigner$_2$ vermögensmaximierender Transaktionspreis bei Spruchverfahren einer Gesellschaft

Insider-Informationen	**ex ante Transaktionspreis**	**ex post Transaktionspreis**
$\beta_{BK} > \beta_{EW}$	$\boldsymbol{\beta_{BK}}$	$(1-p_1-p_2)\boldsymbol{\beta_{BK}} + p_2\boldsymbol{\beta_{BK}} + p_1\boldsymbol{\beta_{SG}}$
$\beta_{EW} \geq \beta_{BK}$	$\boldsymbol{\beta_{EW}}$ wenn $\beta_{EW} \leq TNB_1$	$(1-p_1-p_2)\boldsymbol{\beta_{EW}} + p_2\boldsymbol{\beta_{EW}} + p_1\boldsymbol{\beta_{SG}}$

Der für $Anteilseigner_2$ vermögensmaximierende ex post Transaktionspreis folgt aus der Wahl des für sie sehr vorteilhaften ex ante Transaktionspreises β_H. Er bestimmt sich bei Einhalten der TNB_1 aus der Summe des ex ante und des als angemessen beurteilten Transaktionspreises gewichtet mit ihrer jeweiligen Wahrscheinlichkeit im Spruchverfahren.

In Verschmelzungen mit Spruchverfahren einer übertragenden Gesellschaft kann die Höhe des ex post Transaktionspreises durch Wahl eines weniger oder eines sehr vorteilhaften ex ante Transaktionspreises beeinflusst werden. Ein Ertragswertverhältnis unter Börsenwertverhältnis ist ein für $Anteilseigner_2$ wenig vorteilhafter ex ante Transaktionspreis, der für die Mehrheit der $Anteilseigner_2$ nur bis zur TNB_2 bzw. in dominierten Transaktionen mit Interessenkonflikt unabhängig von der TNB_2 beschlussfähig ist. Analog dazu ist ein Ertragswertverhältnis über Börsenwertverhältnis ein für $Anteilseigner_2$ sehr vorteilhafter ex ante Transaktionspreis, dem $Anteilseigner_1$ jedoch maximal bis zur TNB_1 zustimmen werden.

3.7.1.2 Mittelabfluss durch bare Zuzahlung

Die Wahl des ex ante Transaktionspreises könnte vom Management daran entschieden werden, mit welchem ex ante Transaktionspreis die geringere Zuzahlung von der verschmolzenen Gesellschaft zu tragen ist. In Verschmelzungen mit Spruchverfahren einer übertragenden $Gesellschaft_2$ beschreiben p_1 und p_2 die Wahrscheinlichkeit einer Korrektur des ex ante Transaktionspreises in Form einer baren Zuzahlung zugunsten der $Anteilseigner_2$. Basieren auf den Wahrscheinlichkeiten p_1 und p_2 für β_{SG}[432] und

$$Z_2 = \frac{(\beta_{SG} - \beta)}{(1+\beta_{SG})} * (V_1 + V_2)$$

beschreiben die folgenden Terme wie stark der ex ante Transaktionspreis β_L oder β_H vom gerichtlich angemessenen Verschmelzungsverhältnis β_{SG} abweicht:

$$\beta_L: \quad Z_2 = [\, p_2(\boldsymbol{\beta_{SG} - \beta_L}) + p_1(\boldsymbol{\beta_{SG} - \beta_L})\,]\ (V_1+V_2)/(1+\beta_{SG})$$

$$\beta_H: \quad Z_2 = \qquad + p_1(\boldsymbol{\beta_{SG} - \beta_H})\ \ (V_1+V_2)/(1+\beta_{SG})$$

Da p_1 mit $\beta_{SG} > \beta_L > \beta_L$ und p_2 mit $\beta_H \geq \beta_{SG} > \beta_L$ definiert ist, muss das für $Anteilseigner_2$ weniger vorteilhafte Verschmelzungsverhältnis β_L im Spruchverfahren der übertragenden $Gesellschaft_2$ stärker korrigiert werden als ein sehr vorteilhaftes Verschmelzungsverhältnis β_H. Die bare Zuzahlung Z_2 und der mit

432 Siehe Kapitel 3.6.1, insb. Abbildung 34.

ihr verursachte Mittelabfluss von der verschmolzenen Gesellschaft sind somit bei Wahl eines für Anteilseigner_2 sehr vorteilhaften Verschmelzungsverhältnisses β_H kleiner als bei Wahl des weniger vorteilhaften Verschmelzungsverhältnisses β_L.

Dieses Ergebnis ist intuitiv, da der ex ante Transaktionspreis im Spruchverfahren einer übertragenden Gesellschaft nur zugunsten ihrer Anteilseigner korrigiert werden kann und ein bereits ex ante sehr vorteilhafter Transaktionspreis mit geringerer Wahrscheinlichkeit korrigiert wird.

Im Spruchverfahren einer übertragenden Gesellschaft_1 ist die bare Zuzahlung Z_1 hingegen bei Wahl eines für Anteilseigner_2 weniger vorteilhaften Verschmelzungsverhältnisses β_L kleiner als bei Wahl von β_H:

$$\beta_L: \quad Z_1 = \qquad\qquad +p_1(\boldsymbol{\beta_L} - \boldsymbol{\beta_{SG}})\ ]\ (V_1+V_2)/(1+\beta_{SG})$$

$$\beta_H: \quad Z_1 = [\ p_2(\boldsymbol{\beta_H} - \boldsymbol{\beta_{SG}})\ +p_1(\boldsymbol{\beta_H} - \boldsymbol{\beta_{SG}})\ ]\ (V_1+V_2)/(1+\beta_{SG})\,.$$

3.7.2 Gemeinsames Spruchverfahren von zwei Gesellschaften

3.7.2.1 Vermögensmaximierender ex post Transaktionspreis

Die Entscheidungssituation in Verschmelzungen mit einem gemeinsamen Spruchverfahren von zwei Gesellschaften wird in Tab. 8 des vorherigen Kapitels beschrieben. Die Unsicherheit über das gerichtlich angemessene Verschmelzungsverhältnis wird mit den Wahrscheinlichkeiten q_1, q_2, q_3, q_4 und $(1\text{-}q_1\text{-}q_2\text{-}q_3\text{-}q_4)$ in den Auszahlungen berücksichtigt. Die Analyse der Auszahlungen ergibt, dass Anteilseigner_1 und Anteilseigner_2 immer ihre dominante Strategie der Bewertungsrüge „spielen“ werden. Die Suche nach einer dominanten Strategie des Managements wird somit auf den Vergleich der Auszahlungen bei Wahl von β_H und β_L im Falle der Bewertungsrüge beschränkt. Sie erfolgt zunächst unter der Annahme, dass der niedrigste ex post Transaktionspreis und damit die höchste Auszahlung zugunsten der Anteilseigner_1 angestrebt werden.

Der Vergleich der Auszahlungen Π_1 und Π_2 zeigt, dass die Wahl von β_L für Anteilseigner_1 und für Anteilseigner_2 zur gleichen Auszahlung wie die Wahl von β_H führt.[433]

433 Eine Beteiligung der Gesellschaft_1 an Gesellschaft_2 beeinflusst den Vergleich nicht. Bei Bestimmung der Auszahlungshöhe ist sie jedoch bei β_H und β_L als $(1\text{-}\alpha_i(1\text{-}\gamma))$ für $i \in L; H; SG$ zu berücksichtigen.

β_L : Π_1=[$q_1(\mathbf{1-\alpha_{SG}})$ $+q_2(\mathbf{1-\alpha_{SG}})$ $+q_3(\mathbf{1-\alpha_{SG}})$ $+q_4(\mathbf{1-\alpha_L})$ $+(1-q_1-q_2-q_3-q_4)(\mathbf{1-\alpha_{SG}})$] V_M $-V_1$

β_H : Π_1=[$q_1(\mathbf{1-\alpha_{SG}})$ $+q_2(\mathbf{1-\alpha_H})$ $+q_3(\mathbf{1-\alpha_{SG}})$ $+q_4(\mathbf{1-\alpha_{SG}})$ $+(1-q_1-q_2-q_3-q_4)(\mathbf{1-\alpha_{SG}})$] V_M $-V_1$

Dieses Ergebnis resultiert aus den Definition der Wahrscheinlichkeit q_2 als $(\alpha_H = \alpha_{SG}) > \alpha_L$ und der Wahrscheinlichkeit q_4 als $\alpha_H > (\alpha_{SG} = \alpha_L)$. Daher sind auch die Auszahlungen der Anteilseigner$_2$ unabhängig von der Wahl des ex ante Transaktionspreises β_L bzw. β_H .

β_L : Π_2=[$q_1\boldsymbol{\alpha_{SG}}$ $+q_2\boldsymbol{\alpha_{SG}}$ $+q_3\alpha_{SG}$ $+q_4\boldsymbol{\alpha_L}$ $+(1-q_1-q_2-q_3-q_4)\boldsymbol{\alpha}_{SG}$] V_M $-V_2$

β_H : Π_2=[$q_1\boldsymbol{\alpha_{SG}}$ $+q_2\boldsymbol{\alpha_H}$ $+q_3\alpha_{SG}$ $+q_4\boldsymbol{\alpha_{SG}}$ $+(1-q_1-q_2-q_3-q_4)\boldsymbol{\alpha}_{SG}$] V_M $-V_2$

Da die Wahl von β_L oder β_H zu den gleichen Auszahlungen führt, ist der ex post Transaktionspreis unabhängig vom ex ante Transaktionspreis. Folglich besteht in der Entscheidungssituation einer Verschmelzung mit gemeinsamem Spruchverfahren von zwei Gesellschaften keine dominante Strategie. Dieses Ergebnis ist intuitiv, da Verschmelzungen mit einem gemeinsamen Spruchverfahren von zwei Gesellschaften alle Verschmelzungsverhältnisse durch Zuzahlung korrigiert werden, die eine andere Höhe als das gerichtlich angemessene Verschmelzungsverhältnis haben.

Die Wahrscheinlichkeit, mit der ein ex ante Transaktionspreis β_L oder β_H im Spruchverfahren als angemessen beurteilt wird, ist annahmegemäß nicht bekannt und unabhängig von seiner methodischen Bestimmung sowie vom Inhalt der Insiderinformationen (d. h. ob das Ertragswertverhältnis über oder unter dem Börsenwertverhältnis liegt).

In Tab. 13 werden die aus der Wahl eines für Anteilseigner$_2$ weniger vorteilhaften ex ante Transaktionspreises β_L resultierenden ex post Transaktionspreise bei unterschiedlichen Insiderinformationen dargestellt.

Tab. 13: Wahl des für Anteilseigner$_2$ jeweils weniger vorteilhaften ex ante Transaktionspreises im Fall eines gemeinsamen Spruchverfahrens von zwei Gesellschaften

Insider-Informationen	**ex ante Transaktionspreis**	**ex post Transaktionspreis**
$\beta_{EW} \geq \beta_{BK}$	$\boldsymbol{\beta_{BK}}$	$q_1\boldsymbol{\beta_{SG}} + q_2\boldsymbol{\beta_{SG}} + q_3\boldsymbol{\beta_{SG}} + q_4\boldsymbol{\beta_{BK}} + (1-q_1-q_2-q_3-q_4)\boldsymbol{\beta_{SG}}$
$\beta_{BK} > \beta_{EW}$	$\boldsymbol{\beta_{EW}}$ wenn $\beta_{EW} \geq TNB_2$	$q_1\boldsymbol{\beta_{SG}} + q_2\boldsymbol{\beta_{SG}} + q_3\boldsymbol{\beta_{SG}} + q_4\boldsymbol{\beta_{EW}} + (1-q_1-q_2-q_3-q_4)\boldsymbol{\beta_{SG}}$

Wenn Insiderinformationen zu einem Ertragswertverhältnis führen, das nicht unter dem Börsenwertverhältnis liegt ($\beta_{EW} \geq \beta_{BK}$), ist das Börsenwertverhältnis der für Anteilseigner$_2$ weniger vorteilhafte ex ante Transaktionspreis. Dieser wird im Spruchverfahren mit Wahrscheinlichkeit von $q_1+q_2+q_3$ zugunsten der Anteilseigner$_2$ und mit Wahrscheinlichkeit von $(1-q_1-q_2-q_3-q_4)$ zugunsten der Anteilseigner$_1$ korrigiert.

Führen die Insiderinformationen zu einem Ertragswertverhältnis, das unter dem Börsenwertverhältnis liegt ($\beta_{BK}>\beta_{EW}$), dann ist dieses als der für Anteilseigner$_2$ weniger vorteilhafte ex ante Transaktionspreis zu wählen. In nichtdominierten Transaktionen ohne Interessenkonflikt zwischen Mehrheits- und Minderheitsanteilseigner der Gesellschaft$_2$ sind Ertragswertverhältnisse nur dann als ex ante Transaktionspreis zustimmungsfähig, wenn sie nicht unter der TNB_2 liegen. Diese Einschränkung besteht nicht für eine Mehrheitsanteilseigner der Gesellschaft$_2$, der einen Interessenkonflikt und die Möglichkeit hat, das Ertragswertverhältnis unter der TNB_2 gegen die Minderheit der Anteilseigner$_2$ als ex ante Transaktionspreis zu beschließen.

Tab. 14: Wahl des für Anteilseigner$_2$ jeweils sehr vorteilhaften ex ante Transaktionspreises im Fall eines gemeinsamen Spruchverfahrens von zwei Gesellschaften

Insider-Informationen	**ex ante Transaktionspreis**	**ex post Transaktionspreis**
$\beta_{BK}>\beta_{EW}$	$\boldsymbol{\beta_{BK}}$	$q_1\boldsymbol{\beta_{SG}}+q_2\boldsymbol{\beta_{BK}}+q_3\boldsymbol{\beta_{SG}}+q_4\boldsymbol{\beta_{SG}}+(1-q_1-q_2-q_3-q_4)\boldsymbol{\beta_{SG}}$
$\beta_{EW}\geq\beta_{BK}$	$\boldsymbol{\beta_{EW}}$ wenn $\beta_{EW}\leq TNB_1$	$q_1\boldsymbol{\beta_{SG}}+q_2\boldsymbol{\beta_{EW}}+q_3\boldsymbol{\beta_{SG}}+q_4\boldsymbol{\beta_{SG}}+(1-q_1-q_2-q_3-q_4)\boldsymbol{\beta_{SG}}$

In Tab. 14 wird die Entscheidungssituation für den Fall dargestellt, dass immer der für Anteilseigner$_2$ sehr vorteilhafte ex ante Transaktionspreis gewählt wird. In der ersten Zeile wird ein über dem Ertragswertverhältnis liegendes Börsenwertverhältnis gewählt ($\beta_{BK}>\beta_{EW}$). Dieses führt zum gleichen ex post Transaktionspreis wie die Wahl des Ertragswertverhältnis, hält die TNB_2 jedoch immer ein.

Andererseits ist ein Ertragswertverhältnis, das nicht unter dem Börsenwertverhältnis liegt ($\beta_{EW}\geq\beta_{BK}$), nur zustimmungsfähig, wenn es nicht über der TNB_1 liegt. Da der ex post Transaktionspreis in einem gemeinsamem Spruchverfahren von zwei Gesellschaften unabhängig vom ex ante Transaktionspreis ist, kann anstelle des für Anteilseigner$_2$ weniger vorteilhaften Ertragswertverhältnisses auch das für Anteilseigner$_2$ sehr vorteilhafte Börsenwertverhältnis gewählt und die TNB_1 erfüllt werden. In der ersten Zeile der Tab. 13 ist der daraus resultierende ex post Transaktionspreis dargestellt.

Bei gleichen Insiderinformationen führen die Wahl eines niedrigen β_L und eines hohen ex ante Transaktionspreises β_H im gemeinsamen Spruchverfahren zum gleichen ex post Transaktionspreis. Der ex post Transaktionspreis ist bei bewertungsrelevanter Insiderinformation in jeweiligen Fall unabhängig von der Wahl des ex ante Transaktionspreises. Wenn die Anteilseigner den ex ante Transaktionspreis - wie in dieser Arbeit unterstellt - anhand der Börsenwerte beurteilen, dann sollte dieser als Börsenwertverhältnis gewählt werden, da es unabhängig von erwarteten Synergien immer beschlussfähig ist.

3.7.2.2 Kleinster Mittelabfluss durch bare Zuzahlung

In Verschmelzungen mit einem gemeinsamen Spruchverfahren von zwei Gesellschaften wird die Angemessenheit des Verschmelzungsverhältnisses aus Sicht der Anteilseigner beider Gesellschaften beurteilt. Unter gleichen Bedingungen ist der Mittelabfluss durch bare Zuzahlung somit wahrscheinlicher als im Spruchverfahren einer übertragenden Gesellschaft. Im Wissen um diese potentielle Belastung für die verschmolzene Gesellschaft könnte das Management einen ex ante Transaktionspreis suchen, der den Mittelabfluss durch bare Zuzahlung minimiert.

Annahmegemäß beschreiben q_1 und bei Wahl von β_L ebenfalls q_2 und q_3 die Wahrscheinlichkeiten einer Korrektur des ex ante Transaktionspreises mit einer baren Zuzahlung zugunsten der Anteilseigner_2 in Verschmelzungen mit einem gemeinsamen Spruchverfahren.[434] Mit der Wahrscheinlichkeit $(1\text{-}q_1\text{-}q_2\text{-}q_3\text{-}q_4)$ und bei Wahl von β_H zudem q_3 und q_4 wird der ex ante Transaktionspreises mit einer baren Zuzahlung zugunsten der Anteilseigner_1 korrigiert.

Tab. 15: Wahrscheinlichkeiten für bare Zuzahlung im gemeinsamen Spruchverfahren

	$\beta_{SG}>\beta_H>\beta_L$	$\beta_H=\beta_{SG}>\beta_L$	$\beta_H>\beta_{SG}>\beta_L$	$\beta_H>\beta_{SG}=\beta_L$	$\beta_H>\beta_L>\beta_{SG}$
β_L:	q_1	$+q_2$	$+q_3$	/	$+(1\text{-}q_1\text{-}q_2\text{-}q_3\text{-}q_4)$
β_H:	q_1	/	$+q_3$	$+q_4$	$+(1\text{-}q_1\text{-}q_2\text{-}q_3\text{-}q_4)$

Tab. 15 beschreibt die Wahrscheinlichkeiten für eine bare Zuzahlung in Abhängigkeit des gewählten ex ante Transaktionspreises β_L oder β_H. Allerdings lässt sich ohne Kenntnis der tatsächlichen Wahrscheinlichkeiten q_1, q_2, q_3 und q_4 keine Aussage darüber treffen, ob die Zuzahlung bei Wahl von β_L oder bei Wahl

434 Siehe Definition in Abb. 36.

von β_H die höhere Wahrscheinlichkeit aufweist.[435] Auch Annahmen für die Wahrscheinlichkeiten wie bspw. $q_1 = (1-q_1-q_2-q_3-q_4)$ und $q_2=q_4$ kann der ex ante Transaktionspreis der kleineren Zuzahlung nicht bestimmt werden. Dafür sind zusätzliche Informationen über die Verhältnisse β_{SG}/β_L und β_{SG}/β_H für jede Wahrscheinlichkeit notwendig.

Über die Höhe der baren Zuzahlung und den mit ihr verursachten Mittelabfluss kann für die Wahl eines für Anteilseigner$_2$ sehr vorteilhaften β_H oder weniger vorteilhaften Verschmelzungsverhältnisses β_L ohne zusätzliche Informationen keine vergleichende Aussage getroffen werden. Dieses Ergebnis ist intuitiv, da der ex ante Transaktionspreis im gemeinsamen Spruchverfahren von zwei übertragenden Gesellschaften unter Berücksichtigung der Anteilseigner beider Gesellschaften korrigiert wird.

Bei Bestehen einer Beteiligung der Gesellschaft$_1$ an Gesellschaft$_2$ sollte tendenziell das höhere Verschmelzungsverhältnis β_H gewählt werden, da eine höhere Bewertung der Gesellschaft$_2$[436] auch in Höhe der Beteiligung zu einer höheren Bewertung der Gesellschaft$_1$ führt. Daher ist ein Verschmelzungsverhältnis mit der höheren absoluten Zuzahlung zugunsten der Anteilseigner$_2$ zu korrigieren, als ein entgegen gesetztes Verschmelzungsverhältnis zugunsten der Anteilseigner$_1$ korrigiert werden müsste.

Wenn die bare Zuzahlung nur an einen Teil der Anteilseigner$_2$ ausgezahlt wird,[437] dann führt die Wahl des für Anteilseigner$_2$ weniger vorteilhaften Verschmelzungsverhältnisses β_L zu einem geringeren Mittelabfluss als die Wahl des sehr vorteilhaften Verschmelzungsverhältnisses β_H.

3.8 Zwischenfazit

Für Verschmelzungen börsennotierter Gesellschaften wird in der Literatur, Praxis und Rechtsprechung diskutiert, ob das Verschmelzungsverhältnis auf Basis der Ertragswerte oder auf Basis der Börsenwerte der Gesellschaften zu bestimmen ist. Abweichungen von Ertragswert- und Börsenwertverhältnissen können bei Annahme eines Kapitalmarkts mittelstarker Informationseffizienz mit der unterschiedlichen Verarbeitung bewertungsrelevanter Insiderinformationen erklärt werden.

---

435 Für die objektive Angabe von Eintrittswahrscheinlichkeiten für die q_i fehlt es für künftige Zahlungen an der Möglichkeit zur hinreichenden Wiederholung im Sinne des Zufallsexperiments.

436 Absolut oder relativ im Vergleich zur Gesellschaft$_1$.

437 Dieser Fall eines begrenzten Empfängerkreises wird in Kapitel 3.6.1 mit $\varphi>0$ beschrieben.

Entscheiden Anteilseigner über einen Verschmelzungsbeschlussvorschlag allein auf Basis der Börsenwerte, so sind Verschmelzungsverhältnisse außerhalb des Börsenwertverhältnisses nicht beschlussfähig. Bei Berücksichtigung erwarteter Synergien entsteht jedoch ein Verhandlungsspielraum um das Börsenwertverhältnis, der durch die TNB begrenzt ist. Ausgehend von den Börsenwerten beschreibt die TNB_1 bzw. TNB_2 eine Verteilung erwarteter Synergien, bei der sich die Vermögensposition der $Anteilseigner_1$ bzw. der $Anteilseigner_2$ im Vergleich zur Ausgangssituation gerade nicht verschlechtert. Somit sind Verschmelzungsverhältnisse in Höhe und unter der TNB_1 für $Anteilseigner_1$ bzw. in Höhe und über der TNB_2 für $Anteilseigner_2$ beschlussfähig. Eine TNB kann in dominierten Situationen jedoch von einem Mehrheitsanteilseigner mit Interessenkonflikt außer Kraft gesetzt werden, was zur Verschlechterung der Vermögensposition der Minderheitsanteilseigner führen kann.

Anteilseigner übertragender Gesellschaften verfolgen eine dominante Strategie, wenn sie den Transaktionspreis mittels Bewertungsrüge im Spruchverfahren überprüfen lassen. Folglich kann die Bewertungsrüge bereits bei der Bestimmung des Verschmelzungsverhältnisses antizipiert werden. Unverändert zur Situation ohne Spruchverfahren repräsentiert die Wahl des niedrigen Verschmelzungsverhältnisses eine dominante Strategie des Managements der $Anteilseigner_1$, wenn der Transaktionspreis im Spruchverfahren nur aus Sicht der $Anteilseigner_2$ überprüft wird. Wird der Transaktionspreis hingegen nur aus Sicht der $Anteilseigner_1$ überprüft, so liegt die dominante Strategie des Managements der $Anteilseigner_2$ in der Wahl des hohen Verschmelzungsverhältnisses. In beiden Situationen kann die potentielle bare Zuzahlung minimiert werden, indem das Verschmelzungsverhältnis jeweils mit der dominierten Strategie gewählt wird. Wenn das Verschmelzungsverhältnis im Spruchverfahren zugleich aus Sicht der $Anteilseigner_1$ und der $Anteilseigner_2$ überprüft wird, entfallen diese Strategien.

In der Bestimmung der baren Zuzahlung ist der Verwässerungseffekt zu berücksichtigen, der aus ihrer Auszahlung resultiert. Dieser verringert sich, wenn nicht alle Anteilseigner die bare Zuzahlung erhalten. Eine Beteiligung von $Gesellschaft_1$ an $Gesellschaft_2$ bleibt im Spruchverfahren der $Gesellschaft_2$ ohne Einfluss auf die Bestimmung der baren Zuzahlung.

Der im Spruchverfahren als angemessen bestimmte ex post Transaktionspreis beruht annahmegemäß auf öffentlichen und auf Insiderinformationen, die vom Gericht scheinbar unterschiedlich als von Anteilseignern oder vom Management verarbeitet werden. Diese Vermutung beruht auf der Beobachtung, dass die im Spruchverfahren als angemessen erachteten Werte nicht zwingend mit den Ertragswerten oder den Börsenwerten übereinstimmen. Mit den theoretisch möglichen Anordnungen von Ertragswerten, Börsenwerten und gerichtlich angemessenen Werten der $Gesellschaft_1$ und der $Gesellschaft_2$ sowie deren Verhältnissen lassen sich 102 Fälle unterscheiden. Die relative Höhe der Ertrags- und Börsenwerte der Gesellschaften gibt unter den getroffenen Annahmen jedoch keinen Aufschluss darüber, ob der gerichtlich angemessene Transaktionspreis über oder unter dem zuvor beschlossenen liegt. Allein mit der Wahl des ex ante Transaktionspreises als Ertragswertverhältnis oder als Börsenwertverhältnis lässt sich die Höhe der Zuzahlung somit nicht beeinflussen.

Die bestehende Unsicherheit über die Höhe der Zuzahlung sollte sich in Verschmelzungen ohne Interessenkonflikt jedoch mit einer klaren Definition von Angemessenheit verringern lassen. Nach Ansicht des Autors ist ein Verschmelzungsverhältnis angemessen, wenn es methodisch konsistent auf Basis des jeweiligen Ertragswerts bestimmt wird und die Vermögensposition der Anteilseigner bei Verteilung erwarteter Synergien wahrt.

Die Vermögensposition dominierter Minderheitsanteilseigner kann mit einem Kaufangebot in Höhe des durchschnittlichen Börsenkurses auch unabhängig von der Höhe erwarteter Synergien gewährleistet werden. In dieser Kombination von Kaufangebot und anschließender Verschmelzung haben Minderheitsanteilseigner die Wahl: Orientieren sie sich an Börsenkursen, so haben sie damit die Möglichkeit zur Desinvestition. Orientieren sie sich an Ertragswerten, so wird dieser in der verschmolzenen Gesellschaft einschließlich erwarteter Synergien fortgeführt.

Die Höhe und Verteilung erwarteter Synergien sowie der Vergleich von Transaktionspreisen mit den Börsenwertverhältnissen und mit den TNB stehen im Zentrum der folgenden empirischen Untersuchung. Dafür werden Ertrags- und Börsenwertverhältnisse von Verschmelzungen nach UmwG unter Berücksichtigung des Spruchverfahrens und Synergien analysiert.

4 Empirische Untersuchung

4.1 Forschungsstand zu Verschmelzungen börsennotierter Gesellschaften in Deutschland

Vermögenseffekte von Übernahmen[438] wurden für den deutschen Kapitalmarkt mehrfach empirisch untersucht.[439] Dagegen bestehen für Verschmelzungen deutscher börsennotierter Gesellschaften nur wenige empirische Analysen. Aufgrund der rechtlichen und prozessualen Unterschiede zwischen diesen beiden Formen des Zusammenschlusses müssen die Ergebnisse von Studien zu Übernahmen nicht zugleich auf Verschmelzungen zutreffen.

4.1.1 Verschmelzungsverhältnisse

Durch Verschmelzungsverhältnisse verursachte Umverteilungseffekte werden in der Arbeit von AHLERS für deutsche, börsennotierte Gesellschaften untersucht.[440] In dieser Arbeit wird der Frage nachgegangen, ob das Umtauschverhältnis des Verschmelzungsvertrags im Durchschnitt dem Wertverhältnis der Unternehmen entspricht. Zur Beantwortung werden Kursreaktionen (Ankündigungseffekt) der übertragenden und aufnehmenden Gesellschaft zu verschiedenen Zeitpunkten betrachtet. In Verschmelzungen durch Aufnahmen werden in 67 Kursreihen im Zeitraum von 20 Tagen vor bis nach der Ankündigung der Verschmelzung durchschnittliche kumulierte abnormale Renditen in Höhe von 2,7% für übertragende Gesellschaften und von 3,5% für aufnehmende Gesellschaften ermittelt, die sich beide jedoch nicht signifikant von Null unterschei-

438 Siehe BRUDNEY, V./CHIRELSTEIN, M. A. (1974), S. 297, MAQUIEIRA, C.P./ MEGGINSON, W.L. / NAIL, L. (1998), S. 3, LANGETIEG, T. C. (1978), S. 365, ASQUITH, P. (1983), S. 51, ASQUITH,P./ BRUNER, R. F./ MULLINS, D. W. (1983), S. 121, BRADLEY, M./ DESAI, A./ KIM, E. H. (1983), S. 183, BRADLEY, M./ DESAI, A./ KIM, E. H. (1988), S. 3, FAMA, E. F. (1991), S. 1575, MOELLER, S. B./ SCHLINGEMANN, F. P./ STULZ, R. M. (2004), S. 201, MOELLER, S. B./ SCHLINGEMANN, F. P./ STULZ, R. M. (2005), S. 757, CREMERS, M. K. J./ NAIR, V. B./ JOHN, K. (2007), S. 1.

439 Siehe BÜHNER, R. (1990), S. 295, BÖHMER, E./ LÖFFLER, Y. (1999), S. 299, GRANDJEAN, B. (1992), S. 1ff, GERKE, W./ GARZ, H./ OERKE, M. (1995), S. 805.

440 AHLERS, M. (2003), S. 187ff.

den.[441] Daher resümiert AHLERS, dass sich im Durchschnitt kein signifikanter Ankündigungseffekt für deutsche Verschmelzungen feststellen lässt.[442]

Im Gegensatz dazu wurde in Verschmelzungen durch Neugründung eine durchschnittliche kumulierte abnormale Rendite von -3,9% im Zeitraum von 20 Tagen vor bis nach der Ankündigung der Verschmelzung ermittelt, im Zeitraum von 1 bis 20 Tagen nach der Ankündigung der Verschmelzung von -6,3%.[443]

Weiterhin werden Aktienkursverhältnisse mit dem Umtauschverhältnis des Verschmelzungsvertrags verglichen, um Aussagen über potentielle Vermögensverschiebungen zu treffen. Auf Basis dieser Untersuchung konstatiert AHLERS: der „Vermögensverlust [...zulasten der übertragenden Anteilseigner...] beträgt in fast einem Fünftel der Verschmelzungen über 20%."[444]

Als Ergebnis stellt er fest, dass „das deutsche Verschmelzungsrecht bzw. seine Umsetzung den Minderheitsaktionären der übertragenden Gesellschaften keinen hinreichenden Schutz vor Verletzung ihrer im Grundgesetz verankerten Grundrechte zu bieten scheint."[445] Zur Lösung dieses Problems schlägt er „bei hinreichend liquiden Aktien der übernehmenden Gesellschaft [vor . . .], der Bestimmung einer mindestens zu gewährenden Umtauschrelation aus der Basis der Marktverhältnisse den Vorzug zu geben."[446] Zugleich warnt er „vor einer unbesehenen alleinigen Heranziehung von Börsenkursen zur Bestimmung der Verschmelzungswertrelation", da dann Anreize bestehen, „diese im Vorfeld der Ankündigung zu beeinflussen".[447]

Das von AHLERS gewählte Untersuchungsdesign zielt auf Aussagen zur Vermögensverschiebung auf das Börsenwertverhältnis ab, das sich auf Basis der Börsenkurse zwei Tage vor der Ankündigung der Verschmelzung ergibt.[448] Die Börsenkurse werden jedoch nicht entsprechend der Kriterien des § 5 (1) und § 5 (4) WpÜG Angebots-VO darauf geprüft, ob sie als aussagekräftig gelten.

---

441 Signifikanzniveau von 95%, siehe AHLERS, M. (2003), S. 131, S. 152.

442 Siehe AHLERS, M. (2003), S. 150.

443 Nur die durchschnittliche kumulierte abnormale Rendite im Zeitraum von 1 bis 20 Tagen nach der Ankündigung der Verschmelzung übersteigt Null signifikant. AHLERS, M. (2003), S. 142.

444 AHLERS, M. (2003), S. 173.

445 AHLERS, M. (2003), S. 201.

446 AHLERS, M. (2003), S. 218.

447 AHLERS, M. (2003), S. 218.

448 Zudem werden weitere Börsenwertverhältnisse aus dem Tageskursen t-2 Monate, t-6 Monate, t-1 Jahr und t-2 Jahre sowie für den Durchschnitt der t-21 bis t-2 gebildet.

4.1.2 Spruchverfahren zu Verschmelzungen

Wie im theoretischen Teil dieser Arbeit erläutert, können Vermögenseffekte von Verschmelzungen erst unter Berücksichtigung von Spruchverfahren vollständig analysiert werden. Obwohl die Dauer des Spruchverfahrens und die darin festgelegte Zuzahlungshöhe[449] empirisch für Eingliederungen, Squeeze-outs und Beherrschungs- und Gewinnabführungsverträge analysiert wurden,[450] fehlt eine repräsentative Untersuchung für Verschmelzungen. Doch gerade in Verschmelzungen hat das Spruchverfahren eine große Bedeutung, da die festgelegte bare Zuzahlung einen besonders hohen Anteil übertragender Anteilseigner betrifft und nicht wie in Squeeze-outs maximal fünf Prozent. Zudem lässt sich die Zuzahlung direkt als Veränderung eines zuvor „vereinbarten" Transaktionspreises interpretieren.

MUNKERT berücksichtigt neun Verschmelzungen in einer Untersuchung des im Spruchverfahren unterstellten Kapitalisierungszinssatzes. Aussagen zur durchschnittlichen Höhe der baren Zuzahlung unterscheiden zwischen Abfindung in Aktien, Barabfindung und Ausgleichszahlung und beziehen sich nicht allein auf Verschmelzungen. In durch gerichtlichen Beschluss beendeten Spruchverfahren wird eine durchschnittliche Erhöhung der Abfindung in Aktien von 14,8% ermittelt, in den durch gerichtlichen Vergleich beendeten Spruchverfahren von 19,1%.[451] Außerhalb des Fokus jener Arbeit liegen die Fragen, wie viele Verschmelzungen ohne Spruchverfahren abgeschlossen werden konnten, wie Zuzahlungen im Vergleich zum Börsenwertverhältnis zu beurteilen sind und ob sie ggf. zu einer Vermögensverschiebung zu Lasten aufnehmender Anteilseigner führen.

---

449 „Das Hauptproblem der bestehenden empirischen Analysen besteht liegt somit in dem fehlenden Detaillierungsgrad, da die Analyse häufig auf Bekanntmachungen im Bundesanzeiger basiert. Es wird . . . daher nur analysiert . . ., wie stark die im Spruchverfahren festgesetzte Entschädigung von . . . der angebotenen Entschädigung bzw. vom Börsenkurs abweicht." MUNKERT, M. J. (2005), S. 95.

450 Siehe DÖRFLER, W./ GAHLER, W./ UNTERSTRAßER, S./ WIRICHS, R. (1994), S. 156, WENGER, E./ HECKER, R. (1995), S. 51, WENGER, E./ HECKER, R./ KNOESEL, J. (1997), S. 93, HECKER, R. (2000), S. 1ff., HECKER, R./ KASERER, C. (2003), S. 137, WILTS, R./ SCHALDT, K./ NOTTMEIER, A. (2002), S. 621, HELMIS, S. (2003), S. 161, WILTS, R./ SCHALDT, K./ NOTTMEIER, A./ KLASEN, B. (2004), S. 508, RATHAUSKY, U. (2004), S. 107.

451 MUNKERT, M. J. (2005), S. 105f.

4.1.3 In Verschmelzungen erwartete Synergien

„Als wirtschaftliches Motiv für Verschmelzungen wird die Entstehung von Synergieeffekten... angenommen.“[452] Synergieeffekte, Synergien[453] oder Verbundeffekte[454] werden i.d.R. synonym verwendet. Sie beschreiben die Idee, dass „durch die Verbindung von mindestens zwei selbständig arbeitenden Elementen oder Einheiten eine überadditive Wirkung“[455], der sog. 2+2 = 5 Effekt, entstehen kann.

Bei der Quantifizierung von Synergien ist zwischen den mit einer Verschmelzung erwarteten Synergiepotenzialen und den tatsächlich realisierten Synergieeffekten zu unterscheiden.[456] Trotz Schwierigkeiten bei der Vorabschätzung der zu erwartenden Synergien[457] können diese bei der Bestimmung eines angemessenen Verschmelzungsverhältnisses berücksichtigt werden.

Empirisch wird die Höhe der mit einem Zusammenschluss erwarteten Synergien häufig als Reaktion des Kapitalmarkts auf die Ankündigung von Zusammenschlüssen bestimmt.[458] Abnormale Renditen im zeitlichen Umfeld der Transaktionsankündigung können neben Synergien jedoch auch durch andere Aspekte hervorgerufen werden.[459] Letztlich muss die Erzielung von Synergieeffekten nicht das alleinige Motiv für die Durchführung eines Zusammenschlusses von Unternehmen sein.[460] Werden Kursreaktionen dennoch als die mit dem Zusammenschluss erwarteten Synergien interpretiert, sind die abnormalen Rendi-

---

452 Siehe DIRRIGL, H. (1989b), S. 455.

453 Siehe ANSOFF, H. I. (1988), S. 55.

454 Das Verbundberücksichtigungsprinzip ist Teil der Grundsätze ordnungsgemäßer Unternehmensbewertung. Siehe MOXTER, A. (1991), S. 91, BÖCKING, H.-J. (1994), S. 1410.

455 PAPROTTKA, S. (1996), S. 43.

456 Siehe EBERT, M. (1998), S. 45, KÖPPEN, J. (2004), S. 37, LUGERT, F. (2005), S. 82, LECHNER, H. (2007), S. 4.

457 Diese beruhen oft darauf, „dass die potentiellen Umsetzungs- und Realisierungsmöglichkeiten zu diesem frühen Zeitpunkt anhand qualitativ-heuristischer Methoden bisher nicht schlüssig beurteilt werden können“. EBERT, M. (1998), S. 32.

458 Siehe BÜHNER, R./ SPINDLER, H.-J. (1986), S. 601, BUSSE VON COLBE, W. (1994), S. 604.

459 „An important component of the market's reaction to the announcement is a reassessment of the stand-alone value of the acquirer." MOELLER, S. B./ SCHLINGEMANN, F. P./ STULZ, R. M. (2005), S. 782.

460 Neben Synergien werden dabei ebenfalls Informationsvorsprung, Streben nach Marktmacht, ineffizientes Management, Finanzvorteile, Managementinteressen, Selbstüberschätzung des Managements und freie liquide Mittel untersucht. Siehe ROLL, R. (1986), S. 197ff.

ten der übernommenen und der übernehmenden Gesellschaft gemeinsam zu analysieren.

In Verschmelzungen oder Übernahmen durch Aktientausch wird in Studien zum amerikanischen Kapitalmarkt eine positive Kursreaktion von ca. 20% für die übernommene Gesellschaft und z.T. negative Renditen für die übernehmende Gesellschaft nachgewiesen.[461] Die kombinierte abnormale Rendite beträgt 8% und deutet auf die Höhe des mit der Transaktion erwarteten Synergiepotentials hin.

In einer Studie von Zusammenschlüssen am deutschen Kapitalmarkt findet BÜHNNER eine kumulierte abnormale Rendite von 27% für die übernommene Gesellschaft und von -9% für die übernehmende Gesellschaft.[462] Die „Hypothese, dass mit Zusammenschlüssen marktwertsteigernde Effekte realisiert werden können", wird bei gemeinsamer Betrachtung jedoch als widerlegt angesehen und der Zusammenschluss eher dem Managementinteresse als erwarteten Synergien zugeschrieben.[463]

Trotz manchem Zweifel an der Motivation von Zusammenschlüssen[464] ist grundsätzlich die Schaffung eines Mehrwerts im Sinne von Synergien zu unterstellen.[465] Aufgrund der Zweifel darüber, ob von abnormalen Renditen der am Zusammenschluss beteiligten Unternehmen tatsächlich auf die Höhe von der Transaktion erwarteten Synergien geschlossen werden kann, werden erwartete Synergien in dieser Arbeit nicht vom Kapitalmarkt abgeleitet. Zudem soll nicht allgemein auf die in einem Zusammenschluss erwarteten Synergien, sondern die in einer Verschmelzung erwarteten berücksichtigt werden.

---

461 JENSEN, M. C./ RUBACK, R. S. (1983), S. 50, BRADLEY, M./ DESAI, A./ KIM, E. H. (1988), S. 40.

462 Für den Zeitraum von 24 Monaten vor bis 24 Monate nach der Anzeige des Zusammenschlusses jeweils mit Signifikanzniveau von 99% (einseitig). Siehe BÜHNER, R. (1990), S. 301.

463 Siehe BÜHNER, R. (1990), S. 314.

464 TRAUTWEIN unterscheidet die Motivation von Zusammenschlüssen nach der Efficiency theory (Synergierealisation), Monopoly theory, Raider theory, Valuation theory, Empire building theory, Process theory und Disturbance theory. Siehe TRAUTWEIN, F. (1990), S. 284f.

465 „Eine Unternehmung oder Beteiligung wird erworben, wenn beide Seiten sich davon einen Vorteil versprechen." EISENFÜHR, F. (1971), S. 467.

4.2 Forschungsziel und Untersuchungsdesign

4.2.1 Forschungsziel

Im theoretischen Teil dieser Arbeit wurden die unterschiedlichen Informationsstände von Management und Anteilseignern beschrieben und ein Erklärungsversuch unternommen, wann Verschmelzungen trotz bewertungsrelevanter Informationsunterschiede vorgeschlagen und beschlossen werden können.

Das Ziel der folgenden empirischen Analyse besteht darin, den im vorangegangenen Kapitel entwickelten Ansatz des Vorschlags- und Einigungsbereichs auf empirische Belastbarkeit zu testen. Dafür wird der ex ante Informationsstand[466] beschrieben und eine Erklärung für die Zustimmung zu Verschmelzungsverhältnissen gesucht, die vom Börsenwertverhältnis abweichen.

Darauf aufbauend werden die Ergebnisse aktienrechtlicher Spruchverfahren dargestellt und vor dem Hintergrund der zuvor mehrheitlich getroffenen Verschmelzungsbeschlüsse gewürdigt. Der Fokus liegt auf der Frage, ob Zustimmungserfordernisse vor Vermögensverschiebungen in Verschmelzungen schützen und ob sich das Einhalten der Teilnahmebedingungen durch das Spruchverfahren verbessert bzw. verschlechtert.

Auf der Grundlage bestehender Datensätze können Verschmelzungen empirisch weder hinsichtlich des Einflusses von Synergien noch der Ergebnisse von Spruchverfahren integrativ analysiert werden. Daher wird für diese Untersuchung eine neue Datenbasis geschaffen, die den ex ante Informationsstand von Anteilseignern und Management in Verschmelzungen umfangreicher beschreibt und mit den Entscheidungen der Spruchverfahren sowie erwarteter Synergien kombiniert. Dafür werden Börsenkurse, Informationen der Verschmelzungsberichte sowie durch Spruchverfahren bestimmte Zuzahlungen in einer Datenbasis zusammengetragen. Die integrative Analyse der Informationsstände von Management und Anteilseignern sowie der Informationsverarbeitung des Spruchstellengerichts in Bezug auf das Umtauschverhältnis ermöglicht es, die Vermögenseffekte von Verschmelzungen hinsichtlich der in der Entscheidungssituation verfügbaren Informationen zu untersuchen.

Während AHLERS als Ankündigungszeitpunkt die Bekanntgabe der Verschmelzungsabsicht verwendet, wird in der vorliegenden Arbeit die Ankündigung eines Zusammenschlusses der verschmelzenden Gesellschaften als Bezugszeitpunkt gewählt. Folglich werden Börsenkurse der übertragenden Gesell-

---

466 Bestehend aus Ertragswertverhältnis β_{EW}, Börsenwertverhältnis β_{BK} und erwarteten Synergien V_{SYN}.

schaft berücksichtigt, die nicht bereits durch die Verschmelzungsabsicht oder einem der Verschmelzung vorausgegangen Übernahmeangebot beeinflusst werden.[467]

Weiterhin werden nur die Börsenkurse bis zur Ankündigung des Zusammenschlusses in der Berechung des Börsenwertverhältnisses berücksichtigt, die entsprechend der Kriterien des § 5 WpÜG Angebots-VO als aussagekräftig gelten. Die Verwendung des volumengewichteten 3-Monatszeitraums gewährleistet Vergleichbarkeit zum WpÜG, nivelliert einen Teil zufallsbedingter Einflüsse auf die Börsenkurse, ohne jedoch einen gänzlich überholten Informationsstand zu verwenden.

In der vorliegenden Arbeit wird argumentiert, dass die Beurteilung der Vorteilhaftigkeit neben der ökonomischen Referenz der Anteilseigner (Börsenwertverhältnis) auch die mit dem Zusammenschluss erwarteten Synergien berücksichtigen sollte.[468] Bisherige Arbeiten leiten Aussagen über Synergieerwartungen[469] von beobachteten Kursreaktionen ab. Diese Vorgehensweise vermischt jedoch erwartete Synergien mit deren Verteilung und kann auch durch andere Faktoren beeinflusst sein.[470] Daher werden isolierte Aussagen über erwartete Synergien hier auf Basis der Verschmelzungsberichte neu erhoben.

Zudem werden Umtauschverhältnisse von Verschmelzungen durch Neugründung gemeinsam mit denen von Verschmelzungen durch Aufnahme untersucht, indem die gemäß Ertragswert jeweils kleinere Verschmelzungspartei als Gesellschaft$_2$ definiert wird.

4.2.2 Datenbasis

Die neu erstellte Datenbasis umfasst jede Verschmelzung von deutschen börsennotierten Gesellschaften, die im Zeitraum vom 1. Januar 1990 bis zum 30. Juni 2007 angekündigt wurde. Einschlusskriterium sind zusätzlich die Existenz eines aussagekräftigen Börsenwertverhältnisses für die drei Monate vor dem

---

467 Als Ankündigung des Zusammenschlusses wird das frühere Datum aus Bekanntgabe des Übernahmeangebots und der Verschmelzungsabsicht bezeichnet.

468 Entgegen h.M. ist der quotale Verschmelzungswert unter Berücksichtigung der auf jeden Verschmelzungspartner entfallenden Synergiepotentiale zu bestimmen. Siehe MÜLLER, S. (2005), S.204.

469 Siehe BÜHNER, R./ SPINDLER, H.-J. (1986), S. 601-606.

470 Für den Zeitraum von 1998-2001 ermittelt JENSEN einen zusammenschlussbedingten kumulierten Verlust von US$ 134 Mrd. an Börsenwerten, in den Jahren von 1980-90 hingegen einen synergiebedingten Wertbeitrag von US$ 11,5 Mrd. Diese Wertverluste wird u. a. durch Neubewertung der übernehmenden Gesellschaft erklärt, die auf die Transaktionsankündigung folgt. Siehe JENSEN, M. C. (2004), S. 5.

Ankündigungszeitpunkt sowie ein nach deutschem UmwG erstellter und der Analyse zugänglicher[471] Verschmelzungsbericht.

Die Transaktionen wurden anhand der Datenbanken eBundesanzeiger[472], Factiva[473] und Lexis Nexis[474] identifiziert. Veröffentlichungen bezüglich gerichtlicher Beschlüsse oder gerichtlicher Vergleiche in Spruchverfahren zu Verschmelzungen finden sich neben diesen Quellen zudem in der Juris Datenbank[475] und in der Arbeit von MUNKERT[476].

Verschmelzungsberichte stellen die Hauptquelle der empirischen Daten dar. Ihnen werden folgende Angaben entnommen:

- Ertragswerte der verschmelzenden Gesellschaften
- Aktienzahl
- Jährlicher oder barwertiger Ergebnisbeitrag durch Synergien
- Unternehmenssteuersätze und Kapitalisierungszinssätze

Der Börsenwert wird auf Basis von Daten der Bloomberg-Datenbank[477] ermittelt. Dabei werden historische Aktienkurse (bereinigt um Aktiensplitts und Zusammenlegungen) (Feld: *Px Last*) und das Handelsvolumen in Deutschland (Feld: *Px Volume* bzw. Feld: *German total Volume incl. Bank trades*) berücksichtigt.

Der Factiva-Datenbank entstammen ad-hoc Meldungen und Presseberichte, denen für die Datenbasis das Ankündigungsdatum des Zusammenschlusses sowie gerichtliche Bekanntmachungen zur Eintragung der Verschmelzung (Aufforderung zum Umtausch oder Kraftloserklärung der Aktien aufgenommener Gesellschaften) entnommen werden.

---

471 Mit Ausnahme des Verschmelzungsberichts der Langbein-Pfannhauser Werke AG, umfirmiert in VDN Vereinigte Deutsche Nickel-Werke AG ist der Verschmelzungsbericht für jede Transaktion, die die aufgestellten Kriterien erfüllt, verfügbar. Aufgrund der Insolvenz der VDN wurde der Verschmelzungsbericht beim Konkursverwalter angefragt, aber bisher nicht erhalten.

472 Siehe https://www.ebundesanzeiger.de/ebanzwww/wexsservlet, verfügbar, 4. Juli 2008.

473 Siehe https://global.factiva.com/factivalogin/login.asp?, verfügbar, 4. Juli 2008.

474 Siehe http://www.lexis.com/research, verfügbar, 4. Juli 2008.

475 Siehe http://www.juris.de/jportal/index.jsp, verfügbar, 4. Juli 2008. Nach Auskunft der Juris GmbH sind alle Printausgaben des Bundesanzeigers seit 1986 komplett erfasst.

476 Siehe MUNKERT (2005), S. 597ff.

477 Die Bloomberg-Datenbank beinhaltet Börsekurse aller deutschen Handelsplätze einschließlich gemeldeter Bank Trades, die direkt von den Börsen eingespeist werden. Dieser Datensatz wird bspw. von Wirtschaftsprüfungsgesellschaften bei der Erstellung von gutachtlichen Stellungnahmen verwendet. Siehe Bewertungsgutachten der IVA Valuation & Advisory AG im Anhang des Verschmelzungsberichts QSC, S. 60.

Der Bundesanzeiger veröffentlicht Gesellschaftsbekanntmachungen seit 2003 in elektronischer Form. Diese Datenbank beinhaltet somit die Bekanntmachungen über die Bestellung des gemeinsamen Vertreters sowie die zu gerichtlichen Beschlüssen oder Vergleichen einschließlich deren Datum und der Höhe der baren Zuzahlung.

Gerichtliche Vergleiche oder Beschlüsse von vor 2003 beendeten Spruchverfahren wurden zudem der Juris-Datenbank, den Veröffentlichungen der Fachzeitschriften[478] und der Arbeit von MUNKERT entnommen. Die Rohdaten der Datenbasis sind in Tab. 16 zusammengestellt und erklärt.

478 Insbesondere AG, BB, DB, NJW, NZG, WM, WPg, ZGR, ZIP.

Tab. 16: Rohdaten der Datenbasis

Symbol[479]	**Parameter**	**Quelle**
Quelldaten		
EW_1, EW_2	Ertragswert$_1$ und Ertragswert$_2$ (in € Mio. bzw. DM Mio.)	Verschmelzungsberichte
γ_{EW}	Beteiligung der Gesellschaft$_1$ an Gesellschaft$_2$	Verschmelzungsberichte
Datum	Ankündigung, Eintragung, Antrag auf Spruchverfahren	Factiva
Z_2	Zuzahlungshöhe in gerichtlichen Beschlüssen/Vergleichen zugunsten Anteilseignern$_2$	eBundesanzeiger, Factiva
Berechnete Daten		
V_{SYN}	Erwartete Synergien	Errechnet auf Basis der Verschmelzungsberichte
β_{EW}	Ertragswertverhältnis, „Verschmelzungsverhältnis" als ex ante Transaktionspreis zu interpretieren	Errechnet als EW_2/EW_1
BK_1, BK_2	Börsenwert auf Basis des volumengewichteten durchschnittlichen Börsenkurses (VWAP) 3 Monate vor Ankündigung	Errechnet mit VWAP mit Handelsvolumen und Aktienkursen von Bloomberg und der Aktienzahl laut Verschmelzungsbericht
β_{BK}	„Börsenwertverhältnis", definiert als Verhältnis der Börsenwerte	Errechnet als BK_2/BK_1
SG_1, SG_2	Gerichtlich angemessene Unternehmenswerte	Errechnet auf Basis der Ertragswerte, Zuzahlung und Verwässerungseffekt
β_{SG}	Gerichtlich angemessenes Verschmelzungsverhältnis, als ex post Transaktionspreis zu interpretieren	Errechnet als SG_2/SG_1

479 Index 1 bezieht sich in Verschmelzungen durch Aufnahme auf die aufnehmende Gesellschaft, in Verschmelzungen durch Neugründung auf die gemäß Ertragswert größere Gesellschaft.
Index 2 bezieht sich in Verschmelzungen durch Aufnahme auf die übertragende Gesellschaft, in Verschmelzungen durch Neugründung auf die gemäß Ertragswert kleinere Gesellschaft.

4.2.2.1 Transaktionen und deren Verschmelzungsverhältnisse

Die zeitgleiche Verschmelzung von zwei oder mehr Gesellschaften wird hier als Transaktion bezeichnet. Dabei beschreibt der Transaktionspreis das Verhältnis absoluter Unternehmenswerte ohne Berücksichtigung der Anzahl Aktien, die diese Werte repräsentieren. Dieses Umtauschverhältnis wird als Beziehung des Ertragswertes bzw. der Marktkapitalisierung der $Gesellschaft_2$ zu dem bzw. der der $Gesellschaft_1$ bestimmt. Sind an einer Verschmelzung mehr als zwei Gesellschaften beteiligt, so zählen entsprechend mehrere Verschmelzungsverhältnisse zu dieser einen Transaktion.

Tab. 17 enthält Ankündigungszeitpunkt, Form der Verschmelzung sowie die Firma der verschmelzenden Gesellschaften, für die in der Datenbasis Verschmelzungsverhältnisse bestimmt werden.

Definitionsgemäß wird die aufnehmende Gesellschaft einer Verschmelzung durch Aufnahme als $Gesellschaft_1$ bezeichnet. Für die gleichzeitige empirische Untersuchung von Verschmelzungen durch Neugründung ist das Umtauschverhältnis zu definieren. Da es in diesen Transaktionen zum Ankündigungszeitpunkt noch keine aufnehmende Gesellschaft gibt, wird das Umtauschverhältnis hier als Quotient der Tochter- und der Muttergesellschaft[480] oder als Quotient der gemäß Ertragswert kleineren und der größeren Gesellschaft definiert.

Tab. 17: Verschmelzungsverhältnisse der Datenbasis

Nr	Kürzel	Ankündigung	Verschmelzung durch	Übertragende $Gesellschaft_2$	Aufnehmende oder übertragende $Gesellschaft_1$
1	Maho	16/02/1993	Aufnahme	Friedrich Deckel AG	MAHO AG, umfirm. in Deckel-MAHO AG
2	Mercedes	02/04/1993	Aufnahme	Mercedes Aktiengesellschaft	Daimler-Benz AG
3	FHyp_Central boden	14/11/1994	Aufnahme	Deutsche Central-boden-kredit-AG	Frankfurter Hypothekenbank AG, umfirm. in Hypothekenbank Centralbank AG
4	Cassella	27/01/1995	Aufnahme	Cassella AG	Hoechst AG
5	ANZAG	06/02/1995	Aufnahme	PAG Pharma-	Andreae-Noris Zahn AG

480 Sofern eine Gesellschaft bereits vor der Transaktion an der anderen beteiligt ist. Nennenswerte Überkreuzbeteiligungen wurden in der Datenbasis nicht beobachtet.

Nr	Kürzel	Ankündigung	Verschmelzung durch	Übertragende Gesellschaft$_2$	Aufnehmende oder übertragende Gesellschaft$_1$
				Holding AG	
6	AEG	13/03/1996	Aufnahme	AEG AG	Daimler-Benz AG
7	HfB_97	09/10/1996	Aufnahme	Rheinelektra AG	Lahmeyer Aktiengesellschaft für Energiewirtschaft jeweils auf HfB (Holding für Beteiligungswerte AG), umfirm. in Lahmeyer
8	SinnLeffers	05/11/1996	Aufnahme	Leffers AG	Sinn AG
9	AMB	12/05/1997	Aufnahme	AM Rückversicherung AG	AMB Aachener und Münchener Beteiligungs-AG
10	Alsen	21/05/1997	Aufnahme	Nordcement AG	Breitenburger Portl.-Cement-Fabrik AG, umfirm. in Alsen AG (heute Holcim)
11	HVB	21/07/1997	Aufnahme	Bayerische Hypotheken- und Wechsel-Bank AG	Bayerische Vereinsbank AG, umfirm. in Bayerische Hypovereinsbank AG
12	Dt_Hyp_1	08/09/1997	Aufnahme	Deutsche Hypothekenbank Frankfurt AG	Norddeutsche Hypotheken- und Wechselbank AG, umfirm. in Deutsche Hyp. Deutsche Hypotheken-bank Frankfurt-Hamburg AG
13	Dt_Hyp_2	08/09/1997	Aufnahme	Hypothekenbank in Hamburg AG	Norddeutsche Hypotheken- und Wechselbank AG, umfirm. in Deutsche Hyp. Deutsche Hypothekenbank Frankfurt-Hamburg AG
14	BY_Immo	01/10/1997	Aufnahme	Hofbrauhaus Coburg Verwaltungs AG	Hacker-Pschorr Beteiligungs-AG, umfirm. in Bayerische Immobilien AG
15	T-K	04/11/1997	Neugründung	Fried. Krupp AG Hoesch-Krupp	Thyssen AG jeweils auf Thyssen Krupp AG

Nr	Kürzel	Ankündigung	Verschmelzung durch	Übertragende Gesellschaft$_2$	Aufnehmende oder übertragende Gesellschaft$_1$
16	DCX	07/05/1998	Aufnahme	Chrysler Corp.	Daimler-Benz AG bzw. Daimler-Chrysler AG
17	Lahmeyer_99	08/02/1999	Aufnahme	Lahmeyer AG	RWE AG
18	Primacom	09/07/1999	Aufnahme	AGFB AG	PrimaCom AG
19	E.ON	27/09/1999	Aufnahme	VIAG AG	VEBA AG, umfirm. in E.ON AG
20	VEW	21/10/1999	Aufnahme	VEW AG, Inh. St. B	RWE AG (alt) jeweils auf RWE AG (neu)
21	Heilit	10/12/1999	Aufnahme	HEILIT + WO-ERNER Bau-AG	Walter-Bau AG
22	Actris	13/04/2000	Aufnahme	Eichbaum-Brauereien AG	Henninger Bräu AG, umfirm. in Actris AG
23	Deg-Hüls-SKW	24/08/2000	Aufnahme	SKW Trostberg AG	Degussa-Hüls AG jeweils auf Degussa AG
24	IWKA	21/09/2000	Aufnahme	EX-Cell-O Holding AG	IWKA AG
25	DYW	05/12/2000	Aufnahme	Dyckerhoff & Widmann AG	Walter-Bau AG
26	E.ON_BY_1	21/12/2000	Aufnahme	EVO Energieversorgung Oberfranken AG	Isar-Amperwerke AG, umfirm. in E.ON Bayern AG
27	E.ON_BY_2	21/12/2000	Aufnahme	Überlandwerk Unterfranken Aktiengesellschaft	Isar-Amperwerke AG, umfirm. in E.ON Bayern AG
28	E.ON_BY_3	21/12/2000	Aufnahme	Großkraftwerk Franken Aktiengesellschaft	Isar-Amperwerke AG, umfirm. in E.ON Bayern AG
29	E.ON_BY_4	21/12/2000	Aufnahme	OBAG Aktiengesellschaft	Isar-Amperwerke AG, umfirm. in E.ON Bayern AG
30	Babcock	24/01/2001	Neugründung	BDAG Balcke-Dürr AG	Babcock Borsig AG (alt) jeweils auf Babcock Borsig AG (neu)
31	HVB_RE_1	05/02/2001	Aufnahme	Süddeutsche Bodencreditbank AG	Bayerische Handelsbank AG, umfirm. in VB Real Estate
32	HVB_RE_2	05/02/2001	Aufnahme	Nürnberger Hypo-	Bayerische Handelsbank

Nr	Kürzel	Ankündigung	Verschmelzung durch	Übertragende Gesellschaft$_2$	Aufnehmende oder übertragende Gesellschaft$_1$
				theken-bank AG	AG, umfirm. in HVB Real Estate
33	Tomorrow	08/08/2001	Aufnahme	Tomorrow Internet AG	Focus Digital AG, umfirm. in Tomorrow Focus AG
34	Eurohypo_1	06/11/2001	Aufnahme	RHEINHYP Rheinische Hypothekenbank AG	Deutsche Hyp Deutsche Hypothekenbank Frankfurt, umfirm. in Eurohypo AG
35	Eurohypo_2	06/11/2001	Aufnahme	Eurohypo Aktiengesellschaft Europäische Hypothekenbank der Deutschen Bank	Deutsche Hyp Deutsche Hypothekenbank Frankfurt, umfirm. in Eurohypo AG
36	Kontron	12/12/2001	Neugründung	JUMPtec Industrielle Computertechnik AG	Kontron embedded computers AG jeweils auf Kontron AG
37	AGIV	23/05/2002	Neugründung	AGIV Real Estate AG (alt)	HBAG Real Estate AG jeweils auf AGIV Real Estate AG (neu)
38	AGOR	10/06/2002	Aufnahme	B.U.S. Berzelius Umwelt-Service Aktiengesellschaft	Nordag AG, umfirm. in AGOR AG
39	DTAG_TOI	09/10/2004	Aufnahme	T-Online AG	Deutsche Telekom AG
40	Telunico	04/03/2005	Aufnahme	Freenet AG	Mobilcom AG jeweils auf telunico holding AG
41	Betasystems	18/03/2004	Aufnahme	Kleindienst Datentechnik AG	Beta Systems AG
42	GroupTec_1	17/08/2005	Aufnahme	GROUP Technologies AG	Globalware AG, umfirm. in GROUP Technologies AG
43	GroupTec_2	17/08/2005	Aufnahme	GAP AG für GSM Applikationen und Produkte	Globalware AG, umfirm. in GROUP Technologies AG
44	AllianzRAS	11/09/2005	Aufnahme	Riunone Adriatica Si Sicurtà	Allianz AG
45	QSC	07/06/2006	Aufnahme	Broadnet AG	QSC AG

4.2.2.2 Variablen

1) Ertragswertverhältnis

Im Abschnitt zur Erläuterung und Begründung des Umtauschverhältnisses beschreiben die Verschmelzungsberichte detailliert, wie das Management die Werte der verschmelzenden Gesellschaften bestimmt.[481] Fast ausnahmslos[482] wird dabei das Ertragswert-[483] bzw. ein DCF-Verfahren angewendet.[484] Sofern der Bewertungsstichtag nicht mit dem Anfang des Planungszeitraums übereinstimmt, wird der auf Basis von Überschussprognose und Kapitalisierungszinssätzen ermittelte Unternehmenswert auf den Bewertungsstichtag auf- bzw. abgezinst.

Unabhängig von der methodischen Ableitung werden die vom Management im Verschmelzungsbericht für die Ableitung des Umtauschverhältnisses bestimmten Unternehmenswerte vereinfachend alle als Ertragswerte bezeichnet.[485] Das Ertragswertverhältnis wird in dieser Arbeit als Verhältnis der absoluten Ertragswerte definiert. Ohne Berücksichtigung der jeweiligen Anzahl Aktien kann vom Ertragswertverhältnis damit direkt abgelesen werden, ob Gesellschaft_1 höher als die übertragende Gesellschaft_2 bewertet wurde.[486]

---

481 Siehe Verschmelzungsbericht von T-Online und Deutsche Telekom 2004, S. 253ff.

482 Ausnahmen sind Verschmelzungsberichte von Mercedes, Anzag, Primacom und QSC.

483 „In Deutschland hat sich in der Vergangenheit die Ertragswertmethode als maßgebliche, von Theorie, Praxis und Rechtsprechung anerkannte Methode zur Ermittlung von Unternehmenswerten etabliert." ZEIDLER, G.W. in Semler, J./ Stengel, A. (2007), S. 209, Tz. 209. „Von der heute herrschenden Meinung wird zur Ermittlung des Unternehmenswerts und somit zur Feststellung eines angemessenen Umtauschverhältnisses und einer etwa zu leistenden Barabfindung in erster Linie die sog. Ertragswertmethode herangezogen." Siehe STRATZ, S. 166, Tz 13. Ebenfalls MARSCH-BARNER, R. in Kallmeyer (2006), S. 109, Rz. 13.

484 „Bei gleichen Bewertungsannahmen bzw. -vereinfachungen, insb. hinsichtlich der Finanzierung, führen beide Verfahren zu gleichen Unternehmenswerten." Siehe IDW (2008b), S. 284, Tz. 101.

485 Darunter fällt auch ein Verschmelzungsverhältnis das ohne Ermittlung von Ertragswerten direkt von den Börsenkursen abgeleitet wurde.

486 „Das Gesetz verlangt die Angabe des Umtauschverhältnisses, d.h. wie viele Anteile am übernehmenden Rechtsträger auf einen Anteil (oder ein Vielfaches davon) des übertragenden Rechtsträgers entfallen." MÜLLER, W. in Kallmeyer (2006), S. 59.

2) Börsenwertverhältnis

Das Börsenwertverhältnis wird als Verhältnis der Börsenwerte der verschmelzenden Gesellschaften unter Berücksichtigung des volumengewichteten 3-Monats-Durchschnittskurses vor der Ankündigung einer Transaktionsabsicht definiert.[487] Der Börsenwert einer Gesellschaft „entspricht dem mit der Anzahl der ausgegebenen Aktien multiplizierten Börsenkurs je Aktie."[488]

Die ausgegebene Anzahl Aktien ist dem jeweiligen Verschmelzungsbericht entnommen. Dadurch werden der dort ermittelte Ertragswert und der Börsenwert hinsichtlich der Anzahl ausstehender Aktien direkt miteinander vergleichbar. Weiterhin lassen Ertragswertverhältnisse über dem Börsenwertverhältnis direkt darauf schließen, dass Anteilseigner$_2$ durch das Ertragswertverhältnis eine Prämie über Börsenwertverhältnis erhalten.

Analog zu den Bestimmungen des § 5 (1) WpÜG-AngebotsVO bestimmt sich der Börsenkurs als umsatzgewichteter Durchschnitt während der drei Monate vor Ankündigung der Transaktion.[489] Sofern für historische Kursreihen in der Bloomberg-Datenbank im Feld *Px Volume* kein Handelsvolumen (d.h. kein Umsatz) hinterlegt ist, wird der durchschnittliche Börsenkurs aus den Angaben von *German total Volume incl. Bank trades* ermittelt. Wenn auch in diesem Feld keine Umsätze hinterlegt sind, wird der Durchschnitt ohne Volumengewichtung ermittelt.[490]

Bei Vorliegen mehrerer Aktienklassen einer Gesellschaft bestimmt sich der Börsenwert aus dem Summenprodukt der jeweiligen Börsenkurse und der Aktienzahl.[491] Wird nur eine Aktienklasse aktiv gehandelt, so wird der Börsenkurs der jeweils anderen Aktienklasse davon abgeleitet.[492] Ein etwaiger Auf- oder

---

487 Zusammenschluss in Form einer Verschmelzung einschließlich eines ggf. vorgelagerten Übernahmeangebots.

488 Gemeinsamer Verschmelzungsbericht der Vorstände der RWE AG und der Lahmeyer AG, S. 62.

489 WEBER steht der Mittelung von Börsenkursen kritisch gegenüber. Er erachtet den Zeitraum der letzten drei Monate aus ökonomischer Sicht als zu lang, da dadurch der korrekte Wert am Ende des Zeitraums nicht dargestellt werden kann. Siehe WEBER, M. (2004), S. 290f.

490 Bspw. Maho AG, Deutsche Centralbodenkredit-AG, Frankfurter Hypothekenbank AG, Casella AG.

491 Bspw. für Deckel AG, Leffers AG, RWE AG, VEW AG, HEILIT + WOERNER Bau-AG, WALTER BAU-AG, B.U.S. Berzelius Umwelt-Service Aktiengesellschaft sowie Riunone Adriatica Si Sicurtà.

492 Bspw. war das Grundkapital der VEW in Aktien zu 50, 100 und 1.000 DM eingeteilt. Daher werden Aktien zu 100 DM des Grundkapitals wie zwei Aktien über 50 DM be-

Abschlag zwischen Stamm- und Vorzugsaktien wird dabei aus dem Verschmelzungsbericht übernommen und als prozentual gleich hoch unterstellt.[493]

Zur Rekonstruierung des Börsenwertes zum Entscheidungszeitpunkt müssen historische Börsenkurse einbezogen werden. Veränderungen der Aktienzahl, bspw. durch Aktiensplitts oder -zusammenlegungen, werden entsprechend bereinigt.[494]

Börsenwertverhältnisse werden nur dann als aussagekräftig klassifiziert und in die empirische Betrachtung aufgenommen, wenn an mindestens einem Drittel der Handelstage im 3-Monatszeitraum vor Ankündigung der Transaktion Börsenkurse festgestellt wurden und nicht mehrere nacheinander festgestellte Börsenkurse um mehr als fünf Prozent voneinander abweichen.[495]

Verschmelzungen, für die vor der Verschmelzung nicht beiderseits aussagekräftige Börsenkurse existieren, werden in diese empirische Untersuchung nicht einbezogen. Aufgrund der Berücksichtigung dieser Kriterien bleiben in dieser Arbeit einige Verschmelzungsverhältnisse unberücksichtigt, die in eine frühere Untersuchung einbezogen wurden.[496]

Verschmelzungsberichte vor der DAT/Altana-Entscheidung beinhalten einen fast standardisierten Wortlaut zur Anwendbarkeit von Börsenkursen in der Wertermittlung, die ihrerseits Basis in der Bestimmung des Umtauschverhältnisses ist. *„Der Börsenkurs hängt von zahlreichen Sonderfaktoren wie der Größe und Enge des Marktes, von zufallsbedingten Umsätzen sowie von spekulativen und sonstigen nicht unmittelbar wertbezogenen Einflüssen ab und unterliegt damit kurzfristigen Schwankungen und Entwicklungen. Er wird deshalb nach der herrschenden Meinung und der Rechtsprechung in Deutschland nicht zur*

---

handelt, die zu 1.000 DM wie 20 Aktien zu 50 DM indem der Börsekurs der Aktien zu 50 DM unterstellt wird.

493 In Anlehnung an die Behandlung der Ertragswerte je Aktie wird für Vorzugsaktien der Vereinsbank ein Preis von 15% unter dem der Stammaktien unterstellt. Siehe Verschmelzungsbericht Hypo-vereinsbank, S. 65.

494 Bspw. hatte die Deckel AG einen Reverse Splitt am 3. November 1992, der bei der Bestimmung der Marktkapitalisierung zu berücksichtigen ist.

495 Siehe § 5 (4) WpÜG Angebots-VO.

496 Die Verschmelzungen von Zehlendorf/Höchst 1995, Triumph Investex Gesellschaft für Investitionen AG/ Triumph International AG 1999, Nordstern Lebensversicherungs-AG/ AXA Colonia Lebensversicherung AG 1999 wurden aus der Datenbasis ausgeschlossen, da für mindestens eine Verschmelzungspartei an weniger als einem Drittel der Handelstage Börsenkurse in der Bloomberg-Datenbank hinterlegt sind.

Wertermittlung herangezogen. Vor diesem Hintergrund ist es sachgerecht, allein auf den Ertragswert abzustellen.“[497]

Auch nach der DAT/Altana-Entscheidung argumentiert das BayObLG 2002 mit Blick auf die Verschmelzung der Bayerische Hypotheken- und Wechsel-Bank AG mit der Bayerische Vereinsbank AG für die Bestimmung der Verschmelzungswertrelation nach der Ertragswertmethode.[498]

In einigen jüngeren Verschmelzungsberichten findet sich eine Abwägung, ob die DAT/Altana-Entscheidung des BVerfG und der BGH-Beschluss von 2001 auf Verschmelzungsfälle übertragbar sind und ob Börsenkurse in der Ableitung des Umtauschverhältnisses zu berücksichtigen sind. So legt der Verschmelzungsbericht der Eurohypo dar: *„Es ist sehr zweifelhaft, ob und inwieweit die beiden genannten Entscheidungen*[499] *zum Abschluss von Beherrschungs- und Gewinnabführungsverträgen und zur Eingliederung auch im Fall einer Verschmelzung anwendbar sind. In Rechtsprechung und Literatur ist diese Frage bislang völlig offen.“*[500]

Trotz der Unsicherheit hinsichtlich der Relevanz von Börsenkursen in der Ableitung des Umtauschverhältnisses werden Börsenkurse in einigen Verschmelzungsberichten beschrieben und z. T. auch zur Plausibilisierung von Ertragswerten oder des Umtauschverhältnisses herangezogen.[501] Der Verschmelzungsbericht von QSC/Broadnet weicht in der Ableitung des Umtauschverhältnisses von allen anderen ab, da er sich auf den Börsenwert von Broadnet bezieht.[502] Mit Verweis auf den Grundsatz der Meistbegünstigung[503] wird das Umtauschverhältnis der QSC auf Basis des den Börsenwert übersteigenden Er-

---

497 Gemeinsamer Bericht der Vorstände der Daimler-Benz Aktiengesellschaft und der DaimlerChrysler AG über den Zusammenschluss der Daimler-Benz Aktiengesellschaft und der Chrysler Corporation in der DaimlerChrysler AG und zugleich Gemeinsamer Verschmelzungsbericht der Vorstände der Daimler-Benz Aktiengesellschaft und der Daimler-Chrysler AG, S. 89.

498 „…kann auch allein auf die Börsenkursrelation vor Beginn des Verschmelzungsvorgangs abgestellt werden, da sie wertverändernde Faktoren, die nach diesem Zeitpunkt eintreten, nicht berücksichtigen kann und deshalb dem Erfordernis der zum Stichtag möglichst zeitnahen Bewertung nicht gerecht wird. BayObLG vom 18. Dezember 2002 (3Z BR 116/00) zu Hypo-Vereinsbank.

499 BVerfG vom 27.4.1999 sowie BGH vom 12. März 2001 jeweils zu DAT/Altana.

500 Verschmelzungsbericht Eurohypo_1, S. 127.

501 Siehe Verschmelzungsberichte zu QSC, Betasystems, Eurohypo_1, Dt_Hyp_1, ANZAG, Deg-Hüls-SKW, Maho.

502 Der durchschnittliche Aktienkurs der Broadnet übersteigt den Ertragswert je Aktie. Siehe Verschmelzungsbericht QSC, Abschnitt Bewertungsgutachten iVA, S. 64f.

503 Siehe MARTENS, K.-P. (2003), S. 593-600.

tragswerts bestimmt. In der Erläuterung wird das aus Börsenkurs für Broadnet und Ertragswert für QSC abgeleitete Umtauschverhältnis auch mit dem Börsenwertverhältnis verglichen. Dieses ist jedoch nicht mit dem Börsenwertverhältnis dieser Datenbasis identisch, da der Verschmelzungsbericht von QSC/Broadnet auf die durchschnittlichen Börsenkurse in den drei Monaten vor Ankündigung der Verschmelzung abgestellt hat.[504]

Im Zeitraum nach der DAT/Altana-Entscheidung war die genaue Festlegung des 3-Monatszeitraums für die Durchschnittsbildung des Börsenkurses lange umstritten.[505] Allerdings wenden einzelne Verschmelzungsberichte bereits vor dem bestätigenden Beschluss des OLG Stuttgart im Februar 2007[506] eine „dreimonatige Referenzperiode vor Bekanntgabe der zu beschließenden Maßnahme" an.[507]

3) Zuzahlung

Zuzahlungen dienen der Korrektur von Umtauschverhältnissen, die im Spruchverfahren als unangemessen befundenen werden.[508] Sie werden in einem gerichtlichen Beschluss oder Vergleich als absoluter Zuzahlungsbetrag je Aktie festgelegt. In Verschmelzungen durch Aufnahme erhalten Anteilseigner$_2$ meist eine Zuzahlung, deren Höhe sich auf die übertragene Aktie bezieht.[509] Darüber hinaus gibt es auch Fälle, in denen die Zuzahlung auf die Anzahl erhaltener Aktien und damit auf die aufnehmende Gesellschaft bezogen wird.[510]

---

504 Siehe Verschmelzungsbericht QSC, Abschnitt Bewertungsgutachten iVA, S. 63.

505 Am 29.11.2006 stellte das BVerfG im Urteil 1BvR 704/03 klar, es ist „. . . nicht zu beanstanden, auf einen Referenzzeitraum von drei Monaten vor dem HV-Abschluss abzustellen. Fachgerichte auf einfachrechtlicher Ebene müssen entscheiden, ob statt dessen auf Zeitraum bis Ankündigung abzustellen ist." Siehe O.V. (2007b), S. 175.

506 Es ist auf den „... 3-Monats-Durchschnitt bis zum Tag der Ankündigung ..." abzustellen. OLG Stuttgart vom 16. Februar 2007 (Az: 20 W 6/06).

507 Siehe Verschmelzungsbericht Betasystems, S. 152f.

508 Siehe AHA, C. (1997), S. 26.

509 Siehe bspw. Vergleich der Deutsche Hypothekenbank Frankfurt AG, Hypothekenbank in Hamburg AG und Norddeutsche Hypotheken- und Wechselbank AG (umfirmiert in Deutsche Hyp. Deutsche Hypothekenbank Frankfurt-Hamburg AG), veröffentlicht im elektronischen Bundesanzeiger am 22. November 2004.

510 Siehe Vergleiche der Verschmelzungen der EVO Energieversorgung Oberfranken AG, Überlandwerk Unterfranken Aktiengesellschaft, Großkraftwerk Franken Aktiengesellschaft und der OBAG Aktiengesellschaft jeweils auf die Isar-Amper-Werke (heutige als E.ON Bayern firmierend), in dem die Zuzahlung auf jeweils € 0,40 Euro je Aktie der Isar-Amper-Werke beziffert wurde.

a) Verzinsung der Zuzahlung

Nach § 15 (2) UmwG[511] ist die bare Zuzahlung mit 2% über dem Basiszinssatz für den Zeitraum von der Verkündung der Eintragung der Verschmelzung bis zur Verkündung des rechtskräftigen Abschlusses des Spruchverfahrens zu verzinsen.[512] Die Mehrzahl der beobachteten Spruchverfahren vereinbart allerdings Zuzahlungen, die diese Zinsansprüche bereits mit dem Zuzahlungsbetrag abgelten.[513]

Zur Gewährleistung eines zeitlich konsistenten Vergleichs von ex ante und ex post Transaktionspreis werden Zuzahlungen im Zeitpunkt der Eintragung, d. h. ohne die im Auszahlungszeitpunkt fälligen Zinsansprüche, berücksichtigt. Dafür werden Zuzahlungen, die die Zinsansprüche bereits mit dem Zuzahlungsbetrag abgelten, entsprechend der gesetzlichen Regelung diskontiert.

b) Zuzahlungsempfänger

Grundsätzlich wirkt die bare Zuzahlung für und gegen jeden übertragenden Anteilseigner$_2$ gleichermaßen.[514] Allerdings gibt es Fälle, in denen der Mehrheitsanteilseigner der übertragenden Gesellschaft freiwillig nicht am Spruchverfahren teilnimmt und die bare Zuzahlung ausschließlich außenstehenden Anteilseignern gewährt wird.[515]

Diese Unterscheidung beruht auf den unterschiedlichen Verteilungskämpfen im Spruchverfahren. Einerseits fordern Anteilseigner$_2$ eine Zuzahlung, mit der sie sich gegenüber Anteilseignern$_1$ besser stellen. Andererseits fordern sie als Minderheitsanteilseigner, dass die bare Zuzahlung nicht auch zugunsten des (ggf. das Verschmelzungsverhältnis beeinflussenden) Mehrheitsanteilseigners geleistet wird.[516] Erreichen sie letzteres, verringert sich dadurch der Mittelab-

511 „Die bare Zuzahlung ist nach Ablauf des Tages, an dem die Eintragung der Verschmelzung in das Register des Sitzes der übernehmenden Rechtsträgers nach § 19 Abs. 3 als bekannt gemacht gilt, mit jährlich zwei von Hundert über dem jeweiligen Diskontsatz der Deutschen Bundesbank zu verzinsen." Siehe § 15 (2) UmwG.

512 Der Basiszinssatz bzw. der jeweilige Vorgängerzinssatz wird von der Deutschen Bundesbank nach § 147 (2) BGB veröffentlicht.

513 Siehe Vergleiche von Dt_Hyp_1, BY_Immo, Deg-Hüls, E.ON_BY_1 und Betasystems.

514 Die bare Zuzahlung „wirkt für und gegen alle, einschließlich derjenigen Anteilsinhaber, die bereits gegen die ursprünglich angebotene Barabfindung oder sonstige Abfindung, aus dem betroffenen Rechtsträger ausgeschieden sind." Siehe § 13 SpruchG (inter-omes).

515 Siehe Bekanntmachung über die weitere bare Zuzahlung an die außenstehenden ehemaligen Aktionäre der Leffers AG vom 23. August 2002.

516 Im Vergleich der Verschmelzung von SKW Trostberg AG und Degussa-Hüls Aktiengesellschaft auf die Degussa AG soll die E.ON AG nach Ansicht außenstehender Anteils-

fluss der verschmolzenen Gesellschaft und damit die Verwässerung ihrer Anteile (sofern die Verwässerung nicht bereits in der Festlegung der Zuzahlung berücksichtigt wurde). Weiterhin kann die Forderung daran geknüpft sein, dass die verschmolzene Gesellschaft in einem Verfahrensvergleich die Zuzahlung allein zugunsten übertragender Minderheits-Anteilseigner und dadurch eine höhere Zuzahlung gewährt.[517]

c) Persönliche Einkommenssteuer auf bare Zuzahlung

„[Mit dem Umtauschverhältnis vorgesehene] bare Zuzahlungen sind nach Ablauf der Spekulationsfrist beim Aktionär steuerfrei."[518] Das gilt jedoch nicht für eine bare Zuzahlung, die in Folge eines Spruchverfahrens gewährt wird. Für bare Zuzahlungen des Spruchverfahrens wird in dieser Arbeit unterstellt, dass sie von begünstigten Anteilseignern nach den Regeln des Halbeinkünfteverfahrens hälftig zur persönlichen Einkommensteuer zu veranlagen sind. Diese Vorgehensweise gilt unabhängig davon, ob sie aus Sicht der Finanzverwaltung Dividendencharakter[519] oder den Charakter steuerpflichtiger Veräußerungsgewinne von Kapitalbeteiligungen[520] haben.

---

eigner aufgrund ihrer 64% Beteiligung an der SKW Trostberg AG nicht an der Zuzahlung des Spruchverfahrens partizipieren. Siehe Bekanntmachung an die ehemaligen Aktionäre der SKW Trostberg AG vom 22. August 2003 (abrufbar bei Factiva).

517 Im Vergleich von Deg-Hüls-SKW geben Minderheits-Anteilseigner zu Protokoll, dass E.ON als Mehrheits-Anteilseigner beider Verschmelzungsparteien seinen Anspruch auf bare Zuzahlung nicht gelten machen sollte. Stattdessen schlagen Kläger des Spruchverfahrens vor, dass eine der E.ON-Beteiligung zuzurechnenden Zuzahlung auf die Minderheits-Anteilseigner verteilt wird.

518 Verschmelzungsbericht HfB_97, S. 38.

519 „Die Finanzverwaltung sieht Zahlungen wie die abschließende Zuzahlung als dividendenähnlich an. Die Antragsteller sind mit der überwiegenden Auffassung im Schrifttum der Auffassung, dass die abschließende Zuzahlung als Entgelt für die Teilveräußerung der Beteiligung an der übertragenden Kapitalgesellschaft zu werten ist. " Bekanntmachung über die Gewährung einer abschließenden Zuzahlung an die außenstehenden ehemaligen Aktionäre der Hypothekenbank in Hamburg Aktiengesellschaft im Zusammenhang mit der Verschmelzung 1998 der Hypothekenbank in Hamburg Aktiengesellschaft auf die Norddeutsche Hypotheken- und Wechselbank Aktiengesellschaft, Elektronischer Bundesanzeiger vom 22.11.2004.

520 Dafür wird angenommen, dass übertragene Aktien von den Anteilseignern bis zur Eintragung der Verschmelzung nicht länger als zwölf Monate gehalten wurden. Die steuerpflichtigen Spekulationsgewinne entstehen mit der Veräußerung des Teils der übertragenen Aktien, der nicht durch den Gegenwert in Form der aufnehmenden/ neu gegründeten Gesellschaft reflektiert wird. Auf eine mögliche Aufspaltung der baren Zuzahlung in Veräußerungsgewinne und Zinsanteil wird für Zwecke der Berechnung der persönlichen Einkommenssteuer verzichtet.

In der Datenbasis werden die im gerichtlichen Vergleich oder Beschluss festgelegten Zuzahlungsbeträge je Aktie folglich um persönliche Einkommensteuer der Anteilseigner gekürzt. Für Zuzahlungen, die den Anteilseignern vor Einführung des Halbeinkünfteverfahrens zugehen, wird der typisierten persönlichen Einkommensteuersatz von 35% unterstellt, für die danach in Höhe von 17,5%.

4) Gerichtlich angemessenes Verschmelzungsverhältnis

Die Bekanntmachung eines gerichtlichen Beschlusses oder Vergleichs nach Abschluss eines Spruchverfahrens beinhaltet lediglich den Zuzahlungsbetrag. Daher muss das im Spruchverfahren als angemessen befundene Verschmelzungsverhältnis β_{SG} rekonstruiert werden. Annahmegemäß wird es als Verhältnis von SG_2 und SG_1 ermittelt.[521]

Der angemessene Wert der $Gesellschaft_2$ (auch als SG_2 bezeichnet) bestimmt sich aus der Summe von Ertragswert und der mit der Anzahl Aktien multiplizierten baren Zuzahlung je Aktie abzüglich der Kompensation für die mit der Zuzahlung verursachte Verwässerung. Analog dazu wird SG_1, der gerichtlich angemessene Wert für $Gesellschaft_1$ bestimmt.

Die Zuzahlung wird von der verschmolzenen Gesellschaft geleistet und daher von beiden Anteilseignergruppen entsprechend des Verschmelzungsverhältnisses getragen. Dieser in Kapitel 3.6.1 beschriebene Verwässerungseffekt wird im Zuzahlungsbetrag bereits als korrigiert angenommen. In der Rekonstruktion der im Spruchverfahren als angemessen festgelegten Ertragswerte ist daher zu beachten, dass die Zuzahlung an $Anteilseigner_2$ um den Betrag höher ausfällt, den $Anteilseigner_2$ aufgrund ihrer Beteiligung an der verschmolzenen Gesellschaft selbst tragen. Folglich sind die gerichtlich angemessenen Werte beider Gesellschaften anteilig um die selbst getragene bare Zuzahlung zu reduzieren. Beispielhaft wird dieses in der Tab. 18 gezeigt.

521 Während des Spruchverfahrens werden ggf. beiderseits absolute Unternehmenswerte zur Ermittlung des angemessenen Verschmelzungsverhältnisses herangezogen, die von den Ertragswerten des Verschmelzungsberichts abweichen. Da aber ein angemessenes Verschmelzungsverhältnis zu bestimmen ist, wird vereinfachend davon ausgegangen, dass sich SG_1 und SG_2 von den Ertragswerten lediglich durch die Zuzahlungen abzüglich des Verwässerungseffekts unterscheiden.

Tab. 18: Bestimmung des gerichtlich angemessenen Verschmelzungsverhältnisses

	Gesellschaft$_2$	**Gesellschaft$_1$**	**Verschmelzungs-verhältnis**
Ertragswerte laut Verschmelzungs-bericht	**100,0**	**200,0**	**0,5000**
Zuzahlung zugunsten der Anteilseigner$_2$	36,0		
Gerichtliche Werte einschließlich Kompensation für Verwässerungseffekt	**136,0**	**200,0**	0,6800
Zuzahlung zu tragen von			
- von Gesellschaft$_2$	-12,0		
- von Gesellschaft$_1$		-24,0	
Gerichtlich angemessene Werte	**124,0**	**176,0**	**0,7045**

Die Berücksichtigung des Verwässerungseffekts wird unabhängig davon unterstellt, ob rügende Anteilseigner$_2$ ihre Beteiligung an der verschmolzenen Gesellschaft bei Abschluss des Spruchverfahrens bereits veräußert haben oder nicht.[522] Dieses ist konsistent mit dem Modell eines Kapitalmarkts mittelstarker Informationseffizienz, auf dem der Preis für Aktien der verschmolzenen Gesellschaft einen Abschlag in der Höhe der erwarteten Zuzahlung reflektieren sollte.

Wenn die Gesellschaft$_1$ bereits vor der Verschmelzung eine Beteiligung an Gesellschaft$_2$ hält, erhalten i. d. R. nur außenstehende Anteilseigner$_2$ die bare Zuzahlung. Die geringere Zuzahlung führt dementsprechend zu einem kleineren Verwässerungseffekt. Die Rekonstruktion des gerichtlich angemessenen Wertes der Gesellschaft$_2$ muss auf die Sicht der außenstehenden Anteilseigner$_2$ abstellen. Daher bestimmt sich die Zuzahlung auf Basis aller Aktien, der Verwässerungseffekt jedoch nur auf Basis der Aktien der außenstehenden Anteilseigner$_2$. Analog dazu bestimmt sich der gerichtlich angemessene Wert der Gesellschaft$_1$ auf Basis des Verwässerungseffekts, der von der Gesellschaft$_1$ direkt und indirekt durch die Beteiligung an Gesellschaft$_2$ erfahren wird.

In Tab. 19 wird das bisherige Beispiel um eine Beteiligung der Gesellschaft$_1$ an Gesellschaft$_2$ in Höhe von γ=75% erweitert.

522 „Der rechtskräftige Abschluss der zweiten Instanz [eines Spruchverfahrens] wird in nicht wenigen Fällen erst nach mehr als zehn Jahren erreicht.“ BILDA, K. (2000), S. 296. Für Beispiele und eine Diskussion der Dauer siehe ebenfalls BEYERLE, K. (1977), S. 650, GÖTZ, N. (1996), S. 259.

Tab. 19: Bestimmung des gerichtlich angemessenen Verschmelzungsverhältnisses bei Beteiligung der Gesellschaft$_1$ an Gesellschaft$_2$

	Gesellschaft$_2$	**Gesellschaft$_1$**	**Verschmelzungsverhältnis**
Ertragswerte laut Verschmelzungsbericht	**100,0**	**200,0**	**β_{EW} = 0,5000**
Zuzahlung zugunsten der Anteilseigner$_2$ [523]	36,0		
Indirekte Zuzahlung zugunsten der Gesellschaft$_1$		27,0	
Gerichtliche Werte einschließlich Kompensation für Verwässerungseffekt	**136,0**	**227,0**	β_{temp} = 0,5991
Zuzahlung an Minderheit der Gesellschaft$_2$ in Höhe von 9,0 zu tragen von:			
- Minderheit der Gesellschaft$_2$ ($^4/_9 * ^1/_4$) [524]	-1,0		
- Mehrheit der Gesellschaft$_2$ ($^4/_9 * ^3/_4$)	-3,0	-3,0	
- Gesellschaft$_1$ (ohne Beteiligung) ($^5/_9$)		-5,0	
Gerichtlich angemessene Werte	**132,0**	**219,0**	**β_{SG} = 0,6027**

Im Beispiel der Tab. 19 wird das Verschmelzungsverhältnis im Spruchverfahren durch Zuzahlung zugunsten der Gesellschaft$_2$ korrigiert. Die Zuzahlung reflektiert eine höhere Bewertung der Gesellschaft$_2$, die sich aufgrund der Beteiligung der Gesellschaft$_1$ an Gesellschaft$_2$ auch für Gesellschaft$_1$ werterhöhend auswirkt.

Das Verschmelzungsverhältnis wird durch bare Zuzahlung korrigiert, die nur den außenstehenden Minderheitsanteilseigner der Gesellschaft$_2$ gewährt wird. Folglich zahlt die verschmolzene Gesellschaft eine geringere bare Zuzahlung aus, als sich auf Basis der Zuzahlung je Aktie und der Anzahl Aktien der Gesellschaft$_2$ errechnet. Annahmegemäß wird im Spruchverfahren bereits berücksichtigt, dass der Zuzahlungsbetrag je Aktie nur einem Teil der Anteilseigner$_2$ zugeht. Daher fällt der Teil des Zuzahlungsbetrags, der den Verwässerungseffekt kompensiert, entsprechend des nicht-ausgezahlten Anteils geringer aus.

---

523 Rechnerisch für 100% der Anteilseigner$_2$. Der ausgezahlte Betrag entspricht dem Anteil an der rechnerischen Zuzahlung, mit dem Minderheitsanteilseigner an der Gesellschaft$_2$ beteiligt sind.

524 Der Anteil, mit dem Anteilseigner$_2$ durch den ex ante Transaktionspreis an der verschmolzenen Gesellschaft beteiligt sein werden, bestimmt sich bei Beteiligung der Gesellschaft$_1$ an der Gesellschaft$_2$ in Höhe von γ als $\alpha = V_2 / (V_1 + (1-\gamma)V_2$.

Anhand der rechnerischen Zuzahlungen und der jeweiligen Verwässerung können die gerichtlich angemessenen Werte beider Gesellschaften (SG_1 und SG_2) retrograd ermittelt werden. Das gerichtlich angemessene Verschmelzungsverhältnis ergibt sich als Quotient von SG_2 und SG_1. Im Falle einer Beteiligung der Gesellschaft$_1$ an der Gesellschaft$_2$ ist das gerichtlich angemessene Verschmelzungsverhältnis bei gleicher Zuzahlung geringer als ohne Beteiligung, da mit einer höheren Bewertung der Gesellschaft$_2$ auch der Wert der Gesellschaft$_1$ steigt.

In Abb. 39 ist zusammengefasst, wie die gerichtlich angemessenen Werte ausgehend von den Ertragswerten bestimmt werden.

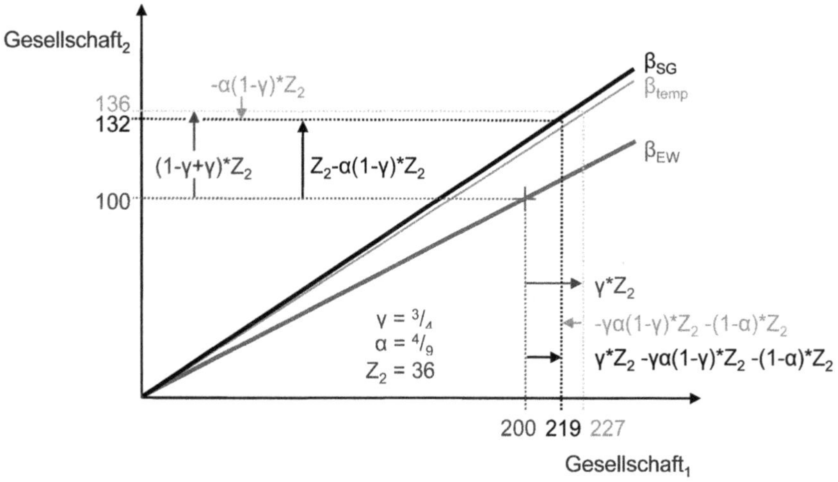

Abb. 39: Gerichtlich angemessenes Verschmelzungsverhältnis bei Beteiligung der Gesellschaft$_1$ an Gesellschaft$_2$

Der längere graue Pfeil jeder Gesellschaft zeigt, wie die Summe von Ertragswert und Zuzahlung (in Höhe der Beteiligung) zu einem Wert führt, der eine Kompensation für den Verwässerungseffekt enthält. Die Kompensation für den Verwässerungseffekt wird durch den jeweils kürzeren grauen Pfeil beschrieben und ist von Ertragswert und Zuzahlung zu subtrahieren, um den gerichtlich angemessenen Wert einer Gesellschaft zu ermitteln. Neben den gerichtlich angemessenen Werten sind zwei Pfeile mittelgrau dargestellt. Diese kennzeichnen den Teil der Zuzahlung, der der höheren Bewertung der Gesellschaft$_2$ entspricht und nicht der Kompensation des Verwässerungseffekts dient.

In Verschmelzungen durch Neugründung[525] und in Verschmelzungen durch Aufnahme, die in einem sachlichen Zusammenhang stehen, können die Anteilseigner jeder übertragender Gesellschaften ein Spruchverfahren einleiten.[526] Da über die Angemessenheit desselben Verschmelzungsverhältnisses entschieden wird, stehen diese Spruchverfahren in einem sachlichen Zusammenhang und werden zusammengelegt.[527] Bis zur Einführung des SpruchG war die Zusammenlegung nur möglich, sofern der Sitz der beteiligten Gesellschaften im gleichen Landesgerichtsbezirk lag.[528]

Die Datenbasis enthält einen gerichtlichen Vergleich mit den Anteilseignern der kleineren Gesellschaft einer Verschmelzung durch Neugründung. In diesem Fall kam es zu einem gemeinsamen Spruchverfahren, da die verschmelzenden Gesellschaften ihren Sitz im gleichen Landgerichtsbezirk hatten.

Die Bestimmung der Gesellschaft_2 anhand von Beteiligungs- und Größenkriterien ermöglicht in Verschmelzungen durch Neugründung eine zu Verschmelzungen durch Aufnahme konsistente Ableitung des ex ante und ex post Transaktionspreises.

5) Synergien

Die Mehrzahl der Verschmelzungsberichte[529] beschreibt Möglichkeiten der Ergebnisverbesserung.[530] Als Teil der wirtschaftlichen Begründung und Erläute-

---

525 Siehe Verschmelzungen durch Neugündung von T-K, Babcock, Kontron und AGIV.

526 Nach § 15 (1) UmwG kann „...jeder Anteilseigner eines übertragenden Rechtsträgers [...] von dem übernehmenden Rechtsträger einen Ausgleich durch bare Zuzahlung verlangen.“ Mit Blick den, Beschluss vom 10.9.1999 des LG Dortmund, Az: 20 AktE 8/99, in Bezug auf die Spruchverfahren der Verschmelzung Friedrich Krupp Aktiengesellschaft Hoesch-Krupp auf Thyssen Aktiengesellschaft schlägt BUNGERT eine Gesetzesänderung vor, mit der die in Zusammenhang stehenden Spruchverfahren zusammengelegt werden können. Siehe BUNGERT, H. (2000), S. 2051-2053. Dieser Vorschlag ist seitdem in § 2 SpruchG umgesetzt worden.

527 Siehe § 2 (1) Satz 2 SpruchG.

528 So entschieden durch das BayObLG, Az: 3Z AR 36/01, im Falle der Verschmelzung zur Degussa am 19.10.2001: „Werden zwei Gesellschaften auf eine dritte Gesellschaft verschmolzen und liegen die Sitze der verschmolzenen Gesellschaften in verschiedenen Landesgerichtsbezirken kann, wenn für beide Gesellschaften Spruchstellenverfahren anhängig gemacht werden, ein gemeinsames Gericht bestimmt werden.“ Zitiert nach VETTER, E. (2002), S. 827.

529 In Bezug auf Unternehmensverträge: „werden zur Begründung des gesellschaftsrechtlichen Maßnahme häufig die erwarteten Verbundeffekte genannt, ohne dass sie in die Berechnung von Ausgleich und Abfindung einbezogen werden“. MAUL, K.-H. (2003), S. 267.

rung des Zusammenschlusses wird den genannten Synergiepotentialen häufig ein eigener Abschnitt gewidmet.[531] Im Gegensatz dazu wird das Verschmelzungsverhältnis auf Basis von stand-alone Ertragswerten, d. h. ohne Berücksichtigung der mit der Verschmelzung erwarteten Synergien, bestimmt.[532]

Der Abschnitt „wirtschaftliche Begründung eines Verschmelzungsberichts" beinhaltet häufig eine Beschreibung von Maßnahmen zur Effizienzsteigerung, die nach dem Zusammenschluss geplant sind.[533] Diese Synergiepotentiale werden häufig als jährliche Ergebnisbeiträge vor Ertragssteuern detailliert berechnet und z. T. auch als Barwert beziffert. In diesen Verschmelzungsberichten werden vielfach auch die mit dem Zusammenschluss und der Erzielung von Synergieeffekten verbundenen Kosten, bspw. für Restrukturierung, Grunderwerbsteuer oder Berater, quantifiziert.

Mit Hilfe der Datenbasis sollen die im Ankündigungszeitpunkt aus der Verschmelzung erwarteten Synergien als Barwert mit den Ertragswerten oder den Marktkapitalisierungen der beteiligten Gesellschaften verglichen werden. Dafür werden synergiebedingte Ergebnisbeiträge als Nettogrößen betrachtet und um Ertragssteuern auf Unternehmens- und Anteilseignerebene reduziert.[534] Die Höhe der Ertragssteuersätze (Gewerbesteuersatz und Körperschaftssteuersatz einschließlich Solidaritätszuschlag) sowie der typisierte persönliche Einkommenssteuersatz wird dem Verschmelzungsbericht direkt entnommen oder retrograd mittels geplanter Ertragssteuerbelastung auf Anteilseignerebene auf Basis der

530 "Es ist nicht erforderlich, in der Praxis börsennotierter Aktiengesellschaften aber verbreitet, dass die Angaben durch Zahlenschätzungen, etwa zu den Synergie- und Optimierungspotentialen, unterlegt werden." GEHLING, C. (2007), S. 181, Tz. 17. Anderer Auffassung: „Die Frage ob und inwieweit Kooperationsvorteile bei der Ermittlung des Umtauschverhältnisses zu berücksichtigen sind, ist umstritten." ZEIDLER, G.W. (2007), S. 212, Tz. 46.

531 Siehe bspw. Verschmelzungsbericht Daimler/Chrysler (1998), S. 45 oder Eurohypo (2002), S. 69.

532 „Unter Außerachtlassung von positiven und negativen Verbundeffekten wird dann auch die Vermögensintegrität der Anteilseigner der übernehmenden Rechtsträger gewahrt." STRATZ, R.-C. (2006), S. 165, Tz 7. Ebenfalls MARSCH-BARNER, R. (2006), S. 113, Rz. 17.

533 Eine Unterscheidung in echte und unechte Synergieeffekte wie sie bspw. für Squeeze-outs und Unternehmensverträge diskutiert wurde, findet dabei nicht statt.

534 In Verschmelzungsberichten vor 1997 wurden persönliche Einkommenssteuern bei der Unternehmensbewertung noch nicht berücksichtigt. Konsistent mit dem jeweiligen Bewertungsmodell werden barwertige synergiebedingte Ergebnisbeiträge in diesen Fällen ebenfalls vor persönlichen Einkommenssteuern ermittelt.

Angaben der Plan-Gewinn- und Verlustrechung ermittelt.[535] Dabei wird vereinfachend unterstellt, dass synergiebedingte Ergebnisbeiträge demselben Ertragssteuersatz unterliegen, der sich als (ungewichteter) Durchschnitt der Ertragssteuersätze beider Gesellschaften in der Fortführungsperiode ergibt. Dadurch wird der Einfluss ggf. bestehender gewerbesteuerlicher oder körperschaftssteuerlicher Verlustvorträge auf den Wert der synergiebedingten Ergebnisbeiträge vernachlässigt.

Die Ermittlung des Barwertes der synergiebedingten jährlichen Ergebnisbeiträge[536] erfolgt in Anlehnung an das im Verschmelzungsbericht beschriebene Bewertungsmodell. Hierbei wird unterstellt, dass das Risiko der jährlichen Ergebnisbeiträge aus Synergien durch den (ungewichteten) Mittelwert der Kapitalisierungszinssätze der beteiligten Gesellschaften in jeder Planungsperiode angemessen abgebildet wird. Vereinfachend wird von synergiebedingten Veränderungen der Finanzierungsstruktur abstrahiert.[537]

Sofern synergiebedingte Ergebnisbeiträge nicht allein für einen begrenzten Zeitraum erwartet werden, bestimmt sich deren Barwert unter Berücksichtigung der Fortführungsperiode, nicht jedoch aus dem im Verschmelzungsbericht beschriebenen Wachstumsabschlag. Die Annahme, dass jährliche Wertbeiträge aus Synergien über die Detailplanungsphase hinaus geschaffen werden, nimmt einen deutlichen Einfluss auf die Synergiehöhe.[538] Analog zur Behandlung der Ertragswerte wird der Barwert der Synergien auf den exakten Bewertungsstichtag aufgezinst.[539]

Führt der Zusammenschluss von mehr als zwei Gesellschaften[540] zu Synergien, die im Verschmelzungsbericht als ein Wert quantifiziert werden, besteht

---

535 Für Transaktionen vor Verabschiedung des Steuersenkungsgesetzes am 14. Juli 2000 ist das Anrechnungsverfahren maßgeblich, für Transaktion seitdem das Halbeinkünfteverfahren. Die am 25. Mai 2007 im Bundestag verabschiedete und am 6. Juli 2007 vom Bundesrat gebilligte Unternehmenssteuerreform zur Abgeltungssteuer wird in keinem Verschmelzungsbericht/ Spruchverfahren der Datenbasis berücksichtigt.

536 Siehe DAMODARAN, A. (2005), S. 46.

537 Folglich werden keine zusätzlichen Barmittel, Zinsaufwendungen/ -erträge angenommen und konstante Kapitalkosten unterstellt.

538 Bspw. haben die im Verschmelzungsbericht der Daimler-Benz AG und Chrysler Corp. beschriebenen Synergien für die Jahre 1998 bis 2001 und bei Berücksichtigung der Fortführungsperiode einen nach-Steuer-Barwert von ca. DM 38 Mrd. Ohne Fortführungsperiode beträgt der Barwert der Jahre 1998 bis 2001 jedoch nur ca. DM 3 Mrd.

539 Die Mehrheit der Verschmelzungsberichte verwendet dafür den Kapitalisierungszinssatz der ersten Planperiode.

540 Bsp. Verschmelzung zur Dt_Hyp, E.ON Bayern, Eurohyp und GroupTec.

die Gefahr, dieselben Synergien bei der Beurteilung mehrerer Verschmelzungsverhältnisse zu verteilen.[541]

Annahmegemäß betrachten die Anteilseigner nur ihr jeweiliges Verschmelzungsverhältnis, wie es im Verschmelzungsbericht beschrieben und begründet wird,[542] da sie den Beschluss eines weiteren Verschmelzungsverhältnisses i.d.R. nicht beeinflussen können.[543] Dabei berücksichtigen sie die Synergien der Transaktion in voller Höhe, auch wenn diese aus dem Zusammenschluss von mehr als zwei Gesellschaften resultieren. Die Berücksichtigung der vollen Synergiehöhe in der Beurteilung des jeweiligen Verschmelzungsverhältnisses[544] beruht auf der Annahme, dass die Synergien jeder Gesellschaft zugeordnet werden können und die Entscheidung über die Synergieverteilung in einem parallelen Umtauschverhältnis davon unabhängig sind.[545]

6) Vorschlagsbereich

Der Vorschlagsbereich ist einer empirischen Analyse nur schwer zugänglich, da das im Verschmelzungsbericht beschriebene Ertragswertverhältnis bereits den ex ante Transaktionspreis darstellt. Zwar wird dieser auf Basis von *stand-alone* Ertragswerten beschrieben, doch kann er im Rahmen des Ermessensspielraums bereits einen Konsens des Managements darstellen (bspw. hinsichtlich gemeinsamer Planungsannahmen einschließlich der im Vorschlagsbereich unterstellten Synergieverteilung).

7) Teilnahmebedingungen und Einigungsbereich

Die Teilnahmebedingung$_1$ (auch als TNB_1 bezeichnet) wird als Verhältnis der Summe von Börsenwert$_2$ und Synergien zu Börsenwert$_1$ bestimmt und stellt aus

---

541 Da die Entscheidung über das erste Verschmelzungsverhältnis von der Erwartung über das/die weitere(n) Verschmelzungsverhältnis(se) einer Transaktion und deren potentieller Synergieaufteilung abhängt, kann eine fiktive Mehrfachverteilung der Synergien nicht vermieden werden.

542 Siehe Verschmelzungsbericht der Eurohypo, S. 123, 157f.

543 Bspw. könnte bereits zuvor ein paralleler Verschmelzungsbeschluss getroffen worden sein, oder danach getroffen werden. Wird der Verschmelzungsbeschlussvorschlag von potenziell übertragenden Anteilseignern abgelehnt, folgt daraus nicht zwingend, dass kein weiterer Verschmelzungsbeschluss in derselben Transaktion erfolgt(e).

544 Bei Verschmelzung durch Aufnahme von zwei Gesellschaften aus Sicht aufnehmender Anteilseigner sowie jeweils der übertragenden Anteilseigner.

545 Gewährt die aufnehmende Gesellschaft insgesamt über 100% der erwarteten Synergien an mehrere übertragende Gesellschaften, erfolgt eine fiktive Mehrfachverteilung der Synergien. Diese lässt sich ohne Festlegung der „richtigen“ Synergieverteilung jedoch nicht lösen und dieser Ausnahmefall daher vereinfachend vernachlässigt.

Sicht der Anteilseigner$_1$ die maximale Konzessionsbereitschaft dar. Analog dazu ist die TNB_2 als Verhältnis von Börsenwert$_2$ zur Summe von Börsenwert$_1$ und Synergien zu ermitteln.

8) Verschmelzungsbeschluss$_2$

Sofern der Verschmelzungsbeschluss der übertragenden Anteilseigner$_2$ von einem oder wenigen Mehrheits-Anteilseignern gegen die Stimmen der Minderheit beschlossen werden kann, handelt es sich um eine dominierte Verschmelzung. Die Beteiligungsstruktur der übertragenden Gesellschaft wird im Verschmelzungsbericht beschrieben.

9) Beteiligung der Gesellschaft$_1$ an Gesellschaft$_2$

Verfügt der Verschmelzungspartner über mindestens 75% an der aufnehmenden Gesellschaft, wird die Transaktion als Verschmelzung mit mehrheitlicher Beteiligung (der Gesellschaft$_1$ an Gesellschaft$_2$) klassifiziert. Anderenfalls handelt es sich definitionsgemäß um eine Verschmelzung ohne mehrheitliche Beteiligung.

10) Ankündigungszeitpunkt

Als Ankündigungszeitpunkt wird der Tag bezeichnet, an dem die geplante Transaktion erstmalig bekannt gegeben wird. Entsprechend der Regelung in § 15 WpHG erfolgt die Ankündigung in der Praxis meist in Form einer ad-hoc Mitteilung.[546] Diese sind auch einige Jahre nach der Transaktion in Wirtschafts- und Pressedatenbanken abrufbar.

Für zwei bereits ein Jahrzehnt zurückliegende Transaktionen[547] fehlt eine solche ad-hoc Mitteilung.[548] Daher wurde in einem Fall auf das Datum eines Presseberichts über die geplante Verschmelzung zurückgegriffen.[549] Im zweiten Fall weist der Aktienkurs der übertragenden Gesellschaft 40 Tage vor Unterzeichnung eines Verschmelzungsvertragsentwurfs an mehreren aufeinander folgenden Handelstagen und entgegen dem allgemeinen Kursverlauf der Aktien deutlich positive Renditen auf. Annahmegemäß spiegelt dieser Kursverlauf die

546 „Das Konzept der Ad-hoc Mitteilung bietet […] den ökonomisch richtigen Ansatz, den Stichtag festzulegen.“ WEBER, M. (2004), S. 289. Aus juristischer Sicht ebenso BEHNKE, T. (1999), S. 934 und WILM, D. (2000a), S. 239.

547 Verschmelzung von Deckel AG auf Maho AG sowie Verschmelzung von AM Rückversicherungs AG auf AMB Aachen Münchner Beteiligungs AG.

548 Einführung der ad-hoc Mitteilungspflicht durch das Gesetz über den Wertpapierhandel und zur Änderung börsenrechtlicher und wertpapierrechtlicher Vorschriften - Zweites Finanzmarktförderungsgesetz (2. FFG) durch Beschluss des Bundestages am 17. Juni 1994.

549 Siehe Versicherungsnachrichten vom 12. Mai 1997.

mit der Verschmelzung einhergehende Wertsteigerungserwartung wider. Daher wird der letzte Tag vor diesem Kursanstieg als Ankündigungszeitpunkt unterstellt.[550]

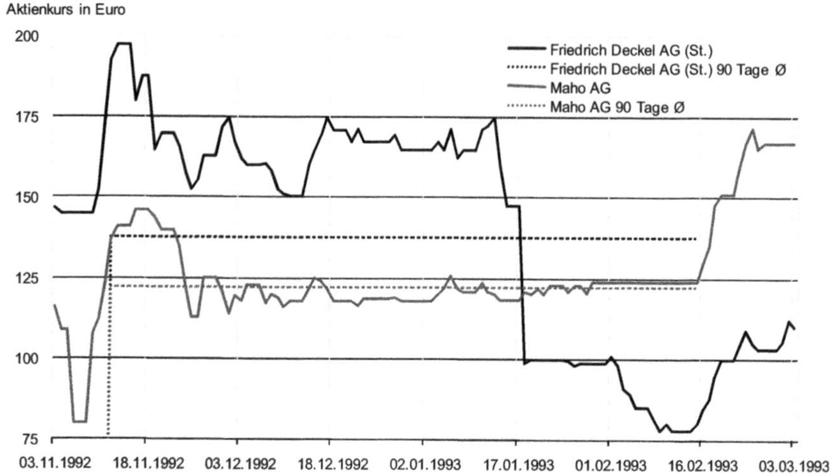

Abb. 40: Aktienkurse der Friedrich Deckel AG und der Maho AG im 3-Monats-Zeitraum vor Ankündigung

In Verschmelzungen, die einem erfolgreichen Übernahmeangebot innerhalb einiger Monate folgen, wird als Ankündigungszeitpunkt das Datum der Bekanntgabe der Übernahmeabsicht und nicht der eigentlichen Verschmelzungsankündigung gewählt.[551] Anderenfalls reflektiert der Börsenkurs der übertragenden Gesellschaft die Höhe des Übernahmeangebots, dessen Erfolgswahrscheinlichkeit und andere spekulative Elemente. Annahmegemäß vergleichen Anteilseigner das vom Management vorgeschlagene Umtauschverhältnis mit ihrer ökonomischen Referenz, den Börsenkursen. In der Beurteilung ihrer Vermögensposition vor der Transaktion mit der danach muss konsequenterweise auf Börsenkurse zurückgegriffen werden, die nicht vom Übernahmeangebot beeinflusst werden. Auf das Übernahmeangebot hin steigende Kurse der übertragenden Gesellschaft beinhalten neben einer potentiellen Veränderung des Informationsstandes auch spekulative Erwartungen über die Höhe und Verteilung von Syner-

550 Analog zu spekulativem Anstieg der Zielgesellschaft in Übernahmeangeboten.

551 Lahmeyer_99, Betasystems, Agor, Deutsche Telekom/ T-Online.

gien.[552] Da diese aber erst durch die Transaktion, bestehend aus den Teilschritten Übernahme und Verschmelzung, realisiert werden, ist als Ankündigungszeitpunkt die Bekanntgabe des beabsichtigten Übernahmeangebots anzusehen.

Synergien werden typischerweise als eine aus dem Zusammenschluss resultierende Wertsteigerung betrachtet, nicht jedoch getrennt nach Erlangung einer Mehrheitsbeteiligung und Abschluss der Verschmelzung ausgewiesen.[553] Diese Trennung wäre aber notwendig, um auf Basis von Börsenkursen nach einem Übernahmeangebot eine (Teil-) Synergieverteilung vorzunehmen.

4.2.3 Untersuchungsdesign

4.2.3.1 Deskriptive Statistik

Die Parameter der Datenbasis werden jeweils als Verhältnis über einer Referenzgröße ermittelt und sind somit untereinander vergleichbar. Bereits mit den deskriptiven Statistiken Mittelwert, Median und Standardabweichung lassen sich Aussagen über die Stichprobe treffen.

Zur Steigerung deren Erklärungsgehalts werden die Stichproben einzelner Variablen zudem anhand des

- Ankündigungszeitpunktes bis/seit DAT,
- nicht/dominierter Verschmelzungsbeschluss$_2$ sowie
- ohne/mit mehrheitlicher Beteiligung der Gesellschaft$_1$ an der Gesellschaft$_2$
- Verschmelzung durch Aufnahme/Neugründung
- ohne/mit Prämie des ex ante Transaktionspreises zugunsten Anteilseignern$_2$

in Teilstichproben zerlegt und paarweise anhand der gleichen Statistiken verglichen. Markante Unterschiede von Mittelwert, Median und Standardabweichung zwischen den Teilstichproben deuten auf einen Einfluss des Unterteilungskriteriums auf die Variablen der Teilstichprobe hin.

Zur Ermittlung der Häufigkeitsverteilung der Stichproben werden die metrischen Daten anhand ihrer Werte jeweils in Klassen eingeteilt. Die Anzahl und

552 Bspw. quantifiziert der Verschmelzungsbericht Deutsche Telekom / T-Online Synergien aus dem Zusammenschluss (siehe S. 213). Das öffentliche Kaufangebot hingegen begründet lediglich den strategischen Hintergrund der angestrebten Verschmelzung sowie die Schritte für die Umsetzung.

553 Kaufangebot der Betasystems vom 6. April 2004, S. 11 beschreibt Hintergrund und Zielsetzung des Angebots und räumt ein, detaillierte Informationen über die Kleindienst AG erst im Rahmen einer Due Diligence zu erhalten. Erst im Verschmelzungsbericht vom 25. April 2005, S. 39, wird das erwartete Synergiepotential quantifiziert.

Breite der Klassen wird entsprechend der Parameterausprägung (einschließlich negativen Werten) variiert.

4.2.3.2 Induktive Statistik

Die Parameter der Datenbasis werden mit den Methoden der induktiven Statistik auf das Einhalten mathematischer Modelle wie bspw. der Normalverteilung untersucht, um Rückschlüsse von Stichprobendaten auf deren Grundgesamtheit zu ermöglichen.

Abgeleitet von den Häufigkeits- bzw. Wahrscheinlichkeitsverteilungen werden Parameter der Grundgesamtheit geschätzt und Hypothesen über die Parameterwerte (bspw. Mittelwert einer Stichprobe oder Mittelwertdifferenz zwischen zwei Stichproben) mittels statistischer Tests bestätigt oder verworfen.

Die Anpassung empirischer Daten an die Normalverteilung wird auf Basis des Komogorov-Smirnov-Anpassungstests überprüft.[554] Kann die Normalverteilung der Daten auf Basis dieser Tests unterstellt werden, dann können Hypothesen über den Mittelwert einer Stichprobe oder die Mittelwertdifferenz zwischen zwei Stichproben mittels t-Test überprüft werden.[555] t-Tests auf Mittelwertdifferenz zweier Stichproben erfordern zudem, dass sich die Varianzen der Stichproben nicht voneinander unterscheiden. Diese Voraussetzung kann auf Basis des F-Tests geprüft werden.[556] Für Stichproben unterschiedlicher Varianzen ist die t-Teststatistik nach dem Näherungsverfahren von Welch zu ermitteln.[557]

Muss für einen Parameter die Hypothese der Normalverteilung verworfen werden, so wird anhand des Wilcoxon-Vorzeichen-Rang Tests geprüft, ob der mittlere Wert der Verteilung Null übersteigt.[558] Der Unterschied zwischen zwei Teilstichproben wird mittels des Mann-Whitney-U Tests geprüft. Dieser parameterfreie Homogenitätstest vergleicht zwei unabhängige Stichproben anhand der Ränge, die ihre jeweiligen Werte in einer der Größe nach geordneten Reihe einnehmen.[559]

---

554 Vorteil des Kolmogorov-Smirnov-Tests gegenüber dem Chi2-Anpassungstest besteht darin, dass er auch schon bei kleinen Stichprobenumfängen anwendbar ist. Siehe BLEYMÜLLER, J./ GEHLERT, G./ GÜLICHER, H. (2004), S. 133.

555 Siehe SACHS, L. (2004), S. 408ff.

556 Siehe SACHS, L. (2004), S. 611ff., BÜNING, H. (1991), S. 146ff.

557 Siehe BÜNING, H. (1991), S. 132ff.

558 Ohne Verteilungsannahme ist der Median bzw. das 0,5 Quantil das Zentrum der Verteilung. Siehe CRAMER, E./ KAMPS, U. (2007), S. 262.

559 Siehe CRAMER, E./ KAMPS, U. (2007), S. 295.

4.3 Deskriptiver Überblick der Datenbasis

Für Verschmelzungen deutscher Gesellschaften für die bereits vor der Transaktionsankündigung beiderseits aussagekräftige Börsenkurse existieren, werden Börsenwertverhältnis, Umtauschverhältnis auf Basis der im Verschmelzungsbericht beschriebenen Ertragswerte und Daten des Spruchverfahrens in die Datenbasis aufgenommen.

Darüber hinaus beinhaltet der Datensatz Angaben darüber, ob die Verschmelzung bis bzw. seit der DAT/Altana-Entscheidung beschlossen wurde, ob der Verschmelzungsbeschluss der $Gesellschaft_2$ von einem Anteilseigner dominiert wurde und zum Zeitpunkt der Erstellung des Verschmelzungsberichts eine mehrheitliche Beteiligung der $Gesellschaft_1$ an $Gesellschaft_2$ besteht.

4.3.1 Verschmelzung durch Aufnahme/Neugründung

Die Datenbasis enthält 38 Transaktionen und 45 Verschmelzungsverhältnisse, die in 34 Verschmelzungen durch Aufnahme und vier Verschmelzungen durch Neugründung untergliedert werden können (Abb. 41).

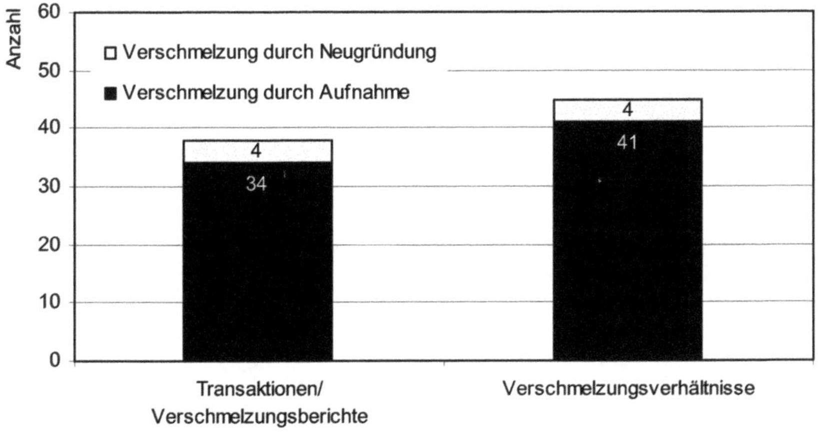

Abb. 41: Anzahl Transaktionen und Verschmelzungsverhältnisse je Transaktionstyp

Zu einer Transaktion gehören mehrere Verschmelzungsverhältnisse, wenn in Verschmelzungen durch Aufnahme mehr als eine und in Verschmelzungen durch Neugründung mehr als zwei Gesellschaften zeitgleich mit der aufnehmenden Gesellschaft verschmolzen werden. Die Datenbasis enthält vier Transaktionen mit zwei Verschmelzungsverhältnissen[560] und eine Transaktion mit vier Verschmelzungsverhältnissen.[561]

4.3.2 Nicht/dominierter Verschmelzungsbeschluss

In 31 der 45 Verschmelzungsverhältnisse der Datenbasis konnte der Verschmelzungsbeschluss ohne die Minderheit der übertragenden Anteilseigner$_2$ auch gegen deren Stimmen gefasst werden, da (ein/mehrere) Mehrheits-Anteilseigner$_2$ mindestens 75% an der übertragenden Gesellschaft$_2$ hält/halten.

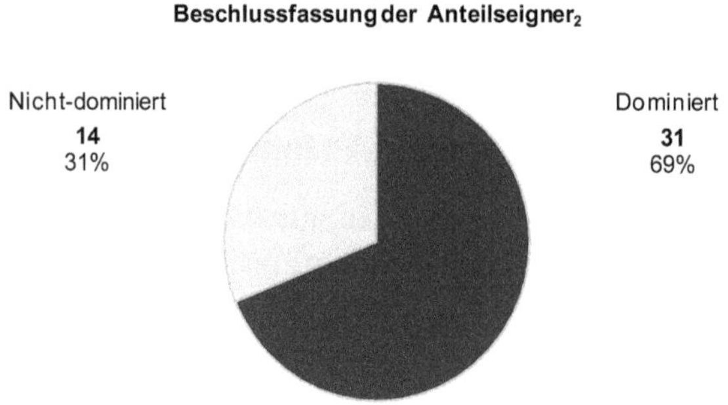

Abb. 42: Verschmelzungsverhältnisse nach Dominanz bei Beschlussfassung der Anteilseigner$_2$

Daher können dominierte Verschmelzungen daraufhin untersucht werden, ob deren Umtauschverhältnisse vor bzw. nach dem Spruchverfahren für Anteilseigner$_2$ im Vergleich zum Börsenwertverhältnis nachteilig sind. Der Vergleich dieser Umtauschverhältnisse mit denen nicht-dominierter Verschmelzungen ermöglicht ggf. Rückschlüsse über die Wirksamkeit des Spruchverfahrens als gesellschaftsrechtlicher Schutzmechanismus.

Im einfachsten Fall einer dominierten Verschmelzung wird die dominierte Gesellschaft auf ihren Mehrheits-Anteilseigner übertragen. Für einen dominierten Verschmelzungsbeschluss der Anteilseigner$_2$ muss keine Beteiligung zwischen den verschmelzenden Parteien bestehen.

560 Dt_Hyp_1, HVB_RE, Eurohypo_1, GroupTec.
561 E.ON_BY_1.

Die Datenbasis enthält neun Verschmelzungsverhältnisse beidseitig dominierter Verschmelzungsbeschlüsse.[562] Diese entstehen, da ein gemeinsamer Mehrheitsaktionär der verschmelzenden Parteien die Verschmelzung ohne die Stimmen der jeweiligen Minderheits-Anteilseigner beschließen kann.

4.3.3 Ohne/mit mehrheitlicher Beteiligung der Gesellschaft$_1$ an Gesellschaft$_2$

In Konzernverschmelzungen hält die Gesellschaft$_1$ bereits vor der Verschmelzung eine mehrheitliche Beteiligung an der Gesellschaft$_2$. Der durch diese Verschmelzungen zusätzlich erzielte Integrationsgrad liegt unter dem von Verschmelzungen von Gesellschaften mit geringerer Beteiligung. Eine derartige Unterteilung der Datenbasis ist insbesondere für den Vergleich von Synergien relevant.

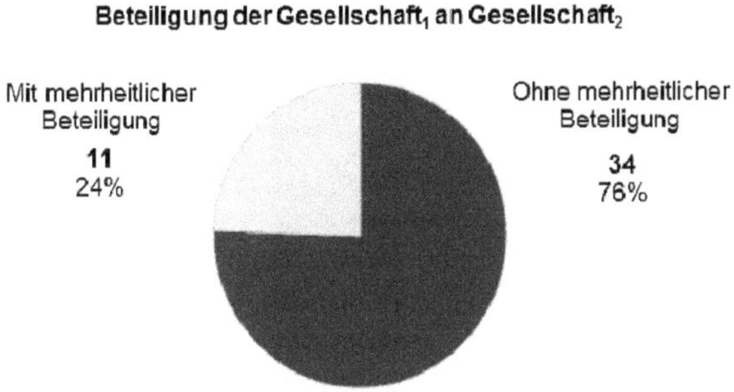

Abb. 43: Verschmelzungsverhältnisse nach Beteiligungsstruktur der Gesellschaft$_2$

Die analysierte Datenbasis enthält deutlich weniger Verschmelzungen mit mehrheitlicher Beteiligung der Gesellschaft$_1$ an Gesellschaft$_2$ als Verschmelzungen von Gesellschaften mit geringerer wechselseitiger Beteiligung (Abb. 43).

In der Literatur wird die Verschmelzung als Instrument der gesellschaftsrechtlichen Konzentration innerhalb von Konzernen beschrieben.[563] In der erstellten Datenbasis ist jedoch ein hoher Anteil von Verschmelzungen mit weniger als mehrheitlicher Beteiligung zu finden, was in einigen Fällen der Existenz des gemeinsamen Mehrheitsanteilseigners geschuldet ist.

562 FHyp_Centralboden, Alsen, Dt_Hyp_1, Dt_Hyp_2, Heilit, Actris, DYW, HVB_RE_1, HVB_RE_2.

563 DIEKAMP, T. (2003), S. 124.

4.3.4 Zuzahlung durch gerichtlichen Vergleich/Beschluss

Ex post und ex ante Transaktionspreis sind gleich, wenn die Bewertungsrüge im Spruchverfahren einer Verschmelzung durch Aufnahme rechtskräftig abgewiesen wird oder der gerichtliche Vergleich keine Zuzahlung vorsieht. Von den 23 rechtskräftig abgeschlossenen Spruchverfahren der Datenbasis trifft das auf sieben Beschlüsse und einen Vergleich zu (Abb. 44).[564]

Weitere zwölf Spruchverfahren wurden durch gerichtlichen Vergleich und drei Spruchverfahren durch gerichtlichen Beschluss unter Festsetzung einer Zuzahlung zugunsten der Anteilseigner$_2$ abgeschlossen. In diesen Verschmelzungen übersteigt der ex post Transaktionspreis jeweils den ex ante Transaktionspreis.

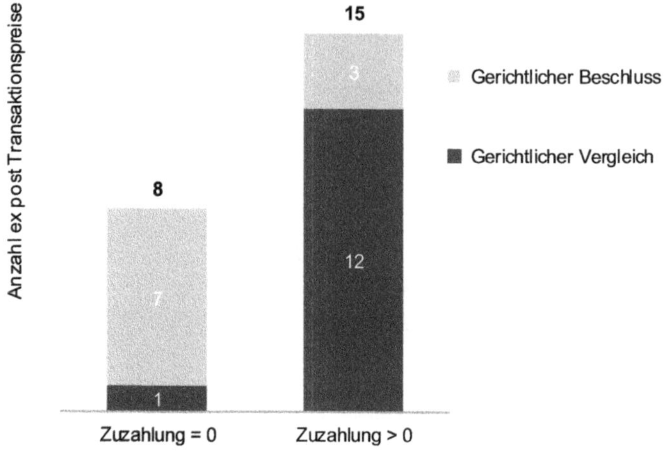

Abb. 44: Verschmelzungsverhältnisse mit bekanntem ex post Transkationspreis

Die Anzahl der ex post Transaktionspreise liegt deutlich unter der Anzahl der Verschmelzungsverhältnisse, da die Mehrheit der eingeleiteten Spruchverfahren noch nicht rechtskräftig abgeschlossen ist.[565] Die Datenbasis enthält keine Zuzahlung Z_1 aus Spruchverfahren von Verschmelzungen durch Neugründung.

---

564 Im Spruchverfahren Veba/Viag haben sich Antragsteller und E.ON im gerichtlichen Vergleich auf Übernahme der Spruchverfahrenskosten ohne Zuzahlung geeinigt. Die mögliche Zuzahlung $Z_1>0$ des freiwilligen Spruchverfahrens bleibt unberücksichtigt.

565 Bspw. liegt das Spruchverfahren von Tomorrow Internet beim OLG (Stand: März 2011).

In Verschmelzungen durch Aufnahme ist für aufnehmende Anteilseigner_1 im Umwandlungsgesetz kein Spruchverfahren vorgesehen. In der Praxis gibt es jedoch Fälle, in denen der Mehrheits-Anteilseigner der aufnehmenden oder beider Gesellschaften anderen Anteilseignern der aufnehmenden Gesellschaft ein freiwilliges Spruchverfahren anbietet.[566] Damit soll die Erlangung des Verschmelzungsbeschlusses auch bei der aufnehmenden Gesellschaft von Bewertungsfragen getrennt werden.

Im Rahmen eines freiwilligen Spruchverfahrens gewährt der Mehrheitsanteilseigner einer aufnehmenden Gesellschaft den Minderheitsaktionären dieser Gesellschaft aus eigenem Bestand Zusatzstückaktien.[567] Eine derartige Zuzahlung ist Ausdruck des Verteilungskampfes zwischen dem Mehrheitsaktionär der Gesellschaft_1 und deren Minderheitsaktionären. Dieser Verteilungskampf ist von dem zwischen Gesellschaft_1 und Gesellschaft_2 zu unterscheiden und wird deshalb in der Datenbasis nicht berücksichtigt.[568]

4.3.5 Zeitraum von Ankündigung bis Beschlussfassung

Zwischen Ankündigung der Transaktion und Verschmelzungsbeschluss[569] können Anteilseigner anhand ihrer ökonomischen Referenz über den ex ante Transaktionspreis entscheiden. Für die Verschmelzungen der Datenbasis umfasst dieser Zeitraum durchschnittlich 180 Kalendertage. Der kürzeste Zeitraum beträgt 42 Tage, der Median 179 und der längste 391 Tage.

Die Zeiträume weichen stark voneinander ab, da die Bekanntgabe der Verschmelzungsabsicht oder ein davor geschaltetes Übernahmeangebot als Ankündigungszeitpunkt berücksichtigt wird.[570]

566 Veröffentlichung im Bundesanzeiger vom 5. April 2007 zur Eurohypo-Verschmelzung: „Durch Schiedsspruch vom 18. März 2007 hat das Schiedsgericht die auf eine Verbesserung des Umtauschverhältnisses zu Gunsten der Aktionäre der Deutsche Hyp Deutsche Hypothekenbank Frankfurt-Hamburg Aktiengesellschaft gerichteten Schiedsklagen abgewiesen."

567 E.ON bietet aus eigenem Bestand 5 Zusatzstückaktien der E.ON Bayern je 25 zuvor gehaltener Aktien der Isar-Amperwerke, umfirm. in E.ON Bayern.

568 Bei Berücksichtigung der Zusatzstückaktien ergeben sich unterschiedliche Umtauschverhältnisse für den Mehrheits- und die Minderheitsanteilseigner der Gesellschaft_1. Für übertragende Anteilseigner_2 ist jedoch weiterhin nur das Umtauschverhältnis des Mehrheits-Anteilseigners relevant, da die Zusatzstückaktien nicht von der verschmolzenen Gesellschaft gewährt werden.

569 Der späteren Hauptversammlung, sofern zwei Beschlüsse notwendig sind.

570 Bspw. die Verschmelzungen der B.U.S. Berzelius Umwelt-Service Aktiengesellschaft und Nordag AG (umfirm. in AGOR AG), Kleindienst AG und Betasystems AG, Daim-

4.3.6 Zeitraum von Antrag auf Spruchverfahren bis zum rechtskräftigen Abschluss

Übertragende Anteilseigner können die Wirksamkeit eines Verschmelzungsbeschlusses nicht anfechten, weil ein zu niedriges Umtauschverhältnis beschlossen wurde.[571] Dafür können sie Ausgleich durch bare Zuzahlung fordern. Nach dieser sog. Bewertungsrüge wird im Spruchverfahren über die Angemessenheit des ex ante Transaktionspreises und damit über die Höhe der baren Zuzahlung entschieden.

Von der Bewertungsrüge bis zum rechtskräftigen Abschluss des Spruchverfahrens vergehen erfahrungsgemäß mehrere Jahre.[572] Bisher wurde die Dauer von Spruchverfahren zu Verschmelzungen noch nicht umfassend und losgelöst von anderen gesellschaftsrechtlichen Anlässen untersucht. Einschließlich des geschätzten Abschlusses in 2001 noch nicht beendeter Spruchverfahren ermitteln WENGER/ KASERER/ HECKER eine Dauer 10,9 Jahren für Beherrschungs- und Gewinnabführungsverträge.[573] MUNKERT hingegen findet für unterschiedliche gesellschaftsrechtliche Anlässe eine durchschnittliche Dauer von 5,59 Jahren.[574] Die Bandbreite dieser Ergebnisse deutet darauf hin, dass sie ggf. nicht auf Spruchverfahren von Verschmelzungen übertragbar sind.

Für die bereits rechtskräftig abgeschlossenen Spruchverfahren der Datenbasis beträgt dieser Zeitraum durchschnittlich 5,2 Jahre, bei einem Median von 4,4 Jahren sowie den Extremwerten von 1,2 und 13,8 Jahren. Hierbei ist jedoch darauf hinzuweisen, dass ein Vielzahl der beantragten Spruchverfahren der Datenbasis bereits länger als fünf Jahre anhängig sind, aber ohne rechtskräftigen Abschluss nicht in die Berechnung eingehen. Mit Blick auf die relativ hohe Anzahl der Vergleiche unter den rechtskräftig abgeschlossenen Spruchverfahren der Datenbasis könnte der vergleichsweise schnelle Abschluss der Spruchverfahren durch die Vergleichsbereitschaft entstanden sein.

---

ler Benz AG und Chrysler Corp., T-Online AG und Deutsche Telekom AG, Broadnet AG und QSC AG.

571 § 14 (2) UmwG.

572 Allgemein für unterschiedliche gesellschaftsrechtliche Anlässe: Der rechtskräftige Abschluss der zweiten Instanz [eines Spruchverfahrens] wird in nicht wenigen Fällen erst nach mehr als zehn Jahren erreicht." BILDA, K. (2000), S. 296. Ähnlich HEIDEL: „[Spruchverfahren] dauern regelmäßig zehn Jahre, manchmal gar bis zu 20 Jahre" HEIDEL, T. (2003), S. 32.

573 Siehe WENGER, E./ KASERER, C./ HECKER, R. (2001), S. 328.

574 „Die durch Gerichtsentscheidung beendeten Spruchverfahren dauerten durchschnittlich 8,32 Jahre, die durch Vergleich beendeten Spruchverfahren 3,20 Jahre" Siehe MUNKERT, M.J. (2005), S. 106.

4.3.7 Erwartete Synergien

Die Datenbasis enthält 45 Verschmelzungsverhältnisse. Für 30 (68%) werden Synergien quantifiziert und meist gesondert in den Verschmelzungsberichten beschrieben.

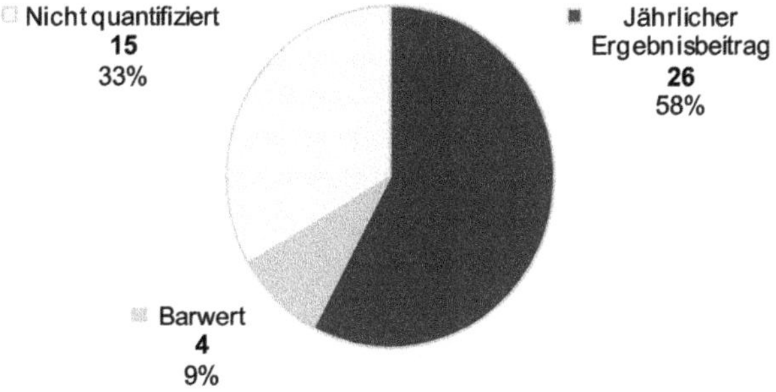

Abb. 45: Verschmelzungsverhältnisse mit quantifizierten Synergien

Diese Synergien werden für 26 der 45 Verschmelzungsverhältnisse als jährliche Ergebnisbeiträge vor Ertragssteuern detailliert quantifiziert und für vier Verschmelzungsverhältnisse als Barwert beziffert.[575]

4.4 Induktive Auswertung der Datenbasis

Mit der induktiven Auswertung der Datenbasis sollen Antworten auf folgende Fragen gefunden werden:

1. Gibt es Prämien im Verschmelzungsverhältnis über Börsenwertverhältnis?
2. Wie hoch sind Zuzahlungen in Spruchverfahren zu Verschmelzungen?
3. Wie hoch sind erwartete Synergien in Verschmelzungen?
4. Führen Verschmelzungsverhältnisse zu Vermögensumverteilung, wenn Anteilseigner Synergien berücksichtigen?
5. Wie hoch sind Vermögenseffekte, wenn Anteilseigner neben Synergien auch die Zuzahlungen des Spruchverfahrens berücksichtigen?

Mit Hilfe statistischer Tests wird die Datenbasis dafür anhand nachstehender Hypothesen untersucht:

575 Siehe Verschmelzungsberichte Babcock, Kontron und DTAG_TOI.

1: Ex ante Transaktionspreis

1a: Im Durchschnitt sind übertragende Gesellschaften$_2$ unterbewertet.

1b: Die durchschnittliche Unterbewertung der übertragenden Gesellschaft$_2$ hat seit DAT zugenommen.

1c: Im Durchschnitt sind Gesellschaften$_1$ unterbewertet.

1d: Die durchschnittliche Unterbewertung der Gesellschaft$_1$ hat seit DAT zugenommen.

1e: Ex ante Transaktionspreise in Verschmelzungen beinhalten eine Prämie zugunsten übertragender Anteilseigner$_2$.

1f: Seit DAT enthalten Verschmelzungsverhältnisse häufiger eine Prämie als zuvor.

1g: Die durchschnittliche Prämie über Börsenwertverhältnis liegt seit DAT höher als zuvor.

1h: Verschmelzungsverhältnisse dominierter Transaktionen enthalten häufiger eine Prämie als nicht-dominierte.

1i: Die durchschnittliche Prämie über Börsenwertverhältnis ist in dominierten Verschmelzungen höher als in nicht-dominierten.

1j: In Verschmelzungen mit mehrheitlicher Beteiligung seltener eine Prämie geboten als in denen ohne.

1k: Die durchschnittliche Prämie über Börsenwertverhältnis ist in Verschmelzungen mit Mehrheitsbeteiligung höher als in Verschmelzungen ohne.

2: Ex post Transaktionspreis

2a: Im Spruchverfahren bestimmte Zuzahlungen verändern den beschlossenen Transaktionspreis signifikant zugunsten Anteilseignern$_2$.

2b: Die durchschnittliche Zuzahlung ist bei Abschluss des Spruchverfahrens in Form eines gerichtlichen Beschlusses höher als in gerichtlichen Vergleichen.

2c: Spruchverfahren von bis DAT angekündigten Verschmelzungen werden mit höheren Zuzahlungen beendet als die seitdem angekündigten.

2d: Die durchschnittliche Zuzahlung ist in dominierten Verschmelzungen höher als in nicht-dominierten.

2e: In Verschmelzungen mit mehrheitlicher Beteiligung der Gesellschaft$_1$ an Gesellschaft$_2$ ist die durchschnittliche Zuzahlung höher als bei geringerer Beteiligung.

2f: In Verschmelzungen ohne Prämie über Börsenwertverhältnis zugunsten der Anteilseigner$_2$ ist die durchschnittliche Zuzahlung höher als bei Gewährung einer solchen Prämie.

3: Synergien

3a: In bis DAT angekündigten Verschmelzungen werden durchschnittlich höhere Synergien erwartet als in seitdem angekündigten.

3b: In dominierten Verschmelzungen werden durchschnittlich höhere Synergien erwartet als in nicht-dominierten.

3c: In Verschmelzungen mit mehrheitlicher Beteiligung werden durchschnittlich höhere Synergien erwartet als in Verschmelzungen zwischen Gesellschaften, denen diese mehrheitliche Beteiligung fehlt.

3d: In Verschmelzungen ohne Prämie über Börsenwertverhältnis zugunsten $Anteilseignern_2$ *werden durchschnittlich höhere Synergien erwartet als bei ex ante Transaktionspreisen mit Prämie zugunsten* $Anteilseignern_2$.

3e: In Verschmelzungen durch Aufnahme werden durchschnittlich höhere Synergien erwartet als in Verschmelzungen durch Neugründung.

3f: Die im Spruchverfahren festgelegten Zuzahlungen sind im Mittel kleiner als die erwarteten Synergien.

4: Ex ante Transaktionspreis im Vergleich zum Einigungsbereich

4a: Ex ante Transaktionspreise halten die TNB_2 *ein.*

4b: Verschmelzungsverhältnisse bis DAT angekündigter Transaktionen halten die TNB_2 *stärker ein als die seitdem angekündigter Transaktionen.*

4c: Verschmelzungsverhältnisse nicht-dominierter Transaktionen halten die TNB_2 *stärker ein als die dominierter Transaktionen.*

4d: Verschmelzungsverhältnisse zwischen mehrheitlich beteiligten Gesellschaften halten die TNB_2 *stärker ein als Verschmelzungsverhältnisse ohne diese Beteiligung.*

4e: Verschmelzungsverhältnisse halten die TNB_2 *in Verschmelzungen durch Aufnahme stärker ein als in Verschmelzungen durch Neugründung.*

4f: Ex ante Transaktionspreise halten die TNB_1 *ein.*

4g: Verschmelzungsverhältnisse bis DAT angekündigter Transaktionen halten die TNB_1 *stärker ein als die seitdem angekündigter Verschmelzungen.*

4h: Verschmelzungsverhältnisse dominierter Transaktionen halten die TNB_1 *stärker ein als die nicht-dominierter Verschmelzungen.*

4i: Verschmelzungsverhältnisse halten die TNB_1 *in Transaktionen mit mehrheitlicher Beteiligung stärker ein als in Transaktionen mit geringerer Beteiligung.*

5: Ex post Transaktionspreis im Vergleich zum Einigungsbereich

5a: Der durchschnittliche ex post Transaktionspreis hält die TNB_2 ein.

5b: In seit DAT angekündigten Verschmelzungen hält der durchschnittliche ex post Transaktionspreis die TNB_2 stärker ein als in bis DAT angekündigten Verschmelzungen.

5c: Der durchschnittliche ex post Transaktionspreis hält die TNB_2 in dominierten Verschmelzungen stärker ein als in nicht-dominierten.

5d: Der durchschnittliche ex post Transaktionspreis hält die TNB_2 in Verschmelzungen mehrheitlich verbundener Unternehmen stärker ein als in Transaktionen mit geringerer Beteiligung

5e: Die durchschnittliche Zuzahlung ist größer wenn die TNB_2 bereits vor Spruchverfahren eingehalten wurde als in Fällen, in denen diese verletzt wurde.

5f: Der durchschnittliche ex post Transaktionspreis hält die TNB_1 ein.

5g: In bis DAT angekündigten Verschmelzungen hält der durchschnittliche ex post Transaktionspreis die TNB_1 stärker ein als in denen seit DAT.

5h: Der durchschnittliche ex post Transaktionspreis hält die TNB_1 in nicht-dominierten Verschmelzungen stärker ein als in dominierten.

5i: Der durchschnittliche ex post Transaktionspreis hält die TNB_1 in Verschmelzungen mehrheitlich verbundener Unternehmen stärker ein als in Transaktionen mit geringerer Beteiligung.

Die Hypothesen werden in den folgenden fünf Unterkapiteln untersucht:

1. ex ante Transaktionspreis,
2. ex post Transaktionspreis,
3. Berücksichtigung von Synergien,
4. ex ante Transaktionspreis zum Einigungsbereich,
5. ex post Transaktionspreis zum Einigungsbereich.

Diese werden jeweils mit einer Zusammenfassung zentraler Erkenntnisse abgeschlossen und danach in Bezug die eingangs erhobenen Fragen zum Einfluss einzelner Kriterien, Vermögenseffekten und Umverteilung interpretiert.

4.4.1 Ex ante Transaktionspreis

4.4.1.1 Bewertung der verschmelzenden Gesellschaften

Der ex ante Transaktionspreis wird im Verschmelzungsbericht aus $Ertragswert_2$ und $Ertragswert_1$ ermittelt. In der Regel wird dabei die Anwendbarkeit der Börsenkurse bzw. Börsenwerte der Gesellschaften auf die Bestimmung des Umtauschverhältnisses kommentiert.[576] Seit DAT enthalten Verschmelzungsberichte mehrheitlich die Feststellung, dass der ermittelte Ertragswert den Börsenwert der übertragenden Gesellschaft übersteigt und somit der höchstrichterlichen Rechtsprechung, sofern sie auf Verschmelzungen übertragbar ist, Rechnung getragen wird.[577]

Im theoretischen Teil dieser Arbeit wurden Abweichungen des Ertragswertes vom Börsenwert durch bewertungsrelevante Insiderinformationen erklärt. Sofern deren Inhalt unsystematisch bzw. zufälliger Natur ist, hat der Informationsvorsprung im Vergleich zu öffentlich verfügbaren Informationen gleich häufig werterhöhenden wie wertreduzierenden Charakter.

Die Verschmelzungsverhältnisse der Datenbasis wurden zu 37/45 mit den Börsenwert$_1$ nicht unterschreitenden Ertragswerten$_1$ und mit 37/45 den Börsenwert$_2$ nicht unterschreitenden Ertragswerten$_2$ bestimmt. Gemeinsam betrachtet beanspruchen 76% ($^{34}/_{45}$) aller Verschmelzungsverhältnisse, dass gleichzeitig beide Gesellschaften durch den gewichteten Durchschnitt der 3-Monats-Börsenkurse vor Transaktionsankündigung unterbewertet waren.

Tab. 20 stellt diese 34 Verschmelzungsverhältnisse im Feld $EW_i \geq BK_i$ rechts unten dar und unterscheidet sie in 22 Ertragswertverhältnisse, die gleich oder größer als das Börsenwertverhältnis sind und in 12, die darunter liegen.

Tab. 20: Verschmelzungsverhältnisse im Vergleich zur Bewertung der Gesellschaften

	$BK_1>EW_1$: $\beta_{BK}>\beta_{EW}$	$BK_1>EW_1$: $\beta_{EW}\geq\beta_{BK}$	$EW_1\geq BK_1$: $\beta_{BK}>\beta_{EW}$	$EW_1\geq BK_1$: $\beta_{EW}\geq\beta_{BK}$
$BK_2>EW_2$	2	3	3	-
$EW_2\geq BK_2$	-	3	12	22

576 Siehe Erläuterungen in Kapitel 2.2.3.

577 In den bisherigen Verschmelzungsberichten wird die Übertragbarkeit der DAT/Altana-Entscheidung auf Verschmelzungen als ungeklärt angesehen. Siehe Verschmelzungsbericht Eurohypo, S. 127. Dem hingegen wird die Rechtsprechung zu DAT im Verschmelzungsbericht der Broadnet AG und der QSC AG vom Frühjahr 2007 erstmals auch „für den Fall der Verschmelzung als beachtlich angesehen". Siehe Verschmelzungsbericht QSC, S. 87.

Das Ausmaß der Unterbewertung am Kapitalmarkt wird durch das Verhältnis aus Ertragswert zum Börsenwert der jeweiligen Gesellschaft beschrieben. Für Gesellschaft$_2$ wird eine durchschnittliche Unterbewertung von 50% und für Gesellschaft$_1$ von 45% ermittelt. Daraus resultiert, dass die in den Verschmelzungsberichten ermittelten Ertragswerte deutlich über den Börsenwerten liegen.

Zur Eliminierung des Einflusses der DAT/Altana-Entscheidung werden die Verschmelzungsverhältnisse in diejenigen, die bis zum 27. April 1999 angekündigt wurden, und diejenigen seitdem unterteilt. Beide Gruppen weisen eine Unterbewertung auf, allerdings ist die durchschnittliche Unterbewertung seit DAT für beide Gesellschaften höher (Tab. 21).

Tab. 21: Bewertung der verschmelzenden Gesellschaften

	EW_1/ BK_1-1			**EW_2/ BK_2-1**		
	alle	**bis DAT**	**seit DAT**	**alle**	**bis DAT**	**seit DAT**
Beobachtungen	**45**	17	28	**45**	17	28
Mittelwert	**44,6%**	32,4%	52,1%	**49,7%**	29,0%	62,3%
Median	**26,0%**	26,0%	31,3%	**30,5%**	27,0%	44,6%
Standardabweichung	**70,7%**	47,8%	81,5%	**73,5%**	39,7%	86,2%

Trotz Unsicherheit hinsichtlich der Übertragbarkeit der DAT/Altana-Entscheidung auf Verschmelzungen[578] führen die in Ertragswerten verarbeiteten Insiderinformationen in der Verschmelzungspraxis systematisch zu Wert > Preis. Daher könnte die Verschmelzung als adäquate Transaktionsstruktur zum Zusammenschluss unterbewerteter Gesellschaften beschrieben werden, in denen Börsenwerte, abgeleitet vom durchschnittlichen Börsenkurs, im Vergleich zu absoluten Unternehmenswerten von nachrangiger Bedeutung sind.

Hypothese 1a: Im Durchschnitt sind übertragende Gesellschaften$_2$ unterbewertet.

Für EW_2/BK_2-1 ist die Hypothese, dass sich die Daten der Normalverteilung annähern, auf Basis eines Kolmogorov-Smirnov-Anpassungstests nicht zu verwerfen.[579] Ein t-Test bestätigt die Hypothese, dass der Mittelwert von 49,7% signifikant größer als Null[580] und signifikant größer als 30%[581] ist. Dieses Ergebnis

578 Siehe Kapitel 2.3.

579 p-Wert (zweiseitig) von 0,287.

580 H_0: durchschnittliche Prämie $\mu \leq 0$ bei p-Wert von 0,000 abzulehnen (emp. t=4,54).

bestätigt die Beobachtung, dass die in Verschmelzungsberichten ermittelten Ertragswerte der $Gesellschaft_2$ auch in der Grundgesamtheit durchschnittlich 30% über den Börsenwerten liegen, d.h. eine Unterbewertung der $Gesellschaft_2$ repräsentieren.[582]

Hypothese 1b: Die durchschnittliche Unterbewertung der übertragenden $Gesellschaft_2$ hat seit DAT zugenommen.

Die beobachtete Unterbewertung der $Gesellschaft_2$ beträgt bis DAT 29,0%, seit DAT jedoch 62,3%. Die empirischen Varianzen der Teilstichproben von 16% bis DAT und 74% seit DAT unterscheiden sich auf Basis eines F-Tests.[583] Daher ist die t-Statistik für einen t-Test auf Mittelwertdifferenz entsprechend dem Annäherungsverfahren nach Welch zu ermitteln. Der t-Test deutet darauf hin,[584] dass die Mittelwerte aus unterschiedlichen Grundgesamtheiten stammen und die Unterbewertung der $Gesellschaft_2$ seit DAT zugenommen hat.

Hypothese 1c: Im Durchschnitt sind $Gesellschaften_1$ unterbewertet.

Für EW_1/BK_1-1 muss die Hypothese, dass sich die Daten der Normalverteilung annähern, auf Basis eines Kolmogorov-Smirnov-Anpassungstests mit Wahrscheinlichkeit von 95% nicht verworfen werden.[585] Im Durchschnitt wird die $Gesellschaft_1$ am Kapitalmarkt um 44,6% unterbewertet. t-Test[586] und Wilcoxon-Vorzeichen-Rang Test[587] bestätigen jeweils, dass die $Gesellschaft_1$ am Kapitalmarkt signifikant geringer als in den Verschmelzungsberichten bewertet wird. Ein weiterer t-Test zeigt, dass die Unterbewertung der $Gesellschaft_1$ am Kapitalmarkt in Höhe von durchschnittlich 25% signifikant ist.[588]

Hypothese 1d: Die durchschnittliche Unterbewertung der $Gesellschaft_1$ hat seit DAT zugenommen.

Analog zur Bewertung der $Gesellschaft_2$ am Kapitalmarkt bis/seit DAT sind auch für $Gesellschaft_1$ seit DAT durchschnittlich höhere Unterbewertungen zu

---

581 H_0: durchschnittliche Prämie $\mu \leq 0{,}3$ bei p-Wert von 0,039 abzulehnen.

582 Der parameterfreie Wilcoxon-Vorzeichen Rang Test bestätigt dieses Ergebnis auf Basis der Mediane.

583 H_0: $F_{Bis}=F_{Seit}$ p=0,052. Die Varianzen der Teilstichproben bis/seit DAT unterscheiden sich signifikant (emp. F von 4,01 übersteigt den Rückweisungswert von 2,24, P= 95%).

584 Die Nullhypothese $\mu_{Bis} \geq \mu_{Seit}$ ist bei p-Wert von 0,043 zugunsten der Alternativhypothese $\mu_{Bis} < \mu_{Seit}$ abzulehnen.

585 p-Wert von 0,189.

586 H_0: durchschnittliche Prämie $\mu \leq 0$ bei p-Wert von 0,000 abzulehnen (emp. t=4,24).

587 p-Wert von 0,000.

588 H_0: durchschnittliche Prämie $\mu \leq 0{,}25$ bei p-Wert von 0,035 abzulehnen.

beobachten. Auf Basis eines t-Tests stellt sich der Unterschied jedoch statistisch als nicht signifikant[589] heraus.[590]

4.4.1.2 Prämie über Börsenwertverhältnis

Der ex ante Transaktionspreis wird durch das Ertragswertverhältnis beschrieben. Annahmegemäß vergleichen Anteilseigner diesen mit dem Börsenwertverhältnis, ihrer ökonomischen Referenz. Werden diese Umtauschverhältnisse zueinander ins Verhältnis gesetzt, lässt sich der ex ante Transaktionspreis β_{EW} als Prämie über bzw. als negative Prämie unter Börsenwertverhältnis interpretieren. $Anteilseigner_2$ erhalten eine Prämie, sobald das Ertragswertverhältnis das Börsenwertverhältnis übersteigt.

28 der 45 (60%) analysierten Verschmelzungsverhältnisse weisen eine Prämie zugunsten der $Anteilseigner_2$ auf. Die verbleibenden 17 Verschmelzungsverhältnisse weichen somit zugunsten der $Anteilseigner_1$ vom Börsenwertverhältnis ab.

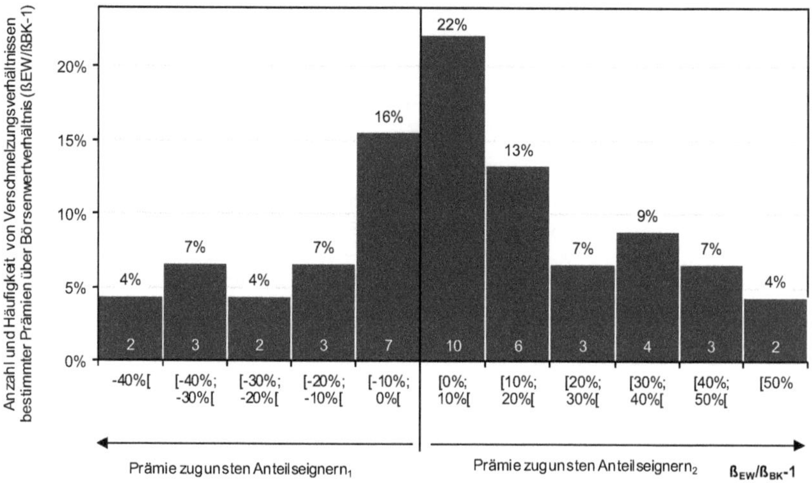

Abb. 46: Häufigkeit einer Prämie über Börsenwertverhältnis im ex ante Transaktionspreis

Die Prämie über Börsenwertverhältnis wird als β_{EW}/β_{BK}-1 berechnet und ist bei einem Mittelwert von 8,0%[591] und einer Standardabweichung von 32,5%

589 p-Wert von 0,186.

590 Auch im Mann-Whitney-Test führt Unterbewertung der $Gesellschaft_1$ seit DAT nicht zu signifikant höheren Rängen als die bis DAT (p-Wert von 0,493).

normal verteilt.[592] Im Vergleich zu Übernahmen in Deutschland[593] und den USA[594] ist diese Prämie gering.

Hypothese 1e: Ex ante Transaktionspreise in Verschmelzungen beinhalten eine Prämie zugunsten übertragender Anteilseigner$_2$.

Ein t-Test bestätigt, dass der durchschnittliche ex ante Transaktionspreis eine schwach signifikante Prämie zugunsten der Anteilseigner$_2$ aufweist.[595] Hervorzuheben ist, dass es sich um eine durchschnittliche Prämie zugunsten der übertragenden Anteilseigner$_2$ handelt, und nicht wie in einer früheren Studie um einen Transaktionspreis unter Börsenwertverhältnis.[596] Auf Basis eines weitere t-Test kann geschlossen werden, dass der durchschnittliche ex ante Transaktionspreis signifikant über -1,0%[597] und schwach signifikant über 1,0%[598] liegt.

In der Stichprobe ist eine hohe Schwankungsbreite dieser Prämie über Börsenwertverhältnis zu beobachten. In den folgenden Abschnitten wird diese Stichprobe anhand der Kriterien bis/seit DAT, nicht/dominierter Verschmelzungsbeschluss$_2$ sowie Beteiligung der Gesellschaft$_1$ an Gesellschaft$_2$ unterteilt, um Rückschlüsse auf diese Prämie zu suchen.

Folgt man der Begründung des LG München I im Urteil zum Verschmelzungsverhältnis der HVB und räumt einen Ermessensspielraum von 10% bei der

591 „Bei Verschmelzungen ist die Zahlung einer Übernahmeprämie hingegen nach wie vor üblich". MUTSCHTER, A. (2005), S. 20.

592 Kolmogorov-Smirnov-Anpassungstest mit Nullhypothese, dass empirische Verteilung der Normalverteilung entspricht, führt zu p-Wert von 0,644 womit die Annahme der Normalverteilung nicht abzulehnen ist.

593 In Übernahmen von deutschen Gesellschaften erzielen Anteilseigner der übernommen Gesellschaft eine abnormale Rendite von durchschnittlich 27%. Siehe BÜHNER, R. (1990), S. 314.

594 In den USA führen Übernahmen zu einer abnormalen Rendite von 23% (+/- 5 Tage) zugunsten der übernommenen Gesellschaft. Siehe FRANKS, J.R./ HARRIS, R.S./ TITMAN, S. (1991), S. 67ff.

595 p-Wert von 0,053 (einseitig).

596 Das Verschmelzungsverhältnis führt im Vergleich zu den Börsenwerten 2 Tage vor Ankündigung der Verschmelzung und im Vergleich zu den durchschnittlichen Börsenwerte im Zeitraum von 21 bis 2 Tage vor Ankündigung jeweils zu einer durchschnittlichen Vermögensverschiebung zulasten der übertragenden Anteilseigner von jeweils -3,1%, die statistisch jedoch nicht signifikant von Null abweicht. AHLERS, M. (2003), S. 178.

597 H_0: durchschnittliche Prämie $\mu \leq -0{,}01$ bei p-Wert von 0,035 abzulehnen.

598 H_0: durchschnittliche Prämie $\mu \leq +0{,}01$ bei p-Wert von 0,079 abzulehnen.

Bestimmung des Umtauschverhältnisses ein[599], so können 17 von 45 (38%) Verschmelzungsverhältnisse durch das Börsenwertverhältnis erklärt werden.

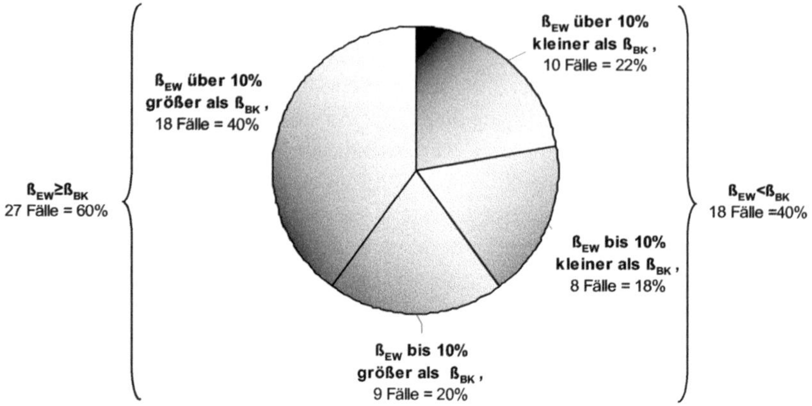

Abb. 47: Ermessensspielraum in der Bestimmung des Verschmelzungsverhältnisses

4.4.1.3 Ankündigung bis/seit DAT

Die folgende Tab. 22 untersucht, ob die in der Verschmelzungspraxis seit DAT diskutierte[600] und durch den Börsenkurs bestimmte Untergrenze in der Bewertung der übertragenden Gesellschaft zu einer durchschnittlich höheren Prämie über Börsenwertverhältnis führen.

---

599 LG München I, Beschluss vom 27. März 2000, Az: 5 HKO 19156/98, VETTER, E. (2000), S. 595f.

600 „Die durch die Gutachter ermittelten Gesamtwerte für Degussa-Hüls und SKW Trostberg weichen von der derzeitigen Marktkapitalisierung ab. Die Marktkapitalisierung beider Unternehmen liegt deutlich unter den ermittelten Unternehmenswerten. Die Relation der Börsenkurse von Degussa-Hüls und SKW Trostberg entsprach annähernd der auf Basis der Bewertung abgeleiteten Relation, so dass die Bewertung auch unter Kapitalmarktgesichtspunkten plausibel ist." Siehe Verschmelzungsbericht Deg-Hüls-SKW, S. 35.

Tab. 22: Prämie über Börsenwertverhältnis bis bzw. seit DAT

$\beta_{EW}/\beta_{BK}-1$	alle	bis DAT	seit DAT
Beobachtungen	**45**	17	28
Mittelwert	**8,0%**	3,3%	10,8%
Median	**6,8%**	2,1%	7,3%
Standardabweichung	**32,5%**	27,4%	35,4%

Hypothese 1f: Seit DAT enthalten Verschmelzungsverhältnisse häufiger eine Prämie als zuvor.

Von den 17 Umtauschverhältnissen bis DAT enthalten neun (53%) eine Prämie über Börsenwertverhältnis zugunsten Anteilseignern$_2$. Unter den 28 Umtauschverhältnissen seit der Entscheidung finden sich hingegen 19 (68%) mit einer Prämie zugunsten Anteilseignern$_2$. Auf Basis eines z-Tests ist die Häufigkeit der Prämie zugunsten Anteilseignern$_2$ in seit DAT angekündigten Verschmelzungen statistisch jedoch nicht signifikant höher als zuvor.[601]

Hypothese 1g: Die durchschnittliche Prämie über Börsenwertverhältnis liegt seit DAT höher als zuvor.

Für Transaktionen mit Ankündigungszeitpunkt vor DAT liegt das durchschnittliche Umtauschverhältnis 3,3% über dem Börsenwertverhältnis, danach 10,8% (Abb. 48). Auf Basis eines F-Tests unterscheiden sich die Varianzen der Teilstichproben nicht signifikant voneinander.[602] Folglich können Unterschiede der Mittelwerte mittels t-Tests untersucht werden. Dabei kann die Nullhypothese $\mu_{Seit} \leq \mu_{Bis}$ nicht zugunsten der Alternativhypothese $\mu_{Seit} > \mu_{Bis}$ abgelehnt werden.[603] Daraus folgt, dass die Prämien über dem Börsenwertverhältnis zugunsten Anteilseignern$_2$ seit DAT nicht signifikant höher sind als die Prämien zuvor.

601 p-Wert von 0,159 bei empirischem z von 1,00.

602 Die Nullhypothese identischer Varianzen der Teilstichproben kann mit empirischem F von 1,67 bei einem Rückweisungswert von 2,24 (P=95%) nicht abgelehnt werden.

603 p-Wert von 0,230 (einseitig).

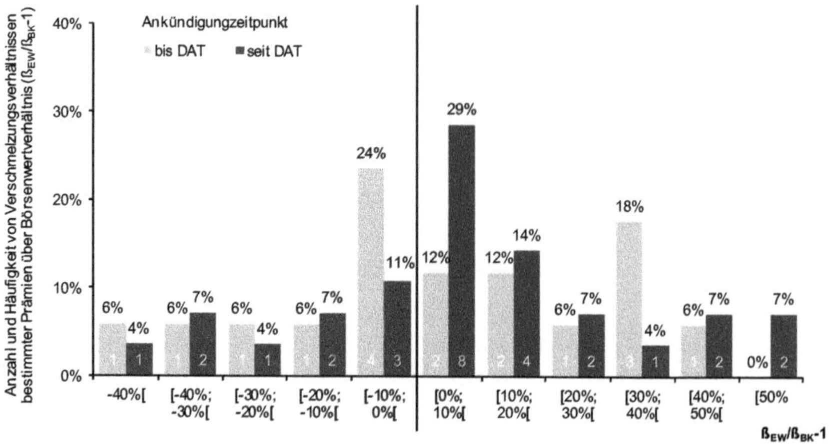

Abb. 48: *Häufigkeit bestimmter Prämien über Börsenwertverhältnis bis und seit der DAT/Altana-Entscheidung*

Trotz des beobachteten Anstiegs der Häufigkeit einer Prämie und der durchschnittlichen Höhe der Prämie über Börsenwertverhältnis seit DAT lässt sich auf Basis der statistischen Tests kein signifikanter Einfluss der DAT-Rechtsprechung auf den ex ante Transaktionspreis nachweisen.

4.4.1.4 Nicht/dominierter Verschmelzungsbeschluss$_2$

Ein Verschmelzungsbeschluss wird als dominiert bezeichnet, wenn ein Mehrheits-Anteilseigner der übertragenden Gesellschaft$_2$ den Beschluss ohne die Stimmen der Minderheit fassen kann. Trotz dieser Möglichkeit muss der Mehrheits-Anteilseigner im Vergleich zur Minderheit keinen Interessenkonflikt haben. In Abb. 49 werden die Verschmelzungsverhältnisse zunächst in dominierte und nicht-dominierte Beschlusssituationen unterteilt.

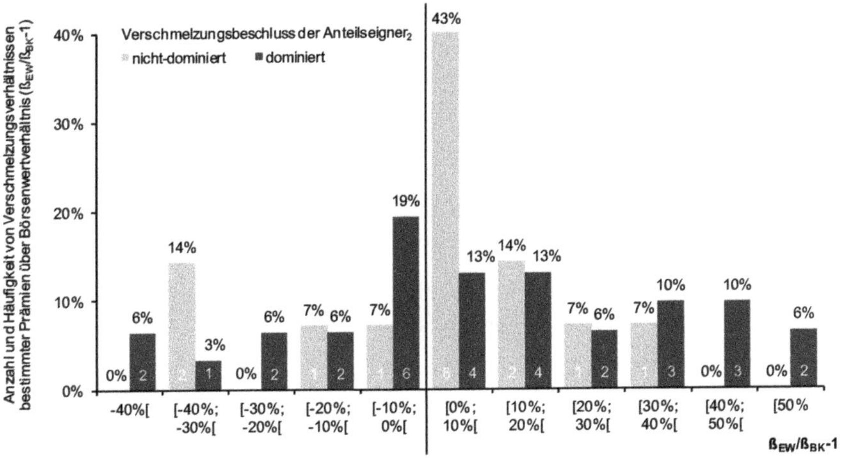

Abb. 49: Ex ante Transaktionspreis und Verschmelzungsbeschluss der übertragenden Gesellschaft₂

Hypothese 1h: Verschmelzungsverhältnisse dominierter Transaktionen enthalten häufiger eine Prämie als nicht-dominierte.

Mit der Unterscheidung wird deutlich, dass 10 von 14 (71%) Umtauschverhältnissen nicht-dominierter Verschmelzungen eine Prämie zugunsten Anteilseignern$_2$ aufweisen, bei dominiertem Verschmelzungsbeschluss hingegen 18 der 31 (58%) Umtauschverhältnisse (Tab. 23). Auf Basis eines z-Tests enthalten nicht-dominierte Verschmelzungen nicht häufiger als dominierte Verschmelzungen eine Prämie zugunsten Anteilseignern$_2$.[604]

Tab. 23: Prämie über Börsenwertverhältnis bei nicht/dominiertem Verschmelzungsbeschluss der Anteilseigner$_2$

β_{EW}/β_{BK} -1	alle	nicht-dominiert	dominiert
Beobachtungen	**45**	14	31
Mittelwert	**8,0%**	1,8%	10,8%
Median	**6,8%**	1,9%	8,0%
Standardabweichung	**32,5%**	19,5%	36,9%

604 Empirisches z von 0,86 bei Rückweisungswert von 1,29 für 10% Signifikanzniveau.

Mit durchschnittlich 1,8% Prämie über Börsenwertverhältnis bieten nicht-dominierte Verschmelzungen den Anteilseignern$_2$ weniger als dominierte Verschmelzungen. Fälle mit dominiertem Verschmelzungsbeschluss beinhalten auch Situationen ohne Interessenkonflikt zwischen Mehrheits- und Minderheits-Anteilseignern$_2$. In diesen Fällen kann eine höhere Prämie mit der Verhandlungsmacht des Mehrheits-Anteilseigners der übertragenden Gesellschaft$_2$ gegenüber dem Verschmelzungspartner interpretiert werden, die auch der Minderheit der übertragenden Anteilseigner$_2$ zugute kommt.

Hypothese 1i: Die durchschnittliche Prämie über Börsenwertverhältnis ist in dominierten Verschmelzungen höher als in nicht-dominierten.

Ein t-Test auf Mittelwertdifferenz[605] unterstützt jedoch nicht die Alternativhypothese, dass in dominierten Verschmelzungen höhere Prämien über Börsenwertverhältnis als in nicht-dominierten gewährt werden.[606] Folglich sind die Unterschiede zwischen durchschnittlichen Prämien über dem Börsenwertverhältnis bei nicht/dominiertem Verschmelzungsbeschluss$_2$ als zufällig zu betrachten.

4.4.1.5 Ohne/mit mehrheitlicher Beteiligung der Gesellschaft$_1$ an Gesellschaft$_2$

In Verschmelzungen mehrheitlich verbundener Unternehmen[607] besteht zwischen den verschmelzenden Gesellschaften eine Beteiligung von mindestens 75%. Mit den dadurch verbundenen Stimmen kann die Muttergesellschaft den Verschmelzungsbeschluss der Tochtergesellschaft dominieren. Zugleich besteht ein Interessenkonflikt bezüglich des Umtauschverhältnisses zwischen Mehrheits-Anteilseigner$_2$ und Minderheits-Anteilseignern$_2$.

605 Auf Basis des F-Test unterscheiden sich die Varianzen der Teilstichproben signifikant; empirisches F von 2,83 übersteigt Rückweisungswert (P=95%) von 2,47.

606 p-Wert von 0,146 (einseitig) bei einer Welch t-Statistik von -1,068.

607 Mit Blick auf die HV-Beschlussfassung wird die Grenze für mehrheitliche Beteiligungen in dieser Arbeit bei 75% der Stimmrechte gezogen obwohl § 16 (1) AktG die Definition des Konzernbegriffs auf eine einfache Mehrheit abstellt. Siehe Kapitel 2.2.4.

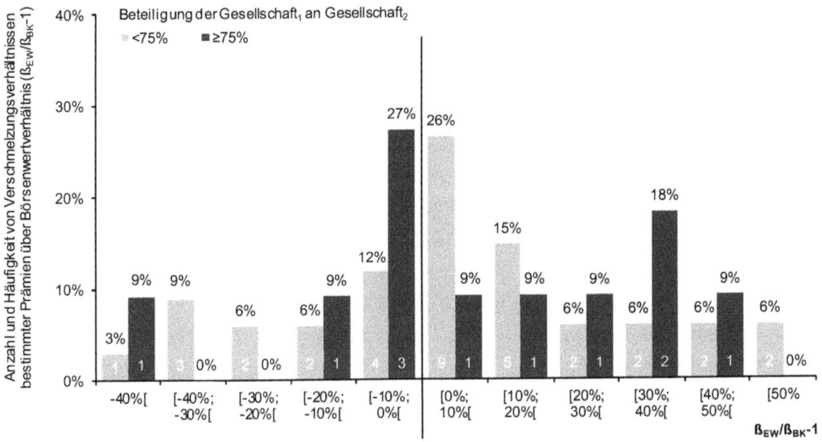

Abb. 50: Ex ante Transaktionspreis und Beteiligungsstuktur

Hypothese 1j: In Verschmelzungen mit mehrheitlicher Beteiligung seltener eine Prämie geboten als in denen ohne.

Gliedert man die Grundgesamtheit entsprechend der Beteiligungsstruktur der übertragenden Gesellschaft$_2$ wird deutlich, dass Anteilseignern$_2$ in Verschmelzungen mehrheitlich verbundener Gesellschaften in 6 von 11 Fällen (55%) eine Prämie gezahlt wird, in Verschmelzungen ohne mehrheitliche Beteiligung der Gesellschaft$_1$ an Gesellschaft$_2$ hingegen in 22 von 34 (65%) Fällen. Dieses Ergebnis kann die Hypothese nicht unterstützen, dass Verschmelzungen mit mehrheitlicher Beteiligung der Gesellschaft$_1$ an Gesellschaft$_2$ seltener eine Prämie zugunsten übertragender Anteilseigner$_2$ aufweisen.[608]

Tab. 24: Prämie über Börsenwertverhältnis ohne/mit mehrheitlicher Beteiligung der Gesellschaft$_1$ an Gesellschaft$_2$

$\beta_{EW}/\beta_{BK}-1$	**alle**	**<75%**	**≥ 75%**
Beobachtungen	**45**	34	11
Mittelwert	**8,0%**	7,8%	8,4%
Median	**6,8%**	4,6%	7,8%
Standardabweichung	**32,5%**	34,4%	27,3%

608 Empirisches z von 0,60 bei Rückweisungswert von 1,29 für 10% Signifikanzniveau.

In Verschmelzungen von Gesellschaften, an denen keine Mehrheitsbeteiligung besteht, wurde in der Literatur für übertragende Anteilseigner, nicht aber für aufnehmende Anteilseigner ein signifikanter Ankündigungseffekt nachgewiesen.[609] Für übertragende und aufnehmende Gesellschaften, zwischen denen bereits vor der Transaktion eine Beteiligung von mindestens 75% bestand, wurde hingegen kein signifikanter Ankündigungseffekt gefunden.[610] Dieses Ergebnis deutet darauf hin, dass Anteilseigner der übertragenden Gesellschaft in Verschmelzungen ohne mehrheitliche Beteiligung durch den Transaktionspreis in höherem Maße an erwarteten Synergien beteiligt werden als bei Bestehen einer Mehrheitsbeteiligung der Gesellschaft_1 an Gesellschaft_2.

Auf Basis des hier verwendeten Datensatzes (Tab. 24) weichen Mittelwerte und Standardabweichungen der Teilstichproben nur gering voneinander ab. Der auf Hypothese (1k) folgende t-Test soll Aufschluss darüber geben, ob die Teilstichproben aus unterschiedlichen oder derselben Grundgesamtheit stammen.

Hypothese 1k: Die durchschnittliche Prämie über Börsenwertverhältnis ist in Verschmelzungen mit Mehrheitsbeteiligung höher als in Verschmelzungen ohne.

Die beobachtete Schwankungsbreite der ex ante Prämie über Börsenwertverhältnis wird von der Standardabweichung beschrieben und liegt bei Konzernverschmelzungen leicht unter der Abweichung bei Verschmelzungen ohne mehrheitliche Beteiligung. Auf Basis eines F-Tests unterscheiden sich die Varianzen der Teilstichproben jedoch nicht signifikant.[611]

Allerdings liegt die durchschnittliche Prämie zugunsten Anteilseignern_2 in Verschmelzungen mit Mehrheitsbeteiligung in ähnlicher Höhe wie in Verschmelzungen ohne mehrheitliche Beteiligung. Auf Basis eines t-Tests auf Mit-

609 Im Zeitraum von 20 Tage vor Ankündigung der Verschmelzung bis 20 Tage danach beträgt die durchschnittliche kumulierte abnormale Rendite von 23 Kursreihen übertragender Gesellschaften, an denen keine mehrheitliche Beteiligung besteht, 5,01% und unterscheidet sich statistisch signifikant von Null. Die durchschnittliche kumulierte abnormale Rendite von 22 Kursreihen aufnehmender Gesellschaften, die über keine Beteiligung von mindestens 75% an der übertragenden Gesellschaft verfügen, beträgt hingegen 0,73% und unterscheidet sich nicht signifikant von Null. Siehe AHLERS, M. (2003), S. 150ff.

610 Die durchschnittliche kumulierte abnormale Rendite von 29 Kursreihen übertragender Gesellschaften, an denen eine Beteiligung von mindestens 75% besteht, beträgt 4,47%, die der 27 Kursreihen aufnehmender Gesellschaften hingegen 3,71%. Beide unterscheiden sich nicht signifikant von Null. Siehe AHLERS, M. (2003), S. 150ff.

611 Empirisches F von 1,07 kleiner als Rückweisungswert von 2,12 (P=95%).

telwertdifferenz kann die Nullhypothese, dass die Mittelwerte dieser Teilstichproben aus der gleichen Grundgesamtheit stammen, nicht abgelehnt werden.[612]

4.4.1.6 Zusammenfassung

Im Vergleich zu den in Verschmelzungsberichten ermittelten Ertragswerten werden Gesellschaft$_1$ und Gesellschaft$_2$ am Kapitalmarkt, gemessen als durchschnittlicher Börsenwert im 3-Monatszeitraum vor Ankündigung der Verschmelzung, statistisch signifikant unterbewertet. Die derart definierte Unterbewertung am Kapitalmarkt ist für Gesellschaft$_2$ in seit DAT angekündigten Verschmelzungen signifikant höher als in denen zuvor. Analog dazu liegt der Ertragswert der Gesellschaft$_1$ in nicht-dominierten Verschmelzungen im Durchschnitt signifikant höher über dem Börsenwert als in dominierten Verschmelzungen.

Durchschnittliche ex ante Transaktionspreise beinhalten eine statistisch schwach signifikante Prämie zugunsten der Anteilseigner$_2$. Diese Prämie liegt 8,0% über dem Börsenwertverhältnis bei einer Standardabweichung von 32,5%.

Ein Unterteilen der Stichprobe in dichotome Teilstichproben anhand der Kriterien Ankündigungszeitpunkt, Dominanz des Verschmelzungsbeschlusses und Mehrheitsbeteiligung der Gesellschaft$_1$ an Gesellschaft$_2$ weist nicht signifikant unterschiedliche Prämien zwischen den jeweiligen Teilstichprobenpaaren auf.

4.4.2 Ex post Transaktionspreis

4.4.2.1 Häufigkeit der Bewertungsrüge

Die theoretische Analyse der Entscheidungssituation in Verschmelzungen zeigte, dass es für Anteilseigner der übertragenden Gesellschaft(en) rational ist, jeden Verschmelzungsbeschluss unabhängig vom ex ante Transaktionspreis durch Bewertungsrüge überprüfen zu lassen.[613]

Die empirische Analyse umfasst 45 Verschmelzungsverhältnisse mit der Möglichkeit zu 50 Bewertungsrügen. Auf 46 Verschmelzungsbeschlüsse folgte ein Antrag auf Spruchverfahren. Dieses Ergebnis zeigt, dass in der Verschmelzungspraxis, in Einklang mit den theoretischen Überlegungen, überwiegend die dominante Strategie der Bewertungsrüge „gespielt" wird.

---

612 p-Wert von 0,480 (einseitig) bei H_0: $\mu_{<75\%} \leq \mu_{\geq 75\%}$.

613 Siehe Kapitel 3.5.2.

Für vier Verschmelzungsbeschlüsse wird auf die Einleitung/Fortführung des Spruchverfahrens verzichtet. In drei Verschmelzungsbeschlüssen bestanden die Vermögensgegenstände der übertragenden Gesellschaft weitgehend aus Aktien der aufnehmenden Gesellschaft und bestimmen somit maßgeblich das Umtauschverhältnis.[614] In einem Fall wurde eine ausländische Gesellschaft übertragen.

In vier Fällen hat die aufnehmende Gesellschaft vor Abschluss des Spruchverfahrens Insolvenz angemeldet.[615] Dieses Problem wurde aus rechtlicher Sicht bereits kommentiert: Mit Blick auf die Insolvenz der Babcock Borsig schlägt HEIDEL vor, die im Spruchverfahren festzulegende Abfindung[616] durch Kreditinstitute zu sichern.[617] In der Praxis ist dieser Vorschlag kaum umzusetzen, da der Zuzahlungsbetrag zu Beginn des Spruchverfahrens kaum geschätzt werden kann. Schließlich genügt ein beschlossenes Umtauschverhältnis bereits den Kriterien der Verschmelzungsprüfung und dürfte daher aus betriebswirtschaftlicher Sicht mit Null geschätzt werden.

4.4.2.2 Zuzahlungshöhe in gerichtlichen Beschlüssen/Vergleichen

Das Spruchstellengericht kann im Entscheidungszeitpunkt sowohl die Informationsbasis der Anteilseigner und die des Managements, d. h. öffentlich verfügbare Informationen und die im Verschmelzungsbericht enthaltenen Insiderinformationen, verarbeiten. Erfahrungsgemäß birgt die im Spruchverfahren festzulegende Zuzahlung für die aufnehmende Gesellschaft das Risiko einer hohen Auszahlung. Hinsichtlich der Verschmelzung von Thyssen und Krupp wiesen klagende Krupp-Aktionäre darauf hin, dass schon eine um wenige Prozentpunkte fehlerhafte Festlegung des Wert- und Umtauschverhältnisses Ausgleichszahlungen weit über 1 Mrd. DM nach sich ziehen könnte.[618] Ähnlich hohe finanzielle Ansprüche werden in der Presse über die Verschmelzung RWE/VEW aus dem Jahr 2000 kolportiert: „Während aus Konzernkreisen zu hören ist, RWE werde sich auf einen Vergleich, der mehr als einen niedrigen dreistelligen Millionenbetrag

---

614 Im Fall der Mercedes Aktiengesellschaft/ Daimler-Benz 1993, PAG-Pharma-Holding/Andreas-Noris-Zahn 1995 und AGFB/Primacom 1999 bestanden die Vermögensgegenstände der übertragenden Gesellschaften überwiegend aus Aktien der jeweiligen aufnehmenden Gesellschaft.

615 Deckel/Maho 1993, BDAG Balcke-Dürr/Babcock Borsig 2001 (zwei übertragende Gesellschaften), Agiv 2002.

616 Im Sinne der baren Zuzahlung.

617 Siehe HEIDEL, T. (2003), S. 32.

618 Börsen-Zeitung, 9. Februar 1999, S. 8.

koste, nicht einlassen, sprechen mit dem Verfahren vertraute Juristen von einer Belastung die durchaus mehr als 500 Millionen Euro erreichen könnte."[619]

Hypothese 2a: Im Spruchverfahren bestimmte Zuzahlungen verändern den beschlossenen Transaktionspreis signifikant zugunsten Anteilseignern$_2$.

Die durchschnittliche Zuzahlungshöhe der 23 abgeschlossenen Spruchverfahren der Datenbasis beträgt 2,1% vom ex ante Transaktionspreis bei einer Standardabweichung von 3,3%. Bei den 23 betrachteten Zuzahlungen handelt es sich um eine Stichprobe, da die Spruchverfahren vieler Verschmelzungen noch nicht abgeschlossen sind. Für die beobachtete Zuzahlungshöhe β_{SG}/β_{EW}-1 muss die Annahme der Normalverteilung auf Basis eines Kolmogorov-Smirnov-Anpassungstests abgelehnt werden.[620]

Auf Basis des parameterfreien Wilcoxon-Vorzeichen-Rang Tests ist die Nullhypothese, dass der Mittelwert dieser Stichprobe den Wert Null statistisch signifikant übersteigt, nicht abzulehnen.[621] Folglich ist die durchschnittliche Zuzahlung größer als Null und das „Spielen“ der dominanten Strategie „Bewertungsrüge“ für Anteilseigner$_2$ vorteilhaft.

Der Abschluss von Spruchverfahren wurde in der Literatur für unterschiedliche gesellschaftsrechtliche Restrukturierungsanlässe (Beherrschungs- und Gewinnabführungsvertrag, Eingliederung, Squeeze-out, Verschmelzung) untersucht. Dabei resümiert MUNKERT: „Von den 120 beendeten Spruchverfahren sind 45% durch Gerichtsentscheidung, 51% durch Vergleich...“ und die restlichen durch Erledigung der Hauptsache sowie Antragsrücknahme beendet worden.[622] Besteht Unsicherheit darüber, wie das Gericht die verfügbaren Informationen in der Bestimmung des ex post Transaktionspreis β_{SG} verarbeitet, könnte vereinfacht angenommen werden, dass in der Praxis Spruchverfahren gleich häufig mit und ohne Zuzahlung abgeschlossen werden.

Die Häufigkeitsverteilung (Abb. 51) zeigt jedoch, dass deutlich mehr Spruchverfahren der Stichprobe mit Zuzahlung Z_2 abgeschlossen wurden, als erwartet. Eine Ausnahme stellen dabei die durch gerichtlichen Beschluss beendeten Spruchverfahren dar.

---

619 O.V. (2007a), S. 14.

620 p-Wert von 0,016 (zweiseitig). Dieser deutet darauf hin, dass mit 1,6% Wahrscheinlichkeit ein Fehler gemacht wird, wenn die Normalverteilung <u>nicht</u> unterstellt wird.

621 p-Wert von 0,000 (einseitig); empirische Z-Statistik (basierend auf den positiven Rängen) von 1,555.

622 MUNKERT, M. J. (2005), S. 105.

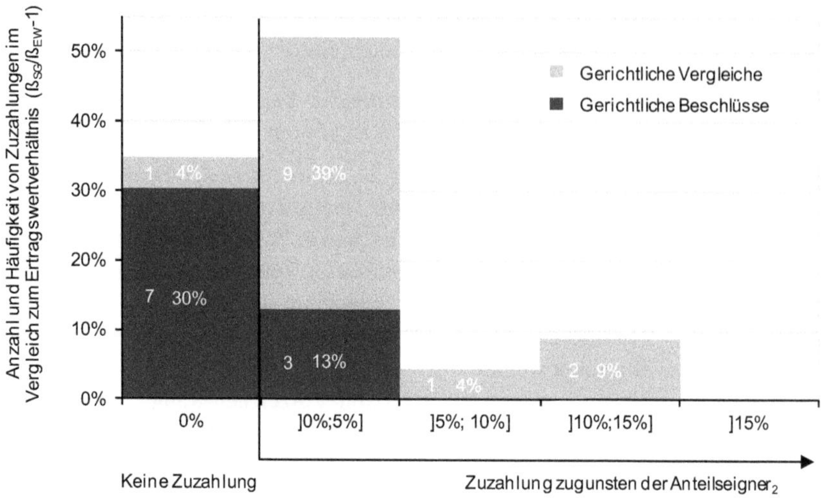

Abb. 51: Ex post Transaktionspreise

Zehn Spruchverfahren übertragender Gesellschaften wurden ohne Zuzahlung beendet, 13 mit Zuzahlungen zugunsten Anteilseignern$_2$. Auffällig ist dabei, dass ein gerichtlicher Vergleich ohne Zuzahlung geschlossen wurde, aber gerichtliche Beschlüsse aber eher selten eine Zuzahlung $Z_2>0$ bestimmen (Tab. 25).

Tab. 25: Ex post Transaktionspreis in gerichtlichen Beschlüssen und Vergleichen

$\beta_{SG}/\beta_{EW}-1$	**Stichprobe**	**Gerichtliche Vergleiche**	**Gerichtliche Beschlüsse**
Beobachtungen	**23**	13	10
Mittelwert	**2,1%**	3,1%	0,8%
Median	**0,8%**	1,0%	0,0%
Standardabweichung	**3,3%**	4,0%	1,7%

In einer Untersuchung von Spruchverfahren fasst MUNKERT die Erhöhung der Abfindung in Aktien[623] für verschiedene gesellschaftsrechtliche Umstruktu-

623 Die gerichtliche Bestimmung einer baren Zuzahlung korrigiert das Verschmelzungsverhältnis des Verschmelzungsvertrags. „Das gewährleistet, dass die Aktionäre der übertragenden Gesellschaft eine angemessene Gegenleistung und damit Entschädigung im

rierungen wie folgt zusammen: „Bei den durch Gerichtsbeschluss beendeten Spruchverfahren wurde die Abfindung in Aktien in 6 von 23 Fällen um durchschnittlich 14,77% […] erhöht.“[624] „Bei den durch Vergleich beendeten Spruchverfahren kam es zu einer durchschnittlichen Erhöhung von 19,08% bei einer Abfindung in Aktien.“[625]

Spruchverfahren zu Verschmelzungen unterscheiden sich inhaltlich von denen anderer Restrukturierungsmaßnahmen, da nicht über die Kompensation für den Verlust einer Eigentümerposition sondern über die Gegenleistung eines (mehrheitsbestimmten) Tausches entschieden wird.[626] Folglich besteht eine Forschungslücke hinsichtlich der Veränderungen des ex ante Transaktionspreises in Verschmelzungen, zu deren Schließen folgende Untersuchung beitragen soll.

Hypothese 2b: Die durchschnittliche Zuzahlung ist bei Abschluss des Spruchverfahrens in Form eines gerichtlichen Beschlusses höher als in gerichtlichen Vergleichen.

In den 13 durch Vergleich abgeschlossenen Spruchverfahren ist eine durchschnittliche Zuzahlungshöhe von 3,1% (Median von 1,0%) des ex ante Transaktionspreises β_{EW} zu beobachten, für die durch gerichtlichen Beschluss abgeschlossenen Spruchverfahren hingegen von 0,8% (Median von 0,0%). Auf Basis eines Mann-Whitney-U Tests unterscheiden sich die beobachteten Zuzahlungen in Vergleichen bzw. in Beschlüssen statistisch signifikant voneinander.[627] Dieses Ergebnis deutet darauf hin, dass die Abschlussform des Spruchverfahrens Einfluss auf die Zuzahlungshöhe nimmt.

Eine direkte Betrachtung des ex post Transaktionspreises, der aus dem ex ante Transaktionspreis und der im Spruchverfahren bestimmten baren Zuzahlung resultiert, verdeutlicht, wie die Prämie über Börsenwertverhältnis im Spruchverfahren zugunsten der Anteilseigner$_2$ angehoben wird.

---

verfassungsrechtlichen Sinne für den Verlust ihrer Aktionärsstellung in der übertragenden Gesellschaft erhalten.“ BVerfG, Beschluss vom 30. Mai 2007, Az: 1 BvR 1267/06, 1 BvR 1280/06.

624 MUNKERT, M.J. (2005), S. 105

625 MUNKERT, M.J. (2005), S. 106

626 Im juristischen Sinne verändert das Spruchverfahren zu Verschmelzungen nicht die *Abfindung* sondern die *Gegenleistung*. Durch Eingliederung ausgeschiedene Aktionäre, hingegen, haben Anspruch auf Abfindung mit Aktien der Hauptgesellschaft. Siehe § 320b AktG.

627 p-Wert 0,004 (einseitig) bei empirischem $U = \min(U_1, U_2)$ von 24,5.

Tab. 26: Prämie über Börsenwertverhältnis vor/nach Spruchverfahren

	Vor Spruchverfahren	Nach Spruchverfahren		
	Stichprobe n=45	**Stichprobe** n=23	Gerichtliche **Vergleiche** n=13	Gerichtliche **Beschlüsse** n=10
β_{EW}/β_{BK}-1				
- Durchschnitt	8,0%	3,5%	2,1%	5,2%
- *Median*	*6,8%*	*8,0%*	*8,0%*	*6,9%*
β_{SG}/β_{BK}-1				
- Durchschnitt	-	5,2%	4,6%	6,0%
- *Median*	-	*9,0%*	*9,0%*	*8,4%*

In Tab. 26 wird die Prämie über Börsenwertverhältnis zudem danach unterschieden, ob das Spruchverfahren durch gerichtlichen Vergleich oder Beschluss abgeschlossen wurde. Die vor Spruchverfahren bestehende durchschnittliche Prämie zugunsten der Anteilseigner_2 wurde in gerichtlichen Vergleichen stärker erhöht als in gerichtlichen Beschlüssen, da nur ein Beschluss zu einer Zuzahlung führt. Folglich deutet auch die direkte Betrachtung des ex post Transaktionspreises deutet darauf hin, dass Anteilseigner_2 in gerichtlichen Beschlüssen durchschnittlich einen geringeren Transaktionspreis erzielen als in gerichtlichen Vergleichen.

Der nach Ertragswert der übertragenden Gesellschaft (Ertragswert_2), deren Anteilseigner das Spruchverfahren eingeleitet haben, gewichtete Durchschnitt der Zuzahlungshöhe beträgt 0,5%. Dieser größengewichtete Mittelwert liegt unter dem arithmetischen Mittel von 2,1%. Das kann teilweise auf den jeweiligen Abschluss der Spruchverfahren von E.ON und HVB ohne Zuzahlung zurückgeführt werden, da diese Zuzahlungen aufgrund der Ertragswerte von Viag und der Bayerische Hypotheken- und Wechsel-Bank sehr hoch gewichtet werden.

Anhand der Kriterien Ankündigung bis/seit DAT, nicht/dominierter $\text{Verschmelzungsbeschluss}_2$, ohne/mit mehrheitlicher Beteiligung der Gesellschaft_1 an Gesellschaft_2 sowie ohne/mit ex ante Prämie über Börsenwertverhältnis soll in der Folge untersucht werden, worauf bei der Bestimmung der Zuzahlungshöhe im Spruchverfahren geachtet wird.

4.4.2.3 Ankündigung bis/seit DAT

Die Unterscheidung der ex post Transaktionspreise in die bis bzw. seit DAT angekündigten Verschmelzungen (Abb. 52) soll eine Antwort darauf geben, ob die Entscheidung zu Eingliederungen einen Einfluss auf die Zuzahlungshöhe hat.

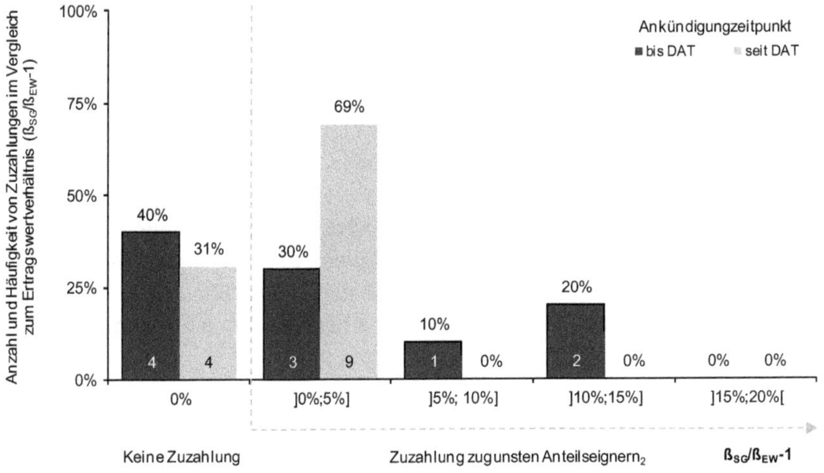

Abb. 52: Ex post Transaktionpreis bei Ankündigung bis/seit DAT

Spruchverfahren in bis DAT angekündigten Verschmelzungen wurden mit Zuzahlungen von durchschnittlich 3,3% über dem Ertragswertverhältnis beendet, in denen seitdem wurden Zuzahlungen von 1,2% über Ertragswertverhältnis beobachtet (Tab. 27).

Tab. 27: Ex post Transaktionspreis bei Ankündigung bis/seit DAT

β_{SG}/β_{EW} -1	Stichprobe	bis DAT	seit DAT
Beobachtungen	**23**	10	13
Mittelwert	**2,1%**	3,3%	1,2%
Median	**0,8%**	0,8%	1,0%
Standardabweichung	**3,3%**	4,6%	1,5%

Hypothese 2c: Spruchverfahren von bis DAT angekündigten Verschmelzungen werden mit höheren Zuzahlungen beendet als die seitdem angekündigten.

Auf Basis eines Mann-Whitney-U Tests kann die Nullhypothese nicht abgelehnt werden. Die mittlere Zuzahlung in bis DAT angekündigten Verschmelzungen ist nicht signifikant größer als die in seitdem angekündigten Zusammenschlüssen.[628] Folglich ist der beobachtete Unterschied zwischen den durchschnittlichen Zuzahlungen als zufällig zu interpretieren.

4.4.2.4 Nicht/dominierter Verschmelzungsbeschluss$_2$

Verschmelzungsbeschlüsse, die nicht-dominiert von der Mehrheit der Anteilseigner$_2$ gefasst werden, könnten im Spruchverfahren eher als angemessen beurteilt werden als dominierte Verschmelzungsbeschlüsse.[629] Folglich müsste die durchschnittliche Zuzahlung geringer ausfallen. Für die empirische Untersuchung dieser Hypothese wird die Stichprobe der 23 Zuzahlungen danach eingeteilt, ob der Verschmelzungsbeschluss der Anteilseigner$_2$ nicht dominiert oder dominiert gefasst wurde (Abb. 53).

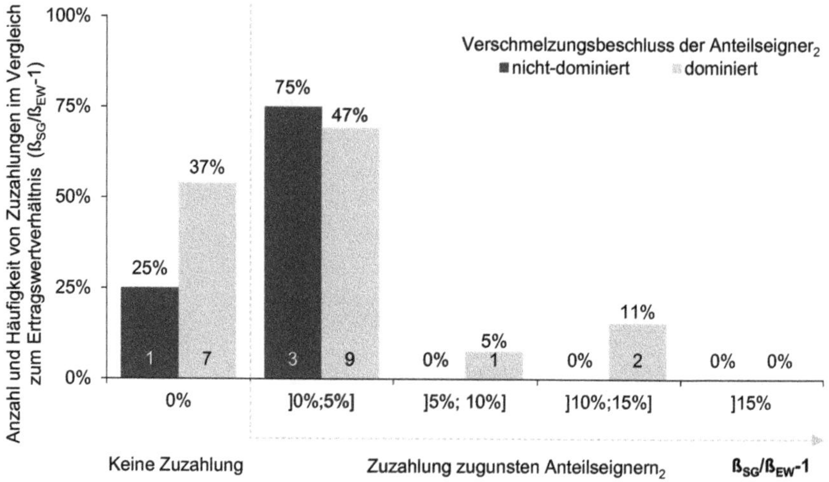

Abb. 53: Ex post Transaktionpreis nach Dominanz des Verschmelzungsbeschlusses$_2$

Der Häufigkeitsverteilung (Abb. 53) ist weiterhin zu entnehmen, dass 17 der 19 ex post Transaktionspreise von Verschmelzungen mit dominiertem Verschmelzungsbeschluss der Gesellschaft$_2$ das Verschmelzungsverhältnis um nicht

628 p-Wert von 0,406 (einseitig).

629 Für den statistischen Vergleich der Häufigkeiten wurden nicht genügend Zuzahlungen nicht-dominierter Verschmelzungen beobachtet.

mehr als 10% übersteigen.[630] Folglich verhindern häufig bereits primäre Mechanismen zum Schutz des Aktionärseigentums (Verschmelzungsbericht, Verschmelzungsprüfung, Beschlusserfordernisse) grob fehlerhafte Umtauschverhältnisse. Der sekundäre Eigentumsschutz in Form des Spruchverfahrens korrigiert ein mehrheitlich beschlossenes Verschmelzungsverhältnis somit i. d. R. nicht mehr als um Bewertungsunschärfen.[631]

Hypothese 2d: Die durchschnittliche Zuzahlung ist in dominierten Verschmelzungen höher als in nicht-dominierten.

In dominierten Verschmelzungen sind mit durchschnittlich 2,3% über dem Ertragswertverhältnis höhere Zuzahlungen als in der Teilstichprobe nicht-dominierter Verschmelzungen zu beobachten (Tab. 28).

Tab. 28: Ex post Transaktionspreis bei dominiertem/nicht-dominiertem Verschmelzungsbeschluss$_2$

β_{SG}/β_{EW} -1	**Stichprobe**	**nicht-dominiert**	**dominiert**
Beobachtungen	**23**	4	19
Mittelwert	**2,1%**	1,0%	2,3%
Median	**0,8%**	0,4%	1,0%
Standardabweichung	**3,3%**	1,4%	3,6%

Auf Basis eines Mann-Whitney-U Tests kann die Nullhypothese, dass die mittlere Zuzahlung in nicht-dominierten Verschmelzungen größer als in dominierten Verschmelzungen ist, nicht abgelehnt werden.[632] Folglich ist der beobachtete Unterschied zwischen den durchschnittlichen Zuzahlungen als zufällig zu interpretieren.

630 Möglicher Weise werden Verschmelzungen mit dominiertem Verschmelzungsbeschluss der Gesellschaft$_2$ besser dokumentiert und führen daher zu geringeren Zuzahlungen im Spruchverfahren.

631 „Der "wahre" Unternehmenswert lässt sich wegen der Ungenauigkeiten der Prognosemethoden bzw. der Volatilität von Börsenkursen nur als Näherungswert mit einer Bandbreite festlegen. Die im vorliegenden Fall festzustellenden Abweichungen des Verhältnisses der berechneten Unternehmenswerte zueinander im Vergleich zu dem Verhältnis der Börsenkurse bewegen sich [...] deutlich unterhalb einer Größenordnung von 10%.“ LG München I, Beschluss vom 27. März 2000, Az: 5 HKO 19156/98.

632 p-Wert von 0,339 (einseitig).

4.4.2.5 Ohne/mit mehrheitlicher Beteiligung der Gesellschaft$_1$ an Gesellschaft$_2$

Durch die gesetzlich verankerte Bestellung eines gemeinsamen Vertreters für die Interessen der Aktionäre, die nicht aktiv Partei eines Spruchverfahrens sind, wirken neben gerichtlichen Beschlüssen auch alle Vergleiche für und gegen alle Anteilseigner der übertragenden Gesellschaft (inter-omes). Davon zu unterscheiden sind Fällen, in denen die aufnehmende Gesellschaft eine Mehrheitsbeteiligung an der übertragenden Gesellschaft hält.

Aufgrund der vorherigen Beteiligung der Muttergesellschaft betrifft das Spruchverfahren nur einen sehr geringen Anteil der übertragenden Gesellschaft. In diesen Fällen können die Verfahrenskosten schnell den Absolutbetrag der baren Zuzahlung übersteigen. Folglich kann es aus Sicht der aufnehmenden Gesellschaft eine rationale Entscheidung darstellen, einen gerichtlichen Vergleich mit einer höheren baren Zuzahlung je Aktie zu schließen als bewertungstechnisch gerechtfertigt.[633]

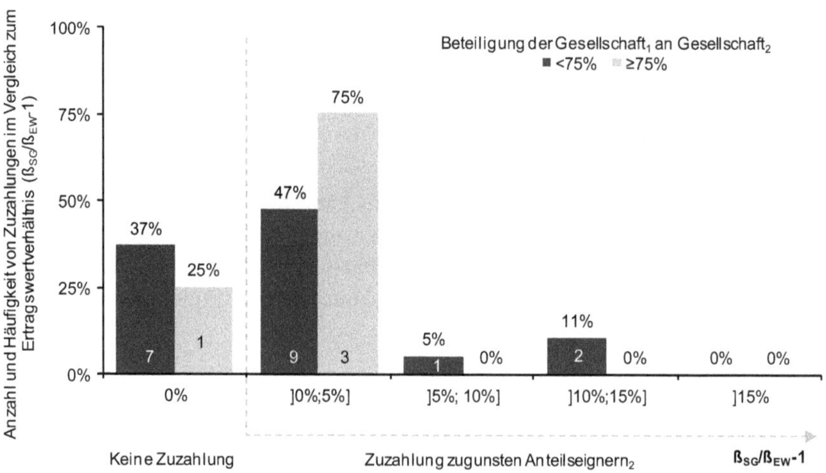

Abb. 54: Zuzahlungshöhe nach Beteiligungsstruktur

633 Bspw. schloss die Triumph International Aktiengesellschaft mit außenstehenden Anteilseignern der Triumph Investex Gesellschaft für Investitionen Aktiengesellschaft, die zusammen 429 Triumph-Aktien mit einem Börsenkurse von ca. DM 200 hielten, einen Vergleich. Aufgrund des geringen Handels der Aktien ist die Verschmelzung jedoch nicht Teil der Datenbasis.

Die Stichprobe der 23 Verschmelzungsverhältnisse mit abgeschlossenem Spruchverfahren enthält vier ex post Transaktionspreise zwischen Gesellschaften mit mehrheitlicher Beteiligung (Abb. 54). In einer dieser Transaktionen wurde ein Vergleich zwischen außenstehenden Anteilseignern der Kleindienst Datentechnik AG und der aufnehmenden Beta Systems Software AG geschlossen, der das Verschmelzungsverhältnis um 2,9% erhöht, die weiteren Entscheidungen sind Casella / Höchst, T-Online / Deutsche Telekom sowie Ex-Cell-O / IWKA (Tab. 29).

Tab. 29: Ex post Transaktionspreis in Verschmelzungen ohne/mit mehrheitlicher Beteiligung der Gesellschaft$_1$ an Gesellschaft$_2$.

$\beta_{SG}/\beta_{EW}-1$	**Stichprobe**	**Ohne mehrheitliche Beteiligung**	**Mit mehrheitlicher Beteiligung**
Beobachtungen	**23**	19	4
Mittelwert	**2,1%**	2,1%	2,2%
Median	**0,8%**	0,8%	1,8%
Standardabweichung	**3,3%**	3,6%	2,2%

Hypothese 2e: In Verschmelzungen mit mehrheitlicher Beteiligung der Gesellschaft$_1$ an Gesellschaft$_2$ ist die durchschnittliche Zuzahlung höher als bei geringerer Beteiligung.

Auf Basis eines Mann-Whitney-U Tests kann kein Einfluss der mehrheitlichen Beteiligung auf die durchschnittlichen Zuzahlungshöhe (Median) nachgewiesen werden. [634]

4.4.2.6 Ex ante Prämie über Börsenwertverhältnis

Für Aussagen über den Einfluss des ex ante Transaktionspreises auf die Zuzahlungshöhe ist die Stichprobe anhand der ex ante Prämie über Börsenwertverhältnis in zwei Gruppen zu unterteilen (Abb. 55).

634 p-Wert von 0,338 (einseitig).

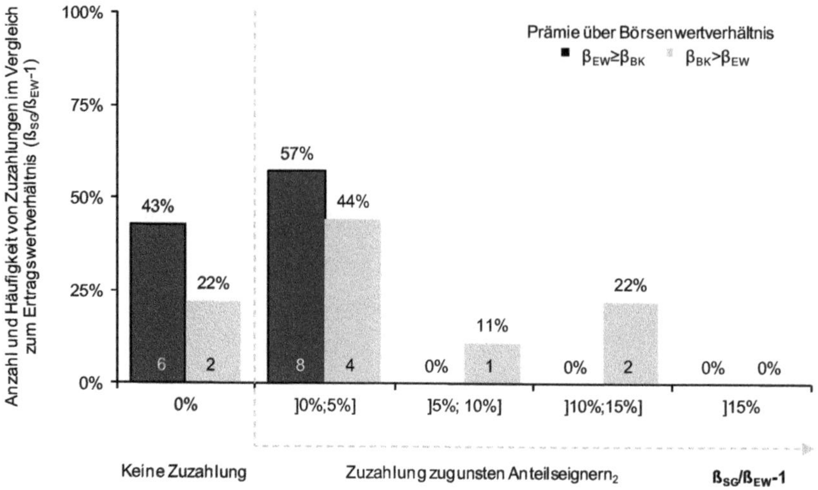

Abb. 55: *Ex post Transaktionspreis gemäß ex ante Prämie über Börsenwertverhältnis*

Die resultierende Häufigkeitsverteilung der Zuzahlungshöhe deutet darauf hin, dass Zuzahlungen in Verschmelzungen mit ex ante Transaktionspreis unter dem Börsenwertverhältnis höher ausfallen, als in Verschmelzungen mit ex ante Prämie über dem Börsenwertverhältnis. Während 7 von 9 (78%) Verschmelzungsverhältnisse unter Börsenwertverhältnis durch das Spruchverfahren korrigiert wurden, ist für 8 von 14 (57%) Umtauschverhältnisse über Börsenwertverhältnis eine Zuzahlung vereinbart worden (Tab. 30).

Tab. 30: *Ex post Transaktionspreis ohne/mit Prämie des ex ante Transaktionspreises über Börsenwertverhältnis*

$\beta_{SG}/\beta_{EW}-1$	**Stichprobe**	$\beta_{EW} \geq \beta_{BK}$	$\beta_{EW} < \beta_{BK}$
Beobachtungen	**23**	14	9
Mittelwert	**2,1%**	0,7%	4,2%
Median	**0,8%**	0,4%	3,1%
Standardabweichung	**3,3%**	1,0%	4,6%

Ein Vergleich der Mittelwerte der Teilstichproben unterstützt den mittels Häufigkeitsverteilung beschriebenen Unterschied zwischen den Teilstichproben. Der ex post Transaktionspreis liegt in Verschmelzungen, deren Umtauschverhältnis das Börsenwertverhältnis erreicht oder übersteigt, um durchschnittlich 0,7% über dem Ertragswertverhältnis. In Transaktion zu einem Verschmelzungsverhältnis unter Börsenwertverhältnis führt das Spruchverfahren hingegen zu ex post Transaktionspreisen von durchschnittlich 4,2% über Ertragswertverhältnis.[635]

Hypothese 2f: In Verschmelzungen ohne Prämie über Börsenwertverhältnis zugunsten der Anteilseigner$_2$ ist die durchschnittliche Zuzahlung höher als bei Gewährung einer solchen Prämie.

Auf Basis eines Mann-Whitney-U Tests kann die These bestätigt werden, dass sich die Mediane der durchschnittlichen Zuzahlung signifikant unterscheiden.[636] Dieses Ergebnis stützt die Vermutung, dass der ex ante Transaktionspreis einen Einfluss auf den Ausgang des Spruchverfahrens und somit den ex post Transaktionspreis nimmt. Es unterlegt die Beobachtung, dass insbesondere in Spruchverfahren von Umtauschverhältnissen mit ex ante Prämie über dem Börsenwertverhältnis Vergleiche geschlossen wurden, die geringere Zuzahlungen gewähren.

4.4.2.7 Bewertung der verschmelzenden Gesellschaften

In der Grundgesamtheit wurden ca. ¾ der Umtauschverhältnisse von beiderseits unterbewerteten Gesellschaften abgeleitet. Mit der Bewertungsrüge als dominante Handlungsalternative werden im Spruchverfahren mehrheitlich Umtauschverhältnisse bezüglich ihrer Angemessenheit beurteilt, die ebenfalls von beidseitig den Börsenwert übersteigenden Ertragswerten abgeleitet wurden.

Zur Untersuchung des Einflusses der Bewertung der verschmelzenden Gesellschaften auf die Zuzahlung wird die Datenbasis des vorherigen Abschnitts um diese Informationen erweitert. Dabei wird deutlich, dass 17 der 23 beobachteten ex post Transaktionspreise der Stichprobe auf Umtauschverhältnissen basieren, die von beiderseits unterbewerteten Gesellschaften abgeleitet wurden. Eine Unterteilung der Stichprobe nach der Bewertung der verschmelzenden Gesellschaften entbehrt sich daher.

635 Folglich beträgt die durchschnittliche Zuzahlung für diese Transaktionen 4,2% des Ertragswertverhältnisses.

636 p-Wert von 0,032 (einseitig) bei $\min(U_1, U_2) = 34{,}0$. Folglich ist die Nullhypothese gleicher Mediane abzulehnen.

Tab. 31: Ex ante und ex post Transaktionspreise im Vergleich zur Bewertung der Gesellschaften

	$BK_1>EW_1$: $\beta_{BK}>\beta_{EW}$		$BK_1>EW_1$: $\beta_{EW}\geq\beta_{BK}$		$EW_1\geq BK_1$: $\beta_{BK}>\beta_{EW}$		$EW_1\geq BK_1$: $\beta_{EW}\geq\beta_{BK}$	
$BK_2>EW_2$	$\beta_{BK}>\beta_{EW}\geq\beta_{SG}$	-	$\beta_{EW}\geq\beta_{BK}>\beta_{SG}$		$\beta_{BK}>\beta_{EW}\geq\beta_{SG}$	1		
			$\beta_{EW}\geq\beta_{SG}>\beta_{BK}$	-				
	$\beta_{BK}>\beta_{SG}>\beta_{EW}$	-	$\beta_{EW}=\beta_{SG}=\beta_{BK}$		$\beta_{BK}>\beta_{SG}>\beta_{EW}$	1		
	$\beta_{SG}>\beta_{BK}>\beta_{EW}$	-	$\beta_{SG}>\beta_{EW}\geq\beta_{BK}$	2	$\beta_{SG}>\beta_{BK}>\beta_{EW}$	-		
$EW_2\geq BK_2$			$\beta_{EW}\geq\beta_{BK}>\beta_{SG}$		$\beta_{BK}>\beta_{EW}\geq\beta_{SG}$	1	$\beta_{EW}\geq\beta_{BK}>\beta_{SG}$	
			$\beta_{EW}\geq\beta_{SG}>\beta_{BK}$	2			$\beta_{EW}\geq\beta_{SG}>\beta_{BK}$	4
					$\beta_{BK}>\beta_{SG}>\beta_{EW}$	6	$\beta_{EW}=\beta_{SG}=\beta_{BK}$	
			$\beta_{SG}>\beta_{EW}\geq\beta_{BK}$	-	$\beta_{SG}>\beta_{BK}>\beta_{EW}$	-	$\beta_{SG}>\beta_{EW}\geq\beta_{BK}$	6

Für die Illustration dieses Ergebnisses sei darauf hingewiesen, dass im Spruchverfahren nur die Zuzahlungshöhe bekannt gegeben wird. In Fällen ohne Zuzahlung und einem das Börsenwertverhältnis übersteigenden Umtauschverhältnis kann auf Basis der gerichtlichen Bekanntmachungen oft nicht unterschieden werden, ob das gerichtlich als angemessen befundene Umtauschverhältnis unter dem Börsenwertverhältnis liegt oder nicht. Tab. 31 enthält in drei Feldern je eine Gruppe mit derartigen Fällen ohne Zuzahlung.

Die Datenbasis enthält zehn ex post Transaktionspreise aus Verschmelzungen mit beidseitig unterbewerteten Gesellschaften zu einem Ertragswertverhältnis, das über dem Börsenwertverhältnis liegt. Für sechs dieser zehn Verschmelzungsverhältnisse wurden Zuzahlungen zugunsten Anteilseignern$_2$ durch gerichtlichen Vergleich vereinbart, drei Verschmelzungsverhältnisse wurden ohne Zuzahlung durch Gerichtsbeschluss bestätigt und in einem weiteren Fall wurde ein Vergleich ohne Zuzahlung erzielt.

Weiterhin enthält die Datenbasis sieben ex post Transaktionspreise von Verschmelzungen beiderseits unterbewerteter Gesellschaften zu einem Ertragswertverhältnis unter dem Börsenwertverhältnis. In vier Fällen führte ein gerichtlicher Vergleich zur Zuzahlung, in je einem weiteren Fall wurde das Verschmelzungsverhältnis durch gerichtlichen Beschluss um eine Zuzahlung erhöht bzw. ohne Zuzahlung bestätigt.

Auch Verschmelzungsverhältnisse mit einer Prämie über dem Börsenwertverhältnis werden in Spruchverfahren durch Zuzahlung korrigiert. In diesen fällt die Zuzahlung jedoch geringer aus als in Transaktionen mit Verschmelzungsverhältnissen ohne Prämie.

4.4.2.8 Zusammenfassung

Die empirische Untersuchung zeigt, dass in 46 von 50 theoretisch möglichen Fällen ein Spruchverfahren beantragt wurde und damit in der Praxis sehr überwiegend die theoretisch dominante Strategie der Bewertungsrüge „gespielt" wird.

Im Durchschnitt führen Zuzahlungen zu einer Erhöhung des ex ante Transaktionspreises zugunsten Anteilseignern_2. In der Stichprobe beträgt die durchschnittliche Zuzahlung 2,1% über Ertragswertverhältnis mit einer Standardabweichung von 3,3%.

Ein Unterteilen der Stichprobe in dichotome Teilstichproben anhand der Kriterien Ankündigungszeitpunkt, Dominanz des Verschmelzungsbeschlusses, Mehrheitsbeteiligung der Gesellschaft_1 an Gesellschaft_2, ex ante Transaktionspreis ohne/mit Prämie zugunsten Anteilseignern_2 und Abschluss des Spruchverfahrens durch gerichtlichen Beschluss oder Vergleich führen für zwei Kriterien zu höheren Zuzahlungen.

In Verschmelzungen mit ex ante Transaktionspreisen ohne Prämie zugunsten der Anteilseigner_2 werden im Spruchverfahren höhere Zuzahlungen beschlossen als bei Verschmelzungsverhältnissen, die Anteilseignern_2 bereits ex ante eine Prämie bieten. Auch in Form eines Vergleichs abgeschlossene Spruchverfahren gewähren höhere Zuzahlungen als durch Gerichtsbeschluss beendete Verfahren.

4.4.3 Berücksichtigung von Synergien

4.4.3.1 Bewertung der verschmelzenden Gesellschaften

Für 30 der 45 beobachteten Verschmelzungsverhältnisse ist die Synergiehöhe im Zeitpunkt der Beschlussfassung bekannt. 23 der 30 (77%) Umtauschverhältnisse mit quantifizierten Synergien werden von beidseitig unterbewerteten Gesellschaften abgeleitet. Ein Vergleich der ex ante Kapitalmarktbewertung der verschmelzenden Gesellschaften mit der Häufigkeit quantifizierter Synergien deutet ggf. darauf hin, dass Synergien bei einer gleichzeitigen Überbewertung beider Gesellschaften durch den Kapitalmarkt[637] weniger häufig als in anderen Fällen beziffert werden (Abb. 56). Allerdings beruht diese Vermutung auf nur fünf Beobachtungen beidseitiger Überbewertung und ist daher nicht zu verallgemeinern.

637 Hier liegen die Ertragswerte unter der jeweiligen Börsenwerte.

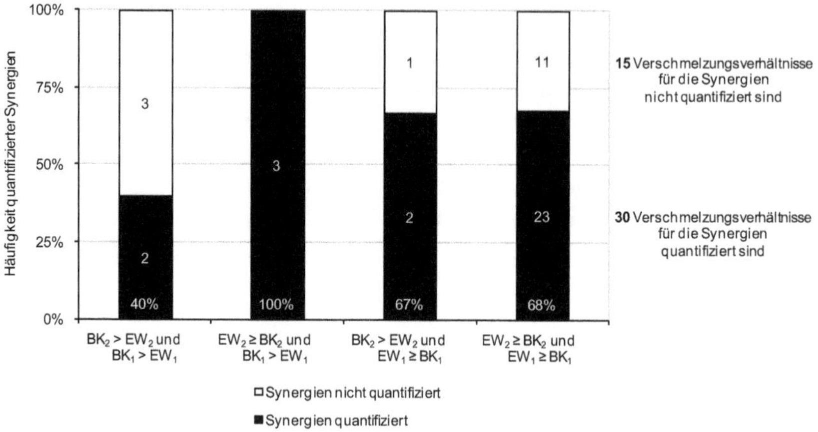

Abb. 56: Quantifizierung von Synergien und Bewertung der verschmelzenden Gesellschaften

Weiterhin werden für 21 der 29 (72%) Verschmelzungsverhältnisse mit einem Ankündigungsdatum seit DAT Synergien quantifiziert. Im Zeitraum bis DAT liegt der Anteil Verschmelzungsverhältnisse mit 9 von 16 (56%) hingegen etwas geringer.

4.4.3.2 Bezugsgröße für Synergiehöhe

Im Rahmen der wirtschaftlichen Erläuterung und Begründung der Verschmelzung im Verschmelzungsbericht werden die mit der Transaktion verbundenen Synergiepotentiale und häufig auch deren Höhe beschrieben. Die darauf folgende Erläuterung und Begründung des Umtauschverhältnisses berücksichtigt Synergien hingegen nicht,[638] nach h. M. bezieht sie sich nur auf *stand-alone* Unternehmenswerte.[639]

638 „Synergieeffekte, die sich aus der Verschmelzung ergeben, wurden bei der Ermittlung der Unternehmenswerte nicht berücksichtigt. Die Bewertung ist auf einer stand-alone Basis erfolgt." Verschmelzungsbericht HfB_97, S. 50. Dieser Auffassung schließt sich der Verschmelzungsprüfer an: „Synergieeffekte, die sich aus der beabsichtigten Verschmelzung ergeben werden, sind in den Planungsrechnungen nicht berücksichtigt. Dieses Vorgehen ist sachgerecht." Verschmelzungsprüfungsbericht HfB_97, S. 23.

639 Siehe Kapitel 3.2.1, sowie in aktuellen Kommentaren: MARSCH-BARNER, R. (2006), S. 113, Tz. 17 und STRATZ, R.-C. (2006), S. 196, Tz 26.

In dieser Arbeit werden die 30 Umtauschverhältnisse, für die im Verschmelzungsbericht erwartete Synergien quantifiziert wurden, unter Berücksichtigung von Synergien analysiert.[640] Schließlich ist die Erzielung von Synergien eine Motivation des Zusammenschlusses und trotz Schwierigkeiten in der Prognose auch ein Kriterium, anhand dessen Anteilseigner diesen beurteilen.

Es wird unterstellt, dass alle Verschmelzungen synergiebedingte Wertbeiträge erzielen, diese in der Datenbasis jedoch nur für eine Stichprobe von 30 Umtauschverhältnissen ihrer Höhe nach bekannt sind.

Mit der ökonomischen Referenz des Managements betrachtet kann die absolute Höhe erwarteter Synergien ins Verhältnis zu den aggregierten Ertragswerten der verschmelzenden Gesellschaften gesetzt werden.[641] Sofern bereits vor der Verschmelzung eine Beteiligung der Gesellschaft_1 an der Gesellschaft_2 besteht, ist die Bezugsgröße für die Quantifizierung der Synergien die Ertragswertsumme, reduziert um den doppelt gezählten Ertragswert der Beteiligung. Die folgende Abbildung stellt die Häufigkeitsverteilung der Synergien im Verhältnis zu den aggregierten Ertragswerten dar (Abb. 57).

640 Aus rechtlicher Sicht befürwortet Müller die Berücksichtigung von Synergiepotentialen im quotalen Verschmelzungswert. Allerdings schlägt sie vor, die „echten und unechten Verbundvorteile […] nach einem geeigneten Bewertungsmaßstab unter den Verschmelzungspartnern zu verteilen." MÜLLER, S. (2005), S. 197.

641 Definiert als Summe aus Ertragswert der Gesellschaft_1 und dem nicht bereits in Ertragswert_1 enthaltenen Ertragswert_2 der Gesellschaft_2. Die Gesellschaften_2 der Stichprobe enthalten keine nennenswerten (Rück-)Beteiligungen an der Gesellschaft_1.

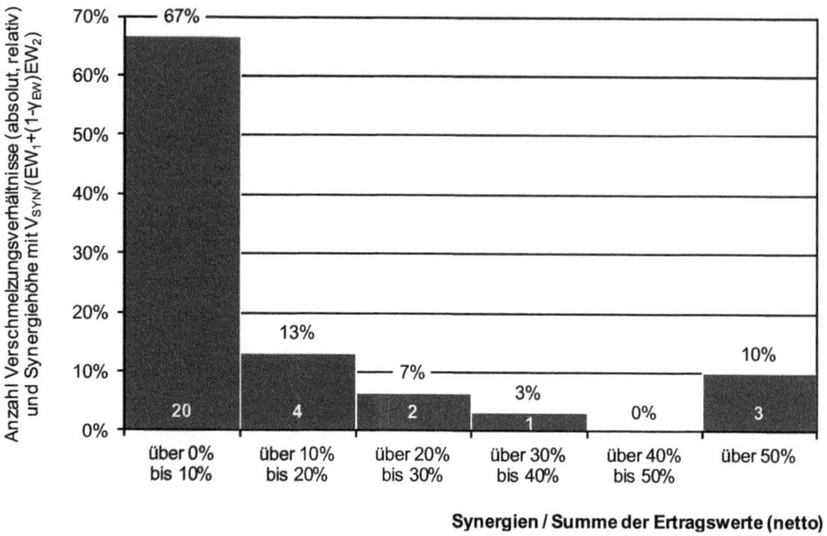

Abb. 57: *Synergien im Verhältnis zum aggregierten Ertragswert der verschmelzenden Gesellschaften*

Derart bestimmt werden in den Verschmelzungen der Stichprobe Synergien von durchschnittlich 17,3% des aggregierten Ertragswertes bei einer Standardabweichung von 28,7% erwartet.[642] Auf Basis eines Kolmogorov-Smirnov-Anpassungstests kann für die Synergiehöhe eine Normalverteilung nicht unterstellt werden.[643] Daher ist nicht die durchschnittliche, sondern die mittlere Synergiehöhe statistischen Tests zugänglich. Von einem Wilcoxon-Vorzeichen-Rang-Test kann abgeleitet werden, dass die mittlere Zuzahlung signifikant größer als 5,4% ist.[644]

Mit der ökonomischen Referenz der Anteilseigner betrachtet kann die Höhe der Synergien auch im Verhältnis zum aggregierten Börsenwert der verschmelzenden Gesellschaften beschrieben werden.[645] Aufgrund der Unterbewertung einzelner Gesellschaften liegt das durchschnittliche Verhältnis erwarteter Synergien zum aggregierten Börsenwert bei 27,1%[646] und damit über dem Verhältnis

642 Der Median beträgt 5,4%.

643 p-Wert von 0,010; folglich ist Nullhypothese einer Normalverteilung abzulehnen.

644 H_0: Mittlere Synergiehöhe$\leq$0,054 bei p-Wert von 0,000 abzulehnen.

645 Definiert als Summe aus Börsenwert$_1$ der Gesellschaft$_1$ und dem nicht bereits im Börsenwert$_1$ enthaltenen Börsenwert$_2$ der Gesellschaft$_2$.

646 Der Median beträgt 7,1%.

der Synergien zu Ertragswerten.[647] Die entsprechende Häufigkeitsverteilung wird in Abb. 58 beschrieben.

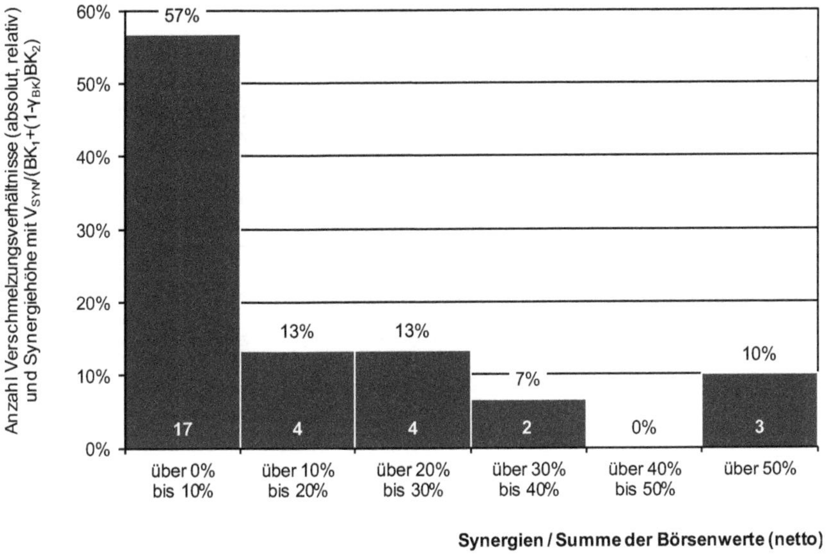

Abb. 58: Synergien im Verhältnis zum aggregierten Börsenwert der verschmelzenden Gesellschaften

Erwartete Synergien und Ertragswerte werden vom Management im Verschmelzungsbericht quantifiziert. Da das Verschmelzungsverhältnis von detailliert beschriebenen Ertragswerten abgeleitet wird, werden Synergien in der folgenden Analyse im Verhältnis zu aggregierten Ertragswerten quantifiziert.[648]

In den folgenden Abschnitten wird die durchschnittlich erwartete Synergiehöhe von 17,3% des aggregierten Ertragswertes entsprechend der Kriterien bis/seit DAT, nicht/dominierter Verschmelzungsbeschluss$_2$, ohne/mit mehrheit-

647 Mit 65,9% Standardabweichung ist das Verhältnis von Synergien zum aggregierten Börsenwert ebenfalls durch den Unterschied der Börsenwerte zu den Ertragswerten beeinflusst.

648 KÜTING verweist auf Verschmelzungen, in denen erwartete Verbundeffekte mehr als 30% des gesamten Unternehmenswertes ausmachen. Bei ihrer Bestimmung wird von einer unendlichen Lebensdauer und einem Kalkulationszinsfuß von 10% ausgegangen. KÜTING, K. (1981), S. 184.

licher Beteiligung sowie ohne/mit Prämie über Börsenwertverhältnis unterteilt und analysiert.

4.4.3.3 Ankündigung bis/seit DAT

Synergieerwartungen waren kein zentraler Streitpunkt der DAT-Entscheidung. Dennoch soll die Höhe erwarteter Synergien in Teilstichproben mit bis/seit DAT angekündigten Verschmelzungen unterschieden werden (Abb. 59).

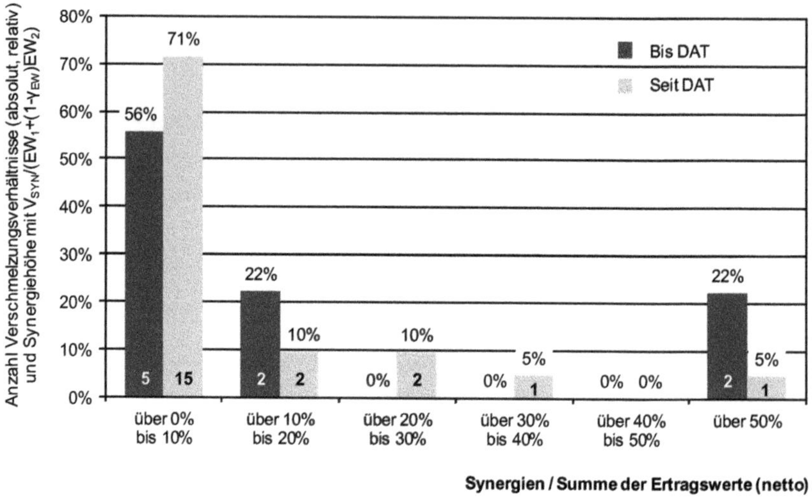

Abb. 59: Synergiehöhe in Verschmelzungen bis/seit DAT

Hypothese 3a: In Verschmelzungen bis DAT werden durchschnittlich höhere Synergien erwartet als in denen seitdem.

In Transaktionen mit Verschmelzungsbeschluss bis DAT werden durchschnittliche Synergien in Höhe von 31,2% (Median von 9,8%) der aggregierten Ertragswerte erwartet, in Transaktionen seitdem hingegen in Höhe von 11,3% (Median von 4,2%). Auf Basis des Mann-Whitney-U Tests übersteigen die Ränge der bis DAT angekündigten Verschmelzungen die der seitdem angekündigten statistisch signifikant.[649] Die Häufigkeitsverteilung deutet darauf hin, dass der im Vergleich zum Median hohe Erwartungswert in Verschmelzungen bis DAT durch die Gewichtung von zwei Ausreißern verursacht wird. Die vorgenommene

649 p-Wert von 0,031 (einseitig) bei $\min(U_1, U_2)= 53$.

Unterscheidung lässt dennoch vermuten, dass die Synergieerwartungen der Verschmelzungen seit 1999 etwas weniger euphorisch quantifiziert wurden.

4.4.3.4 Nicht/dominierter Verschmelzungsbeschluss$_2$

Der Einfluss der Dominanz auf die erwartete Synergiehöhe kann untersucht werden, indem die Stichprobe dahingehend unterteilt wird, ob der Verschmelzungsbeschluss der Anteilseigner$_2$ von einem Mehrheits-Anteilseigner dominiert wurde oder nicht (Abb. 60). Letztlich könnte die Zustimmung eines dominierenden Mehrheits-Anteilseigners zum Verschmelzungsbeschluss davon abhängen, ob mit der Transaktion besonders hohe Wertsteigerungen zu erwarten sind.

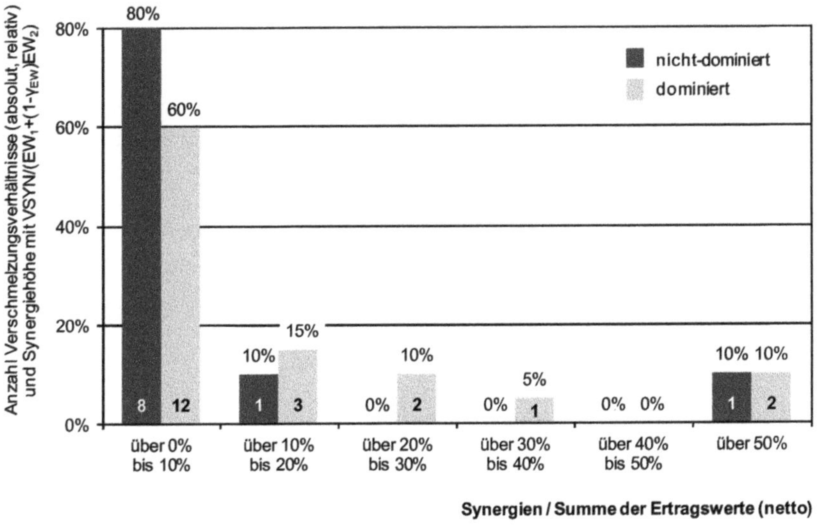

Abb. 60: Synergiehöhe und Verschmelzungsbeschluss der Anteilseigner$_2$

Hypothese 3b: In dominierten Verschmelzungen werden durchschnittlich höhere Synergien erwartet als in nicht-dominierten.

In Transaktionen mit nicht-dominiertem Verschmelzungsbeschluss der Anteilseigner$_2$ werden durchschnittliche Synergien in Höhe von 11,9% der aggregierten Ertragswerte erwartet, in Transaktionen mit dominiertem Verschmelzungsbeschluss hingegen in Höhe von 19,9%. Auf Basis des Mann-Whitney-U Tests übersteigen die Ränge der dominierten Verschmelzungen die der nicht-dominierten statistisch signifikant.[650] Folglich werden für dominierte Verschmelzungen höhere Synergien erwartet.

Dieses Ergebnis ist überraschend, da die Dominanz teilweise auf einer Beteiligung zwischen den verschmelzenden Gesellschaften beruht und ein Teil der mit der Verschmelzung verbundenen Synergiepotentiale bereits auf Basis der Beteiligung erhoben werden kann.[651] Für in dominierte Verschmelzungen mit einer Beteiligung zwischen den verschmelzenden Gesellschaften könnte ein Informationsvorsprung mit der Beteiligung einhergehen, auf dessen Basis die höhere Synergieerwartung beruht.

4.4.3.5 Ohne/mit mehrheitlicher Beteiligung der Gesellschaft$_1$ an Gesellschaft$_2$

Wenn zwischen zwei verschmelzenden Unternehmen bereits vor der Transaktion eine mehrheitliche Beteiligung besteht, können bestimmte Synergien bereits vor der Transaktion realisiert werden. Unterstellt man durchschnittlich gleich hohe Synergien für unbeteiligte Gesellschaften, dann könnte in Verschmelzungen zwischen mehrheitlich beteiligten Gesellschaften geringere Synergien erwartet werden als in Verschmelzungen, bei denen keine Mehrheitsbeteiligung besteht. Ein Vergleich der durchschnittlichen Synergiehöhe von Verschmelzungen mit und ohne mehrheitlicher Beteiligung soll zeigen, ob die Datenbasis diese Annahme unterstützt (Abb. 61).

650 p-Wert von 0,037 (einseitig) bei $\min(U_1, U_2) = 59$.

651 Teilweise, da ein Mehrheitsanteilseigner der Gesellschaft$_2$ weder zwingend die Gesellschaft$_1$ ist noch an dieser beteiligt sein muss.

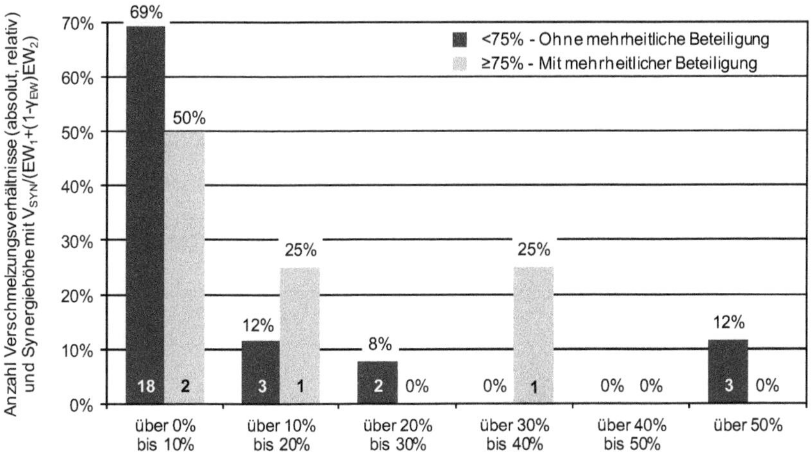

Abb. 61: Synergiehöhe und Beteiligungsstruktur

Hypothese 3c: In Verschmelzungen mit mehrheitlicher Beteiligung werden durchschnittlich höhere Synergien erwartet als in Verschmelzungen zwischen Gesellschaften, denen diese mehrheitliche Beteiligung fehlt.

Für die 26 beobachteten Verschmelzungsverhältnisse von Gesellschaften ohne mehrheitliche Beteiligung werden durchschnittliche Synergien in Höhe von 18,0% der aggregierten Ertragswerte erwartet, für die vier Verschmelzungsverhältnisse mit mehrheitlicher Beteiligung hingegen in Höhe von 12,2%. Auf Basis eines Mann-Whitney-U Tests kann die Nullhypothese, dass sich die erwarteten Synergien der Teilstichproben nur zufällig voneinander unterscheiden, jedoch nicht verworfen werden.[652] Folglich nimmt eine mehrheitliche/nicht mehrheitliche Beteiligung der Gesellschaft_2 an Gesellschaft_1 keinen statistisch signifikanten Einfluss auf die Höhe der erwarteten Synergien.

4.4.3.6 Ohne/mit Prämie über Börsenwertverhältnis

Mit dem Vergleich der Synergiehöhe von Transaktionen, die eine Prämie über dem Börsenwertverhältnis zugunsten der Anteilseigner_2 gewähren ($\beta_{EW} \geq \beta_{BK}$), und jenen, die unter dem Börsenwertverhältnis verschmelzen, soll ein Zusammenhang zwischen Synergiehöhe und ex ante Transaktionspreis gesucht werden.

652 p-Wert von 0,330 bei $\min(U_1, U_2) = 44$.

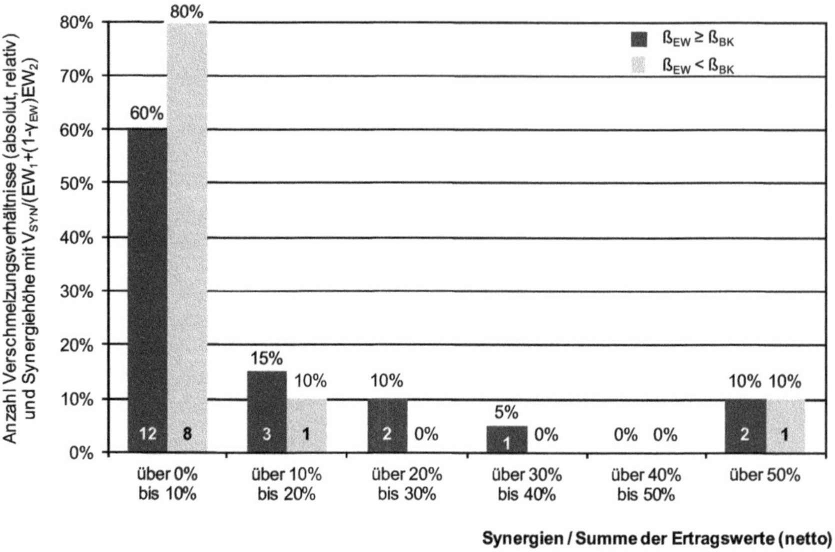

Abb. 62: Synergiehöhe und ex ante Transaktionspreis

In der Stichprobe von 30 Verschmelzungsverhältnissen mit bekannter Synergiehöhe weisen 20 Umtauschverhältnisse eine Prämie[653] über Börsenwertverhältnis zugunsten Anteilseignern_2 auf, die übrigen zehn liegen unter dem Börsenwertverhältnis.

Hypothese 3d: In Verschmelzungen ohne Prämie über Börsenwertverhältnis zugunsten $\textit{Anteilseignern}_2$ *werden durchschnittlich höhere Synergien erwartet als bei ex ante Transaktionspreisen mit Prämie zugunsten der* $\textit{Anteilseigner}_2$.

Die quantifizierten Synergien betragen durchschnittlich 18,4% für Verschmelzungsverhältnisse mit Prämie über Börsenwertverhältnis und 14,9% für Verschmelzungsverhältnisse, die unter dem Börsenwertverhältnis liegen. Auf Basis eines Mann-Whitney-U Tests kann die Nullhypothese, dass sich die Ränge der Teilstichproben nur zufällig voneinander unterscheiden, nicht verworfen werden.[654] Dieses Ergebnis spricht dafür, dass der ex ante Transaktionspreis keinen signifikanten Einfluss auf die erwartete Synergiehöhe ausübt.

653 Mit der Definition von $\beta_{EW} \geq \beta_{BK}$ ist eine nicht-negative Prämie gemeint.

654 p-Wert von 0,211 (einseitig) mit $\min(U_1, U_2) = 81$.

4.4.3.7 Verschmelzung durch Aufnahme/Neugründung

Hypothese 3e: In Verschmelzungen durch Aufnahme werden durchschnittlich höhere Synergien erwartet als in Verschmelzungen durch Neugründung.

In den technisch als Verschmelzung durch Aufnahme strukturierten Transaktionen werden durchschnittlich Synergien in Höhe von 19,2% der aggregierten Ertragswerte erwartet, in Verschmelzungen durch Neugründung hingegen in Höhe von 4,8%.[655] Auf Basis des Mann-Whitney-U Tests unterscheiden sich die Ränge der Synergien in Verschmelzungen durch Aufnahme statistisch nicht signifikant von denen in Verschmelzungen durch Neugründung.[656]

Dieses Ergebnis ist bestätigt, dass die Strukturierung der Transaktion als Verschmelzung durch Aufnahme bzw. durch Neugründung keinen erkennbaren Einfluss auf die erwarteten Synergien nimmt.

4.4.3.8 Höhe der baren Zuzahlung

Für den Vergleich der Höhe von Synergien und Zuzahlungen müssen beide Variablen an derselben Referenz gemessen werden. Zuzahlungen werden vom Verhältnis des gerichtlich angemessenen Umtauschverhältnisses β_{SG} zum Verschmelzungsverhältnis β_{EW} abgeleitet. Somit sind Synergien für Zwecke dieses Vergleichs ebenfalls in Verhältnis zu β_{EW} zu setzen. Das erfolgt durch Berechnung der Grenze des Vorschlagsbereichs VB_1 (Abb. 30).[657]

655 Bei einer Standardabweichung von 30,4% und einem Median von 6,1% für Verschmelzungen durch Aufnahme und von 3,6% bzw. 4,0% für Verschmelzungen durch Neugründung.

656 p-Wert von 0,135 (einseitig) mit $\min(U_1, U_2) = 33$.

657 In Kapitel 3.4.2.2 wird die Grenze des Vorschlagsbereichs als $VB_1 = (EW_2+V_{SYN}/(1-\gamma))/EW_1$ definiert.

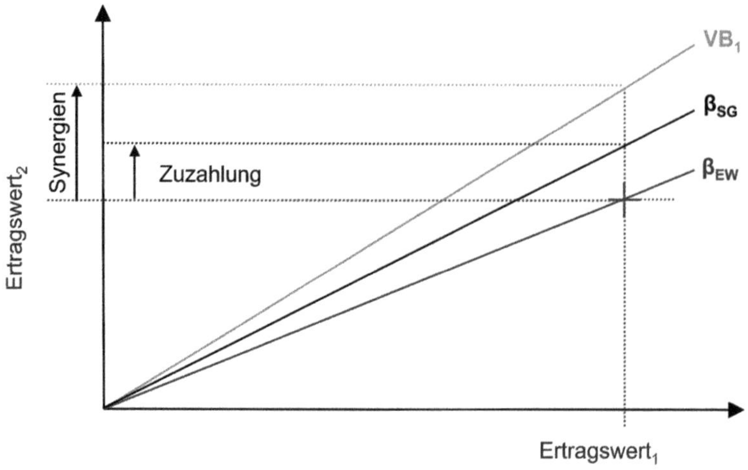

Abb. 63: Synergien und Zuzahlung im Vergleich zum Ertragswertverhältnis

Für 20 Verschmelzungsverhältnis, für die Synergien quantifiziert sind und deren Spruchverfahren abgeschlossen ist, beträgt die durchschnittliche Zuzahlung 2,0%[658] des Ertragswertverhältnisses.[659]

Synergien, quantifiziert als obere Grenze des Vorschlagsbereichs VB_1, betragen durchschnittlich 78,4% des Ertragswertverhältnisses in der Stichprobe von 30 Verschmelzungsverhältnissen mit quantifizierten Synergien und 70,2% in der Stichprobe der 20 Verschmelzungsverhältnisse mit quantifizierten Synergien und abgeschlossenem Spruchverfahren.[660]

658 Durchschnittliche Zuzahlung gemessen als β_{SG}/β_{EW}-1. Folglich ist β_{SG} um 2,0% größer als β_{EW} und liegt oberhalb dieses. Für 20 der 23 Verschmelzungsverhältnisse mit abgeschlossenem Spruchverfahren quantifiziert der jeweilige Verschmelzungsbericht die Höhe erwarteter Synergien.

659 Transaktionen mit Zuzahlungen und Synergien: durchschnittlicher ex ante Transaktionspreis von 6,3% über Börsenwertverhältnis, durchschnittlicher ex post Transaktionspreis von 2,0% über Ertragswertverhältnis.

660 Der Median der 30 Beobachtungen beträgt 27,4%, für die 20 Beobachtungen mit abschlossenem Spruchverfahren beträgt der Median 34,1%.

Hypothese 3f: Die im Spruchverfahren festgelegten Zuzahlungen sind im Mittel kleiner als die erwarteten Synergien.

Ein Wilcoxon-Vorzeichen-Rang Test zeigt, dass die Differenz von VB_I/β_{EW}-1 und β_{SG}/β_{EW}-1 den Wert Null statistisch signifikant übersteigt.[661] Folglich sind die erwarteten Synergien im Durchschnitt größer als die im Spruchverfahren festgelegten Zuzahlungen zugunsten $Anteilseignern_2$.

4.4.3.9 Zusammenfassung

Die Verschmelzungsberichte der Stichprobe zeigen, dass das Management in diesen Transaktionen durchschnittliche Synergien in Höhe von 17,3% der aggregierten Ertragswerte erwartet.

Ein Unterteilen der Stichprobe mit der erwarteten Synergiehöhe in dichotome Teilstichproben anhand der Kriterien Verschmelzung durch Aufnahme/Neugründung, Ankündigungszeitpunkt bis/seit DAT, Dominanz des $Verschmelzungsbeschlusses_2$, Mehrheitsbeteiligung der $Gesellschaft_1$ an $Gesellschaft_2$ und ex ante Transaktionspreis ohne/mit Prämie zugunsten $Anteilseignern_2$ führt statistisch signifikant nur für Transaktionen mit dominiertem $Verschmelzungsbeschluss_2$ und für bis DAT angekündigte Verschmelzungen zu höheren Synergien als die Teilstichprobe bei nicht-dominiertem $Verschmelzungsbeschluss_2$ bzw. von seit DAT angekündigten Verschmelzungen.

4.4.4 Ex ante Transaktionspreis zum Einigungsbereich

Entsprechend dem theoretischen Teil dieser Arbeit sind auch vom Börsenwertverhältnis abweichende Verschmelzungsverhältnisse für die Anteilseigner beider Gesellschaften beschlussfähig, wenn die Synergieverteilung den potentiellen, allein auf dem Vergleich der Börsenwerte beruhenden Vermögensverlust der betroffenen Anteilseigner kompensiert. Auf dieser Idee basiert das Konzept der Teilnahmebedingungen (TNB) und des Einigungsbereichs. Fallen Verschmelzungsverhältnisse in den durch die TNB der Anteilseigner begrenzten Einigungsbereich, kann der Verschmelzungsbeschluss durch eine spezielle Synergieverteilung erklärt werden.

Diese Idee kann anhand der 30 Verschmelzungsverhältnisse der Datenbasis überprüft werden, für die neben Börsenkurs- und Ertragswertverhältnissen auch Synergien der Transaktion quantifiziert wurden (Abb. 64). Ein Verschmelzungsverhältnis β_{EW} fällt in den Einigungsbereich, wenn es die TNB_2 nicht un-

661 p-Wert von 0,000 (einseitig).

terschreitet und zugleich die TNB_1 nicht überschreitet.[662] Anderenfalls wird der Einigungsbereich verletzt. Übersteigt das Verschmelzungsverhältnis die TNB_1 führt die Verschmelzung auf Basis der ökonomischen Referenz der Anteilseigner zu einer Vermögensverschiebung zulasten der $Anteilseigner_1$ (und zugunsten der $Anteilseigner_2$). Unterschreitet das Verschmelzungsverhältnis die TNB_2 führt das zu einer Vermögensverschiebung zulasten der $Anteilseigner_2$.[663]

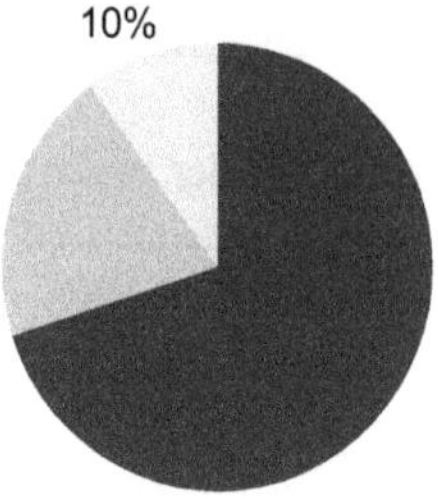

Abb. 64: Ex ante Transaktionspreis und TNB

Ohne Synergieverteilung ist nur ein Verschmelzungsverhältnis der Datenbasis aus Sicht der Anteilseigner beider Gesellschaften und des Management beschlussfähig. Für dieses stimmen Börsenkurs- und Ertragswertverhältnis überein.[664] Vergleichen Anteilseigner das zum HV-Beschluss vorgeschlagene Verschmelzungsverhältnis jedoch mit dem durch Synergieverteilung entstehenden Einigungsbereich, sind 20 der 30 Verschmelzungsverhältnisse beschlussfähig.

Zur Analyse der neun Verschmelzungsverhältnisse, die nicht in den Einigungsbereich fallen, kann die Beschlusssituation der übertragenden $Anteilseigner_2$ herangezogen werden. Abb. 65 stellt die Anzahl ex ante Transaktionspreise gemäß Einhalten und Verletzen der TNB getrennt für Transaktionen mit nichtdominiertem und mit dominiertem Verschmelzungsbeschluss der $Anteilseigner_2$ dar.

662 Einhalten des Einigungsbereichs definiert: $TNB_2 \leq \beta_{EW} \leq TNB_1$.

663 Verletzen des Einigungsbereichs: $\beta_{EW} > TNB_1$ zulasten der $Anteilseigner_1$ oder $TNB_2 > \beta_{EW}$ zulasten übertragender $Anteilseigner_2$.

664 In diesem Fall bestand das Vermögen der übertragenden Gesellschaft überwiegend aus Aktien der aufnehmenden Gesellschaft und die Geschäftstätigkeit beschränkte sich auf das Halten dieser Aktien.

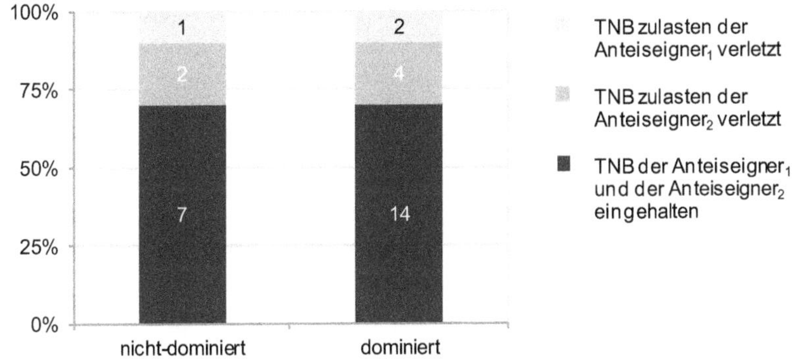

Abb. 65: Ex ante Transaktionspreis im Vergleich zu den TNB bei nicht/dominiertem Verschmelzungsbeschluss$_2$

Vier der sechs in Abb. 65 mittel-grau dargestellten Verschmelzungsverhältnisse verursachen trotz Synergieverteilung eine Vermögensverschiebung zulasten übertragender Anteilseigner$_2$ und stammen aus dominierten Transaktionen.[665]

Ein vom Börsenwertverhältnis abweichendes Verschmelzungsverhältnis wird für Anteilseigner$_2$ nicht beschlussfähig, da der aus dem Verschmelzungsverhältnis resultierende Anteil der übertragenden Anteilseigner$_2$ an der verschmolzenen Gesellschaft[666] einschließlich verteilter Synergien geringer als der Börsenwert$_2$ ist. Auf Basis der Börsenkurse ist daher von einer Vermögensverschiebung zugunsten der Anteilseigner$_1$ auszugehen.

Im Gegensatz dazu verletzen drei[667] der 30 Verschmelzungsverhältnisse den Einigungsbereich zulasten der Anteilseigner$_1$. Sofern die Verschmelzungsverhältnisse über dem Börsenwertverhältnis als Prämie und Anreiz zur Durchführung der Verschmelzung für Anteilseigner$_2$ gedacht sind, fallen sie höher als 100% der quantifizierten Synergien aus und sind trotz Berücksichtigung der er-

665 Transaktionen mit dominiertem Verschmelzungsbeschluss der Gesellschaft$_2$: F_Hyp_Centalboden, Dt_Hyp_1, IWKA und Deutsche Telekom / T-Online; Transaktionen mit nicht-dominiertem Verschmelzungsbeschluss: VEW und GroupTec_2.

666 Bei V_{SYN} = 5, V_1=50 und V_2=50 liegt TNB_2 um 9% unter β_{EW}, jedoch um 5% wenn V_1=100 angenommen wird. Dieses beruht darauf, dass Anteilseigner$_2$ bei V_1=100 in geringerem Maße an der verschmolzenden Gesellschaft beteiligt sind.

667 E.ON_BY_3 und AGOR als dominierte Verschmelzungen sowie Kontron als nicht-dominierte Verschmelzung.

warteten Synergien für $Anteilseigner_1$ wertvernichtend.[668] Gemessen am Einigungsbereich führen folglich sowohl nicht-dominierte Verschmelzungsverhältnisse zu Vermögensverschiebungen zulasten der $Anteilseigner_2$ als auch dominierte Verschmelzungsverhältnisse zu Vermögensverschiebungen zulasten der $Anteilseigner_1$.

Die Analyse der Stichprobe von Verschmelzungsverhältnissen mit quantifizierten Synergien soll Aufschluss darüber geben, ob die Umtauschverhältnisse bestimmter Teilstichproben die TNB_2 in geringerem Maße überschreiten als andere.

4.4.4.1 Einhalten der TNB_2

Für die beobachteten Verhältnisse von Ertragswertverhältnis zur TNB_2 (β_{EW}/TNB_2 -1) kann auf Basis eines Kolmogorov-Smirnov-Tests die die Normalverteilung unterstellt werden.[669] Daher werden Hypothesen zum Verhältnis von ex ante Transaktionspreis und TNB_2 (Tab. 32) mit dem t-Test bzw. dem t-Test auf Mittelwertdifferenz untersucht.

Tab. 32: Ex ante Transaktionspreis und TNB_2

β_{EW}/ TNB_2 -1	**alle**	**Bis DAT**	**Seit DAT**	**nicht-dominiert**	**dominiert**	**<75%**	**≥75%**
Beobachtungen	**30**	9	21	10	20	26	4
Mittelwert	**50,1%**	46,3%	51,7%	51,3%	49,5%	55,8%	12,7%
Median	**21,1%**	26,6%	15,9%	10,0%	47,7%	21,1%	19,1%
Standard-abweichung	**93,8%**	56,7%	107,0%	147,3%	56,0%	98,0%	53,0%

Hypothese 4a: Ex ante Transaktionspreise halten die TNB_2 ein.

Der durchschnittliche ex ante Transaktionspreis liegt 50,1% über der TNB_2. Auf Basis des Wilcoxon-Vorzeichen-Rang Tests wird die TNB_2 im Mittel eingehalten.[670]

668 Dabei ist zu beachten, dass bei E_ON_BY_3 eine gemeinsame Konzernmuttergesellschaft den Verschmelzungsbeschluss der $Gesellschaft_2$ dominieren konnte und dass bei AGOR 72,29% des Grundkapitels der übertragende $Gesellschaft_2$ in Besitz der aufnehmenden $Gesellschaft_1$ stand.

669 p-Wert von 0,252 (zweiseitig).

670 p-Wert von 0,003 (einseitig).

Hypothese 4b: Verschmelzungsverhältnisse bis DAT angekündigter Transaktionen halten die TNB_2 stärker ein als die seitdem angekündigter Transaktionen.

Die Stichprobe der Verschmelzungsverhältnisse bis DAT überschreitet die TNB_2 durchschnittlich um 46,3%, die seitdem hingegen um 51,7%. Auf Basis eines t-Tests auf Mittelwertdifferenz ist dieses Verhältnis für Transaktionen seit DAT jedoch nicht signifikant größer als zuvor.[671] Dieses Ergebnis deutet darauf hin, dass die DAT-Entscheidung keinen statistisch nachweisbaren Einfluss auf das Einhalten der TNB_2 genommen hat.

Hypothese 4c: Verschmelzungsverhältnisse nicht-dominierter Transaktionen halten die TNB_2 stärker ein als die dominierter Transaktionen.

In dominierten Verschmelzungen übersteigt das Verschmelzungsverhältnis die TNB_2 durchschnittlich um 49,5%, die 9 Verschmelzungsverhältnisse nicht-dominierter Transaktionen hingegen um 51,3%. Auf Basis eines t-Tests ist der Mittelwert bei nicht-dominiertem $\text{Verschmelzungsbeschluss}_2$ statistisch nicht signifikant höher als bei dominiertem Verschmelzungsbeschluss.[672]

Allerdings liegt der Median der Teilstichprobe mit dominiertem $\text{Verschmelzungsbeschluss}_2$ auf Basis des Mann-Whitney-U Tests statistisch signifikant über dem nicht-dominierter Transaktionen.[673] Dieses Ergebnis zeigt, dass Transaktionen mit dominiertem Verschmelzungsbeschluss der Gesellschaft_2 die TNB_2 im Paarvergleich stärker einhalten. Das durchschnittlich nicht signifikant unterschiedliche Einhalten der TNB_2 beruht auf einem Extremwert in der Teilstichprobe der nicht-dominierten Transaktionen.[674]

Auf Basis von t-Test und eines Wilcoxon-Vorzeichen-Rang Tests ist der Mittelwert[675] und der Median[676] des Verhältnisses aus ex ante Transaktionspreis und TNB_2 in der Teilstichprobe mit dominiertem $\text{Verschmelzungsbeschluss}_2$ statistisch signifikant größer als Null, der Mittelwert und der Median in der Teilstichprobe mit nicht-dominiertem $\text{Verschmelzungsbeschluss}_2$ jedoch nicht. Damit kann nur von Transaktionen mit dominiertem $\text{Verschmelzungsbeschluss}_2$

671 p-Wert von 0,443 (einseitig).

672 p-Wert von 0,486 (einseitig) bei empirischem t von 0,037.

673 p-Wert von 0,045 (einseitig) bei $\min(U_{dom}; U_{n\text{-}d}) = 61$.

674 In der Verschmelzung von DYW werden Synergien in Höhe von 81,6% der aggregierten Ertragswerte erwartet, die zu einer extrem hohen TNB_2 führen.

675 Nicht-dominiert: p-Wert von 0,116 (einseitig) auf Basis des t-Test für Teilstichprobe; Dominiert: p-Wert von 0,000 (einseitig).

676 Nicht-dominiert: p-Wert von 0,150 (einseitig) auf Basis des Wilcoxon-Vorzeichen-Rang-Test; Dominiert: p-Wert von 0,000 (einseitig).

behauptet werden, dass deren Verschmelzungsverhältnisse die TNB_2 in einem für $Anteilseigner_2$ vermögenswahrendem Maße einhalten.

Das stärkere Einhalten der TNB_2 durch den ex ante Transaktionspreis ist überwiegend auf die in dominierten Verschmelzungen höheren Synergieerwartungen[677] zurückzuführen, da sich die durchschnittlichen Mittelwerte der ex ante Transaktionspreise über dem Börsenwertverhältnis nicht signifikant unterscheiden.[678]

Hypothese 4d: Verschmelzungsverhältnisse zwischen mehrheitlich beteiligten Gesellschaften halten die TNB_2 stärker ein als die ohne diese Beteiligung.

Das Umtauschverhältnis von Verschmelzungen nicht mehrheitlich verbundener Gesellschaften übersteigt die TNB_2 durchschnittlich um 55,8%, das bei mehrheitlicher verbundenen Gesellschaften jedoch um 12,7%. Anhand des t-Tests unterscheiden sich die Mittelwerte jedoch nicht signifikant.[679] Auf Basis von t-Test und eines Wilcoxon-Vorzeichen-Rang Tests ist der Mittelwert[680] und der Median[681] halten jedoch nur die ex ante Transaktionspreise in der Teilstichprobe ohne mehrheitliche Beteiligung die TNB_2 statistisch signifikant ein.

Diese Beobachtung nährt Zweifel, ob eine Vermögensverschiebung zulasten der $Anteilseigner_2$, gemessen an der TNB der $Anteilseigner_2$, in Verschmelzungen mehrheitlich beteiligter Gesellschaften bereits bei der Bestimmung des ex ante Transaktionspreises verhindert wird.[682]

Hypothese 4e: Verschmelzungsverhältnisse halten die TNB_2 in Verschmelzungen durch Aufnahme stärker ein als in Verschmelzungen durch Neugründung.

In den technisch als Verschmelzung durch Aufnahme strukturierten Transaktionen wird die TNB_2 durchschnittlich um 65,2% überschritten, in Verschmelzun-

---

677 Siehe Kapitel 4.4.3.4.

678 Kapitel 4.4.1.4 beschreibt t-Tests auf Mittelwertdifferenz für Transaktionen mit nicht- / dominiertem Verschmelzungsbeschluss der $Gesellschaft_2$. Obwohl kein signifikanter Unterschied zwischen den Mittelwerten besteht, bietet die Teilstichprobe mit dominiertem $Verschmelzungsbeschluss_2$ den $Anteilseignern_2$ eine schwach signifikante Prämie.

679 p-Wert von 0,201 (einseitig).

680 Ohne mehrheitliche Beteiligung: p-Wert von 0,004 (einseitig) auf Basis des t-Test für Teilstichprobe; Mit mehrheitlicher Beteiligung: p-Wert von 0,332 (einseitig).

681 Ohne mehrheitliche Beteiligung: p-Wert von 0,000 (einseitig) auf Basis des Wilcoxon-Vorzeichen-Rang-Test; Mit mehrheitlicher Beteiligung: p-Wert von 0,313 (einseitig).

682 Auf Basis der nalog zum Ergebnis von AHLERS, M. (2003), S. 173.

gen durch Neugründung hingegen in Höhe von 10,3%.[683] Auf Basis eines t-Tests wird die TNB_2 in Verschmelzungen durch Aufnahme im Durchschnitt statistisch signifikant stärker eingehalten, als in Verschmelzungen durch Neugründung.[684] Dieses Ergebnis überrascht, da die Strukturierung der Transaktion als Verschmelzung durch Aufnahme/ Neugründung keinen Einfluss auf die Rechte der $Anteilseigner_2$ hat, da diese in beiden Fällen übertragende Anteilseigner sind und ein zu niedrig bemessenes Verschmelzungsverhältnis erst im Spruchverfahren bemängeln können.

Auf Basis des Mann-Whitney-U Tests ist der Median der Verschmelzungen durch Aufnahme auf nicht signifikant höher als der der Verschmelzungen durch Neugründung.[685] Dieses Ergebnis weist darauf hin, dass das höhere arithmetische Mittel der Verschmelzungen durch Aufnahme ebenfalls durch den in Fußnote 674 beschriebenen Extremwert beeinflusst sein könnte.

Zusammenfassung

Auf Basis der 30 Verschmelzungsverhältnisse mit quantifizierten Synergien wird das Einhalten der TNB_2 durch den ex ante Transaktionspreis nur durch das Kriterium Verschmelzung durch Aufnahme/Neugründung statistisch signifikant beeinflusst.

Ein Test der Teilstichproben nicht/dominierter $Verschmelzungsbeschluss_2$ bzw. ohne/ mit mehrheitlicher Beteiligung der $Gesellschaft_1$ an $Gesellschaft_2$ zeigt, dass nur Transaktion mit dominiertem $Verschmelzungsbeschluss_2$ bzw. ohne mehrheitlicher Beteiligung die TNB_2 nachweislich einhalten.

4.4.4.2 Einhalten der TNB_1

Das Verhältnis von Umtauschverhältnis zur TNB_1 ist auf Basis des Kolmogorov-Smirnov-Anpassungstests normal verteilt.[686] Daher kann dieses Verhältnis mittels t-Tests auf Mittelwert und auf Mittelwertdifferenz untersucht werden.

---

683 Bei einem Median von 33,9% und einer Standardabweichung von 99,5% für Verschmelzungen durch Aufnahme und von 12,4% bzw. 6,7% für Verschmelzungen durch Neugründung.

684 p-Wert von 0,014 (einseitig).

685 p-Wert von 0,213 (einseitig) mit $\min(U_{VdA}, U_{VdN}) = 38$.

686 p-Wert von 0,809 (zweiseitig).

Tab. 33: Ex ante Transaktionspreis und TNB_1

β_{EW}/ TNB_1 -1	Alle	Bis DAT	Seit DAT	nicht-dominiert	dominiert	<75%	≥75%
Beobachtungen	**30**	9	21	10	20	26	4
Mittelwert	**-29,4%**	-36,9%	-26,3%	-27,9%	-30,2%	-23,5%	-67,9%
Median	**-28,3%**	-37,2%	-17,9%	-14,9%	-37,1%	-19,1%	-72,6%
Standard-abweichung	**35,0%**	22,2%	39,3%	31,5%	37,4%	33,1%	21,5%

Hypothese 4f: Ex ante Transaktionspreise halten die TNB_2 ein.

Das durchschnittliche Verschmelzungsverhältnis liegt 29,4% unter der TNB_1 und unterschreitet die TNB_1 auf Basis eines t-Tests signifikant.[687] Folglich sind die beobachteten Verschmelzungsverhältnisse trotz der durchschnittlichen Prämie zugunsten der $Anteilseigner_2$ aus Sicht der $Anteilseigner_1$ im Durchschnitt zustimmungsfähig (Tab. 33).

Hypothese 4g: Verschmelzungsverhältnisse bis DAT angekündigter Transaktionen halten die TNB_1 stärker ein als die seitdem angekündigter Verschmelzungen.

Die Stichprobe der Verschmelzungsverhältnisse bis DAT unterschreitet die TNB_1 durchschnittlich um 36,9%, die seitdem hingegen um 26,3%. Auf Basis eines t-Tests auf Mittelwertdifferenz unterscheiden sich diese Verhältnisse für Transaktionen bis/seit DAT statistisch nicht signifikant voneinander.[688]

Hypothese 4h: Verschmelzungsverhältnisse dominierter Transaktionen halten die TNB_1 stärker ein als die nicht-dominierter Verschmelzungen.

Die Teilstichproben für Ertragswertverhältnisse mit (nicht-)/dominiertem $Verschmelzungsbeschluss_2$ unterschreiten die TNB_1 durchschnittlich um (27,9%) / 30,2%. Auf Basis eines t-Tests auf Mittelwertdifferenz unterscheiden sich diese Durchschnitte nicht signifikant.[689]

---

687 p-Wert von 0,000 (einseitig).

688 p-Wert von 0,178 (einseitig) bei einem empirischen t von -0,941 (t-Test nach Welch).

689 p-Wert von 0,434 (einseitig) bei einem empirischen t von 0,169. Ein Standard t-Test ist anwendbar, da sich die Varianzen auf Basis des F-Tests nicht signifikant unterscheiden (P=95%).

Hypothese 4i: Verschmelzungsverhältnisse halten die TNB_1 in Transaktionen mit mehrheitlicher Beteiligung stärker ein als in Transaktionen mit geringerer Beteiligung.

Die Teilstichproben für Verschmelzungen ohne/mit mehrheitlicher Beteiligung der $Gesellschaft_1$ an $Gesellschaft_2$ unterschreiten die TNB_1 durchschnittlich (23,5%) / 67,9%. Diese Mittelwertdifferenz ist auf Basis des t-Tests signifikant.[690]

Zusammenfassung

Das Einhalten der TNB_1 durch den ex ante Transaktionspreis wird nur durch das Kriterium mit/ohne mehrheitlicher Beteiligung signifikant beeinflusst.[691] Dabei halten die Verschmelzungsverhältnisse von Transaktion mit mehrheitlicher Beteiligung die TNB_1 in stärkerem Maße ein als die aus Transaktionen ohne Beteiligung. Dieses Ergebnis ist nicht überraschend, schließlich führt eine Synergieverteilung zugunsten der $Gesellschaft_2$ in Höhe der Beteiligung auch zu einer Werterhöhung der $Gesellschaft_1$.

4.4.5 Ex post Transaktionspreis zum Einigungsbereich

Umstrittene ex ante Transaktionspreise können im Spruchverfahren durch Zuzahlungen korrigiert werden. In Verschmelzungen durch Aufnahme wirkt die Zuzahlung Z_2 zugunsten der $Anteilseigner_2$ und führt mit dem ex ante Transaktionspreis zum ex post Transaktionspreis. Nach dem Spruchverfahren verbleibt eine Vermögensverschiebung zulasten der $Anteilseigner_2$, wenn der ex post Transaktionspreis (β_{SG}) die TNB der $Anteilseigner_2$ verletzt.

Gerichtliche Vergleiche und Beschlüsse im Spruchverfahren können neben öffentlich verfügbaren Informationen ebenfalls die Insiderinformationen der Verschmelzungsberichte verarbeiten. Verarbeitet das Gericht (genau wie die Anteilseigner) nur öffentlich verfügbare Informationen, müsste auf Basis des Börsenwertverhältnisses über die Zuzahlung entschieden werden. Verarbeitet es hingegen die Insiderinformationen in gleicher Weise wie das Management, könnte ein gerichtlicher Beschluss nicht zu Zuzahlungen führen.[692]

Abb. 66 trennt ex post Transaktionspreise mit quantifizierten Synergien nach Einhalten und Verletzen der TNB_1 bzw. der TNB_2.

690 p-Wert von 0,008 (einseitig) bei emp. t von 2,578. Standard t-Test anwendbar.

691 Entsprechende parameterfreie Mann-Whitney-U Tests bestätigen die Ergebnisse der t-Tests auf Mittelwertdifferenz für das Verhältnis β_{EW}/TNB_1-1.

692 Auf Informationen, die erst nach Ankündigung des Verschmelzung bekannt wurden, darf im Spruchverfahren nicht abgestellt werden.

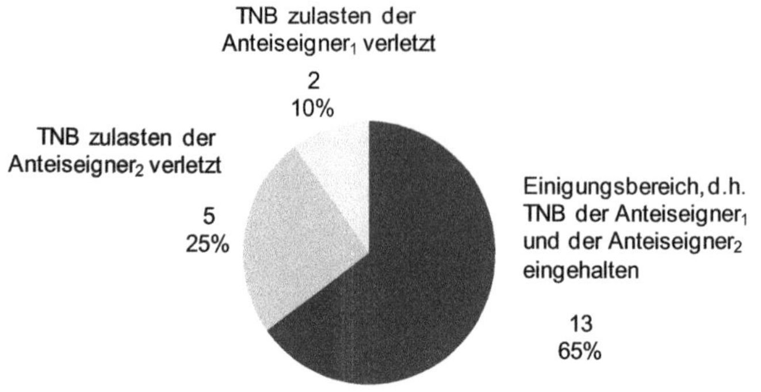

Abb. 66: Ex post Transaktionspreise im Vergleich zu beiden Teilnahmebedingungen

Die Datenbasis enthält 20 ex post Transaktionspreise mit quantifizierten Synergien, 13 davon halten zugleich die TNB_2 und die TNB_1 ein. Acht der 20 ex post Transaktionspreise wurden durch gerichtlichen Beschluss bestimmt. Von diesen acht verletzen drei Verschmelzungsverhältnisse die TNB_2 vor und nach Spruchverfahren, jedoch wurde nur in einer dieser acht Gerichtsentscheidungen eine Zuzahlung zugunsten der Anteilseigner$_2$ bestimmt (der erhöhte ex post Transaktionspreis verletzt die TNB_2 weiterhin). Zugleich finden sich einige gerichtliche Vergleiche, in denen selbst bei einer ex ante Prämie über dem Börsenwertverhältnis zugunsten der Anteilseigner$_2$ eine Zuzahlung für diese vereinbart wurde. Aufgrund dieser scheinbar doppelten Gewährung einer Prämie für Anteilseigner$_2$ wird untersucht, ob ex post Transaktionspreise neben der TNB_2 auch die TNB_1 einhalten.

4.4.5.1 Einhalten der TNB_2

Das Verhältnis des ex post Transaktionspreises zur TNB_2 ist auf Basis des Kolmogorov-Smirnov-Anpassungs-Tests normal verteilt.[693] Daher kann dieses Verhältnis mittels t-Tests auf Mittelwert und auf Mittelwertdifferenz untersucht werden.

Hypothese 5a: Der durchschnittliche ex post Transaktionspreis hält die TNB_2 ein.

15 der 20 (86%) ex post Transaktionspreise liegen über der TNB_2 und führen definitionsgemäß nicht zu einer Vermögensverschiebung zulasten der Anteils-

693 p-Wert von 0,934 (zweiseitig).

eigner$_2$. Durchschnittlich liegt der ex post Transaktionspreis 36,7% über der TNB_2. Auf Basis eines t-Tests liegt der ex post Transaktionspreis signifikant über der TNB_2 (Tab. 34).[694]

Tab. 34: Ex post Transaktionspreis und TNB_2

β_{SG}/ TNB_2 -1	alle	Bis DAT	Seit DAT	nicht-dominiert	dominiert	<75%	≥75%
Beobachtungen	**20**	7	13	4	16	17	3
Mittelwert	**36,7%**	47,0%	31,2%	10,7%	43,3%	43,4%	(0,9%)
Median	**27,1%**	26,6 %	27,6 %	10,5%	36,2%	27,6%	(8,1%)
Standard-abweichung	**51,7%**	65,4%	44,7%	24,8%	55,1%	50,1%	52,7%

Hypothese 5b: Der durchschnittliche ex post Transaktionspreis hält die TNB_2 in seit DAT angekündigten Verschmelzungen stärker ein als in bis DAT angekündigten Verschmelzungen.

Die ex post Transaktionspreise überschreiten die TNB_2 für Verschmelzungsverhältnisse bis DAT um durchschnittlich 47,0%, seitdem um 31,2%. Die sieben Verhältnisse vor DAT haben eine hohe Standardabweichung. In Kombination mit dem im Vergleich zur Teilstichprobe seit DAT etwas geringerem Median weist das auf einige ex post Transaktionspreise hin, die die TNB_2 besonders stark einhalten.[695] Obwohl sich keine signifikante Mittelwertdifferenz zwischen diesen Teilstichproben nachweisen lässt,[696] werden die jeweiligen TNB_2 nur im Zeitraum seit DAT mehr als schwach signifikant überschritten.[697] Insgesamt erweist sich das Kriterium bis/seit DAT somit als wenig aussagekräftig hinsichtlich des Einhaltens der TNB_2.

Hypothese 5c: Der durchschnittliche ex post Transaktionspreis hält die TNB_2 in dominierten Verschmelzungen stärker ein als in nicht-dominierten.

Die ex post Transaktionspreise überschreiten die TNB_2 in nicht dominierten Verschmelzungen um durchschnittlich 10,7% und in dominierten um 43,3%. Auf Basis der vier Beobachtungen umfassenden Teilstichprobe für nicht domi-

694 p-Wert von 0,002 (einseitig) bei empirischem t=3,179.

695 Die durchschnittlichen Synergien im Verhältnis zu den aggregierten Ertragswerten betragen in Transaktionen bis DAT 31,2%, seit DAT jedoch nur 11,3%.

696 p-Wert von 0,265 (einseitig) bei empirischem t von 0,640.

697 Bis DAT: p-Wert von 0,053 (einseitig) bei empirischem t von 1,901;
Seit DAT: p-Wert von 0,014 (einseitig) bei empirischem t von 2,518.

nierte Verschmelzungen lässt sich keine signifikante Mittelwertdifferenz zur Teilstichproben dominierter Verschmelzungen nachweisen.[698]

Hypothese 5d: Der durchschnittliche ex post Transaktionspreis hält die TNB_2 in Verschmelzungen mehrheitlich verbundener Unternehmen stärker ein als in Transaktionen mit geringerer Beteiligung.

Die ex post Transaktionspreise überschreiten die TNB_2 in Verschmelzungen nicht mehrheitlich verbundener Gesellschaften um durchschnittlich 43,4%, bei Bestehen einer mehrheitlichen Beteiligung hingegen von -0,0%. Die Mittelwertdifferenz der Teilstichprobe der nur drei Transaktionen mit mehrheitlicher Beteiligung deutet auf einen schwach signifikanten Unterschied zur Transaktionen mit geringerer Beteiligung hin.[699]

Zuzahlungshöhe bei Einhalten/Verletzen der TNB_2

Hypothese 5e: Die durchschnittliche Zuzahlung ist größer, wenn die TNB_2 bereits vor Spruchverfahren eingehalten wurde als in Fällen, in denen diese verletzt wurde.

Mit nur zwei Beobachtungen von ex ante Transaktionspreisen, die die TNB_2 verletzen, kann mittels t-Test nicht bestimmt werden, ob sich die Zuzahlungshöhe der Teilstichproben unterscheidet.

698 p-Wert von 0,053 (einseitig) bei empirischem t von -1,758 und Annahme unterschiedlicher Varianzen zwischen den Teilstichproben.

699 p-Wert von 0,089 (einseitig) bei empirischem t von 1,403.

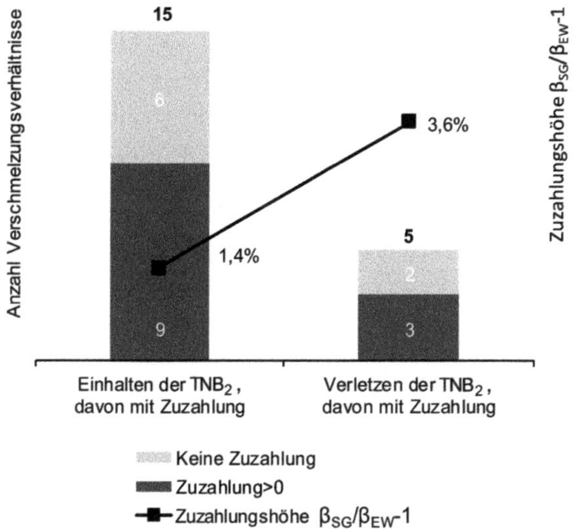

Abb. 67: Zuzahlungshöhe für ex ante Transaktionspreise, die die TNB_2 einhalten bzw. verletzen

Die Stichprobe enthält 15 rechtskräftig abgeschlossene Spruchverfahren zu ex ante Transaktionspreisen, die die TNB_2 einhalten und fünf, die diese verletzen. Die Zuzahlung der 15 ex ante Transaktionspreise beträgt durchschnittlich 1,4%. Demgegenüber beträgt die durchschnittliche Zuzahlung 3,6% für ex ante Transaktionspreise, die die TNB_2 verletzen.[700] Diese Beobachtung deutet darauf hin, dass für Verschmelzungsverhältnisse außerhalb des Einigungsbereichs höhere Zuzahlungen bestimmt werden.

Zusammenfassung

Der durchschnittliche ex post Transaktionspreis überschreitet die TNB_2 signifikant. Mit den Kriterien Verschmelzungsankündigung und Abschluss des Spruchverfahrens kann in der 20 Beobachtungen umfassenden Stichprobe kein Einfluss auf das Einhalten der TNB_2 durch den ex post Transaktionspreis festgestellt werden. Jedoch führen die Kriterien dominierter Verschmelzungsbeschluss$_2$ und ex ante Transationspreis mit Präme zugunsten der Anteilseigner$_2$ zu einem durchschnittlich stärkeren Einhalten der TNB_2. Zudem wird die TNB_2 in Verschmelzungen mit mehrheitlicher Beteiligung der Gesellschaft$_1$ an Gesellschaft$_2$ in durchschnittlich geringerem Maße eingehalten.

700 Für nur zwei der fünf ex ante Transaktionspreise, die die TNB_2 verletzen, wurde das Spruchverfahren ohne Zuzahlung zugunsten der Anteilseigner$_2$ abgeschlossen.

4.4.5.2 Einhalten der TNB_1

Die Spruchverfahren der Datenbasis führten lediglich zu Zuzahlungen Z_2. Folglich werden nur Zuzahlungen beobachtet, die den ex ante Transaktionspreis zugunsten der $Anteilseigner_2$ anpassen.[701] Obwohl von der verschmolzenen Gesellschaft beglichen, wirkt die Zuzahlung zwangsläufig zulasten der $Anteilseigner_1$ (sofern diese an der verschmolzenen Gesellschaft weiterhin beteiligt sind oder sie beim Verkauf ihrer Beteiligung einen entsprechenden Abschlag[702] hinnehmen müssen). Daher ist zu analysieren, ob ex ante Transaktionspreise durch Zuzahlungen zulasten der $Anteilseigner_1$ aus dem Einigungsbereich „herauskorrigiert" werden. Eine derartige Vermögensverschiebung zulasten der $Anteilseigner_1$ erfolgt, wenn der ex post Transaktionspreis β_{SG} die TNB_1 übersteigt. Diese Konstellation trifft auf zwei der 20 Verschmelzungsverhältnisse der Stichprobe zu. Beide Transaktionen wurden seit DAT angekündigt und die übernehmende Gesellschaft hält nicht die Mehrheit an der übertragenden Gesellschaft.[703] Tab. 35 beschreibt die Stichprobe getrennt nach den Kriterien Ankündigung, Dominanz und mehrheitliche Beteiligung der $Gesellschaft_1$ an $Gesellschaft_2$.

Tab. 35: Ex post Transaktionspreis und TNB_1

β_{SG}/ TNB_1 -1	**Alle**	**Bis DAT**	**Seit DAT**	**nicht-dominiert**	**dominiert**	**<75%**	**≥75%**
Beobachtungen	**20**	7	13	4	16	17	3
Mittelwert	**-30,2%**	-34,2%	-28,0%	-23,2%	-31,9%	-24,0%	-65,5%
Median	**-20,5%**	-34,4%	-17,1%	-14,7%	-27,6%	-17,1%	-73,2%
Standard-abweichung	**28,5%**	24,4%	31,1%	29,6%	28,9%	24,3%	27,8%

701 Die Stichprobe enthält nur eine Verschmelzung durch Neugründung mit rechtskräftig abgeschlossenem Spruchverfahren. Dieses wurde ohne Zuzahlung (zugunsten der $Anteilseigner_1$) beendet.

702 Vermutlich ist dieser Abschlag kaum zu beobachten, da die durchschnittliche Zuzahlung mit 2,1% des Verschmelzungsverhältnisses recht klein ist und der Kapitalmarkt diesen Abschlag zeitgleich mit den erwarteten Synergien bei Transaktionsankündigung berücksichtigen wird.

703 E_ON_BY_3: seit DAT, dominiert, ohne Mehrheitsbeteiligung, sowie Kontron: seit DAT, nicht-dominiert, ohne Mehrheitsbeteiligung.

Der beobachtete ex post Transaktionspreis liegt durchschnittlich 30,2% unter der TNB_1. Das Verhältnis des ex post Transaktionspreises zur TNB_1 ist auf Basis eines Kolmogorov-Smirnov-Anpassungstests normal verteilt.[704] Daher wird auch dieses Verhältnis mittels t-Tests auf Mittelwert und auf Mittelwertdifferenz untersucht.

Hypothese 5f: Der durchschnittliche ex post Transaktionspreis hält die TNB_1 ein.

Der durchschnittliche ex post Transaktionspreis unterschreitet die TNB_1 signifikant, d. h. die TNB_1 wird nicht verletzt.[705] Dieses Ergebnis spricht dagegen, dass der durchschnittliche Transaktionspreis durch Zuzahlungen zulasten der Anteilseigner$_1$ aus dem Einigungsbereich „herauskorrigiert“ wird.

Hypothese 5g: In bis DAT angekündigten Verschmelzungen hält der durchschnittliche ex post Transaktionspreis die TNB_1 stärker ein als in denen seit DAT.

Der durchschnittliche ex post Transaktionspreis in bis DAT angekündigten Verschmelzungen unterschreitet die TNB_1 statistisch nicht signifikant stärker als der Durschnitt der seit DAT angekündigten Verschmelzungen.[706] Die durchschnittlichen ex post Transaktionspreise beider Teilstichproben halten die TNB_1 statistisch signifikant ein.[707]

Hypothese 5h: Der durchschnittliche ex post Transaktionspreis hält die TNB_1 in nicht-dominierten Verschmelzungen stärker ein als in dominierten.

Nur in dominierten Verschmelzungen liegt der durchschnittliche ex post Transaktionspreis statistisch signifikant unter der TNB_1.[708] Neben der geringeren Anzahl an Verschmelzungsverhältnissen in dieser Stichprobe reflektiert dieses Ergebnis möglicherweise ein hohes Premium zugunsten der Anteilseigner$_2$. Allerdings kann diese Vermutung nicht durch einen t-Test auf Mittelwertdifferenz gestützt werden, da der ex post Transaktionspreis nicht-dominierter Verschmelzungen die TNB_1 nicht in geringerem Maße einhält, als der dominierter Verschmelzungen.[709]

704 p-Wert von 0,533 (zweiseitig).

705 p-Wert von 0,000 (einseitig) bei empirischem t von -4,743.

706 p-Wert von 0,329 (einseitig) bei empirischem t von -0,450.

707 Bis DAT: p-Wert von 0,005 (einseitig) bei empirischem t von -3,702;
Seit DAT: p-Wert von 0,004 (einseitig) bei empirischem t von -3,245.

708 Dominierte Verschmelzungen: p-Wert von 0,000 (einseitig) bei emp. t von -4,420;
Nicht-dominierte Verschmelzungen: p-Wert von 0,107 (einseitig) bei emp. t von -1,569.

709 p-Wert von 0,299 (einseitig) bei empirischem t von 0,535.

Hypothese 5i: Der durchschnittliche ex post Transaktionspreis hält die TNB_1 in Verschmelzungen mehrheitlich verbundener Unternehmen stärker ein als in Transaktionen mit geringerer Beteiligung.

Die ex post Transaktionspreise unterschreiten die TNB_1 in Verschmelzungen nicht mehrheitlich verbundener Gesellschaft um durchschnittlich 24,0%, bei Bestehen einer mehrheitlichen Beteiligung hingegen um 65,5%. Die Mittelwertdifferenz der Teilstichprobe der nur drei Transaktionen mit mehrheitlicher Beteiligung deutet auf einen Unterschied zur Transaktionen mit geringerer Beteiligung hin.[710]

Zusammenfassung

Der durchschnittliche ex post Transaktionspreis unterschreitet die TNB_1 signifikant. Nur das Kriterium mehrheitlicher Beteiligung der $Gesellschaft_1$ an $Gesellschaft_2$ nimmt einen signifikanten Einfluss auf das durchnittliche Einhalten der TNB_1. Sofern $Gesellschaft_1$ mit ≥75% an $Gesellschaft_2$ beteiligt ist, wird die für ihre Anteilseigner releante TNB_1 in stärkerem Maße eingehalten.

4.5 Zusammenfassung und Interpretation der Ergebnisse

Die erstellte Datenbasis ermöglicht die Analyse von Vermögenseffekten vor dem Hintergrund von Teilnahmebedingungen und der Informationsverarbeitung im Spruchverfahren. Ein Verständnis dieser ist von Bedeutung, da in 46 von 50 theoretisch möglichen Fällen ein Spruchverfahren beantragt wurde. Damit wird in der Praxis überwiegend die theoretisch dominante Strategie der Bewertungsrüge gespielt.

Die Ergebnisse der empirischen Auswertung zeigen, dass der ex ante Transaktionspreis durchschnittlich eine Prämie zugunsten der $Anteilseigner_2$ aufweist, die durch die im Spruchverfahren bestimmten Zuzahlungen noch verstärkt wird. Trotz dieser Prämie zugunsten der $Anteilseigner_2$ über Börsenwertverhältnis im ex ante und ex post Transaktionspreis verbessert sich unter Berücksichtigung von Synergien ebenfalls die Vermögensposition der $Anteilseigner_1$.

710 p-Wert von 0,008 (einseitig) bei empirischem t von 2,681.

4.5.1 Ergebnisse der deskriptiven und induktiven Auswertung

Die Auswertung der Datenbasis bietet folgende Antworten auf die zur Untersuchung gestellten Fragen:

1. Verschmelzungsverhältnisse beinhalten eine durchschnittliche Prämie in Höhe von 8,0% über Börsenwertverhältnis zugunsten übertragender Anteilseigner$_2$ (vor Spruchverfahren).
2. Im Spruchverfahren erhöhen Zuzahlungen den Transaktionspreis zugunsten der Anteilseigner$_2$ in Höhe von 2,1% des Verschmelzungsverhältnisses.
3. Auf Basis der Informationen der Verschmelzungsberichte werden im Zeitpunkt der Beschlussfassung Synergien in Höhe von 17,3% der aggregierten Ertragswerte erwartet.
4. Unter Berücksichtigung erwarteter Synergien resultiert aus dem Verschmelzungsverhältnis im Durchschnitt keine Umverteilung zulasten der Anteilseigner$_1$ oder der Anteilseigner$_2$.
5. Unter Berücksichtigung erwarteter Synergien und der baren Zuzahlung des Spruchverfahrens führt auch der durchschnittliche ex post Transaktionspreis zu keiner Umverteilung zulasten der Anteilseigner$_1$ oder der Anteilseigner$_2$. Die Verteilung der erwarteten Synergien führt durchschnittlich zu einem positiven Vermögenseffekt für beide Anteilseignergruppen. Aufgrund des Verschmelzungsverhältnisses über Börsenwertverhältnis und der Zuzahlung erhalten Anteilseigner$_2$ einen höheren Anteil an den erwarteten Synergien, als durch das Börsenwertverhältnis impliziert wird.[711]

Im Unterkapitel 5.4 wurden ex ante und ex post Transaktionspreis, erwartete Synergien sowie Einhalten der TNB durch den ex ante bzw. den ex post Transaktionspreis mittels Hypothesen (1a) bis (5i) detailliert auf den Einfluss der folgenden Kriterien untersucht:

- Transaktionsankündigung bis/seit DAT
- Nicht/dominierter Verschmelzungsbeschlusses der Anteilseigner$_2$
- Ohne/mit mehrheitlicher Beteiligung der Gesellschaft$_1$ an Gesellschaft$_2$
- Verschmelzung durch Aufnahme/Neugründung
- Ohne/mit Prämie des ex ante Transaktionspreises zugunsten Anteilseignern$_2$
- Abschluss des Spruchverfahrens durch gerichtlichen Beschluss/Vergleich

---

711 Sieben der 20 ex post Transaktionspreise führen auch bei vollständiger Synergieverteilung zugunsten des Verschmelzungspartners zu einem negativen Vermögenseffekt für Anteilseigner$_1$ bzw. Anteilseigner$_2$. In fünf Fällen zulasten der Anteilseigner$_2$ wurde die Umverteilung bereits durch das Verschmelzungsverhältnis verursacht und nicht ausreichendem Maße kompensiert.

Der statistisch messbare Einfluss der Kriterien auf die mittleren Werte der Teilstichproben wird in folgender Tabelle mit p-Werten zusammengefasst.

Tab. 36: Test auf Normalverteilung, Test auf Übersteigen/Unterschreiten von Null und auf unterschiedliche Mittelwerte in Teilstichproben

Tests	K-S Test auf Normalverteilung	t-Test bzw. Wilcoxon-Vorzeichen Rang	t-Test bzw. Mann-Whitney-U Test auf unterschiedliche Stichprobenmittelwerte (einseitig)					
Kriterien / Variablen	Verteilung nicht normal	Variable signifikant >0	bis /seit DAT	nicht/ dominiert	<75% / ≥75%	Aufnahme / Neugründung	Ohne/ mit Prämie	Beschluss / Vergleich
EW_2/BK_2-1	0,287	**0,000**	**0,043**	0,184	0,176	0,391		0,279
EW_1/BK_1-1	0,189	**0,000**	0,186	**0,075**	0,242	0,452		0,196
$\beta_{EW}/\beta_{BK}-1$	0,644	**0,053**	0,230	0,146	0,480	0,336		0,412
$\beta_{SG}/\beta_{EW}-1$	**0,016**	**0,000**	0,406	0,339	0,338	0,391	**0,032**	**0,004**
$V_{SYN}/[EW_1+(1-\gamma_{EW})EW_2]$	**0,010**	**0,000**	**0,031**	**0,037**	0,330	0,135	0,211	0,396
β_{EW}/TNB_2-1	0,252	**0,003**	0,443	0,486	0,201	**0,014**		0,449
β_{EW}/TNB_1-1	0,809	**0,000**	0,178	0,434	**0,008**	0,252		0,475
β_{SG}/TNB_2-1	0,934	**0,002**	0,265	**0,053**	**0,089**	-	**0,066**	0,485
β_{SG}/TNB_1-1	0,533	**0,000**	0,329	0,299	**0,008**	-	**0,010**	0,500

In der zweiten Spalte ist das Signifikanzniveau von zwei Variablen schwarz (anstelle von grau) gekennzeichnet, für die die Normalverteilungsannahme abzulehnen ist. In der dritten Spalte deuten schwarz markierte p-Werte unter 0,100 darauf hin,[712] dass die Variable den Wert Null mit entsprechender Signifikanz übersteigt. In der vierten bis achten Spalte sind p-Werte nur dann schwarz dargestellt, wenn das Kriterium einen signifikanten Einfluss auf den Mittelwert bzw. Median der Teilstichprobe hat.[713] Grau hinterlegt sind p-Werte, die nicht interpretiert werden, da der Stichprobenumfang zu gering ist oder das Kriterium bereits einen Einfluss auf die Variable ausübt.[714]

---

712 Schwarz hervorgehoben sind p-Werte der Variablen, für die Normalverteilung angenommen wird, die die Null im Mittel der Stichprobe signifikant übersteigen bzw. deren Rangfolge einer Teilstichproben eines Kriteriums signifikant über der Rangfolge der anderen Teilstichprobe des Kriteriums dieser Variable liegt.

713 Die p-Werte der Spalten zwei bis acht basieren auf t-Tests, wenn die Normalverteilung durch ein in Spalte zwei schwarz markiertes Signifikanzniveau nicht abzulehnen ist.

714 Im Anhang zeigt eine Tabelle mit Ergebnissen des F-Tests, für welche Variablen und Kriterien in den Teilstichproben unterschiedliche Varianzen unterstellt und somit ein t-

Anhand der p-Werte der dritten Spalte „Variable > 0“ wird ersichtlich, dass fast alle Variablen Null signifikant übersteigen. Die durchschnittliche Prämie β_{EW}/β_{BK}-1 ist die einzige Variable, die nur schwach signifikant größer als Null ist. Folglich sind Gesellschaft$_1$ und Gesellschaft$_2$ am Kapitalmarkt, gemessen als durchschnittlicher Börsenwert im 3-Monatszeitraum vor Ankündigung der Transaktion, im Vergleich zu den im Verschmelzungsbericht ermittelten Ertragswerten unterbewertet. Zudem hält der durchschnittliche ex ante und ex post Transaktionspreis jeweils beide Teilnahmebedingungen ein.

Die folgende Tabelle beschreibt den statistisch nachweisbaren Einfluss einzelner Kriterien auf die untersuchten Variablen. Darauf folgt eine Interpretation dieser Ergebnisse.

Tab. 37: Einfluss untersuchter Kriterien auf die Variablen der Datenbasis

Kriterien / Variablen	seit DAT	Dominierter Beschluss$_2$	Beteiligung ≥75%	V. durch Neugründung	Mit Prämie für Gesellschaft$_2$	Vergleich
EW_2/BK_2-1	↑	-	-	-		-
EW_1/BK_1-1	-	↓	-	-		-
β_{EW}/β_{BK} -1	-	-	-	-		-
β_{SG}/β_{EW}-1	-	-	-	-	↓	↑
$V_{SYN}/[EW_1+(1-\gamma_{EW})EW_2]$	↓	↑	-	-	-	-
β_{EW}/TNB_2-1	-	-	-	↓		-
β_{EW}/TNB_1-1 [715]	-	-	↑	-		-
β_{SG}/TNB_2-1	-	-	↓	-	↑	-
β_{SG}/TNB_1-1 [716]	-	↑	↑	-	↓	-

Die Unterscheidung in dichotome Teilstichproben entsprechend des Kriteriums Transaktionsankündigung bis/seit DAT zeigt, dass die Gesellschaft$_2$ in seit DAT angekündigten Verschmelzungen durchschnittlich stärker unterbewertet ist als zuvor. Zudem hat die Höhe der von einer Verschmelzung erwarteten Synergien im Mittel abgenommen. Der Mittelwert von seit DAT angekündigten Verschmelzungen liegt statistisch nicht signifikant über dem zuvor angekündigter

Test nach Welch vorgenommen wird. Zudem werden dort die Größe der Teilstichproben und die Ergebnisse parameterfreier Tests auf normalverteilte Variablen dargestellt.

715 Zu interpretieren als stärkeres Einhalten der TNB_1 in Anbetracht der durchschnittlichen β_{EW}/TNB_1-1.

716 Ansteigende Pfeile deuten auf das stärkere Einhalten der TNB_1 durch den ex post Transaktionspreis hin, der absteigende Pfeil hingegen auf zulasten der Anteilseigner$_1$ geringeres Einhalten.

Transaktionen. Allerdings weist das durchschnittliche Verschmelzungsverhältnis erst seit DAT nachweislich eine Prämie zugunsten der $Anteilseigner_2$ auf. Diese Ergebnisse deuten darauf hin, dass die DAT Rechtsprechung zu Eingliederungen auch einen Einfluss auf die Bewertung in Verschmelzungen genommen hat.

Die Unterscheidung in dichotome Teilstichproben entsprechend des Kriteriums nicht/dominierter Verschmelzungsbeschluss der $Anteilseigner_2$ zeigt, dass der Ertragswert der $Gesellschaft_1$ in dominierten Verschmelzungen den jeweiligen Börsenwert durchschnittlich weniger übersteigt als in nicht-dominierten Verschmelzungen. Zugleich werden in dominierten Verschmelzungen höhere Synergien erwartet was z.T. auch dazu führt, dass der ex post Transaktionspreis die TNB_2 in dominierten Verschmelzungen stärker einhält als in nicht-dominierten Transaktionen.

Auf Basis dieser Ergebnisse kann eine mögliche Übervorteilung der $Anteilseigner_2$ für die untersuchten dominierten Transaktionssituationen nicht bestätigt werden. Im Gegenteil, für $Gesellschaft_1$ wird in dominierten Transaktionen mit den Ertragswerten eine geringere Unterbewertung unterstellt. Dass relativ zu den Unternehmenswerten durchschnittlich höhere Synergien erwartet werden, könnten auf eine bessere Informationsgrundlage, auf den stärkeren Einfluss auf die $Gesellschaft_2$ oder als interne/externe Argumentationshilfe für die Transaktion hinweisen. Wenn Synergien in erwartetem Maße realisiert werden, dürften dominierte $Anteilseigner_2$ in Verschmelzungen mit höheren positiven Vermögenseffekten rechnen als in nicht-dominierten Transaktionen. Die höheren Synergien in dominierten Verschmelzungen sind auch für Das stärkere Einhalten der TNB_2 durch den ex post Transaktionspreis relevant, schließlich vergrößern sie den Einigungsbereich.

Die Unterscheidung in Teilstichproben anhand des Kriteriums ohne/mit mehrheitlicher Beteiligung der $Gesellschaft_1$ an $Gesellschaft_2$ zeigt, dass der ex ante Transaktionspreis die TNB_1 bei mehrheitlicher Beteiligung stärker einhält als bei geringerer Beteiligung. Da die übernehmende Gesellschaft bei Beteiligung die erwarteten Synergien nur an außenstehende Anteilseigner der aufnehmenden Gesellschaft verteilen muss, verfügt sie über einen höheren Spielraum in der Bestimmung eines für $Anteilseigner_1$ vermögenswahrenden Verschmelzungsverhältnisses. Analog dazu hält der ex post Transaktionspreis bei mehrheitlicher Beteiligung die TNB_1 stärker jedoch die TNB_2 in geringerem Maße ein, was auf den mit der mehrheitlichen Beteiligung einhergehenden Gestaltungsspielraum hindeutet. Schließlich kann $Gesellschaft_1$ den Verschmelzungsbeschluss der $Gesellschaft_2$ durchsetzen und deren strategische Ausrichtung beeinflussen.[717] Der Vergleich mit den Ergebnissen des Kriteriums dominierter

717 Bspw. durch Übernahme von Management und Aufsichtsfunktionen.

Verschmelzungsbeschluss$_2$ zeigt, dass Verschmelzungsverhältnisse nicht allein durch eine Mehrheitsbeteiligung der verschmelzenden Gesellschaften beeinflusst werden, sondern viel mehr durch die Möglichkeit, den Verschmelzungsbeschluss der Gesellschaft$_2$ ohne Zustimmung außenstehender Minderheitsanteilseigner durchzusetzen.

Die Unterscheidung entsprechend des Kriteriums Verschmelzung durch Aufnahme/Neugründung beeinflusst nur eine Variable. Der durchschnittliche ex ante Transaktionspreis hält die TNB$_2$ in Verschmelzungen durch Aufnahme stärker eine als in Verschmelzungen durch Neugründung. Dieser Zusammenhang kann auf Basis eines parameterfreien Tests nicht bestätigt werden und könnte jedoch auf einem Extremwert basieren. Dazu passt, dass die Strukturierung der Transaktion als Verschmelzung durch Aufnahme/ Neugründung keinen Einfluss auf die Rechte der Anteilseigner$_2$ hat, da diese in beiden Fällen übertragende Anteilseigner sind und ein zu niedrig bemessenes Verschmelzungsverhältnis erst im Spruchverfahren bemängeln können.

Die Unterscheidung in Teilstichproben anhand des Kriteriums ohne/mit Prämie des ex ante Transaktionspreises zugunsten Anteilseignern$_2$ zeigt, dass bei Fehlen einer Prämie zugunsten der Anteilseigner$_2$ im Spruchverfahren höhere Zuzahlungen bestimmt werden als für ex ante Transaktionspreis mit Prämie zugunsten der Anteilseigner$_2$. Dieses Ergebnis legt nahe, dass die Informationsverarbeitung im Spruchverfahren nicht unabhängig von der Bewertung der Gesellschaften am Kapitalmarkt ist.

Die Unterscheidung in Teilstichproben anhand des Abschlusses des Spruchverfahrens als gerichtlicher Beschluss/Vergleich veranschaulicht, dass im Rahmen des Vergleichs die höheren Zuzahlungen zugunsten der Anteilseigner$_2$ gewährt werden, als in gerichtlichen Beschlüssen.

4.5.2 Umverteilung

Die Verteilung der erwarteten Synergien wird als Ergebnis der Verhandlung über den Transaktionspreis bei unterschiedlichen ökonomischen Referenzen von Management und Anteilseignern betrachtet. Sie dient der Schaffung eines Verhandlungsspielraums und führt aus Sicht der Anteilseigner nicht zu Umverteilungseffekten. Umverteilungseffekte entstehen erst, wenn der Transaktionspreis stärker vom Börsenwertverhältnis abweicht als durch die Verteilung erwarteter Synergien ausgeglichen werden kann.

Abb. 68 zeigt, dass eine Umverteilung nur durch Transaktionspreise hervorgerufen wird, die außerhalb des durch TNB$_1$ und TNB$_2$ begrenzten Einigungsbereichs liegen. Ein Fall mit Konzernbeteiligung ($\gamma>0$) ist im Anhang abgebildet.

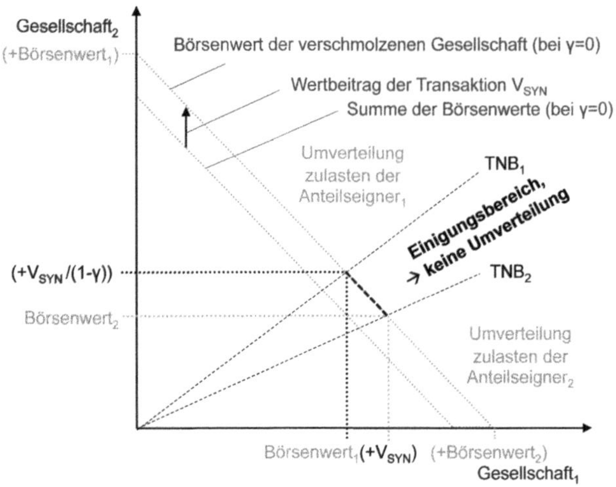

Abb. 68: Umverteilung unter Berücksichtigung von Synergien aus Sicht der Anteilseigner

Der Einigungsbereich beschreibt die Verschmelzungsverhältnisse, die bei Verteilung erwarteter Synergien ausgehend vom Börsenwertverhältnis weder zu einem Vermögensverlust der Anteilseigner_1 noch der Anteilseigner_2 führen. Folglich kommt es im Einigungsbereich zu keiner Umverteilung zwischen den Anteilseignern der verschmelzenden Gesellschaften. Auf Basis der empirischen Untersuchung liegen der ex ante und ex post Transaktionspreis durchschnittlich im Einigungsbereich. Sie führen somit bei expliziter Verteilung erwarteter Synergien zu keiner Umverteilung zugunsten der Anteilseigner_1 oder zugunsten der Anteilseigner_2.

4.5.3 Vermögenseffekte

Die explizite Berücksichtigung von Synergien in Form der Teilnahmebedingungen ist notwendig, da der Verschmelzungsbeschluss der Anteilseigner jeweils einer Gesellschaft bei stand-alone Bewertungen der verschmelzenden Gesellschaften ohne Synergien nicht erklärt werden kann. Zudem werden Synergien auch bei Bestimmung des Transaktionspreises mit stand-alone Unternehmenswerten berücksichtigt, wenngleich nur implizit und damit gemäß dem Ertragswertverhältnis. Für vollständige Aussagen zu Vermögenseffekten müssen neben Synergien auch die im Spruchverfahren bestimmten Zuzahlungen einbezogen werden, da diese einen statistisch signifikanten Einfluss auf den Transaktionspreis ausüben. Die Informationsverarbeitung im Spruchverfahren gibt Aufschluss darüber, welchen Einfluss ex ante und ex post Transaktionspreise auf den Vermögenseffekt der Anteilseigner_1 und den der Anteilseigner_2 nehmen.

Die Vermögenseffekte der Anteilseigner_1 und der Anteilseigner_2 entstehen, wenn der Transaktionspreis vom Börsenwertverhältnis abweicht. Sie werden im Vergleich zum jeweiligen Börsenwert vor der Transaktion beschrieben, da Anteilseigner die in Verschmelzungsbericht und Ertragswerten enthaltenen Insiderinformationen annahmegemäß im Entscheidungszeitpunkt nicht berücksichtigen.[718] Aus Sicht aller Anteilseigner entspricht die Summe der beiden Vermögenseffekte den erwarteten Synergien.

Im Regelfall beschreiben die Vermögenseffekte, wie die im Zuge der Verschmelzung erwarteten Synergien zwischen den Anteilseignern beider Gesellschaften verteilt werden. Dabei sind die Vermögenseffekte der Anteilseigner beider Gesellschaften positiv, jedoch kleiner als die im Zuge der Transaktion erwarteten Synergien.

Fällt der Vermögenseffekt der Anteilseigner einer Gesellschaft größer aus als die mit der Transaktion erwarteten Synergien, dann resultiert ein negativer Vermögenseffekt für die Anteilseigner der anderen Gesellschaft. In diesem Sonderfall führt der Transaktionspreis zur Umverteilung von Vermögen der Anteilseigner einer Gesellschaft zugunsten der Anteilseigner der anderen Gesellschaft. Die Beteiligung der betroffenen Anteilseigner an der verschmolzenen Gesellschaft repräsentiert auch unter Berücksichtigung der erwarteten Synergien weniger als der Börsenwert ihrer Gesellschaft vor der Verschmelzung.

Die Vermögenseffekte werden zunächst formelbasiert, anschließend graphisch dargestellt. Analog zum theoretischen Teil dieser Arbeit werden folgende Zusammenhänge unterstellt:

$\alpha_{BK} = BK_2 / (BK_1 + (1-\gamma) BK_2)$	Anteil laut β_{BK} für Anteilseigner_2
$V_M = BK_1 + (1-\gamma) BK_2 + V_{SYN}$	Wert der verschmolzenen Gesellschaft aus Sicht der Anteilseigner
$V_M = BK_1 + (1-\delta_i) V_{SYN} + (1-\gamma) BK_2 + \delta_i V_{SYN}$	Wert der verschmolzenen Gesellschaft ist die Summe der Börsenwerte und Vermögenseffekte beider Anteilseigner
$V_M = V_1^{Neu} + (1-\gamma) V_2^{Neu}$	Wert der verschmolzenen Gesellschaft ist Summe der neuen Werte der Anteilseigner_1 und der Anteilseigner_2

718 Bspw. mangels Überprüfbarkeit der Insiderinformationen.

(a) Aufteilung der verschmolzenen Gesellschaft (einschließlich Synergien)[719]

V_1^{Neu}	$= (1-\alpha_i(1-\gamma))\, V_M$	Neuer Beteiligungswert der Anteilseigner_1
V_2^{Neu}	$= \alpha_i\, V_M$	Neuer Beteiligungswert der Anteilseigner_2

(b) Vermögenseffekte

$V_1^{Neu} - BK_1 =$	$(1-\delta_i(1-\gamma))\, V_{SYN}$	Vermögenseffekt für Anteilseigner_1
$V_2^{Neu} - BK_2 =$	$\delta_i\, V_{SYN}$	Vermögenseffekt für Anteilseigner_2 [720]

$\delta_i =$		
< 0	100%	der Synergien und Umverteilung zugunsten der Anteilseigner_1
	$0 \leq \delta_i \leq 1$	Synergiebeteiligung der Anteilseigner beider Gesellschaften
> 1	100%	der Synergien und Umverteilung zugunsten der Anteilseigner_2

Der Vermögenseffekt der Anteilseigner_1 bzw. der Anteilseigner_2 besteht aus Synergiebeteiligung bei $0 \leq \delta_i \leq 1$ sowie Umverteilung zugunsten der Anteilseigner_1 bei $\delta_i < 0$ und Umverteilung zugunsten der Anteilseigner_2 bei $\delta_i > 1$.

Die Fallunterscheidung δ_i kann in folgende Gleichungen überführt werden:

$V_1^{Neu} - BK_1 =$	$+ (1-\max[0\,;\min(\delta_i\,;1)]\,(1-\gamma))\, V_{SYN}$	Synergiebeteiligung
	$+ [1-\max(\delta_i\,;1)\,(1-\gamma)]\, V_{SYN}$	Umverteilung für Anteilseigner_2
	$- \min(\delta_i\,;0)\,(1-\gamma)\, V_{SYN}$	Umverteilung für Anteilseigner_1
$V_2^{Neu} - BK_2 =$	$+ \max[0\,;\min(\delta_i\,;1)]\, V_{SYN}$	Synergiebeteiligung
	$+ [\max(\delta_i\,;1) - 1]\, V_{SYN}$	Umverteilung für Anteilseigner_2
	$+ \min(\delta_i\,;0)\, V_{SYN}$	Umverteilung für Anteilseigner_1

719 Jeweils für $i \in \{EW; SG\}$.

720 Davon $\gamma\, \delta_i\, V_{SYN}$ für Anteilseigner_1 aufgrund der Beteiligung.

(c) Vermögenseffekte getrennt vor/nach Spruchverfahren

$$V_1^{Neu} - BK_1 = (1-\delta_{EW}(1-\gamma))\,V_{SYN} - (\delta_{SG}-\delta_{EW})\,(1-\gamma)\,V_{SYN}$$

$$V_2^{Neu} - BK_2 = \delta_{EW}\,V_{SYN} + (\delta_{SG}-\delta_{EW})\,V_{SYN}$$

Aus Sicht der Anteilseigner führt der Verschmelzungsbeschluss zu Vermögenseffekten, die sich aus erwarteten Synergien, der im ex ante Transaktionspreis ggf. enthaltenen Prämie unter/über Börsenwertverhältnis sowie der im (jeweiligen) Spruchverfahren festgelegten baren Zuzahlung(en) zusammensetzen.

Eine Verschmelzung verbessert die Vermögensposition der Anteilseigner$_2$, wenn der Transaktionspreis über der TNB_2, und die der Anteilseigner$_1$, wenn der Transaktionspreis unter der TNB_1 liegt. Folglich können β_{EW}/TNB_2-1 und β_{EW}/TNB_1-1 bzw. β_{SG}/TNB_2-1 und β_{SG}/TNB_1-1 als Vermögenseffekt des ex ante bzw. ex post Transak-tionspreis (jeweils für Anteilseigner$_2$ für Anteilseigner$_1$) interpretiert werden. Diese werden in Abb. 69 für den am häufigsten beobachteten Fall eines im Einigungsbereich liegenden ex ante und ex post Transaktionspreises veranschaulicht.

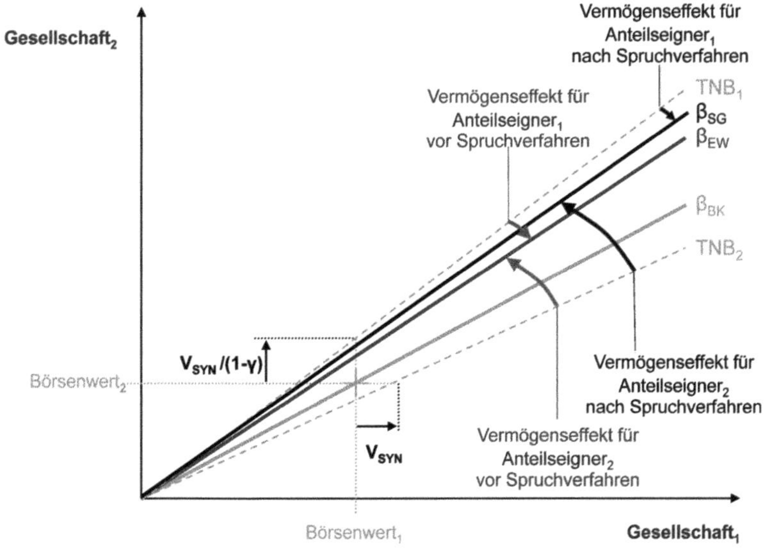

Abb. 69: Vermögenseffekte vor/nach Spruchverfahren im Vergleich zu den TNB

Das Börsenwertverhältnis β_{BK} und der durch die TNB_1 und TNB_2 begrenzte Einigungsbereich sind in der Abbildung mit einem mittleren Grauton in durchgezogener und gestrichelter Linie gekennzeichnet. Der im Einigungsbereich liegende ex ante Transaktionspreis β_{EW} führt zu den dunkelgrau gekennzeichneten Vermögenseffekten für Anteilseigner_1 und Anteilseigner_2. Hellgrau dargestellt sind die ebenfalls positiven Vermögenseffekte des ex post Transaktionspreises β_{SG}.

Die Höhe der Vermögenseffekte wird in Tab. 38 jeweils für den ex ante Transaktionspreis (vor Spruchverfahren) und den ex post Transaktionspreis (nach Spruchverfahren) zusammengefasst. Bei den Werten ist zu beachten, dass ein durch negatives Vorzeichen gekennzeichnetes Unterschreiten der TNB_1 einen positiven Vermögenseffekt für Anteilseigner_1 kennzeichnet. Aus Sicht der Anteilseigner_1 wird ein positiver Vermögenseffekt durch das Überschreiten der TNB_2 als positiver Wert ausgedrückt.

Tab. 38: Höhe der Vermögenseffekte vor/nach Spruchverfahren im Vergleich zu den TNB

		Vor Spruchverfahren	**Nach Spruchverfahren**
		n=30	**n=20**
Anteilseigner_1	β_{EW}/TNB_1-1	-29,4%	-31,1%
	β_{SG}/TNB_1-1	-	-30,2%
Anteilseigner_2	β_{EW}/TNB_2-1	50,1%	33,9%
	β_{SG}/TNB_2-1	-	36,7%

Der Vergleich von ex ante und ex post Transaktionspreisen zeigt,[721] dass Zuzahlungen zu einer Verschiebung des Transaktionspreises von durchschnittlich -31,1% auf -30,2% unter der TNB_1 und von 33,9% auf 36,7% über der TNB_2 geführt haben. Beide, durchschnittlicher ex ante und durchschnittlicher ex post Transaktionspreis, liegen im Einigungsbereich und führen somit für die Anteilseigner der verschmelzenden Gesellschaft jeweils zu einem positiven Vermögenseffekt. Allerdings wird dieser durch das Spruchverfahren zulasten der Anteilseigner_1 reduziert und zugunsten der Anteilseigner_2 verstärkt.

Die beobachteten Vermögenseffekte der beiden Anteilseignergruppen von -29,4% bzw. 50,1% vor Spruchverfahren sind hinsichtlich ihrer Höhe nicht direkt miteinander vergleichbar, da sie als Unterschreiten der TNB_1 bzw. als Überschreiten der TNB_2 mit unterschiedlichen Bezugspunkten erhoben werden. Ein

721 Die Stichprobe der ex ante Transaktionspreise wird dafür auf die Verschmelzungsverhältnisse eingeschränkt, für die Synergien und der ex post Transaktionspreis bekannt sind.

Aussage zur Synergieverteilung basiert daher auf folgender Überlegung: Die ex ante Transaktionspreise der Datenbasis beinhalten durchschnittlich eine Prämie über Börsenwertverhältnis zugunsten der $Anteilseigner_2$. Im Spruchverfahren werden sie korrigiert. Diese geschieht in den beobachteten Fällen ebenfalls zugunsten der $Anteilseigner_2$. Folglich wird den $Anteilseignern_2$ durchschnittlich ein höherer Anteil an den Synergien gewährt, als durch das Börsenwertverhältnis zu erwarten ist.

Auf Basis dieser Überlegung illustriert Abb. 70 die Vermögenseffekte des ex ante Transaktionspreises aus Sicht der Anteilseigner als Verteilung erwarteter Synergien.

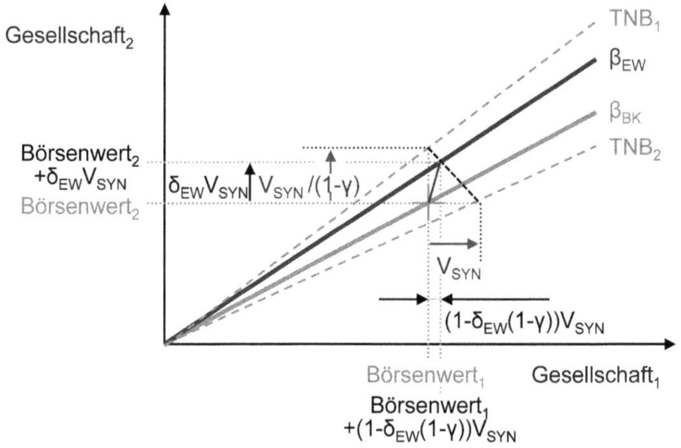

Abb. 70: Vermögenseffekte dargestellt als Verteilung erwarteter Synergien

Für $Anteilseigner_2$ wird der mit dem ex ante Transaktionspreis β_{EW} einhergehende Vermögenseffekt in der folgenden Gleichung als Anteil δ_{EW} an den erwarteten Synergien dargestellt:

$$\delta_{EW} = [\beta_{EW} (BK_1+V_{SYN}) -BK_2] \ / \ [(1+\beta_{EW}(1-\gamma)) V_{SYN}]$$

Entsprechend wird der Vermögenseffekt der $Anteilseigner_1$ mit $(1-\delta_{EW})$ als Anteil der erwarteten Synergien vor Spruchverfahren beschrieben.[722]

$$1- \delta_{EW} = [BK_2 +V_{SYN} -\beta_{EW}(BK_1+V_{SYN})] \ / \ [((1+\beta_{EW}(1-\gamma)) V_{SYN}]$$

722 Ohne Beteiligung der $Gesellschaft_1$ an $Gesellschaft_2$ vereinfacht sich die Gleichung zu: $1- \delta_{EW} = [BK_2 +V_{SYN} -\beta_{EW}BK_1)] \ / \ [(1+\beta_{EW}V_{SYN}]$.

Durch Einsetzen des ex post Transaktionspreises β_{SG} anstelle von β_{EW} lässt sich der Vermögenseffekt nach Abschluss des Spruchverfahrens berechnen. Der Anteil δ_{SG} an erwarteten Synergien entspricht dabei dem Vermögenseffekt für Anteilseigner$_2$ unter Berücksichtigung der Zuzahlung.

$$\delta_{SG} = [\beta_{SG} (BK_1+V_{SYN}) - BK_2] \; / \; [(1+\beta_{SG}(1-\gamma)) V_{SYN}]$$

Analog dazu beschreibt ($1-\delta_{SG}$) den Vermögenseffekt für Anteilseigner$_1$ als Anteil der erwarteten Synergien, den Anteilseigner$_1$ nach Spruchverfahren erhalten.

$$1-\delta_{SG} = [BK_2+V_{SYN} - \beta_{SG}(BK_1+V_{SYN})] \; / \; [(1+\beta_{SG}(1-\gamma)) V_{SYN}]$$

In Tab. 39 wird der durchschnittliche Vermögenseffekt für Anteilseigner$_2$ als der im Transaktionspreis gewährte Anteil δ_{EW} bzw. δ_{SG} an den erwarteten Synergien beschrieben und dem Anteil α an der verschmolzenen Gesellschaft gegenübergestellt.

Tab. 39: Verteilung erwarteter Synergien vor/nach Spruchverfahren

	Anteil α an der verschmolzenen Gesellschaft V_M			**Anteil δ an erwarteten Synergien V_{SYN}**	
	α_{BK}	α_{EW}	α_{SG}	δ_{EW}	δ_{SG}
30 Verschmelzungsverhältnisse mit quantifizierten Synergien					
- Durchschnitt	39,8%	42,4%	-	58,7%	-
- Median	*39,6%*	*39,8%*	-	*52,9%*	-
20 Verschmelzungsverhältnisse mit quantifizierten Synergien und abgeschlossenem Spruchverfahren					
- Durchschnitt	34,1%	34,8%	35,1%	18,2%	26,0%
- Median	*31,8%*	*34,9%*	*35,2%*	*43,9%*	*45,4%*

Der Anteil α_{BK} an der verschmolzenen Gesellschaft von bspw. durchschnittlich 39,8% für die 30 Verschmelzungsverhältnisse mit quantifizierten Synergien zeigt, dass der Börsenwert der übertragenden Gesellschaft$_2$ durchschnittlich etwas weniger als die Hälfte des Börsenwertes der (i. d. R. aufnehmenden) Gesellschaft$_1$ beträgt.

Der ex ante Transaktionspreis basiert auf Ertragswerten und bietet durchschnittlich eine Prämie über Börsenwertverhältnis zugunsten der Anteilseigner$_2$. Dadurch steigt der Anteil α_{EW} der Anteilseigner$_2$ an der verschmolzenen Gesellschaft. Aus Sicht der Anteilseigner führt die durchschnittliche Prämie zu einer stärkeren Synergieverteilung zugunsten der Anteilseigner$_2$ als durch das Börsen- und Ertragswertverhältnis impliziert ist. Auf Basis der 30 Verschmelzungsverhältnisse mit quantifizierten Synergien erhalten Anteilseigner$_2$ durchschnittlich 58,7% der Synergien durch den ex ante Transaktionspreis.

Die 20 Verschmelzungsverhältnisse, deren Spruchverfahren bereits abgeschlossen sind, bieten den Anteilseignern$_2$ vor Spruchverfahren durchschnittlich 18,2% der Synergien. Einschließlich der Zuzahlung erhalten Anteilseigner$_2$ im Spruchverfahren mit durchschnittlich 26,0% jedoch einen deutlich höheren Anteil der Synergien. Für die Verallgemeinerung der beobachteten Synergieverteilung ist zu beachten, dass diese Anteile von den Börsenwerten der verschmelzenden Gesellschaften und der Höhe der erwarteten Synergien abhängig ist.

4.5.4 Fazit

Die empirische Untersuchung der Vermögenseffekte in Verschmelzungen weist eine statistisch schwach signifikante Prämie zugunsten der Anteilseigner$_2$ nach. Im Rahmen des Spruchverfahren wird der ex ante Transaktionspreises nochmals zugunsten übertragender Anteilseigner$_2$ erhöht. Dennoch verletzt weder der ex ante noch der ex post Transaktionspreis den Einigungsbereich, der sich auf Basis der Börsenwerte und unter Berücksichtigung erwarteter Synergien ergibt. Das heißt, die durchschnittlichen ex ante und ex post Transaktionspreis überschreiten einerseits die TNB_2 und unterschreiten andererseits die TNB_1 statistisch signifikant.

Mit der Verteilung erwarteter Synergien zu einem anderen als dem Börsenwertverhältnis können Verschmelzungsbeschlüsse, bei denen das Umtauschverhältnis vom Börsenwertverhältnis abweicht, bei Annahme eines Kapitalmarkts mittelstarker Informationseffizienz erklärt werden. Dieser theoretische Ansatz hält der vorgenommenen empirischen Überprüfung für den (durchschnittlichen) ex ante und ex post Transaktionspreis aus Sicht beider Anteilseignergruppen stand. Die untersuchten Verschmelzungsverhältnisse führen durchschnittlich auch unter Berücksichtigung der Rechtsprechung in Spruchverfahren für die Anteilseigner beider Gesellschaft zu positiven Vermögenseffekten ohne Umverteilung.

5 Schlussbemerkungen

5.1 Zusammenfassung

Im Zentrum dieser Arbeit steht das Zusammenspiel von Interessen, Handlungsalternativen und Strategien in der Bestimmung, dem Beschluss und der Würdigung von Verschmelzungsverhältnissen zwischen börsennotierten Gesellschaften nach den Regeln des UmwG und unter Berücksichtigung der deutschen Rechtsprechung. Diese Arbeit geht vom Einfluss bewertungsrelevanter Informationsunterschiede auf den Transaktionspreis und widerstreitenden Interessen der Beteiligten aus und verfolgt das Ziel, die Entscheidungssituation in der Bestimmung und Beurteilung des Verschmelzungsverhältnisses hinsichtlich Transaktionsdurchführung und Vermögensposition der Anteilseigner theoretisch und anhand einer dafür erhobenen Datenbasis empirisch zu untersuchen. Erwartete Synergien und aus Spruchverfahren resultierende bare Zuzahlungen werden dabei einbezogen. Beide können den Verschmelzungsbeschluss und die Vermögenssituation beeinflussen, finden in der bestehenden Literatur jedoch unzureichende Beachtung.

In der Praxis regelmäßig zu beobachtende Unterschiede zwischen Ertragswerten und Börsenkursen der verschmelzenden Gesellschaften werden unter Annahme eines Kapitalmarkts mittelstarker Informationseffizienz mit der Verarbeitung bewertungsrelevanter Insiderinformationen erklärt. Es wurde unterstellt, dass diese Insiderinformationen vom Management in die Bestimmung des Verschmelzungsverhältnisses einbezogen, von Anteilseignern aber unberücksichtigt gelassen werden. Stattdessen entscheiden Anteilseigner über ein vorgeschlagenes Verschmelzungsverhältnis auf Basis der Börsenwerte vor Transaktionsankündigung.

Damit stellt sich die Frage, ob der Beschluss von Verschmelzungsverhältnissen, die vom Börsenwertverhältnis abweichen, durch Verteilung erwarteter Synergien erklärt werden kann. Mit Börsenwerten und Synergien bestimmen die Anteilseigner jeder Gesellschaft ihre TNB. Diese Mindest- oder Höchstverschmelzungsverhältnisse repräsentieren Transaktionspreise, denen Anteilseigner$_2$ bzw. Anteilseigner$_1$ gerade noch zustimmen können, ohne im Vergleich zur Ausgangssituation eine Verschlechterung der Vermögenssituation zu erwarten. Unter Beibehaltung der Börsenkurse als ökonomische Referenzen können Verschmelzungsverhältnisse bei Berücksichtigung von Synergien theoretisch die TNB der Anteilseigner beider Verschmelzungsparteien einhalten. Diese These konnte anhand der empirischen Daten bestätigt werden.

Nach mehrheitlicher Beschlussfassung haben Anteilseigner die Möglichkeit, das Verschmelzungsverhältnis im Spruchverfahren der Höhe nach überprüfen zu lassen. Eine Analyse der Entscheidungssituation der Anteilseigner verdeutlicht, dass diese sog. Bewertungsrüge unabhängig vom Verschmelzungsverhältnis die dominante Strategie der Anteilseigner darstellt. Abgesehen von Sonderfällen wird dieser Strategie in den untersuchten Praxisfällen gefolgt.[723]

Dadurch wird die Frage über die Angemessenheit des Verschmelzungsverhältnisses in das Spruchverfahren verlagert. In der Praxis werden Verschmelzungen in den überwiegenden Fällen zum Ertragswertverhältnis durchgeführt, auch wenn dieses vom Börsenwertverhältnis abweicht. Annahmegemäß werden in der Bestimmung des Ertragswertverhältnisses Insiderinformationen berücksichtigt. Diese sind somit vom Spruchstellengericht in seiner Entscheidung über ein angemessenes Verschmelzungsverhältnis bzw. über die Höhe der baren Zuzahlung zu würdigen.

Eine vorgenommene Fallunterscheidung zeigt, dass die Höhe der baren Zuzahlung nicht vorausgesagt werden kann, wenn das gerichtlich angemessene Verschmelzungsverhältnis weder auf Basis der Börsenwerte noch der Ertragswerte der Gesellschaften bestimmt wird. Die empirische Untersuchung enthält Spruchverfahren von Verschmelzungen zum Ertragswertverhältnis, die mit und ohne Zuzahlung abgeschlossen wurden. Die gerichtlich angemessenen Verschmelzungsverhältnisse der Spruchverfahren, die mit Zuzahlung abgeschlossen wurden, weichen jedoch vom jeweiligen Börsenwert- und Ertragswertverhältnis ab.[724] Sie repräsentieren Fälle, in denen das Spruchstellengericht die öffentlichen und Insiderinformationen weder wie das Management noch wie die Anteilseigner verarbeitet. Folglich verbleibt Unsicherheit über den im Spruchverfahren bestimmten ex post Transaktionspreis.

Im empirischen Teil dieser Arbeit werden 45 Verschmelzungsverhältnisse hinsichtlich Transaktionssituation, Bewertung, erwarteter Synergien und barer Zuzahlungen im Spruchverfahren untersucht. Auffällig ist, dass 76% der Verschmelzungsverhältnisse von zwei am Kapitalmarkt unterbewerteten Gesellschaften abgeleitet wurden. Dabei enthält das beschlossene Verschmelzungsverhältnis durchschnittlich eine Prämie von 8,0% über Börsenwertverhältnis zugunsten übertragender Anteilseigner$_2$. Die vergleichsweise geringe Höhe dieser Prämie[725] und die Möglichkeit, diese meist ohne nennenswerten Abfluss von

---

723 Bei 50 Verschmelzungsbeschlüssen mit Möglichkeit zur Bewertungsrüge wurde in 46 Fällen das Spruchverfahren eingeleitet. Siehe Kapitel 4.4.2.1.

724 Durchschnittlich liegen die 23 angemessenen Verschmelzungsverhältnisse um 5,2% über dem Börsenwertverhältnis (β_{SG}/β_{BK}). Siehe Kapitel 4.4.2.2.

725 Siehe Kapitel 4.4.2.1.

Barmitteln zu gewähren, erlaubt Gesellschaften auch in defensiven Situationen zu verschmelzen.

Das Spruchverfahren von 23 der untersuchten 45 Verschmelzungsverhältnisse wurde bereits rechtskräftig abgeschlossenen. Mit der baren Zuzahlung wird der Transaktionspreis, der bereits vor Spruchverfahren eine durchschnittliche Prämie von 3,5% über Börsenwertverhältnis für Anteilseigner$_2$ beinhaltete, wiederum zugunsten der Anteilseigner$_2$ um durchschnittlich 2,1% angepasst. Dadurch erhöht sich die Prämie über Börsenwertverhältnis zugunsten der Anteilseigner$_2$ auf 5,2%.

Diese Prämien im ex ante und ex post Transaktionspreis bedeuten jedoch nicht zwingend, dass es zu einer Vermögensverschiebung von Anteilseignern$_1$ zu Anteilseignern$_2$ kommt. Für 30 Verschmelzungsverhältnisse wird die Höhe der erwarteten Synergien in den jeweiligen Verschmelzungsberichten quantifiziert. Die erwarteten Synergien betragen durchschnittlich 17% des aggregierten Ertragswerts. Im theoretischen Teil dieser Arbeit wird der Verschmelzungsbeschluss bestimmter Transaktionspreise außerhalb des Börsenwertverhältnisses mit der Verteilung erwarteter Synergien erklärt. Die Ergebnisse der empirischen Untersuchung stützen diese Überlegung. Zudem zeigt der Vergleich von Verschmelzungsverhältnissen vor Spruchverfahren und von ex post Transaktionspreisen mit den TNB der Anteilseigner, dass die beobachteten Transaktionen durchschnittlich zu einem positiven Vermögenseffekt ohne Umverteilung für beide Anteilseignergruppen führen.

Eine Unterscheidung der Transaktionssituation verdeutlicht, dass der ex ante Transaktionspreis die TNB$_1$ im Falle einer mehrheitlichen Beteiligung der Gesellschaft$_1$ an Gesellschaft$_2$ stärker einhält, als bei geringerer Beteiligung. Zugleich hält der ex ante Transaktionspreis die TNB$_2$ in Verschmelzungen durch Aufnahme stärker ein als in Verschmelzungen durch Neugründung. Nach Abschluss des Spruchverfahrens ergibt sich folgendes Bild: Der ex post Transaktionspreis hält die TNB$_2$ in dominierten Verschmelzungen stärker ein als in nichtdominierten, während sich eine mehrheitliche Beteiligung nachteilig auf das Einhalten der TNB$_2$ auswirkt. Im Umkehrschluss dazu wurde für die drei Transaktionen mit mehrheitlicher Beteiligung ein durchschnittliches stärkeres Einhalten der TNB$_1$ beobachtet.

Ein Vergleich von Zuzahlungen und Synergien in den untersuchten Transaktionssituationen verdeutlicht, dass Zuzahlungen generöser ausfallen, wenn das Spruchverfahren durch Vergleich abgeschlossenen wird. Andererseits sind Zuzahlungen durchschnittlich geringer, sofern der ex ante Transaktionspreis bereits eine Prämie über Börsenwertverhältnis zugunsten der rügenden Anteilseigner$_2$ enthält. Auf die Höhe erwarteter Synergien scheinen zwei andere Kriterien Einfluss zu nehmen: In bis DAT angekündigten Verschmelzungen finden sich höhere Synergieerwartungen, ebenfalls in Fällen eines dominierten Verschmelzungsbeschlusses der $Gesellschaft_2$.

Die Kriterien nicht- / dominierter Verschmelzungsbeschluss der $Gesellschaft_2$ sowie mehrheitliche Beteiligung beeinflussen die größte Anzahl untersuchter Parameter (je drei). Dieses Ergenbnis verdeutlicht, dass im Fall von Mehr- und Minderheitsanteilseignern der $Gesellschaft_2$ bereits bei der Bestimmung eines Verschmelzungsverhältnisses nach der Interessenlage und Zustimmungserfordernis differenziert wird. Obwohl nicht explizit im UmwG vorgesehen, wird diese Differenzierung auch in der Rechtsprechung zu Verschmelzungsverhältnissen vorgenommen.

Beide, der durchschnittliche ex ante und der durchschnittliche ex post Transaktionspreis, liegen im Einigungsbereich und führen somit für die Anteilseigner der verschmelzenden Gesellschaften jeweils zu einem positiven Vermögenseffekt. Dieser wird durch das Spruchverfahren jedoch zulasten der $Anteilseigner_1$ reduziert und zugunsten der $Anteilseigner_2$ verstärkt. Ausgehend von Verschmelzungsverhältnissen mit Prämie über Börsenwertverhältnis wird den $Anteilseignern_2$ durchschnittlich ein höherer Anteil an Synergien gewährt, als durch das Börsenwertverhältnis zu erwarten ist. In den 30 Verschmelzungsverhältnissen mit quantifizierten Synergien erhalten $Anteilseigner_2$ durchschnittlich 58,7% der Synergien durch den ex ante Transaktionspreis. Die 20 Verschmelzungsverhältnisse mit beoabachteten Synergien, deren Spruchverfahren bereits abgeschlossen sind, bieten den $Anteilseignern_2$ vor Spruchverfahren durchschnittlich 18,2% der Synergien. Einschließlich der Zuzahlung erhalten $Anteilseigner_2$ nach Spruchverfahren mit durchschnittlich 26,0% einen höheren Anteil an Synergien. Die beschriebene Synergieverteilung veranschaulicht, warum Verschmelzungsverhältnisse in den untersuchten Entscheidungssituationen beschlussfähig waren und wie stark sie nachträglich durch die Rechtsprechung angepasst wurden.

5.2 Würdigung und Empfehlung

In der Praxis zu beobachtende Abweichungen zwischen Börsen- und Ertragswerten können innerhalb des gewählten Modellrahmens mit der Verarbeitung bewertungsrelevanter Insiderinformationen erklärt werden. Sofern das Management über Insiderinformationen verfügt, sollte es diese bei der Bestimmung des Verschmelzungsverhältnisses berücksichtigen, d.h. den Transaktionspreis als Verhältnis der Ertragswerte festlegen. Interpretiert als Prämie über/unter Börsenwertverhältnis kann das Ertragswertverhältnis der Einigung über den Transaktionspreis dienen. Voraussetzung ist, dass erwartete Synergien diese Prämie über/unter Börsenwertverhältnis rechtfertigen. Davon ist auszugehen, wenn der

Transaktionspreis auch auf Basis des Börsenwertverhältnisses und der Synergieverteilung zu einem positiven Vermögenseffekt für die Anteilseigner beider Gesellschaften führt. In diesen Fällen stellen sich Anteilseigner auch mit den Börsenwerten als Referenz nicht schlechter als ohne die Verschmelzung.

Zu beachten ist allerdings, dass die Verarbeitung von Insiderinformationen in den untersuchten Fällen bei beiden Gesellschaften systematisch zu einem Ertragswert geführt hat, der über dem Börsenwert liegt. Das deutet darauf hin, dass die Insiderinformationen im Vergleich zu öffentlich verfügbaren Informationen wertaufhellenden Charakter haben. Mit Blick auf die Verhandlungen des Transaktionspreises wäre es vorstellbar, dass das Management der jeweiligen Gesellschaft stärker auf die positiven Bewertungsaspekte abstellt und dieses in der Bewertung auf Basis der Insiderinformationen reflektiert wird. Für die Bestimmung des Verschmelzungsverhältnisses ist das nur dann unbedenklich, wenn vergleichbare Annahmen getroffen werden, die die relative Bewertung der Gesellschaften nicht verschieben.

In dominierten Transaktionssituationen, in denen das Verschmelzungsverhältnis bspw. aufgrund entsprechender Insiderinformationen außerhalb des Einigungsbereichs bestimmt wird und für übertragende Minderheitsanteilseigner nicht beschlussfähig ist, sollte neben das Verschmelzungsverhältnis ein an der Börsenbewertung orientiertes Kaufangebot für die Aktien dominierter Anteilseigner treten. Ein entsprechendes Kaufangebot hat die Deutsche Telekom bspw. dominierten Anteilseignern der T-Online im Oktober 2004 vor Verschmelzung der T-Online auf die Deutsche Telekom unterbreitet.

Dominierte Anteilseigner der übertragenden Gesellschaft, die den Transaktionspreis am Börsenwert messen, können sich somit zu einem aus ihrer Sicht vertretbaren Preis von ihren Anteilen an der Gesellschaft trennen, ohne diesen Preis im Rahmen eines langwierigen Spruchverfahrens einfordern zu müssen. Dabei ist hinzunehmen, dass auf Gesellschaftsebene dafür entsprechende Liquidität benötigt wird und auf Ebene der Minderheitsanteilseigner keine Beteiligung an den transaktionsbedingten Synergien erfolgt.

Offen bleibt jedoch, wie öffentlich verfügbare und Insiderinformationen im Spruchverfahren verarbeitet werden. In den beobachteten Fällen besteht ein signifikanter Unterschied zwischen der durchschnittlichen Zuzahlungshöhe für Verschmelzungsverhältnisse mit Prämie über Börsenwertverhältnis und für jene mit einem Abschlag. Das lässt vermuten, dass die Informationsbasis der Anteilseigner für den Abschluss des Spruchverfahrens relevant ist. Allerdings können auch ex post Transaktionspreise beobachtet werden, die die TNB_2 trotz Zuzahlung verletzen. Folglich erachtet das Spruchstellengericht das Börsenwertverhältnis nicht immer als Untergrenze des Verschmelzungsverhältnisses. Diese Beobachtungen erlauben zwar keine eindeutige Aussage über die Informationsverarbeitung, doch deuten sie darauf hin, dass im Spruchverfahren Insiderinformationen verarbeitet werden und dem Vorgehen des Managements dabei tendenziell die höhere Bedeutung zugemessen wird.

Bei expliziter Berücksichtigung erwarteter Synergien orientiert sich die Bestimmung und Würdigung eines Verschmelzungsverhältnisses an der tatsächlichen Veränderung der Vermögensposition der Anteilseigner. Sie erlaubt, begrenzte Unterschiede zwischen dem Ertrags- und Börsenwertverhältnis zu überbrücken und beschlussfähige Verschmelzungsverhältnisse im Spruchverfahren ohne Zuzahlung zu bestätigen. Entgegen der vorherrschenden impliziten Berücksichtigung erwarteter Synergien gewährt die explizite Berücksichtigung einen Verhandlungsspielraum. Dieser ökonomisch gerechtfertigte Freiraum kann die Unsicherheit in Bezug auf den ex post Transaktionspreis deutlich reduzieren, wenn die Entscheidung im Spruchverfahren an den Teilnahmebedingungen der Anteilseigner orientiert wird.

Gegen die explizite Berücksichtigung von Synergien wird z. T. eingewendet, dass optimistisch geschätzte Synergien oft nicht in erwarteter Höhe eintreten, bspw. wenn Erlös- und/oder Kostensynergien verspätet realisiert werden, durch Preissenkungen wieder an den Markt abgegeben werden oder wenn Kosteneinsparungen im Zeitablauf verfallen. Grundsätzlich sollten Herausforderungen in der Bewertung erwarteter Synergien nicht davon abhalten, Verschmelzungsverhältnisse anhand ihrer vollständigen Vermögenseffekte zu beurteilen.

Somit bleibt es Aufgabe des Gesetzgebers und der Rechtsprechung, die Unsicherheit in Bezug auf die Bestimmung und Beurteilung von Verschmelzungsverhältnissen zu reduzieren, indem sie klarstellen, dass

- die Bestimmung auf Basis von Insiderinformationen den Managements unter Berücksichtigung der Teilnahmebedingungen der Anteilseigner erfolgen darf,
- Minderheitsanteilseignern im Fall eines dominierten Verschmelzungsbeschlusses ein zusätzliches Kaufangebot in Höhe des Börsenwertes zu unterbreiten ist, und
- im Spruchverfahren auf die Veränderung der Vermögenssituation der Anteilseigner abzustellen ist, wie sie sich auf Basis der Börsenwerte und bei expliziter Berücksichtigung erwarteter Synergien ergibt.

5.3 Ausblick

Diese Arbeit soll Entscheidungsträger in Verschmelzungen ermutigen, auf die Vermögenspositionen der Anteilseigner einschließlich erwarteter Synergien abzustellen. Bereits im Freigabeverfahren zur Verschmelzung Deutsche Telekom / T-Online wurde deutlich auf den Wertbeitrag der Transaktion hingewiesen und dieser mit jährlichen Synergien von €1 Milliarde beziffert. Andererseits ließ das LG Frankfurt erwartete Synergien in der erstinstanzlichen Entscheidung des Spruchverfahrens von Deutsche Telekom / T-Online außer Betracht und legte die bare Zuzahlung auf Basis der Börsenwerte fest. Mit dieser Richtungsänderung in der Beurteilung des Verschmelzungsverhältnisses erhält die Diskussion zur Angemessenheit neue Aspekte, die nach erfolgter Revision der Deutsche Telekom für diesen Fall bestätigt wurde.

Nach Abschluss weiterer anhängiger Spruchverfahren könnte die Stichprobe dieser Untersuchung erweitert werden. Darüber hinaus ergeben sich Forschungsmöglichkeiten in Zusammenhang mit grenzüberschreitenden Verschmelzungen. Im europäischen Ausland werden Verschmelzungsverhältnisse mit z.T. abweichenden Regelungen bestimmt, was eine entsprechende Reflexion in der Literatur erfordert und potentiell eine Fortentwicklung der bewertungsrelevanten Rechtsprechung vermuten lässt. Nicht zuletzt bieten bestehende Herausforderungen in der Bewertung von Synergien Raum für weitere Forschung, bspw. in Abhängigkeit des Informationstands in der dynamischen Umgebung zwischen Ankündigung einer Verschmelzung und abschließender Integration der Gesellschaften. Ggf. könnten dabei gewonnene Erkenntnisse in die zukünftige Bestimmung und Überprüfung des Verschmelzungsverhältnisses einfließen und der Kritik an der expliziten Berücksichtigung von Synergien begegnen.

Literaturverzeichnis

AHA, C. (1996): Ausgewählte Zweifelsfragen zur Rechnungslegung bei Verschmelzungen. In: BB, 51. Jg., Nr. 49, S. 2559-2561.

AHA, C. (1997): Aktuelle Aspekte der Unternehmensbewertung im Spruchstellenverfahren - Zugleich Anmerkungen zu der Paulaner-Entscheidung des BayObLG. In: AG, 42. Jg., Nr. 1, S. 26-28.

AHLERS, M. (2003): Verschmelzung deutscher börsennotierter Kapitalgesellschaften - Eine empirische Analyse, Lohmar.

ANGERMAYER, B./ OSER, P. (2004): Die Berücksichtigung von Synergieeffekten bei der Unternehmensbewertung. In: PEEMÖLLER, V. H. (Hrsg.) (2004): Praxishandbuch der Unternehmensbewertung, Berlin, S. 763-777.

ANSOFF, H. I. (1988): The New Corporate Strategy, New York.

ASQUITH, P. (1983): Merger bids, uncertainty, and stockholder returns. In: JFE, Nr. 1, S. 51-84.

ASQUITH,P./ BRUNER, R. F./ MULLINS, D. W. (1983): The gains to bidding firms from merger. In: JFE, Nr. 1, S. 121-140.

BÄCHLE, A. (2006): Die Verschmelzung zur Bayerischen Hypovereinsbank : eine rechtstatsächliche Untersuchung: Vorstandspflichten, Wirtschaftsprüferhaftung, Rechtsschutz der Aktionäre - nach früherem und heutigem Recht, Marburg.

BALLWIESER, W./ BÖCKING, H.-J./ DRUKARCZYK, J./ SCHMIDT, R. H. (Hrsg.) (1994): Bilanzrecht und Kapitalmarkt. Festschrift zum 65. Geburtstag von Adolf Moxter. Düsseldorf: IDW, Düsseldorf.

BAYER, W. (2008): Fehlerhafte Bewertung: Aktien als Ausgleich bei Sachkapitalerhöhung und Verschmelzung? In: ZHR, 172. Jg., S. 24-41.

BEHNKE, T. (1999): Anmerkung zum BVerfGE DAT/Altana. In: NZG, 2. Jg., S. 932.

BESAU, S. H.-J. (2006): Das Pflichtangebot nach §§ 35 ff. WpÜG als Rechtsfolge von Verschmelzungen und Spaltungen, Lohmar.

BEYERLE, K. (1977): Erfahrungen mit dem Spruchstellenverfahren nach § 306 AktG - Übersicht über ausgewählte abgeschlossene und laufende Verfahren -. In: ZGR, 6. Jg., Nr. 4, S. 650-661.

BILDA, K. (2000): Zur Dauer von Spruchstellenverfahren. In: NZG, 3. Jg., Nr. 6, S. 296-301.

BLEYMÜLLER, J./ GEHLERT, G./ GÜLICHER, H. (2004): Statistik für Wirtschaftswissenschaftler, 15. Auflage, München.

BÖCKING, H.-J. (1994): Das Verbundberücksichtigungsprinzip als Grundsatz ordnungsmäßiger Unternehmensbewertung. In: Bilanzrecht und Kapitalmarkt. Festschrift zum 65. Geburtstag von Adolf Moxter, BALLWIESER, W./ BÖCKING, H.-J./ DRUKARCZYK, J./ SCHMIDT, R. H., (Hrsg.), Düsseldorf, S. 1407-1433.

BÖHMER, E./ LÖFFLER, Y. (1999): Kursrelevante Ereignisse bei Unternehmensübernahmen: Eine empirische Analyse des deutschen Kapitalmarkts. In: zfbf, 51. Jg., Nr. 4, S. 299-324.

BRADLEY, M./ DESAI, A./ KIM, E. H. (1983): The rationale behind interfirm tender offers: Information or synergy? In: JFE, Nr. 1, S. 183-206.

BRADLEY, M./ DESAI, A./ KIM, E. H. (1988): Synergistic gains from corporate acquisitions and their division between the stockholders of target and acquiring firms. In: JFE, Nr. 1, S. 3-40.

BREALEY, R. A./ MYERS, S. C. (2000): Principles of Corporate Finance, 6. Auflage, Boston.

BRÖSEL, G./ HAUTTMANN, R. (2007): Einsatz von Unternehmensbewertungsverfahren zur Bestimmung von Konzessionsgrenzen sowie in Verhandlungssituationen. In: FB, Nr. 5, S. 293-309.

BRUDNEY, V./ CHIRELSTEIN, M. A. (1974): Fair shares in corporate mergers and takeovers. In: Harvard Law Review, S. 297-346.

BUHLA, T. / SCHLÖSSER, J. (2002): in SAGASSER, B./ BUHLA, T. / BRÜNGER, T. R. (Hrsg.), (2002), S. 155-170, 190-208.

BÜHNER, R. (1990): Reaktionen des Aktienmarktes auf Unternehmenszusammenschlüsse. In: zfbf, 42. Jg., Nr. 4, S. 295-316.

BÜHNER, R./ SPINDLER, H.-J. (1986): Synergieerwartung bei Unternehmenszusammenschlüssen. In: DB, 39. Jg., S. 601-606.

BUNGERT, H. (2000): Behebung der doppelten gerichtlichen Zuständigkeit bei Spruchverfahren wegen Doppelverschmelzung. In: DB, 53. Jg., Nr. 41, S. 2051-2053.

BUNGERT, H. (2001): DAT/Altana: Der BGH gibt der Praxis Rätsel auf. In: BB, 56. Jg., Nr. 23, S. 1163-1166.

BUNGERT, H. (2003): Umtauschverhältnis bei Verschmelzungen entspricht nicht den Börsenwerten - Zugleich Anmerkung zu BayObLG, Beschluss vom 18.12.2202, BB 2003, 275. In: BB, 58. Jg., Nr. 14, S. 699-704.

BUNGERT, H. (2006): Aktionäre erstreiten sich höhere Abfindungen; Das gerichtliche Spruchverfahren ist trotz seiner Reform nicht viel besser geworden. In: FAZ, vom 18. Jan. 2007, S. 21.

BUNGERT, H./ ECKER, J. (2000): Unternehmensbewertung nach Börsenwert: Zivilgerichtliche Umsetzung der BVerfG-Rechtsprechung. In: BB, 55. Jg., Nr. 37, S. 1845-1849.

BÜNING, H. (1991): Robuste und adaptive Tests, Berlin.

BUSSE VON COLBE, W. (1994): Berücksichtigung von Synergien versus Stand-alone-Prinzip bei der Unternehmensbewertung. In: ZGR, 23. Jg., Nr. 4, S. 595-609.

CRAMER, E./ KAMPS, U. (2007): Grundlagen der Wahrscheinlichkeitsrechnung und Statistik : ein Skript für Studierende der Informatik, der Ingenieur- und Wirtschaftswissenschaften, Berlin.

CREMERS, M. K. J./ NAIR, V. B./ JOHN, K. (2007): Takerovers and The Cross-Section of Returns. In: Yale ICF Working Paper No. 07-13, S. 1-37.

DAMODARAN, A. (2005): The value of synergy. In: http://www.stern.nyu.edu/ ~adamodar/pdfiles/ papers/synergy.pdf, verfügbar, 18. Juni 2007.

DIRRIGL, H. (1989a): Die Angemessenheit des Umtauschverhältnisses bei einer Verschmelzung als Problem der Verschmelzungsprüfung und der gerichtlichen Überprüfung (Teil 1). In: WPg, 42. Jg., Nr. 14, S. 413-421.

DIRRIGL, H. (1989b): Die Angemessenheit des Umtauschverhältnisses bei einer Verschmelzung als Problem der Verschmelzungsprüfung und der gerichtlichen Überprüfung (Teil 2). In: WPg, 42. Jg., Nr. 15/16, S. 454-462.

DIRRIGL, H. (1990): Synergieeffekte beim Zusammenschluß und Bestimmung des Umtauschverhältnisses. In: DB, 43. Jg., Nr. 4, S. 185-192.

DÖRFLER, W./ GAHLER, W./ UNTERSTRAßER, S./ WIRICHS, R. (1994): Probleme bei der Wertermittlung von Abfindungsangeboten: Ergebnisse einer empirischen Untersuchung. In: BB, 49. Jg., Nr. 3, S. 156-162.

DRUKARCZYK, J. (1973): Zum Problem der angemessenen Barabfindung bei zwangsweise ausscheidenden Anteilseignern. In: AG, 18. Jg., Nr. 11, S. 357-365.

DRUKARCZYK, J./ SCHÜLER, A. (2007): Unternehmensbewertung, 5. Auflage, München.

EBERT, M. (1998): Evaluation von Synergien bei Unternehmenszusammenschlüssen, Hamburg.

EISENFÜHR, F. (1971): Preisfindung für Beteiligungen mit Verbundeffekten. In: zfbf, 23. Jg., Nr. 5, S. 467-479.

FAMA, E. F. (1970): Efficient Capital Markets: A Review of Theory and Empirical Work. In: JoF, 25. Jg., S. 383-417.

FAMA, E. F. (1991): Efficient capital markets II. In: JoF, 46. Jg., Nr. 5, S. 1575-1617.

FLEISCHER, H. (1997): Die Barabfindung außenstehender Aktionäre nach den §§ 305 und 320b AktG: Stand-alone-Prinzip oder Verbundberücksichtigungsprinzip? In: ZGR, 26. Jg., Nr. 3, S. 368-400.

FLEISCHER, H. (2002): Schnittmengen des WpÜG mit benachbarten Rechtsmaterien - eine Problemskizze. In: NZG, 5. Jg., S. 545-592.

FRANKE, G./ HAX, H. (2004): Finanzwirtschaft des Unternehmens und Kapitalmarkt, 5. Auflage, Berlin.

FRANKS, J.R./ HARRIS, R.S./ TITMAN, S. (1991): The Postmerger Share-Price Performance of acquiring Firms. In: JoFE, 29. Jg., S. 67-83.

GEHLING, C. (2007): §§ 8, 13-15, 32,127. In: Umwandlungsgesetz mit Spruchverfahrensgesetz, SEMLER, J./ STENGEL, A. (Hrsg.), 2. Auflage, München, S. 174-200, 232-268.

GERKE, W./ GARZ, H./ OERKE, M. (1995): Die Bewertung von Unternehmensübernahmen auf dem deutschen Kapitalmarkt. In: zfbf, 47. Jg., Nr. 9, S. 805-820.

GERKE, W./ STEINER, M. (Hrsg.)(2001): Handwörterbuch des Bank- und Finanzwesens, 3. Auflage, Stuttgart.

GRABBE, H./ FETT, T. (2003): Pflichtangebot im Zuge von Verschmelzungen? In: NZG, 6. Jg., Nr. 16, S. 755-763.

GRANDJEAN, B. (1992): Unternehmenszusammenschlüsse und die Verteilung abnormaler Renditen zwischen Aktionären der übernehmenden und übernommenen Gesellschaften: Eine empirische Untersuchung, Frankfurt am Main.

GROßFELD, B. (2000): Börsenkurs und Unternehmenswert. In: BB, 55. Jg., Nr. 6, S. 261-266.

GROßFELD, B. (2002): Unternehmens- und Anteilsbewertung im Gesellschaftsrecht: Zur Barabfindung ausscheidender Gesellschafter, 4. Auflage, Köln.

GUDE, C. (2004): Strukturänderungen und Unternehmensbewertung zum Börsenkurs, Köln.

HACHMEISTER, D. (2000): Der Discounted Cash-Flow als Maß der Unternehmenswertsteigerung, 4. Auflage, Frankfurt am Main.

HECKER, R. (2000): Regulierung von Unternehmensübernahmen und Konzernrecht: Teil I: empirische Analyse des aktienrechtlichen Minderheitenschutzes im Vertragskonzern, Wiesbaden.

HECKER, R./ KASERER, C. (2003): Going Private im Wege des Minderheitenausschlusses: Eine empirisch orientierte Bestandsaufnahme. In: BFuP, 55. Jg., Nr. 2, S. 137-162.

HECKER, R./ WENGER, E. (1995): Der Schutz von Minderheiten im Vertragskonzern. In: ZBB, 7. Jg., Nr. 4, S. 321-424.

HEIDEL, T. (2003): Überlange Verfahren sind unzulässig. In: ftd, vom 11. Mrz. 2003, S. 32.

HEINBACH, N. (2005): Kontrollerlangung und Pflichtangebot nach dem Wertpapiererwerbs- und Übernahmegesetz: unter besonderer Berücksichtigung des Spannungsverhältnisses zum Umwandlungsrecht, Frankfurt am Main.

HELMIS, S. (2003): Der Ausschluss von Minderheitsaktionären - Empirische Erfahrungen der ersten zehn Monate nach Inkrafttreten der neuen Regelung. In: ZBB, 15. Jg., Nr. 3, S. 161-260.

HENCKEL, N.-F./ SCHMALZHAF, T. (2006): Der Konflikt zwischen Manager und Verschmelzungsprüfer im Rahmen einer Verschmelzungsprüfung aus spieltheoretischer Perspektive. In: FB, Nr. 5, S. 281-291.

HERING, T. (2004): Der Entscheidungswert bei der Fusion. In: BFuP, 56. Jg., Nr. 2, S. 148-165.

HOFFMANN-BECKING, M. (1988): Das neue Verschmelzungsrecht in der Praxis. In: Goerdeler, R. (Hrsg.), Festschrift für Hans-Joachim Fleck zum 70. Geburtstag am 30. Januar 1988, Berlin.

HOFFMANN-BECKING, M. (1990): Der materielle Gesellschafterschutz: Abfindung und Spruchverfahren. In: ZGR, 19. Jg., Nr. 3, S. 482-498.

HOLLER, M. J./ ILLING, G. (2000): Einführung in die Spieltheorie, Berlin.

HOMMEL, M. (2000): Zum Abfindungsbeschluss des Bundesverfassungsgerichts. In: INF, 2. Jg., S. 49-57.

HUBER, M. (2005): Anteilsgewährpflicht im Umwandlungsrecht? - Fragen der Anteilsgewährung und des Gläubigerschutzes bei Verschmelzung und Spaltung -, Bielefeld.

HÜFFER, U. (2006): Becksche Kurz-Kommentare, Band 53, Aktiengesetz, 7. Auflage, München.

HÜFFER, U. (2008): Ausgleichsanspruch und Spruchverfahren statt Anfechtungsklage bei Verschmelzungs- oder Kapitalerhöhungsbeschluss des erwerbenden Rechtsträgers. In: ZHR, 172. Jg., S. 8-23.

HÜFFER, U./ SCHMIDT-AßMANN, E. / WEBER, M. (2005): Anteilseigentum, Unternehmenswert und Börsenkurs, München.

HÜTTEMANN, R. (2001): Börsenkurs und Unternehmensbewertung. In: ZGR, 30. Jg., Nr. 3, S. 454-478.

IDW (2008a): Wirtschaftsprüfer-Handbuch 2008: Handbuch für Rechnungslegung, Prüfung und Beratung, Band II, 13. Auflage, Düsseldorf.

IDW (2008b): IDW-Standard: Grundsätze zur Durchführung von Unternehmensbewertungen (IDW S1). In: Fachnachrichten - IDW, 60. Jg., Nr. 7, S. 271-292.

IMMENGA, U. (1970): Unternehmensfusion und Aktionärsrechte. In: BB, 25. Jg., Nr. 15, S. 629-635.

JAENSCH, G. (1966): Wert und Preis der ganzen Unternehmung, Köln.

JENSEN, M. C. (2005): Agency cost of overvalued equity. In: Harvard NOM Working Paper No. 04-26; ECGI - Finance Working Paper No. 39/2004, http://ssrn.com/abstract=480421, verfügbar, 23. Juli 2007.

JENSEN, M. C./ RUBACK, R. S. (1983): The market for corporate control: The scientific evidence. In: JFE, S. 5-50.

KALLMEYER, H. (2002): Umwandlung nach UmwG und Unternehmensakquisition. In: DB, 55. Jg., Nr. 11, S. 568-572.

KALLMEYER, H./ DIRKSEN, D./ MARSCH-BARNER, R. (2006)(Hrsg.): Umwandlungsgesetz: Kommentar ; Verschmelzung, Spaltung und Formwechsel bei Handelsgesellschaften, 2. Auflage, Köln.

KASPERZAK, R. (1997): Aktienkursbildung, Berlin.

KIEM, R. (2007): Die Ermittlung der Verschmelzungswertrelation bei der grenzüberschreitenden Verschmelzung. In: ZGR, 36. Jg., Nr. 4, S. 542-570.

KINDERMANN, H. H. (1964): Der Einfluß des Börsenkurses auf die angemessene Abfindung nach § 12 UmwG. In: AG, 9. Jg., Nr. 7, S. 178-181.

KÖPPEN, J. (2004): Synergieermittlung im Vorfeld von Unternehmenszusammenschlüssen, Wiesbaden.

KORT, M. (1999): Ausgleichs- und Abfindungsrechte (§§ 304, 305 AktG) beim Beitritt eines herrschenden Unternehmens zu einem Beherrschungsvertrag - Besprechung der Entscheidung BGH NJW 1998, 1866. In: ZGR, 28. Jg., Nr. 3, S. 402-426.

KRÄMER, W. (2001): Kapitalmarkteffizienz. In: Handwörterbuch des Bank- und Finanzwesens, GERKE, W./ STEINER, M. (Hrsg.), S. 1267-1274.

KÜTING, K. (1981): Zur Bedeutung und Analyse von Verbundeffekten im Rahmen der Unternehmensbewertung. In: BFuP, 33. Jg., Nr. 2, S. 175-189.

LAMB, J./ SCHLUCK-AMEND, A. (2003): Die Neuregelung des Spruchverfahrens durch das Spruchverfahrensneuordnungsgesetz. In: DB, 56. Jg., Nr. 23, S. 1259-1264.

LANGETIEG, T. C. (1978): An application of a three-factor performance index to measure stockholder gains from merger. In: JFE, Nr. 4, S. 365-384.

LECHNER, H. (2007): Negative Synergien bei Unternehmenszusammenschlüssen, München.

LÖFFLER, G. (1999): Die Verarbeitung von Gewinnprognosen am deutschen Aktienmarkt. In: zfbf, 51. Jg., Nr. 2, S. 128-147.

LUGERT, F. (2005): Mergers & Acquisitions: Synergierealisierung bei horizontalen Unternehmenszusammenschlüssen; eine theoretische und empirische Untersuchung, München.

LUTTER, M. (Hrsg.) (2004): Umwandlungsgesetz - Band I, 3. Auflage, Köln.

LUTTER, M./ BEZZENBERGER, T. (2000): Für eine Reform des Spruchverfahrens im Aktien- und Umwandlungsrecht. In: AG, 45. Jg., Nr. 10, S. 433-447.

LUTTER, M./ DRYGALA, T. (2004): §§1-13. In: Umwandlungsgesetz - Band I, LUTTER, M. (Hrsg.), S. 137-386.

LUTTERMANN, C. (1999): Zum Börsenkurs als gesellschaftsrechtliche Bewertungsgrundlage. In: ZIP, 20. Jg., Nr. 2, S. 45-52.

LUTTERMANN, C. (2001): Der "durchschnittliche" Börsenkurs bei Barabfindung von Aktionären und Verschmelzungswertrelation. In: ZIP, 22. Jg., S. 869-872.

MAIER, A. (2008): Zunächst kein Nachschlag für T-Online Aktionäre. In: ftd, vom 25. Jan. 2008, S. 3.

MAIER-REIMER, G. (2000): Verbesserung des Umtauschverhältnisses in Spruchverfahren. In: ZHR, 164. Jg., S. 563-588.

MAQUIEIRA, C.P./ MEGGINSON, W.L. / NAIL, L. (1998): Wealth Creation versus Wealth Redistribution in pure Stock-for-stock Mergers. In: JoFE, 48. Jg., S. 3-33.

MARSCH-BARNER, R. (2006): §§ 5, 7-8, 14-15. In: Umwandlungsgesetz: Kommentar ; Verschmelzung, Spaltung und Formwechsel bei Handelsgesellschaften, KALLMEYER, H./ DIRKSEN, D./ MARSCH-BARNER, R. (Hrsg.), S. 49-58, 62-65, 70-72, 85-89, 98-125, 187-200.

MARTENS, K.-P. (2000): Verschmelzung, Spruchverfahren und Anfechtungsklage in Fällen eines unrichtigen Umtauschverhältnisses. In: AG, 45. Jg., Nr. 7, S. 301-308.

MARTENS, K.-P. (2003): Die Unternehmensbewertung nach dem Grundsatz der Methodengleichheit oder dem Grundsatz der Meistbegünstigung - Zugleich Besprechung der Entscheidung des OLG Düsseldorf vom 31.1.2003 - 19 W 9/00 AktE - "Siemens/SNI". In: AG, 48. Jg., Nr. 11, S. 593-600.

MATSCHKE, M. J. (1984): Ertragsschwache Unternehmen in der Fusion. In: BFuP, Nr. 6, S. 544-565.

MATSCHKE, M. J./ BRÖSEL, G. (2005): Unternehmensbewertung - Funktionen, Methoden, Grundsätze -, Wiesbaden.

MAUL, K.-H. (2003): Unternehmens- und Anteilsbewertung in Spruchstellenverfahren. In: Kapitalgeberansprüche, Marktwertorientierung und Unternehmenswert, Festschrift für Jochen Drukarczyk, RICHTER, F./ SCHÜLER, A./ SCHWETZLER, B. (Hrsg.), München, S. 255-287.

MAY, A. (1991): Zum Stand der empirischen Forschung über Informationsverarbeitung am Aktienmarkt – Ein Überblick. In: zfbf, 43. Jg., Nr. 4, S. 313-335.

MAYER, D./ WEILER, S. (2007): Neuregelung durch das Zweite Gesetz zur Änderung des Umwandlungsgesetzes. In: DB, 60. Jg., Nr. 22, S. 1235-1241.

MERTENS, H.-J. (1990): Die Gestaltung von Verschmelzungs- und Verschmelzungsprüfbericht. In: AG, 35. Jg., Nr. 1, S. 20-32.

MERTENS, H.-J. (1992): Zur Geltung des stand-alone-Prinzips für die Unternehmensbewertung bei der Zusammenführung von Unternehmen. In: AG, 37. Jg., S. 321-335.

MEYER, I./ WEILER, L. (2001): Heranziehung des Börsenkurses zur Unternehmensbewertung bei Verschmelzungen. In: ZIP, 22. Jg., S. 2153-2159.

MOELLER, S. B./ SCHLINGEMANN, F. P./ STULZ, R. M. (2004): Firm Size and the Gains from Acquisitions. In: JoFE, 54. Jg., S. 201-228.

MOELLER, S. B./ SCHLINGEMANN, F. P./ STULZ, R. M. (2005): Wealth destruction on a massive scale? A study of acquiring-firm returns in the recent merger wave. In: JoF, 60. Jg., Nr. 2, S. 757-782.

MÖLLER, H. P. (1985): Die Informationseffizienz des deutschen Kapitalmarktes - eine Zusammenfassung und Analyse empirischer Untersuchungen. In: zfbf, 37. Jg., Nr. 6, S. 500-518.

MÖLLER, H. P./ HÜFNER, B. (2001): Empirische Kapitalmarktforschung. In: Handwörterbuch des Bank- und Finanzwesens, GERKE, W./ STEINER, M. (Hrsg.), S. 1275-1293.

MOXTER, A. (1991): Grundsätze ordnungsmässiger Unternehmensbewertung, 2. Auflage, Wiesbaden.

MÜLLER, S. (2005): Verbundvorteile bei der Verschmelzung beiderseits börsennotierter Aktiengesellschaften, Hamburg.

MÜLLER, W. (2006): §§ 5, 9-12, 24. In: Umwandlungsgesetz: Kommentar ; Verschmelzung, Spaltung und Formwechsel bei Handelsgesellschaften, KALLMEYER, H./ DIRKSEN, D./ MARSCH-BARNER, R. (Hrsg.), S. 59-61, 66-69, 125-171, 294-325.

MUNKERT, M. J. (2005): Der Kapitalisierungszinssatz in der Unternehmensbewertung. Theorie, Gutachtenpraxis und Rechtsprechung in Spruchverfahren, Wiesbaden.

MUTSCHTER, A. (2005): Die Verschmelzung börsennotierter Aktiengesellschaften im Spannungsverhältnis zwischen WpÜG und Umwandlungsgesetz, Hamburg.

NASCHKE, M. (2003): Der Börsenkurs als Abfindungsgrundlage, Frankfurt am Main.

NEYE, H.-W. (2002): Die Reform des Spruchverfahrens. In: NZG, 5. Jg., Nr. 1, S. 23-32.

NEYE, H.-W. (2003): Das neue Spruchverfahrensrecht, Köln.

NONNENMACHER, R. (1982): Das Umtauschverhältnis bei der Verschmelzung von Kapitalgesellschaften. In: AG, 27. Jg., S. 153-158.

OBERMAIER, R. (2004): Bewertung, Zins und Risiko - Anmerkungen zu Grundproblemen der Entscheidungsorientierten Unternehmensbewertung und der wertorientierten Unternehmensbewertung, Frankfurt am Main.

OLBRICH, M. (2000): Zur Bedeutung des Börsenkurses für die Bewertung von Unternehmen und Unternehmensteilen. In: BFuP, 52. Jg., Nr. 5, S. 454-465.

OSSADNIK, W. (1990): Die Zurechnung von Synergieeffekten bei der Verschmelzung von Kapitalgesellschaften - Anmerkung zur Bestimmung eines "angemessenen" Umtauschverhältnisses der Gesellschaftsanteile. In: BFuP, 42. Jg., Nr. 5, S. 457-471.

OSSADNIK, W. (1993a): Mengeninduzierte oder wertende Zurechnung von Verbundvorteilen?, Diskussionsbeiträge der Wirtschaftswissenschaftlichen Fakultät Ingolstadt / Katholische Universität Eichstätt, Nr. 24.

OSSADNIK, W. (1993b): Willkürfreie Konfliktlösung durch mengeninduzierte Gesamtwertzurechnung? - Ein Beitrag zur Problematik eines "objektiven" Algorithmus zur Verteilung von Rekombinationswerten -. In: BFuP, 45. Jg., Nr. 1, S. 46-58.

OSSADNIK, W. (1995a): Die Aufteilung von Synergieeffekten bei Fusionen, Stuttgart.

OSSADNIK, W. (1995b): Aufteilung von Synergieeffekten bei Verschmelzungen. In: ZfB, 65. Jg., Nr. 1, S. 69-88.

OSSADNIK, W. (1997): Die "angemessene" Synergieverteilung bei der Verschmelzung. In: DB, 50. Jg., Nr. 18, S. 885-887.

OSSADNIK, W./ MAUS, S. (1995): Die Verschmelzung im neuen Umwandlungsrecht aus betriebswirtschaftlicher Sicht. In: DB, 48. Jg., Nr. 1, S. 105-109.

O.V. (2007): Bitterer Nachschlag aus der VEW-Übernahme. In: FAZ, vom 1. Dez. 2007, S. 14.

PAPROTTKA, S. (1996): Unternehmenszusammenschlüsse: Synergiepotentiale und ihre Umsetzungsmöglichkeiten durch Integration, Wiesbaden.

PASCHOS, N. (2003): Die Maßgeblichkeit des Börsenkurses bei Verschmelzungen. In: ZIP, 24. Jg., Nr. 23, S. 1017-1024.

PEEMÖLLER, V. H. (Hrsg.) (2004): Praxishandbuch der Unternehmensbewertung, 3. Auflage, Berlin.

PHILLIP, W. (1998): Ist die Verschmelzung von Aktiengesellschaften nach dem neuen Umwandlungsrecht noch vertretbar? In: AG, 43. Jg., Nr. 6, S. 264-272.

PILTZ, D. J. (1994): Die Unternehmensbewertung in der Rechtssprechung, 3. Auflage, Düsseldorf.

PILTZ, D. J. (2001): Unternehmensbewertung und Börsenkurs im aktienrechtlichen Spruchstellenverfahren - zugleich Besprechung der Entscheidung BVerfGE 100, 289. In: ZGR, 30. Jg., Nr. 1, S. 185-213.

PRIESTER, H.-J. (1990): Strukturänderung - Beschlußvorbereitung und Beschlußfassung. In: ZGR, 19. Jg., Nr. 3, S. 420-446.

PUSZKAJLER, K. P. (2003a): Verschmelzungen zum Börsenkurs? - Verwirklichung der BVerfG-Rechtsprechung - Zugleich eine Erwiderung auf Bungert, BB 2003, 699. In: BB, 58. Jg., Nr. 33, S. 1692-1695.

PUSZKAJLER, K. P. (2003b): Diagnose und Therapie von aktienrechtlichen Spruchverfahren. In: ZIP, Nr. 12, S. 518-522.

RATHAUSKY, U. (2004): Empirische Untersuchung zur Frage der ökonomischen Vorteilhaftigkeit der Squeeze-out in Deutschland. In: FB, Nr. 2, S. 107-114.

REUTER, A. (2001): Börsenkurs und Unternehmenswertvergleich aus Eigensicht - Gleichbehandlung der Aktionäre, Synergie und die Lage bei Verschmelzungen nach BGH-DAT/Altana. In: DB, 54. Jg., Nr. 47, S. 2483-2490.

RICHTER, F./ SCHÜLER, A./ SCHWETZLER, B. (Hrsg.) (2003): Kapitalgeberansprüche, Marktwertorientierung und Unternehmenswert, München.

RIEGGER, B. (1999): Der Börsenkurs als Untergrenze der Abfindung? - Anmerkungen zum Beschluss des BVerfG vom 27.4.1999. In: DB, 52. Jg., S. 1889-1891.

ROLL, R. (1986): The Hubris Hypothesis of Corporate Takeovers. In: Journal of Business, 59. Jg., Nr. 2, S. 197-216.

ROLL, R. (1988): R-Squared. In: JoF, 43. Jg., Nr. 2, S. 541-566.

SACHS, L. (2004): Angewandte Statistik. Anwendung statistischer Methoden, 11. Auflage, Berlin.

SAGASSER, B./ BUHLA, T. / BRÜNGER, T. R. (Hrsg.)(2002): Verschmelzung, Spaltung, Formwechsel, Vermögensübertragung, 3. Auflage, München.

SAGASSER, B./ KÖDDERITZSCH, L. (2002): in SAGASSER, B./ BUHLA, T. / BRÜNGER, T. R. (Hrsg.) (2002), S. 131-154, 171-189.

SCHÄFER, H.-B./ OTT, C. (2005): Lehrbuch der ökonomischen Analyse des Zivilrechts, 4. Auflage, Berlin.

SCHMALENBACH, E. (1950): Die Aktiengesellschaft, Band 3, Köln.

SCHMID, C. (1997): Das umwandlungsrechtliche Unbedenklichkeitsverfahren und die Reversibilität registrierter Verschmelzungsbeschlüsse - Neue Waffen gegen die Räuber -. In: ZHR, 161. Jg., S. 493-521.

SCHMIDT, R. H. (1982): Rechnungslegung als Informationsproduktion auf nahezu effizienten Kapitalmärkten. In: zfbf, 34. Jg., Nr. 8-9, S. 728-748.

SCHMITT, J./ HÖRTNAGL, R./ STRATZ, R.-C. (Hrsg.)(2006): Umwandlungsgesetz - Umwandlungssteuergesetz, 4. Auflage, München.

SCHNEIDER, D. (1991): Investition, Finanzierung und Besteuerung, 6. Auflage, Wiesbaden.

SCHRÖER, H. (2007): §§ 4-7, 37, 126, 128, 131, 136. In: Umwandlungsgesetz mit Spruchverfahrensgesetz, SEMLER, J./ STENGEL, A. (Hrsg.), S. 100-138, 150-173.

SCHUBERT, H. (1990): Die Angemessenheit des Umtauschverhältnisses in Verschmelzungen, Dresden.

SCHÜLER, A. (1998): Performance-Messung und Eigentümerorientierung: eine theoretische und empirische Untersuchung, Frankfurt.

SCHÜTZ, B. G. (2005): Pflichtangebote an Aktionäre : zwischen Gesellschaftsrecht und Kapitalmarktrecht, Bielefeld.

SCHÜTZ, C./ FETT, T. (2002): Variable oder starre Stichtagsregelungen in Verschmelzungsverträgen? In: DB, 55. Jg., Nr. 51/52, S. 2696-2699.

SCHWARTE, P. (2006): Das Pflichtangebot im Anschluss an Verschmelzung und Spaltung, Hamburg.

SEETZEN, U. (1994): Die Bestimmung des Verschmelzungswertverhältnisses im Spruchstellenverfahren. In: WM, 48. Jg., Nr. 2, S. 45-51.

SEMLER, J./ STENGEL, A. (Hrsg.)(2007): Umwandlungsgesetz mit Spruchverfahrensgesetz, 2. Auflage, München.

SIGLOCH, J. (1974): Unternehmenswachstum durch Fusion : Grundlagen einer Erklärung und Beurteilung des Unternehmenswachstums durch Fusion, Berlin.

SIMON, S. (2007): §§ 1, 2, 11, 13. In: in SIMON, S. (Hrsg.) Spruchverfahrensgesetz, S. 1-90, 300-445.

STEINHAUER, C. (1999): Der Börsenpreis als Bewertungsgrundlage für den Abfindungsanspruch von Aktionären. In: AG, 44. Jg., Nr. 7, S. 299-308.

STILZ, E. (2001): Börsenkurs und Verkehrswert, Besprechung der Entscheidung BGH ZIP 2001, 734 - DAT/Altana. In: ZGR, 30. Jg., Nr. 6, S. 875-900.

STRATZ, R.-C. (2006): in SCHMITT, J./ HÖRTNAGL, R./ STRATZ, R.-C. (Hrsg.)(2006), S. 163-185.

THEISEN, M./ RAßHOFER, M. (2007): Anfechtungsklagen unter der Lupe: Räuber oder Wohltäter. In: Der Aufsichtsrat, Nr. 7-8, S. 107-109.

TRAUTWEIN, F. (1990): Merger Motives and Merger Prescription. In: Strategic Management Journal, 11. Jg., Nr. 4, S. 283-295.

VETTER, E. (1999): Bemessung von Abfindung und Ausgleich - "DAT/Altana" BVerfG, Beschluß vom 27. 4. 1999 - 1 BvR 1613/94. In: AG, 44. Jg., Nr. 12, S. 566-569.

VETTER, E. (2000): Zur Ermittlung des Umtauschverhältnisses bei einer Verschmelzung. In: EWiR, S. 595-596.

VETTER, E. (2002): Bestimmung der Zuständigkeit eines gemeinsamen Gerichts aus Zweckmäßigkeitsgründen für Spruchstellenverfahren bei Verschmelzung mehrerer Rechtsträger aus verschiedenen Landgerichtsbezirken auf denselben anderen Rechtsträger ("Degussa I"). In: EWiR, S. 827.

VETTER, J. (2002): Pflichtangebot nach Kontollerwerb im Wege der Verschmelzung oder Spaltung. In: WM, 56. Jg., Nr. 40, S. 1999-2010.

WEBER, M. (2004): Börsenkursbestimmung aus ökonomischer Perspektive. In: ZGR, 33. Jg., Nr. 2, S. 280-300.

WEBER, M./ WÜSTEMANN, J. (2004): Bedeutung des Börsenkurses im Rahmen der Unternehmensbewertung. In: DFG-SFB 504-Ergebnispapier zum Symposium vom 29.Januar 2004, S. 1-28.

WEILAND, N. G. (2003): Synergieeffekte bei der Abfindung außenstehender Gesellschafter, Köln.

WEILER, L./ MEYER, I. (2003): Berücksichtigung des Börsenkurses bei Ermittlung der Verschmelzungswertrelation. In: NZG, 6. Jg., S. 669-671.

WEIßHAUPT, F. (2003): Kompensationsbezogene Informationsmängel in der Aktiengesellschaft : Anfechtungsklage oder Spruchverfahren?, Frankfurt am Main.

WENGER, E./ HECKER, R. (1995): Übernahme- und Abfindungsregeln am deutschen Aktienmarkt - Eine kritische Bestandsaufnahme im internationalen Vergleich. In: ifo-Studien, 41. Jg., S. 51-63.

WENGER, E./ HECKER, R./ KNOESEL, J. (1997): Abfindungsregeln und Minderheitenschutz bei börsennotierten Kapitalgesellschaften. In: GAHLEN, B./ HESSE, H./ RAMSER, H. J. (Hrsg.): Finanzmärkte, Tübingen, S. 93-145.

WILM, D. (2000a): Abfindung zum Börsenkurs - Konsequenzen der Entscheidung des BVerfG. In: NZG, 3. Jg., Nr. 6, S. 234-240.

WILM, D. (2000b): Nochmals: Abfindung zum Börsenkurs. In: NZG, 3. Jg., Nr. 21, S. 1070-1073.

WILSING, H.-U./ KRUSE, T. (2001): Maßgeblichkeit der Börsenkurse bei umwandlungsrechtlichen Verschmelzungen? In: DStR, Nr. 24, S. 991-997.

WILTS, R./ SCHALDT, K./ NOTTMEIER, A. (2002): Unternehmensbewertung im Rahmen von Squeeze-outs. In: FB, Nr. 11, S. 621-629.

WILTS, R./ SCHALDT, K./ NOTTMEIER, A./ KLASEN, B. (2004): Rechtssprechung zur Unternehmensbewertung. In: FB, Nr. 7-8, S. 508-514.

ZEIDLER, G.W. (2007): §§ 9-12, 30, 208. In: Umwandlungsgesetz mit Spruchverfahrensgesetz, SEMLER, J./ STENGEL, A. (Hrsg.), S. 200-232, 426-434, 1730-1732

Anhang

Anhang 1: Variablen und Kriterien der Datenbasis vor Spruchverfahren

	EW_2/ BK_2-1	EW_1/ BK_1-1	$ß_{EW}$/ $ß_{BK}$-1	γ_{EW}	γ_{BK}	Ankündigung	HV_2 Beschluss	Beteiligung Ges_1 an Ges_2	Verschmelzung durch
1	-54.4%	-58.3%	9.4%	0.0%	0.0%	Bis DAT	dominiert	<75%	Aufnahme
2	30.5%	0.0%	30.5%	0.0%	0.0%	Bis DAT	nicht-dominiert	<75%	Aufnahme
3	4.9%	12.6%	-6.8%	0.0%	0.0%	Bis DAT	dominiert	<75%	Aufnahme
4	24.4%	30.6%	-4.7%	93.2%	93.2%	Bis DAT	dominiert	>75%	Aufnahme
5	28.0%	0.0%	28.0%	0.0%	0.0%	Bis DAT	nicht-dominiert	<75%	Aufnahme
6	57.8%	14.3%	38.0%	93.2%	93.2%	Bis DAT	dominiert	Vertrag	Aufnahme
7	27.0%	10.6%	14.7%	0.0%	0.0%	Bis DAT	dominiert	<75%	Aufnahme
8	5.2%	31.0%	-19.7%	0.0%	0.0%	Bis DAT	dominiert	<75%	Aufnahme
9	110.0%	46.7%	43.1%	93.9%	93.9%	Bis DAT	dominiert	>75%	Aufnahme
10	-31.2%	-38.5%	11.8%	0.0%	0.0%	Bis DAT	dominiert	<75%	Aufnahme
11	91.2%	87.3%	2.1%	44.4%	44.4%	Bis DAT	dominiert	<75%	Aufnahme
12	22.9%	93.1%	-36.4%	0.0%	0.0%	Bis DAT	dominiert	<75%	Aufnahme
13	44.6%	93.1%	-25.2%	0.0%	0.0%	Bis DAT	dominiert	<75%	Aufnahme
14	1.6%	121.3%	-54.1%	23.3%	23.3%	Bis DAT	dominiert	<75%	Aufnahme
15	50.2%	66.0%	-9.5%	0.0%	0.0%	Bis DAT	dominiert	<75%	Neugründung
16	56.5%	14.7%	36.5%	0.0%	0.0%	Bis DAT	dominiert	<75%	Aufnahme
17	24.3%	26.0%	-1.3%	97.8%	86.4%	Bis DAT	dominiert	>95%	Aufnahme
18	0.0%	0.0%	0.0%	0.0%	0.0%	Seit DAT	nicht-dominiert	<75%	Aufnahme
19	91.2%	59.6%	19.7%	10.0%	10.0%	Seit DAT	nicht-dominiert	<75%	Aufnahme
20	-12.1%	43.8%	-38.9%	0.0%	0.0%	Seit DAT	nicht-dominiert	<75%	Aufnahme
21	241.0%	216.2%	7.8%	75.2%	75.2%	Seit DAT	dominiert	>75%	Aufnahme
22	7.7%	-7.9%	17.0%	77.3%	77.3%	Seit DAT	dominiert	Vertrag	Aufnahme
23	92.5%	88.3%	2.3%	0.0%	0.0%	Seit DAT	nicht-dominiert	<75%	Aufnahme
24	-16.4%	71.1%	-51.1%	95.3%	95.3%	Seit DAT	dominiert	>95%	Aufnahme
25	370.1%	362.5%	1.6%	66.2%	66.2%	Seit DAT	nicht-dominiert	<75%	Aufnahme

Fortsetzung Anhang 1: *Variablen und Kriterien der Datenbasis vor Spruchverfahren*

	EW_2/BK_2-1	EW_1/BK_1-1	$ß_{EW}/ß_{BK}$-1	γ_{EW}	γ_{BK}	Ankündigung	HV_2 Beschluss	Beteiligung Ges_1 an Ges_2	Verschmelzung durch
26	13.1%	4.7%	8.0%	0.0%	0.0%	Seit DAT	dominiert	<75%	Aufnahme
27	25.8%	4.7%	20.1%	0.0%	0.0%	Seit DAT	dominiert	<75%	Aufnahme
28	52.9%	4.7%	46.0%	0.0%	0.0%	Seit DAT	dominiert	<75%	Aufnahme
29	78.4%	4.7%	70.4%	0.0%	0.0%	Seit DAT	dominiert	<75%	Aufnahme
30	87.0%	65.3%	13.2%	67.3%	67.3%	Seit DAT	nicht-dominiert	<75%	Neugründung
31	-26.1%	-4.8%	-22.4%	0.0%	0.0%	Seit DAT	dominiert	<75%	Aufnahme
32	-7.2%	-4.8%	-2.5%	0.0%	0.0%	Seit DAT	dominiert	<75%	Aufnahme
33	-3.8%	7.2%	-10.3%	0.0%	0.0%	Seit DAT	nicht-dominiert	<75%	Aufnahme
34	10.2%	-6.7%	18.1%	0.0%	0.0%	Seit DAT	dominiert	<75%	Aufnahme
35	34.8%	-6.7%	44.5%	0.0%	0.0%	Seit DAT	dominiert	<75%	Aufnahme
36	-42.8%	-47.5%	9.0%	0.0%	0.0%	Seit DAT	nicht-dominiert	<75%	Neugründung
37	65.0%	78.2%	-7.4%	57.4%	57.4%	Seit DAT	nicht-dominiert	<75%	Neugründung
38	139.4%	1.3%	136.4%	72.3%	54.6%	Seit DAT	dominiert	<75%	Aufnahme
39	71.6%	97.6%	-13.2%	88.0%	73.9%	Seit DAT	dominiert	>75%	Aufnahme
40	132.4%	117.5%	6.8%	50.4%	50.4%	Seit DAT	nicht-dominiert	<75%	Aufnahme
41	125.3%	78.1%	26.5%	89.2%	64.8%	Seit DAT	dominiert	>75%	Aufnahme
42	85.4%	84.1%	0.7%	27.3%	0.0%	Seit DAT	nicht-dominiert	<75%	Aufnahme
43	28.2%	84.1%	-30.4%	35.3%	31.4%	Seit DAT	nicht-dominiert	<75%	Aufnahme
44	36.3%	38.5%	-1.6%	76.3%	76.3%	Seit DAT	dominiert	>75%	Aufnahme
45	63.9%	24.0%	32.1%	92.1%	66.5%	Seit DAT	dominiert	>75%	Aufnahme
	45	45	45			Beobachtungen			
	49.7%	**44.6%**	**8.0%**			**Arithmetisches Mittel**			
	30.5%	26.0%	6.8%			Median			
	73.5%	70.7%	32.5%			Standardabweichung			

Anhang 2: Variablen und Kriterien der Datenbasis bei Berücksichtigung von Synergien

	$ß_{EW}$/ $ß_{BK}$-1	$ß_{EW}$/ TNB_2-1	$ß_{EW}$/ TNB_1-1	γ_{EW}	V_{SYN}/ $[EW_1+(1-\gamma_{EW})EW_2]$	γ_{BK}	V_{SYN}/ $[BK_1+(1-\gamma_{BK})BK_2]$	Ankündigung	HV_2 Beschluss	Beteiligung Ges_1 an Ges_2	Verschmelzung durch
1	9.4%	114.7%	-46.7%	0.0%	115.5%	0.0%	50.3%	Bis DAT	dominiert	<75%	Aufnahme
2	-6.8%	-2.3%	-11.4%	0.0%	2.3%	0.0%	2.5%	Bis DAT	dominiert	<75%	Aufnahme
3	14.7%	26.6%	-7.0%	0.0%	6.2%	0.0%	7.2%	Bis DAT	dominiert	<75%	Aufnahme
4	-19.7%	143.2%	-79.3%	0.0%	98.8%	0.0%	118.9%	Bis DAT	dominiert	<75%	Aufnahme
5	2.1%	44.8%	-52.4%	44.4%	16.3%	44.4%	30.7%	Bis DAT	dominiert	<75%	Aufnahme
6	-36.4%	-14.5%	-40.5%	0.0%	4.2%	0.0%	5.7%	Bis DAT	dominiert	<75%	Aufnahme
7	-25.2%	0.7%	-37.0%	0.0%	7.5%	0.0%	12.2%	Bis DAT	dominiert	<75%	Aufnahme
8	-9.5%	12.6%	-37.2%	0.0%	9.8%	0.0%	15.7%	Bis DAT	dominiert	<75%	Neugründung
9	36.5%	90.4%	-20.7%	0.0%	19.7%	0.0%	25.5%	Bis DAT	dominiert	<75%	Aufnahme
10	0.0%	0.1%	-0.6%	0.0%	0.1%	0.0%	0.1%	Seit DAT	nicht-dominiert	<75%	Aufnahme
11	19.7%	41.1%	-16.4%	10.0%	7.5%	10.0%	12.6%	Seit DAT	nicht-dominiert	<75%	Aufnahme
12	-38.9%	-21.9%	-67.0%	0.0%	16.1%	0.0%	20.9%	Seit DAT	nicht-dominiert	<75%	Aufnahme
13	17.0%	62.4%	-71.3%	77.3%	36.7%	77.3%	34.4%	Seit DAT	dominiert	Vertrag	Aufnahme
14	2.3%	8.0%	-13.5%	0.0%	2.3%	0.0%	4.3%	Seit DAT	nicht-dominiert	<75%	Aufnahme
15	-51.1%	-49.7%	-88.5%	95.3%	1.8%	95.3%	3.0%	Seit DAT	dominiert	>95%	Aufnahme
16	1.6%	467.1%	-93.9%	66.2%	76.4%	66.2%	354.7%	Seit DAT	nicht-dominiert	<75%	Aufnahme
17	8.0%	13.6%	-17.9%	0.0%	4.2%	0.0%	4.5%	Seit DAT	dominiert	<75%	Aufnahme
18	20.1%	26.3%	-39.0%	0.0%	4.7%	0.0%	4.9%	Seit DAT	dominiert	<75%	Aufnahme
19	46.0%	53.6%	16.9%	0.0%	3.8%	0.0%	4.3%	Seit DAT	dominiert	<75%	Aufnahme
20	70.4%	79.2%	-11.9%	0.0%	4.5%	0.0%	4.9%	Seit DAT	dominiert	<75%	Aufnahme
21	13.2%	15.9%	-2.5%	67.3%	1.3%	67.3%	2.1%	Seit DAT	nicht-dominiert	<75%	Neugründung
22	18.1%	76.0%	-20.3%	0.0%	23.9%	0.0%	24.3%	Seit DAT	dominiert	<75%	Aufnahme
23	44.5%	111.6%	-6.4%	0.0%	22.3%	0.0%	25.1%	Seit DAT	dominiert	<75%	Aufnahme
24	9.0%	12.2%	2.2%	0.0%	3.8%	0.0%	2.1%	Seit DAT	nicht-dominiert	<75%	Neugründung
25	-7.4%	0.6%	-35.9%	57.4%	4.1%	57.4%	7.3%	Seit DAT	nicht-dominiert	<75%	Neugründung
26	136.4%	162.3%	77.8%	72.3%	6.1%	54.6%	7.1%	Seit DAT	dominiert	<75%	Aufnahme
27	-13.2%	-12.5%	-37.7%	88.0%	0.4%	73.9%	0.8%	Seit DAT	dominiert	>75%	Aufnahme
28	26.5%	50.7%	-73.9%	89.2%	10.1%	64.8%	16.4%	Seit DAT	dominiert	>75%	Aufnahme
29	0.7%	11.9%	-12.3%	27.3%	3.4%	0.0%	5.5%	Seit DAT	nicht-dominiert	<75%	Aufnahme
30	-30.4%	-22.6%	-39.2%	35.3%	4.0%	31.4%	6.2%	Seit DAT	nicht-dominiert	<75%	Aufnahme
	8.6%	**50.1%**	**-29.4%**		**17.3%**		**27.1%**	**Arithmetisches Mittel**			
	5.1%	21.1%	-28.3%		5.4%		7.1%	Median			

Anhang 3: Variablen und Kriterien der Datenbasis bei Berücksichtigung von Synergien und Spruchverfahren

	$\beta_{EW}/\beta_{BK}-1$	β_{EW}/TNB_2-1	β_{EW}/TNB_1-1	$\beta_{SG}/\beta_{EW}-1$	β_{SG}/TNB_2-1	β_{SG}/TNB_1-1	Ankündigung	HV_2 Beschluss	Beteiligung Ges_1 an Ges_2	Verschmelzung durch	Spruchverfahrens-abschluss durch
1	-6.8%	-2.3%	-11.4%	0.0%	-2.3%	-11.4%	Bis DAT	dominiert	<75%	Aufnahme	OLG Düsseldorf
2	-4.7%			0.8%			Bis DAT	dominiert	>75%	Aufnahme	OLG Frankfurt
3	14.7%	26.6%	-7.0%	0.0%	26.6%	-7.0%	Bis DAT	dominiert	<75%	Aufnahme	OLG Karlsruhe
4	-19.7%	143.2%	-79.3%	12.5%	173.7%	-76.7%	Bis DAT	dominiert	<75%	Aufnahme	Vergleich am LG
5	11.8%			2.6%			Bis DAT	dominiert	<75%	Aufnahme	OLG Celle
6	2.1%	44.8%	-52.4%	0.0%	44.8%	-52.4%	Bis DAT	dominiert	<75%	Aufnahme	BayObLG
7	-36.4%	-14.5%	-40.5%	10.1%	-5.8%	-34.4%	Bis DAT	dominiert	<75%	Aufnahme	Vergleich am LG
8	-25.2%	0.7%	-37.0%	0.8%	1.5%	-36.5%	Bis DAT	dominiert	<75%	Aufnahme	Vergleich am LG
9	-54.1%			5.8%			Bis DAT	dominiert	<75%	Aufnahme	Vergleich am LG
10	36.5%	90.4%	-20.7%	0.0%	90.4%	-20.7%	Bis DAT	dominiert	<75%	Aufnahme	OLG Stuttgart
11	19.7%	41.1%	-16.4%	0.0%	41.1%	-16.4%	Seit DAT	nicht-dominiert	<75%	Aufnahme	Vergleich am LG
12	-38.9%	-21.9%	-67.0%	3.1%	-19.5%	-66.0%	Seit DAT	nicht-dominiert	<75%	Aufnahme	Vergleich am LG
13	2.3%	8.0%	-13.5%	0.6%	8.6%	-13.0%	Seit DAT	nicht-dominiert	<75%	Aufnahme	Vergleich am LG
14	-51.1%	-49.7%	-88.5%	0.0%	-49.7%	-88.5%	Seit DAT	dominiert	>95%	Aufnahme	BVerfG bestätigt OLG Stuttgart
15	8.0%	13.6%	-17.9%	1.0%	14.7%	-17.1%	Seit DAT	dominiert	<75%	Aufnahme	Vergleich am LG
16	20.1%	26.3%	-39.0%	1.0%	27.6%	-38.4%	Seit DAT	dominiert	<75%	Aufnahme	Vergleich am LG
17	46.0%	53.6%	16.9%	1.0%	55.1%	18.1%	Seit DAT	dominiert	<75%	Aufnahme	Vergleich am LG
18	70.4%	79.2%	-11.9%	1.0%	81.0%	-11.0%	Seit DAT	dominiert	<75%	Aufnahme	Vergleich am LG
19	18.1%	76.0%	-20.3%	0.0%	76.0%	-20.3%	Seit DAT	dominiert	<75%	Aufnahme	OLG Frankfurt
20	44.5%	111.6%	-6.4%	0.0%	111.6%	-6.4%	Seit DAT	dominiert	<75%	Aufnahme	OLG Frankfurt
21	9.0%	12.2%	2.2%	0.2%	12.5%	2.3%	Seit DAT	nicht-dominiert	<75%	Neugründung	Vergleich am LG
22	-13.2%	-12.5%	-37.7%	5.0%	-8.1%	-34.7%	Seit DAT	dominiert	>75%	Aufnahme	OLG Frankfurt
23	26.5%	50.7%	-73.9%	2.9%	55.1%	-73.2%	Seit DAT	dominiert	>75%	Aufnahme	Vergleich am LG
	23	20	20	23	20	20	Beobachtungen				
	3.5%	33.9%	-31.1%	**2.1%**	36.7%	-30.2%	**Arithmetisches Mittel**				
	8.0%	26.5%	-20.5%	0.8%	27.1%	-20.5%	Median				
	31.7%	48.4%	28.8%	3.3%	51.7%	28.5%	Standardabweichung				

Anhang 4: Stichprobenumfang je Variable und für Teilstichproben einzelner Kriterien

Kriterien / Variablen	Stichprobenumfang alle	Größe der Teilstichproben bis/ seit DAT	nicht / dominiert	<75% / ≥75%	Aufnahme / Neugründung	Ohne / mit Prämie	Beschluss / Vergleich
EW_2/BK_2-1	45	17 / 28	14 / 31	34 / 11	41 / 4	17 / 28	10 / 13
EW_1/BK_1-1	45	17 / 28	14 / 31	34 / 11	41 / 4	17 / 28	10 / 13
β_{EW}/β_{BK} -1	45	17 / 28	14 / 31	34 / 11	41 / 4	17 / 28	10 / 13
β_{SG}/β_{EW}-1	23	10 / 13	4 / 19	19 / 4	22 / 1	9 / 14	10 / 13
$V_{SYN}/[EW_1+(1-\gamma_{EW})EW_2]$	30	9 / 21	10 / 20	26 / 4	26 / 4	10 / 20	8 / 12
β_{EW}/TNB_2-1	30	9 / 21	10 / 20	26 / 4	26 / 4	10 / 20	8 / 12
β_{EW}/TNB_1-1	30	9 / 21	10 / 20	26 / 4	26 / 4	10 / 20	8 / 12
β_{SG}/TNB_2-1	20	7 / 13	4 / 16	17 / 3	19 / 1	7 / 13	8 / 12
β_{SG}/TNB_1-1	20	7 / 13	4 / 16	17 / 3	19 / 1	7 / 13	8 / 12

Schwarz gekennzeichnete Stichprobenumfänge haben bei Unterscheidung nach einem Kriterium mindestens drei Beobachtungen je Teilstichprobe. Nicht untersucht werden grau hinterlegte Teilstichproben, da sie durch die Variablen bereits beeinflusst sind.

Anhang 5: *<u>Parameterfreie</u> Tests auf mittlerer Wert >0 sowie auf Bestehen eines Unterschieds zwischen den Größen <u>zweier</u> Teilstichproben*

Tests	Wilcoxon-Vorzeichen-Rang Test	Mann-Whitney-U Test auf unterschiedliche Stichprobenmittelwerte (einseitig)					
Kriterien / Variablen	Variable>0	bis/ seit DAT	nicht / dominiert	<75% / ≥75%	Aufnahme / Neugründung	Ohne / mit Prämie	Beschluss / Vergleich
EW_2/BK_2-1	0,000	0,125	0,194	0,127	0,431		0,324
EW_1/BK_1-1	0,000	0,493	0,149	0,126	0,427		0,218
$\beta_{EW}/\beta_{BK}-1$	0,055	0,343	0,245	0,363	0,302		0,464
$\beta_{SG}/\beta_{EW}-1$	0,000	0,406	0,339	0,338	-	0,032	0,004
$V_{SYN}/[EW_1+(1-\gamma_{EW})EW_2]$	0,000	0,031	0,037	0,330	0,135	0,211	0,396
β_{EW}/TNB_2-1	0,000	0,361	0,045	0,213	0,213		0,425
β_{EW}/TNB_1-1	0,000	0,163	0,224	0,007	0,122		0,455
β_{SG}/TNB_2-1	0,000	0,439	0,124	0,089	-		0,485
β_{SG}/TNB_1-1	0,0002	0,268	0,247	0,020	-		0,485

Schwarz hervorgehoben sind p-Werte der Variablen, die Null im Mittel signifikant übersteigen bzw. deren Rangefolge in der Teilstichproben eines Kriteriums signifikant über der Rangfolge der anderen Teilstichprobe des Kriteriums dieser Variable liegt.

Anhang 6: *t-Tests auf arithmetisches Mittel >0 sowie auf Bestehen eines Unterschieds zwischen den Größen <u>zweier</u> Teilstichproben*

Tests		t-Test auf unterschiedliche Stichprobenmittelwerte (einseitig)					
Kriterien / Variablen	t-Test auf Mittelwert >0	bis/ seit DAT	nicht / dominiert	<75% / ≥75%	Aufnahme / Neugründung	Ohne / mit Prämie	Beschluss / Vergleich
EW_2/BK_2-1	0,000	0,043	0,184	0,176	0,391		0,279
EW_1/BK_1-1	0,000	0,186	0,075	0,242	0,452		0,196
$\beta_{EW}/\beta_{BK}-1$	0,053	0,230	0,146	0,480	0,336		0,412
$\beta_{SG}/\beta_{EW}-1$	0,003	0,104	0,232	0,485	-	0,026	0,043
$V_{SYN}/[EW_1+(1-\gamma_{EW})EW_2]$	0,001	0,110	0,240	0,357	0,014	0,378	0,409
β_{EW}/TNB_2-1	0,003	0,443	0,486	0,201	0,014		0,449
β_{EW}/TNB_1-1	0,000	0,178	0,434	0,008	0,252		0,475
β_{SG}/TNB_2-1	0,002	0,265	0,053	0,089	-		0,485
β_{SG}/TNB_1-1	0,000	0,329	0,299	0,008	-		0,500

Anhang 7: Empirische t für Mittelwertdifferenz zwischen den Teilstichproben (t-Test)

Tests	**empirische t des Tests auf unterschiedliche Stichprobenmittelwerte (einseitig)**					
Kriterien / **Variablen**	**bis/ seit DAT**	**nicht / dominiert**	**<75% / ≥75%**	**Aufnahme / Neugründung**	**Ohne / mit Prämie**	**Beschluss / Vergleich**
EW_2/ BK_2-1	-1,757	0,923	-0,939	0,278		-0,596
EW_1/ BK_1-1	-0,904	1,469	-0,705	0,121		-0,875
β_{EW}/ β_{BK} -1	-0,744	-1,068	-0,052	0,426		0,224
β_{SG}/ β_{EW}-1	1,342	-0,748	-0,039	-	2,254	-1,820
V_{SYN}/ $[EW_1+(1-\gamma_{EW})EW_2]$	1,320	-0,717	0,370	2,316	-0,313	-0,235
β_{EW}/ TNB_2-1	-0,144	0,037	0,852	2,316		0,130
β_{EW}/ TNB_1-1	-0,941	0,169	2,578	-0,675		0,064
β_{SG}/ TNB_2-1	0,640	-1,758	1,403	-		-0,039
β_{SG}/ TNB_1-1	-0,450	0,535	2,681	-		-0,001

Anhang 8: p-Werte für unterschiedliche Varianzen <u>zweier</u> Teilstichproben laut F-Test

Tests						
Kriterien / **Variablen**	**bis/ seit DAT**	**nicht / dominiert**	**<75% / ≥75%**	**Aufnahme / Neugründung**	**Ohne / mit Prämie**	**Beschluss / Vergleich**
EW_2/ BK_2-1	0,052	0,184	0,920	0,727		0,330
EW_1/ BK_1-1	0,227	0,277	0,585	0,821		0,601
β_{EW}/ β_{BK} -1	0,845	0,100	0,793	0,250		0,298
β_{SG}/ β_{EW}-1	0,002	0,217	0,587	-	0,000	0,055
V_{SYN}/ $[EW_1+(1-\gamma_{EW})EW_2]$	0,003	0,490	0,567	2,316	0,876	0,496
β_{EW}/ TNB_2-1	0,608	0,181	0,650	0,158		0,403
β_{EW}/ TNB_1-1	0,140	0,803	0,460	0,423		0,693
β_{SG}/ TNB_2-1	0,377	0,141	0,942	-		0,603
β_{SG}/ TNB_1-1	0,409	0,913	0,856	-		0,718

Anhang 9: Signifikanzniveau des Kolmogorov-Smirnov-Tests auf Normalverteilung.

p-Werte (zweiseitig)	**EW_2/ BK_2-1**	**EW_1/ BK_1-1**	**$ß_{EW}$/ $ß_{BK}$-1**	**$ß_{EW}$/ TNB_2-1**	**$ß_{EW}$/ TNB_1-1**	**V_{SYN} / $[EW_1+(1-y_{EW})EW_2]$**	**$ß_{SG}$/ $ß_{EW}$-1**	**$ß_{SG}$/ TNB_2-1**	**$ß_{SG}$/ TNB_1-1**
alle	**0,287**	**0,189**	**0,644**	**0,252**	**0,809**	**0,010**	**0,016**	**0,934**	**0,533**
Bis DAT	0,871	0,787	0,987	0,897	0,961	0,146	0,320	0,861	0,982
Seit DAT	0,298	0,238	0,310	0,128	0,808	0,045	0,133	0,999	0,594
nicht-dominiert	0,299	0,253	0,766	0,052	0,597	0,119	0,680	0,990	0,738
dominiert	0,663	0,333	0,847	0,973	0,669	0,054	0,033	0,987	0,800
<75%	0,293	0,152	0,387	0,194	0,674	0,014	0,016	0,820	0,503
≥75%	0,738	0,724	0,990	0,945	0,828	0,863	0,981	0,999	0,976
Aufnahme	0,240	0,128	0,813	0,384	0,733	0,029	0,023	0,976	0,564
Neugründung	0,801	0,503	0,917	0,673	0,872	0,810			
Ohne ex ante Prämie						0,105	0,787		
Mit ex ante Prämie						0,096	0,351		
Beschluss							0,093		
Vergleich							0,157		

Anhang 10: Signifikanzniveau von t-Tests bei Nullhypothese, der Mittelwert <u>einer</u> Teilstichprobe ist nicht größer als Null.

p-Werte (einseitig)	EW_2/ BK_2-1	EW_1/ BK_1-1	$ß_{EW}$/ $ß_{BK}$-1	$ß_{EW}$/ TNB_2-1	$ß_{EW}$/ TNB_1-1	V_{SYN} / $[EW_1+(1-y_{EW})EW_2]$	$ß_{SG}$/ $ß_{EW}$-1	$ß_{SG}$/ TNB_2-1	$ß_{SG}$/ TNB_1-1
alle	**0,000**	**0,000**	**0,053**	**0,003**	**0,000**	**0,001**	**0,003**	**0,002**	**0,000**
Bis DAT	0,004	0,006	0,312	0,020	0,001	0,032	0,027	0,053	0,005
Seit DAT	0,000	0,001	0,059	0,019	0,003	0,004	0,007	0,014	0,004
nicht-dominiert	0,012	0,011	0,370	0,150	0,010	0,069	0,137	0,227	0,107
dominiert	0,000	0,001	0,057	0,000	0,001	0,005	0,006	0,003	0,000
<75%	0,001	0,002	0,097	0,004	0,001	0,003	0,010	0,001	0,000
≥75%	0,005	0,005	0,165	0,332	0,004	0,121	0,075	0,489	0,028
Aufnahme	0,000	0,000	0,055	0,004	0,000	0,002	0,003	0,003	0,000
Neugründung	0,129	0,132	0,417	0,027	0,090	0,039			
Ohne ex ante Prämie						0,074	0,012		
Mit ex ante Prämie						0,005	0,007		
Beschluss							0,074		
Vergleich							0,009		

Anhang 11: Empirische t einer Teilstichproben für t-Test mit Nullhypothese, der Mittelwert ist nicht größer als Null.

p-Werte (einseitig)	EW_2/ BK_2-1	EW_1/ BK_1-1	$ß_{EW}$/ $ß_{BK}$-1	$ß_{EW}$/ TNB_2-1	$ß_{EW}$/ TNB_1-1	V_{SYN} / $[EW_1+(1-y_{EW})EW_2]$	$ß_{SG}$/ $ß_{EW}$-1	$ß_{SG}$/ TNB_2-1	$ß_{SG}$/ TNB_1-1
alle	**4,539**	**4,236**	**1,646**	**2,926**	**-4,609**	**3,294**	**3,012**	**3,179**	**-4,743**
Bis DAT	3,011	2,794	0,499	2,449	-4,985	2,142	2,219	1,901	-3,702
Seit DAT	3,824	3,382	1,614	2,215	-3,063	2,950	2,857	2,518	-3,245
nicht-dominiert	2,540	2,604	0,340	1,101	-2,796	1,629	1,377	0,860	-1,569
dominiert	3,990	3,542	1,628	3,951	-3,617	2,846	2,834	3,141	-4,420
<75%	3,443	3,185	1,327	2,905	-3,630	3,036	2,540	3,568	-4,063
≥75%	3,160	3,155	1,025	0,480	-6,321	1,452	1,931	-0,030	-4,084
Aufnahme	4,305	3,987	1,631	2,880	-4,332	3,216	3,021	3,140	-4,936
Neugründung	1,396	1,374	0,228	3,089	-1,739	2,647			
Ohne ex ante Prämie						2,860	2,841		
Mit ex ante Prämie						1,579	2,770		
Beschluss							1,581		
Vergleich							2,767		

Anhang 12: Signifikanzniveau des Wilcoxon-Vorzeichen-Rang -Tests bei Nullhypothese, der mittelere Wert <u>einer</u> Teilstichprobe ist nicht größer als Null.

p-Werte (einseitig)	EW_2/BK_2-1	EW_1/BK_1-1	$\beta_{EW}/\beta_{BK}-1$	β_{EW}/TNB_2-1	β_{EW}/TNB_1-1	$V_{SYN}/[EW_1+(1-y_{EW})EW_2]$	$\beta_{SG}/\beta_{EW}-1$	β_{SG}/TNB_2-1	β_{SG}/TNB_1-1
alle	0,000	0,000	0,055	0,000	0,000	0,000	0,000	0,000	0,000
Bis DAT	0,007	0,007	0,274	0,027	0,002	0,002	0,016	0,078	0,008
Seit DAT	0,000	0,000	0,058	0,003	0,001	0,000	0,002	0,013	0,003
nicht-dominiert	0,004	0,002	0,271	0,116	0,003	0,001	0,125	0,313	0,125
dominiert	0,000	0,000	0,070	0,000	0,001	0,000	0,000	0,004	0,000
<75%	0,000	0,000	0,121	0,000	0,000	0,000	0,000	0,001	0,000
≥75%	0,001	0,001	0,183	0,313	0,063	0,063	0,125	0,625	0,125
Aufnahme	0,000	0,000	0,056	0,000	0,000	0,000	0,000	0,003	0,000
Neugründung	0,125	0,125	0,438	0,063	0,125	0,063			
Ohne ex ante Prämie						0,001	0,008		
Mit ex ante Prämie						0,000	0,004		
Beschluss							0,125		
Vergleich							0,000		

Grau hervorgehoben sind die p-Werte von Teilstichproben, die auf Basis von jeweils mindestens drei Beobachtungen >0,05 voneinander abweichen.

Anhang 13: Umverteilung unter Berücksichtigung von Synergien und bei Beteiligung der Gesellschaft₁ an Gesellschaft₂

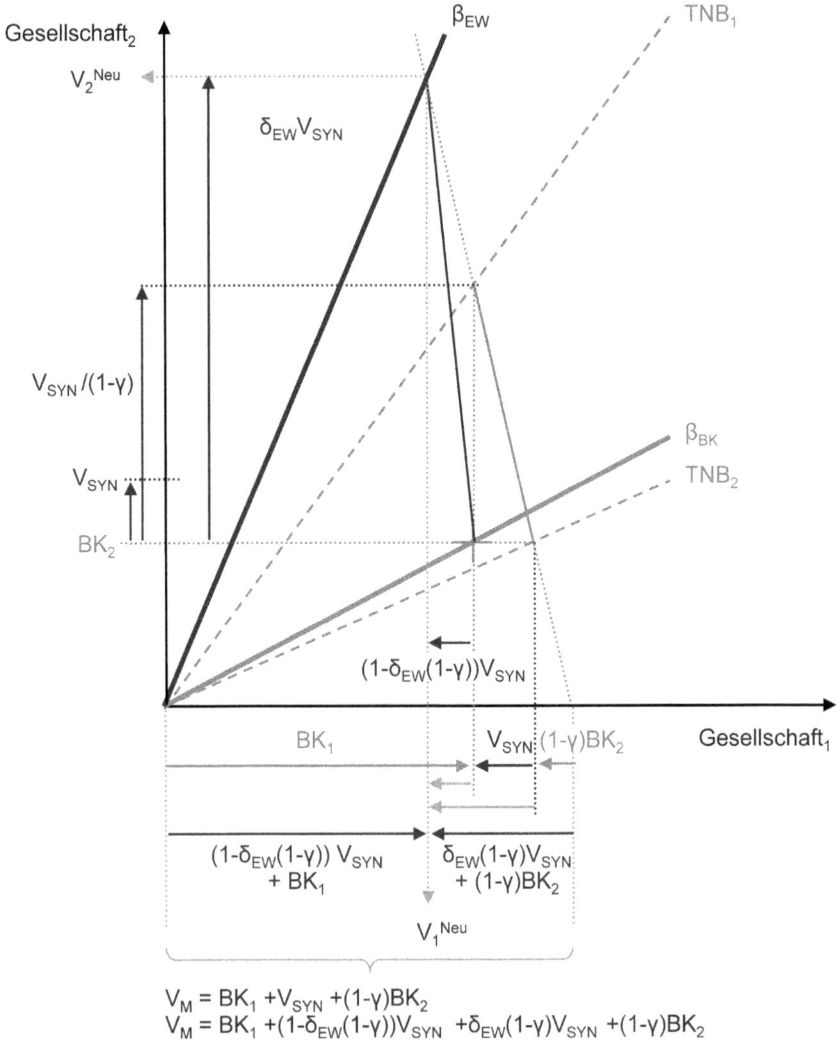

Rechtsquellenverzeichnis

Datum	*Aktenzeichen*	*Quelle*	*Beteiligte*
Bundesverfassungsgericht			
27. Apr. 1999	1 BvR 1613/94	BVerfGE 100, 289	DAT/Altana
25. Jul. 2003	1 BvR 243/01	AG 2003, 624	
29. Nov. 2006	1 BvR 704/03	AG 2007, 119	Siemens Nixdorf
30. Mai. 2007	1 BvR 1267/06	ZIP 2007, 1600	
30. Mai. 2007	1 BvR 1280/06	ZIP 2007, 1600	
20. Dez. 2010	1 BvR 2323/07	GWR 2011, 109	IWKA
24. Mai 2011	1 BvR 2658/10	Mitteilung 36/2011	Deutsche Telekom / T-Online
Bundesgerichtshof			
30. Mrz. 1967	II ZR 141/64	AG 1967, 264	
2. Mai. 1989	II ZR 206/88	WM 1989, 1128	
18. Dez. 1989	II ZR 254/88	WM 1990, 140	
12. Mrz. 2001	II ZB 15/00	BGHZ 147, 108	DAT/Altana
18. Okt. 2004	II ZR 250/02	ZIP 2004, 2428	Thyssen Krupp
29. Mai. 2006	II ZB 5/06	ZIP 2006, 370	Deutsche Telekom
18. Nov. 2006	II ZR 225/04	DB 2006, 2506	
21. Mai. 2007	II ZR 266/04	DB 2007, 1858	Vattenfall
BayObLG			
29. Sep. 1998	3 Z BR 159/94	NZG 1998, 946	EKU/März
18. Dez. 2002	3 Z BR 116/00	BB 2002, 275	Hypo-Vereinsbank
12. Okt. 2005	3 Z BR 238/04	AG 2005, 922	Hypo Real Estate
OLG Celle			
10. Jul. 2008	9 W 10/08	D&F, 22.7.2008	Alsen

OLG Düsseldorf

14. Apr. 2000	19 W 6/98	AG 2001, 189	FHyp_Centralboden
25. Mai. 2000	19 W 1/93	AG 2000, 422	DAT/Altana III
14. Jan. 2004	19 W 1/03	AG 2004, 614	Agrippina-Versicherungs-AG/ Zürich Versicherung
15. Jan. 2004	I-19 W 5/03 AktE	ZIP 2004, 1503	Krupp/Hoesch
		AG 1999, 418	Thyssen Krupp

OLG Frankfurt/M.

29. Dez. 2005	20 W 250/05	ZIP 2006, 203	AGIV Real Estate
4. Jan. 2006	20 W 203/05	DB 2006, 660	
2. Okt 2009	5 W 30/09	D&F 2009, 30.10.09	Cassella / Hoechst
9. Feb. 2010	5 W 38/09	GWR 2010, 138	Eurohypo / Deutsche Hyp
3. Sep. 2010	5 W 57/09	NZG 2010, 1141	Deutsche Telekom / T-Online

OLG Karlsruhe

30. Jun. 1989	15 U 76/88	AG 2001, 417	

OLG München

17. Okt. 2005	23 U 2826/05	DB 2006, 146	

OLG Stuttgart

8. Mrz. 2006	20 W 5/05	EwiR 2000, 595	Württembergi-sche/Wüstenrot
16. Feb. 2007	20 W 6/06	AG 2007, 209	DaimlerChrysler AG/Maschinenfabrik Esslingen (Squeeze-out)
14. Okt. 2010	20 W 16/06	GWR 2010, 553	DaimlerChrysler

LG Dortmund

10. Sep. 1999	20 AktE 8/99	DB 1999, 2145	
22. Dez. 2008	18 O 508/03 [AktE]	D&F, 21.01.2009	RWE / VEW (Prozessvergleich)

LG Frankfurt am Main

8. Aug. 2001	3/8 O 69/97	WPg 2002, 679	Lahmeyer 1997
17. Nov. 2004	3-08 O 163/98	BA 22.11.04	Dt_Hyp_1
13. Mrz. 2009	3-5 O 57/06	AG 2009, 749	Deutsche Telekom/ T-Online

LG Hamburg

10. Nov. 2004	414 O 75/98	BA 22.11.04	Dt_Hyp_2
11. Okt. 2006	417 O 12/02	9-Monats-Bericht 2006, Tomorrow Focus AG	

LG Hannover

18. Dez. 2007	26 AktE 22/97	D&F, 22.7.2008	Nordcement AG (Alsen)

LG Mannheim

25. Mrz. 2002	23 AktE 1/97	DB 2002, 889	Rheinelektra/Lahmeyer

LG München I

27. Mrz. 2000	5 HKO 19156/98	EwiR 2000, 595	Hypo-Vereinsbank
15. Okt. 2001	5 HK O 14048/01	D&F 5.12.01	Isar-Amperwerke
4. Aug. 2003	5 HK O 4304/01	D&F 22.8.03	Deg-Hüls-SKW
11. Apr. 2005	5 HK O 17956/02	BA 11.4.05	Kontron
21. Jul. 2006	5 HK O 12848/00	BA 27.7.06	E.ON
23. Mai 2007	5 HK O 18418/05	BA 13.4.07	Betasystems
30. Mär. 2009	5 HK O 18418/05	D&F, 15.4.2009	Betasystems (Prozessvergleich)

LG Nürnberg/Fürth

30. Jul. 2002	1 HK O 9809/98	BA 2.8.02	BY_Immo, Hofbrauhaus Coburg Verwaltungs AG
25. Mrz. 2004	1 HK O 7810/01	BA 27.4.04	E.ON_BY_1, EVO Energieversorgung Oberfranken AG
25. Mrz. 2004	1 HK O 477/02	BA 27.4.04	E.ON_BY_2, Großkraftwerk Franken Aktiengesellschaft
25. Mrz. 2004	1 HK O 7931/01	BA 27.4.04	E.ON_BY_3, OBAG Aktiengesellschaft
25. Mrz. 2004	1 HK O 8876/01	BA 27.4.04	E.ON_BY_4, Überlandwerk Unterfranken Aktiengesellschaft

LG Stuttgart

9. Feb. 2005	32 AktE 36/99	DB 2005, 1160	Württembergische/Wüstenrot
4. Aug. 2006	32 AktE 3/99 KfH	AG 2007, 52	Daimler Benz/ DaimlerChrysler

Schriften zum Controlling, Finanz- und Risikomanagement

Herausgegeben von Prof. Dr. Andreas Brieden, Prof. Dr. Thomas Hartung, Prof. Dr. Bernhard Hirsch und Prof. Dr. Andreas Schüler

Band 1 Patrick Siklóssy: Vergleich der Durchführungswege der betrieblichen Altersversorgung aus Eigentümer- und Arbeitnehmersicht. 2009.

Band 2 Simon Krotter: Performance-Messung, Erwartungsänderungen und Analystenschätzungen. Theoretische Konzeption und empirische Umsetzung. 2009.

Band 3 Hans-Jürgen Straßer: DCF-Bewertung von Versicherungsunternehmen. 2009.

Band 4 Bernhard Christian Kübler: Risk Classification by Means of Clustering. 2010.

Band 5 Benjamin Asche: Jahresabschlussanalyse und Bilanzpolitik von Schaden-/Unfallversicherern. Änderungen aufgrund von IFRS 4 Phase II Insurance Contracts: ED/2010/8. 2012.

Band 6 Matthias Schoen: Vertrauen und Kreditentscheidungen. Eine empirische Analyse zum Einfluss von Vertrauen in Kreditbeziehungen zwischen öffentlichen Banken und kleinen und mittelständischen Unternehmen. 2013.

Band 7 Thomas Bornemann: Verschmelzungsverhältnisse. Eine ökonomische Analyse unter besonderer Berücksichtigung der deutschen Rechtsprechung. 2013.

www.peterlang.de

www.ingramcontent.com/pod-product-compliance
Ingram Content Group UK Ltd.
Pitfield, Milton Keynes, MK11 3LW, UK
UKHW021125041026
8980IPUK00026B/538

9 783631 637104